博学

21世纪
国际经济与贸易系列

丛书主编　黄建忠　李坤望
　　　　　尹翔硕　赵忠秀

（第二版）

国 际 商 法

张学森　编著

（中英文双语版）

U0730362

International
Business Law

复旦大学 出版社

内容简介

　　国际商法（中英文双语版）（第二版）是笔者此前组织编写中文版《国际商法》和英文版《国际商法》（International Business Law）两本教材且广受读者欢迎之后根据教学需要组织编写的新版本。本教材各版本在内容体系上形成了自己的特色：以国际货物买卖为主线，选取与其相关的商事活动环节和领域，渐次展开对国际商事法律制度的研究和叙述，形成了国际商法的一个法律规范体系，其内容主要包括国际商法概述、商事组织法、国际商事代理法、国际商事合同法、国际货物买卖法、国际货物运输与保险、国际支付结算、国际产品责任法、国际知识产权法（含国际技术转让）、国际商事纠纷解决等十个方面。具体特色如下：

　　（1）本书反映了笔者多年从事国际商法教学研究的心得，在参考借鉴国内众多国际商法教材与论著的基础上，力求充分吸收国内外国际商法理论研究与实务发展的最新成果。

　　（2）本书以国际货物买卖为核心，选取与其相关的主要环节和领域，渐次展开对国际商事法律制度的研究和叙述，增加了我国《民法典》、UCP600、WTO、电子商务等内容，以满足国际商务实际工作需要。

　　（3）本书重视理论与实践相结合，既阐述了国际商法基本知识，又特别侧重商法英语的表达与训练，以满足双语课程教学和建设的实际需要。

　　本书既可以作为高等院校法学类、财经类专业教材，以及MBA或EMBA教学用书、各类国际商务与法律培训的理想读物，也可以作为对外经济与贸易专业实务工作者的参考资料。

总　序

　　1978 年改革开放以来,高等教育的课程设置和内容发生了很大的变化。为了适应中国对外开放和对外贸易发展的需要,大多数高等院校从 20 世纪 90 年代开始就对国际经济与贸易专业的课程内容进行了调整和充实,主要是大幅度增加了现代国际经济学的理论与分析工具。2001 年以来,随着经济全球化进程的加速以及我国加入世界贸易组织,我国对外经济贸易关系涉及的领域和问题进一步扩大,故本学科研究的内容也更加广泛和复杂,与以往以纯粹的商品和劳务交换为重点相比,而今还应涵盖生产要素和人员的流动、知识产权的转让以及各种形式的经贸合作等内容。

　　目前全国已有 400 余所高校设置了国际经济与贸易专业,其培养的人才一般应该具备有关的理论素养、专业知识和运作技能:(1) 掌握马克思主义经济学基本理论和方法;(2) 掌握现代经济学的理论和方法;(3) 了解国际经济学、国际贸易理论与政策发展的前沿动态;(4) 运用数量分析方法进行分析和研究;(5) 具有从事国际经贸业务的基本技能;(6) 了解主要国家和地区的经济发展状况及其贸易政策;(7) 较熟练地掌握一门外语,具有听、说、读、写、译的基本能力。

　　基于上述需要,复旦大学出版社邀请了对外经济贸易大学、南开大学、厦门大学和复旦大学等高校的资深教师,共同编写了这样一套既为我国的国际经贸专业教学和科研服务,又注意跟踪国际学术前沿的教材。这套教材以基础性的知识体系为主,同时也延伸到一些应用领域,今后还拟在应用领域逐步扩充以适应各方面的要求。

　　由于有关人员是利用繁重的教学科研工作的余暇进行编撰的,疏漏不足之处在所难免,而且随着经济全球化这一历史趋势的日益深入,国际经贸的实践也日新月异,本学科的知识体系无论在理论或实务方面都须不断充实更新,故这套教材也必然要进行修改和增删,为此,希望使用这套教材的师生随时向编写人员提出批评建议,你们的批评建议是教材日臻完善的必要条件。

个人承乏国际贸易教席数十年,当年虽也力图教材改革,唯囿于环境,也限于个人水平,进展实属有限。今幸逢四校合编教材问世,浏览之余,耳目为之一新,深感这套"博学·21世纪国际经济与贸易系列"教材的出版是我国高校国际经贸专业教育中的一大盛举,故不揣愚陋,乐为之序。

对外经济贸易大学　王林生

2010 年 7 月 10 日

第二版前言
2nd Edition Preface

作为国际商法发展史上的一个重要里程碑,由联合国国际贸易法委员会(UNCITRAL)主持制定的《联合国国际货物销售合同公约》(CISG),1980 年 4 月11 日在维也纳外交会议上获得通过,1988 年 1 月 1 日起正式生效。时至今日,核准和加入 CISG 公约的国家,已经达到 95 个①。就是说,除巴西、印度和英国等少数贸易大国尚未核准或加入外,世界上几乎所有贸易大国,都已经成为 CISG 的缔约国。30 年来,CISG 直接推动了国际货物贸易的快速发展,在世界一体化和经济全球化的进程中,发挥了十分重要的作用;同时,在这 30 年中,CISG 也成就了自己,逐步成为当今世界调整国际货物买卖的最重要的法律文件。为此,我们编写本书,以适应新形势下国际商法教学和研究的需要,并纪念 CISG 诞生 30周年。

可以认为,国际商法作为现代法律的一个分支部门,"是我们时代最重要的法律方面的发展之一"②;国际商法作为一门正在兴起的法律学科,是国际法学的一个重要组成部分;国际商法作为高等院校的一门课程,是法学、国际经济与贸易、国际商务、国际营销、商务英语等专业竞相开设的课程。随着经济全球化的不断发展,作为调整国际商事关系的法律规范的总和,国际商法也在不断地丰富和发展之中。为满足我国高等院校相关专业国际商法课程教学,以及对外经济与贸易专业实际工作的需要,特别是考虑到 WTO 法律规则的发展对国际商务活动的重要影响,笔者编写了这本《国际商法(中英文双语版)》教材。

近些年来,为适应培养一大批国际化专门人才的迫切需要,满足中华人民共和国教育部有关双语课程建设的要求,许多高校纷纷开设"国际商法"课程,而且多数是作为双语(或全英文)的重点或精品课程。基于高等院校相关专业国际商

---

① 联合国国际贸易法委员会(UNCITRAL)官方网站:http://www.uncitral.org/,2022 年 7 月 1 日访问。
② 《国际商法——新的商人习惯法》,载〔英〕施米托夫著,程家瑞编辑,赵秀文选译,郭寿康校:《国际贸易法文选》,中国大百科全书出版社,1993 年 12 月版,第 2 页。

法课程建设和教学,以及对外经济与贸易实际工作的需要,笔者先后组织编写了中文版的《国际商法》①和英文版的《国际商法(英文版)》(International Business Law, English Version)②两本教材。而且,这两本教材,无论是中文版,还是英文版,都受到了各地高校师生的欢迎,成为各地高校《国际商法》重点课程和精品课程的指定教材或主要参考资料。

两本教材出版之后,不少高校师生来函来电,与作者探讨《国际商法》中或是国际商法领域中的一些具体问题,使我们获益颇多。使用过《国际商法》中文版或英文版的专家一致认为,这两本教材体系安排合理、内容取舍得当,很好地体现了"够用、实用、好用"的原则。然而,由于各地高校《国际商法》课程教学和建设的需要不尽相同,以及不同地区高校大学生英语水平存在的差异,迫切需要编写一本中英文双语版的《国际商法》教材,而且这种呼声越来越强。在此背景下,应复旦大学出版社王联合先生邀请,笔者在前述两书的基础上,编写了这本中英文双语版的《国际商法》教材。

本书第一版出版之后,受到全国各地兄弟院校的欢迎,被许多985、211高校等重点大学选作《国际商法》全英文课程或双语课程建设的指定教材,或主要参考教材。本书第一版先后印刷了5次,发行2万多册。许多高校师生在使用本教材的过程中将发现的问题,和修订意见,及时与作者进行了沟通,因而对本次修订助益良多。值得提及的是,由本书主编牵头的"国际商法课程与教材的中英文系列化建设项目",获得了上海立信会计金融学院2017年教学成果二等奖;由本书主编担任负责人的"国际商法(全英文)课程建设项目",也获得2017年校级课程建设立项。我们希望,通过本次修订,《国际商法(中英文双语版)》第二版能够继续得到广大师生的欢迎和选用,为促进我国国际商法的课程教学和人才培养,发挥积极作用。

本书作者在编写中,坚持"够用、实用、好用"的原则,力求理论与实践相结合、规则与案例相结合,通俗易懂、学以致用,以适应培养"应用型、复合型、创新型和国际化"高级专门人才的迫切需要。因此,本书在内容体系上形成了自己的特色:以国际货物买卖为主线,选取与其相关的商事活动环节和领域,渐次展开对国际

---

① 《国际商法》(第三版),张学森主编,上海财经大学出版社,2015年4月版,共10章,包括国际商法概论、商事组织法、国际商事代理法、国际商事合同法、国际货物买卖法、国际服务贸易法(以与国际货物买卖有关的法律制度为主)、国际票据法、国际产品责任法、国际知识产权法、国际商事仲裁等。

② 《国际商法(英文版)》(第二版),张学森主编,〔美〕Gary D Patterson 审阅,复旦大学出版社,2018年9月版,共10章,包括:Introduction to International Business Law, Law of Business Organizations, Law of Agency, International Contract Law, Law of International Sale of Goods, International Cargo Transportation and Insurance, Finance of International Trade, Law of Products Liability, Law of Intellectual Property Rights, International Commercial Arbitration。

商事法律制度的研究和叙述，形成了国际商法的一个法律规范体系，其内容主要包括国际商法概述、商事组织法、国际商事代理法、国际商事合同法、国际货物买卖法、国际货物运输与保险、国际支付结算、国际产品责任法、国际知识产权法(含国际技术转让)、国际商事纠纷解决等 10 个方面。这样的内容和体系的安排，将更好地适应国际商法课程教学与实务工作的需要。

本书力求以下几个主要特点：

(1) 反映学科发展新成果。本书反映了笔者多年从事国际商法教学研究的心得，在参考借鉴国内众多国际商法教材与论著的基础上，力求充分吸收国内外国际商法理论研究与实务发展的最新成果。

(2) 满足实际工作新要求。本书以国际货物买卖为核心，选取与其相关的主要环节和领域，渐次展开对国际商事法律制度的研究和叙述，增加了我国《民法典》、UCP 600、WTO、电子商务等内容，以满足国际商务实际工作的需要。

(3) 适应人才培养新特点。本书重视理论与实践相结合，充分体现了应用型人才培养对国际商法知识与技能的要求，既阐述了国际商法基本知识，又特别侧重商法英语的表达与训练，以满足双语课程教学和建设的实际需要。因此，本书既可以作为高等院校法学类、财经类专业教材、MBA 或 EMBA 教学用书、以及各类国际商务与法律培训的理想读物，也可以作为对外经济与贸易专业实务工作者的参考资料。

在本书及前述中文版和英文版《国际商法》的编写中，我们得到了华东政法大学、上海交通大学、复旦大学、同济大学、上海外国语大学、上海财经大学、上海对外贸易学院、上海金融学院、上海立信会计学院、上海商学院等高等院校、研究机构专家学者的大力支持，在此表示衷心感谢。同时，在编写过程中，我们参考了大量的论文、著作、教材等学术文献，鉴于本书教材性质，引注或挂一漏万，在此向广大专家学者表示衷心感谢。最后，再次感谢复旦大学出版社王联合先生的大力支持和辛勤劳动。

由于水平有限，时间仓促，不足甚至错讹之处在所难免，真诚欢迎批评指正。作者电子邮箱：1600041316@qq.com 或 zhangxs@sfu.edu.cn。

张学森
上海浦东花木

目　录

Contents

第一章 国际商法概述

Chapter One   Introduction to International Business Law

【本章要点】

- 国际商法的概念
- 国际商法的渊源
- 两大法系及其民商法的特点
- 中国民商法的主要特点

Key Terms

International business law is the part of law that regulates various affairs of international business transactions and international commercial organizations.

Civil Law is codified law based on the Roman code of Justinian; the basis of the legal system of most European and Latin American countries.

Common Law is law as developed and pronounced by the courts in deciding cases ("case law"), based on the common law of England and judicial precedents.

Precedent is a prior judicial decision relied on as authority or guide for resolving later, similar cases.

CISG (United Nations Convention on Contracts for the International Sale of Goods) is a treaty providing legal rules governing sales contracts for goods (not services or warranty work) between businesses from two different signatory nations, unless the parties' contract excludes CISG provisions.

Trade custom and usage is the general rules and practices in international trade activities that have become generally adopted through unvarying habit and common use.

国际商法是国际商事法的简称,其英文是 International Business Law,或者 International Commercial Law,两者没有实质区别,而前者更为常用。而且,国际商法作为调整国际商事关系的法律,在西方国家也被称为 The Law of International Business Transactions①。

As a law subject and a course in law, *International Business Law* is also called *International*

---

① Larry A. DiMatteo, The Law of International Business Transactions, West Studies in Business, a division of Thomson Learning, 2003.

Commercial Law, and sometimes *the Law of International Business Transactions*. This book is intended for college students, lawyers, economists and business people seeking to understand the legal aspects of international business transactions, and it is mainly concerned with the rules and norms that regulate the person-to-person relationship between two parties transacting business across national borders.[1]

第一节 概 述
1.1 Concepts of International Business Law

一、国际商法的概念（Concepts）

国际商法（International Business Law）是调整国际商事关系的法律规范的总称。由于国际商法调整的国际商事关系既包括国际商事交易关系，又包括国际商事组织关系，所以它通常又被认为是调整国际商事交易和国际商事组织的法律规范的总和[2]。

国际商法作为一门法律学科，具有"法"的共性，它是一个以权利和义务为内容的行为规范体系；而国际商法的"国际性"（International），是指它所调整的对象是具有国际因素的商事关系，也就是说，在国际商事法律关系的主体、客体和内容三个要素中，至少有一个方面是跨越国界的。按照通说，当商事关系存在下列情形时，即被认为是具有国际因素：①当事人的营业地分处于不同的国家；②当事人具有不同国家的国籍；③商事活动发生在当事人一方或几方所在国以外的国家或地区；④商事关系的对象位于当事人一方或几方所在国以外的国家或地区。

关于国际商事法律中的"商事"一词，有关国际组织或国家大多采取广义的解释。例如，《联合国国际商事仲裁示范法》（UNCITRAL Model Law on International Commercial Arbitration）对"商事"一词给出的注解是："对'商事'一词应作广义解释，使其包括不论是契约性或非契约性的一切商事性质的关系所引起的种种事情。商事性质的关系包括但不限于下列交易：供应或交换货物或服务的任何贸易交易；销售协议，商事代表或代理；保付代理；租赁；建造工厂；咨询；工程；许可证；投资；融资；银行；保险；开采协议或特许权；合营企业或其他形成的工业或商业合作；货物或旅客的航空、海上、铁路或公路运输。"

According to the UNCITRAL Model Law on International Commercial Arbitration, the term "commercial" should be given a wide interpretation so as to cover matters arising from all relationships of a commercial nature, whether contractual or not. Relationships of a commercial nature include, but are not limited to, the following transactions: any trade transaction for the supply or exchange of goods or services; distribution agreement; commercial representation or agency; factoring; leasing; construction of works; consulting; engineering; licensing; investment; financing; banking; insurance; exploitation agreement or concession; joint venture and other forms of industrial and business co-operation; carriage of goods or passengers by air, sea, rail or road.

---

[1] 张学森：《国际商法（英文版）》（第二版），复旦大学出版社，2018年9月版，第1页。
[2] 张学森：《国际商法》（第三版），上海财经大学出版社，2015年4月版，第1页。

在我国,关于"商事"一词同样也作比较广义的解释。根据我国在 1987 年加入 1958 年纽约《承认及执行外国仲裁裁决公约》(Convention on the Recognition and Enforcement of Foreign Arbitral Awards, the "New York" Convention)时所作的商事保留声明,所谓"商事",包括货物买卖、财产租赁、工程承包、加工承揽、技术转让、合资经营、合作经营、勘探开发自然资源、保险、信贷、劳务、代理、咨询服务和海上、民用航空、铁路、公路的客货运输以及产品责任、环境污染、海上事故和所有权争议等①。

二、国际商法的内容(Contents of International Business Law)

根据著名的国际贸易法专家施米托夫(Clive M. Schmitthoff)的观点,国际商法主要包括两个分支:其一,国际贸易法,其中国际货物买卖是该法的主要内容,另外还包括国际结算、运输和保险中的法律问题;其二,国际公司法,即根据一国法律设立但又在其他国家具有商业利益的公司,这种商业利益表现在,在其他国家设立子公司,或在联合公司中占有股份,或参加联合管理,或采取其他的形式②。可以认为,传统国际商法调整的对象包括两个部分:一是国际商事交易关系,二是跨国公司行为关系。因此,我国法学界一般认为,国际商法是调整国际商事交易和国际商事组织的各种关系的法律规范的总和③。

必须指出的是,随着经济全球化、国际化的不断发展,跨越国界的商事关系都在发生着深刻变化,推动了国际商法的不断发展演变。传统上的国际贸易,一般仅指货物贸易,因此传统商法调整的主要是商事主体之间围绕货物买卖所发生的商事关系,如合同、运输、保险、票据、仲裁等。而在当今世界,国际贸易的含义已经发生了根本性的变化,世界贸易组织(WTO)的宗旨之一是"扩展商品与服务的生产和销售"(expanding the production of and trade in goods and services),与 1947 年关税与贸易总协定(GATT1947)的"扩展商品生产与销售"(expanding the production and exchange of goods)相比,增加了服务贸易的内容。根据 WTO《服务贸易总协定》(GATS)第 1 条规定,其所适用的"服务"包括任何部门的服务,只有为了实施政府职能所提供的服务除外④。同时,GATS 将服务分为 12 个部门,即商业,通信,分销,教育,环境,金融,健康与社会服务,旅游及相关服务,娱乐、文化与体育服务,交通运输,以及其他服务⑤。

国际商法必然要适应这种变化了的客观现实需要,将服务贸易等新的商事关系作为自己

---

① 中华人民共和国最高人民法院:《最高人民法院关于执行我国加入的〈承认和执行外国仲裁裁决公约〉的通知》,第二条,1987 年 4 月 10 日。
② 〔英〕施米托夫著,程家瑞编辑,赵秀文选译,郭寿康校:《国际贸易法文选》,中国大百科全书出版社,1993 年 12 月版,第 3 页。
③ 张学森:《国际商法》(第三版),上海财经大学出版社,2015 年 4 月版,第 2 页。
④ "Services" includes any service in any sector except services supplied in the exercise of governmental authority.
⑤ GATS 根据服务提供的方式,将服务贸易界定为通过四种方式提供服务的活动,包括跨境交付(Cross Border Supply)、境外消费(Consumption Abroad)、商业存在(Commercial Presence)和自然人流动(Movement of Natural Persons)。同时,GATS 将服务分为 12 个部门(service sectors):(1)商业性服务(Business Services);(2)通信服务(Communication Services);(3)建筑和相关工程服务(Construction and Related Services);(4)分销服务(Distribution Services);(5)教育服务(Educational Services);(6)环境服务(Environmental Services);(7)金融服务(Financial Services);(8)健康与社会服务(Health Related and Social Services);(9)旅游及相关服务(Tourism and Travel Related Services);(10)娱乐、文化与体育服务(Recreational, Cultural and Sporting Services);(11)交通运输服务(Transport Services);(12)其他服务(Other Services Not Included Elsewhere)。

的调整对象,扩大自己的调整范围,丰富自己的学科体系,更好地适应国际商事活动的实际需要。与此密切相关的是,在我国,1994 年《对外贸易法》即在第 2 条规定,"本法所称对外贸易,是指货物进出口、技术进出口和国际服务贸易。"

需要说明的是,为了更好地适应"国际商法"课程教学的实际需要,本书仍然以国际货物买卖为核心,选取与其相关的主要环节和领域,渐次展开对国际商事法律制度的研究和叙述,内容主要包括商事组织、国际商事代理、国际商事合同、国际货物买卖、国际服务贸易(以与国际货物买卖有关的法律制度为主)、国际票据、国际产品责任、国际技术贸易、国际知识产权、国际商事仲裁等十个方面。

第二节　国际商法的渊源
1.2　Sources of International Business Law

法的渊源是指法律产生的依据及其表现形式。国际商法的渊源是指国际商法产生的依据及其表现形式,主要有三个方面:国际商事条约、国际商事惯例和各国商事立法。

一、国际商事条约(International Commercial Conventions)

(一) 国际商事条约的概念

国际条约(treaty),简称条约,是指两个或两个以上的国际法主体之间依照国际法缔结的据以确立其相互权利与义务的书面协议。广义的条约包括不论以何种名称出现的国际法主体间达成的国际协议[①]。根据 1969 年《维也纳条约法公约》(Vienna Convention on the Law of Treaties)第 2 条第 1 款(甲)规定:"称'条约'者,谓国家间所缔结而以国际法为准之国际书面协定,不论其载于一项单独文书或两项以上之单独文书内,亦不论其特定名称如何。"

Article 2, Vienna Convention on the Law of Treaties: "Treaty" means an international agreement concluded between States in written form and governed by international law, whether embodied in a single instrument or in two or more related instruments and whatever its particular designation.

国际商事条约是指作为国际商事主体的国家和国际组织缔结的有关国际商业和贸易的条约或公约,它是国际商法的主要渊源。条约对缔约方有约束力,根据"约定必须遵守"这一古老的国际法原则,国家必须遵守条约。而且,一般而言,条约只对缔约国有拘束力,而对非缔约国没有拘束力,这是因为条约只规定缔约国之间的权利义务关系。但是,由于许多商事方面的多边条约或者公约的规定,往往反映了商品经济的一般规律,通常被认为属于商业活动应予遵守的规范,因而也会得到非缔约国的遵守。尤其是那些参加国家较多、历史比较长久的公约,更是如此。

同时,由于国际商法具有私法性质,因而也明显体现了当事人"意思自治"原则。在某些情况下,有的国际条约只有在当事人之间的法律行为中予以采用时,才适用于当事人之间的法

---

① 周洪钧:《国际法》,中国政法大学出版社 1999 年 7 月版,第 301 页。

律关系。比如,1980 年《联合国国际货物买卖合同公约》(United Nations Convention on Contracts for the International Sale of Goods, CISG)第 6 条规定:"双方当事人可以不适用本公约,或在第 12 条的条件下,减损本公约的任何规定或改变其效力。"

Article 6, CISG:"The parties may exclude the application of this Convention or, subject to article 12, derogate from or vary the effect of any of its provisions."

(二)国际商事条约的分类

对于国际条约,可以进行若干分类。

(1)按照缔约方的数目,条约可分为双边条约和多边条约。双边条约是指两个缔约方之间缔结的条约,这类条约的数量最大,最为常见。商事性的双边条约主要有:通商航海条约、贸易协定、贸易议定书、相互保护和促进投资协定、避免双重征税的协定等。

多边条约是指三个以上缔约方缔结的条约,通常在国际会议上制定通过,往往被称为国际公约,其内容涉及国际社会的共同利益,故一般允许未参加会议的国家加入。商事性的多边条约主要有:《联合国国际货物销售合同公约》、《联合国海上运输公约》、《保护工业产权的巴黎公约》等。

(2)按照其规定的内容,条约可以分为两种,一种是属于实体法内容的条约,也就是对交易双方实体权利义务做出具体规定的条约,如《联合国国际货物销售合同公约》、《联合国海上运输公约》、《国际汇票和本票公约》等,如果这些条约被世界各国批准和接受,则各国之间在这些领域内的法律冲突将不复存在;另一种属于程序法内容的条约,也称为关于冲突法规则的国际条约,是指规定如何解决法律冲突的规范,如《国际货物买卖合同适用法律公约》等,如果这些条约被世界各国批准或接受,各国将得到统一这些领域内的冲突规则。

(三)国际商法上的主要国际条约(公约)

1. 调整代理的国际公约

1983 年《国际货物销售代理公约》(Convention on Agency in the International Sale of Goods)。

2. 调整国际货物买卖关系的条约

(1)1964 年《国际货物买卖统一法公约》(Convention on Uniform Law for the International Sale of Goods)。

(2)1964 年《关于国际货物买卖合同成立统一法公约》(Convention on Uniform Law for the Formation of Contracts for the International Sale of Goods)。

(3)1974 年《联合国国际货物买卖时效期限公约》(United Nations Convention on the Limitation Period in the International Sale of Goods)。

(4)1980 年《联合国国际货物销售合同公约》(United Nations Convention on Contracts of International Sales of Goods, CISG)。CISG 是由联合国国际贸易法委员会主持制定的,1980 年在维也纳举行的外交会议上获得通过,于 1988 年 1 月 1 日正式生效。1986 年 12 月 11 日我国交存核准书,在提交核准书时,提出了两项保留意见:其一,不同意扩大《公约》的适用范围,只同意《公约》适用于缔约国的当事人之间签订的合同。其二,不同意用书面以外的其他形式订立、修改和终止合同。2013 年 1 月中国政府正式通知联合国秘书长,撤回了对《公约》所作上述第二项的保留声明,该撤回已经正式生效。截至目前,核准和参加该公约的共有 74 个国家。CISG 共分为四个部分:适用范围,合同的成立,货物买卖,最后条款。全文共 101 条。

3. 调整国际货物运输的国际条约

(1)《海牙规则》(Hague Rules)。《海牙规则》是《统一提单的若干法律规定的国际公约》(International Convention for the Unification of Certain Rules of Law Relating to Bills of Lading)的简称。

(2)《维斯比规则》(Visby Rules)。《维斯比规则》是《修改统一提单若干法律规定的国际公约议定书》(Protocol to Amend the International Convention for the Unification of Certain Rules of Law Relating to Bills of lading)的简称。

(3)《汉堡规则》(Hamburg Rules)。《汉堡规则》是《联合国海上货物运输公约》(United Nations Convention on the Carriage of Goods by Sea, 1978)的简称。

(4)《国际铁路货物运输公约》(Convention Concerning International Carriage of Goods by Rail, CIM),简称《国际货约》。

(5)《国际铁路货物联运协定》(Agreement Concerning International Carriage of Goods by Rail),简称《国际货协》。

(6)《统一国际航空运输某些规则的公约》(Convention for the Unification of Certain Rules for International Carriage by Air),又称为《1999年蒙特利尔公约》。

(7)《联合国国际货物多式联运公约》(United Nations Convention on International Multimodal Transport of Goods, 1980)。

4. 调整国际票据关系的国际公约

(1) 1930年《关于统一汇票和本票的日内瓦公约》(Convention on the Unification of the Law Relating to Bills of Exchange and Promissory Notes)。

(2) 1930年《关于解决汇票及本票的若干法律冲突的公约》(Convention on the settlement of Certain Conflicts of Laws in Connection with Bills of Exchange and Promissory Notes)。

(3) 1931年《关于支票的日内瓦公约》(Convention Providing a Uniform Law of Cheques),又称为《统一支票法公约》。

(4) 1931年《关于解决支票的若干法律冲突的公约》(Convention on the settlement of Certain Conflicts of Laws in Connection with Check)。

(5) 1988年《联合国国际汇票和国际本票公约》(Convention on International Bill of Exchange and International Promissory Note of the United Nations),简称《国际汇票本票公约》。

(6) 2000年《联合国独立保函和备用信用证公约》(United Nations Convention on Independent Guarantees and Stand-by Letters of Credit, 2000)。

5. 调整产品责任的国际公约

1977年《产品责任法律适用公约》(Convention on the Law Applicable to Products Liability),简称《海牙公约》。

6. 关于保护知识产权的公约

(1) 1883年《保护工业产权巴黎公约》(Paris Convention on the Protection of Industrial Property),简称《巴黎公约》。

(2) 1886年《保护文学艺术作品伯尔尼公约》(Berne Convention for the Protection of Literary and Artistic Works),简称《伯尔尼公约》。

（3）1891 年《商标国际注册马德里协定》（Madrid Agreement for International Registration of Trade Marks），简称《马德里协定》。

（4）1952 年《世界版权公约》（Universal Copyright Convention）。

7. 关于国际商事仲裁的公约

（1）1923 年《日内瓦仲裁条款议定书》（Protocol on Arbitration Clauses）。

（2）1927 年《关于执行外国仲裁裁决的公约》（Convention on the Execution of Foreign Arbitral Awards）。

（3）1958 年《承认和执行外国仲裁裁决的公约》（Convention on the Recognition and Enforcement of Foreign Arbitral Awards），简称 1958 年《纽约公约》。

二、国际商事惯例（International Custom）

（一）国际商事惯例的概念

国际惯例（International Custom）是国际商法的另一个重要渊源。根据《国际法院规约》（Statute of the International Court of Justice）第 38 条规定，法院适用法律时对"国际惯例"（International Custom）的解释是：作为通例之证明而经接受为法律者。

Article 38（1）（b），Statute of the International Court of Justice："International custom, as evidence of a general practice accepted as law."

国际商事惯例，也称国际贸易惯例（trade usage），是指具有相对确定的内容、对当事人不具有当然约束力但在一定领域内为大家所普遍遵循的商事性规范。关于国际贸易惯例（usage），《联合国国际货物买卖合同公约》第 9 条第 2 款指出："在国际贸易上，已为有关特定贸易所涉合同的当事人所广泛知道并为他们所经常遵守。"

Article 9（2），CISG："The parties are considered, unless otherwise agreed, to have impliedly made applicable to their contract or its formation a usage of which the parties knew or ought to have known and which in international trade is widely known to, and regularly observed by, parties to contracts of the type involved in the particular trade concerned."

研究国际商事惯例，必须区分"惯例"（custom）、"习惯"（usage）、"一般做法"（general practice）等几个概念。一般而言，某一特定领域内的惯例由习惯形成，而习惯又来源于一般做法。正如有的国际贸易法专家所言，国际商业惯例的发展是一个循序渐进的过程。它常常始于一些有影响的企业的商业活动过程，而后成为建立在平等交易行为基础上的特定贸易中的一般做法（general practice），再发展为贸易习惯性做法（usage），最终取得具有稳定性的惯例（custom）的地位[①]。

国际商事惯例在过去曾有成文的，也有不成文的；而在现代社会，国际商事惯例几乎都是成文的。成文的国际商事惯例，一般是国际组织或团体对有关规则的综述或拟订，也可以是国际组织制定的有关规则。国际商事惯例的表现形式是多种多样的，主要包括示范法、统一惯例、统一规则、标准合同等。一般认为，国际商事惯例应具备三个条件：①具有确定的商事内容，即具体包括含了确定参加国际商事活动的当事人权利和义务的规则；②已成为国际商事活

---

① 〔英〕施米托夫著，赵秀文选译，郭寿康校：《国际贸易法文选》，中国大百科全书出版社，1993 年 12 月版，第 205 页。

动中反复使用的习惯;③是各国普遍承认具有拘束力的通例。

(二) 国际商事惯例的效力

国际商事惯例是在国际商事活动的长期实践中逐渐形成和发展起来的商事规则,在性质上,它不是国际条约或公约,也不是国家立法,所以一般不具有法律拘束力。但是,某项具体的国际商事惯例规则,一旦被当事人选择适用,即对该当事人具有相当于法律的约束力,法院或仲裁机构可以据此裁决或强制执行。

有些国家的法律规定,法院有权按照有关的贸易惯例解释双方当事人的合同。我国《中华人民共和国涉外民事关系法律适用法》规定,对于中国法律和中国缔结或者参加的国际条约没有规定的,可以适用国际惯例。目前在国际贸易中影响最大的贸易惯例是国际商会制订的 2000 年 1 月 1 日生效的《国际贸易术语解释通则》(Incoterms 2000)、2011 年 1 月 1 日生效的 Incoterms 2010 和 2007 年 7 月 1 日生效的《跟单信用证统一惯例》(UCP 600),它们在世界上已经得到绝大多数国家和地区的承认,在国际商事实践中发挥着举足轻重的作用。我国对国际商事活动中的国际惯例,历来给予高度重视,并严格予以遵守。

(三) 国际商法有关的主要国际惯例

如前所述,现在的国际商事惯例,已基本上都是成文的惯例规则,许多重要的国际贸易惯例都由一些国际组织或团体编纂成文。在当今国际社会,主要的国际商事惯例有以下几类。

1. 1932 年《华沙-牛津规则》(Warsaw-Oxford Rules 1932)

该规则是国际法协会专门为解释 CIF 合同而制定的。这一规则对于 CIF 的性质、买卖双方所承担的风险、责任和费用的划分以及所有权转移的方式等问题都作了比较详细的解释。《华沙-牛津规则》在总则中说明,这一规则供交易双方自愿采用,凡明示采用《华沙-牛津规则》者,合同当事人的权利和义务均应援引本规则的规定办理。经双方当事人明示协议,可以对本规则的任何一条进行变更修改或增添。如本规则与合同发生矛盾,应以合同为准。凡合同中没有规定的事项,应按本规则的规定办理。

2. 1941 年《美国对外贸易定义修正本》(Revised American Foreign Trade Definitions 1941)

这是由美国几个商业团体制定并经美国全国对外贸易会议修改的贸易术语定义。《美国对外贸易定义》中所解释的贸易术语共有六种,分别为:①Ex(Point of Origin)(产地交货);②FOB(Free on Board)(在运输工具上交货);③FAS(Free Along Side)(在运输工具旁边交货);④C&F(Cost and Freight)(成本加运费);⑤CIF(Cost, Insurance and Freight)(成本加保险费、运费);⑥Ex Dock(Named Port of Importation)(目的港码头交货)。《美国对外贸易定义》主要在北美国家采用。由于它对贸易术语的解释,特别是对第二和第三种术语的解释与国际商会《国际贸易术语解释通则》有明显的差异,所以,在同北美国家进行交易时应加以注意。在《美国对外贸易定义》的序言中也明确指出,本定义并无法律的约束力,除非有专门的立法规定或为法院判决所认可,为使其对有关当事人产生法律上的约束力,建议买卖双方接受此定义作为买卖合同的一个组成部分。

3. 2000 年《国际贸易术语解释通则》(International Rules for the Interpretation of Trade Terms, INCOTERMS 2000)

INCOTERMS 是国际商会为统一各种贸易术语的不同解释于 1936 年制定的。随后,为适应国际贸易实践发展的需要,国际商会先后于 1953 年、1967 年、1976 年、1980 年和 1990 年进行过多次修订和补充。1999年,国际商会广泛征求世界各国从事国际贸易的各方面人士和有关专家的意见,通过调查、研究和讨论,对实行60多年的《通则》进行了全面的回顾与总结。为使贸易术语更进一步适应世界上无关税区的发展、交易中使用电子信息的增多以及运输方式的变化,国际商会再次对《国际贸易术语解释通则》进行修订,并于1999年7月公布《2000年国际贸易术语解释通则》(简称 INCOTERMS 2000 或《2000年通则》),于2000年1月1日起生效。INCOTERMS 2000 包括4组共13个贸易术语。

4. 2010年《国际贸易术语解释通则》(International Rules for the Interpretation of Trade Terms, Incoterms 2010)

Incoterms 2010 即《2010年国际贸易术语解释通则》,是国际商会根据国际货物贸易的最新发展,对 Incoterms 2000 的修订,2010年9月27日公布,于2011年1月1日实施。与2000年版本相比,Incoterms 2010 更准确地标明了各方承担货物运输风险和费用的责任条款。其主要修改内容包括:

(1)术语分类的调整,由原来的 EFCD 四组分为两类,分别适用于各种运输方式和水运。

(2)贸易术语的数量由原来的13种变为11种。

(3)删去了 Incoterms 2000 中的4个术语:DAF (Delivered at Frontier)边境交货、DES (Delivered Ex Ship)目的港船上交货、DEQ (Delivered Ex Quay)目的港码头交货、DDU (Delivered Duty Unpaid)未完税交货;新增了2个术语:DAT(Delivered at Terminal)在指定目的地或目的港的集散站交货、DAP(Delivered at Place)在指定目的地交货。即用 DAP 取代了 DAF、DES 和 DDU 三个术语,DAT 取代了 DEQ,而且扩展至适用于一切运输方式。

(4)取消了“船舷”的概念,卖方承担货物装上船为止的一切风险,买方承担货物自装运港装上船后的一切风险。在 FAS、FOB、CFR 和 CIF 等术语中加入了货物在运输期间被多次买卖(连环贸易)的责任义务的划分。

而且,考虑到大型区域贸易集团内部贸易的特点,新版通则规定 Incoterms 2010 不仅适用于国际销售合同,也适用于国内销售合同。

5. 2007年《跟单信用证统一惯例》(UCP 600)

UCP 600(2007年修订版)是在 UCP 500 基础上进行了全面修订的最新版本,它在2006年10月召开的国际商会(ICC)巴黎年会上获得通过,2007年7月1日起实施。作为信用证领域最权威、影响最为广泛的国际商业惯例,新修订的 UCP 600 将至少会在接下来的10年当中主宰全球范围内的信用证业务。

A letter of credit is a complex, practical instrument whose governing principles have developed over time as a result of customary banking practice. The UCP is an internationally recognized and globally accepted set of rules governing the use of documentary credits. The rules are unique because they are generally accepted by practitioners in countries with diverging economies and rules for the administration of justice. The new edition of the UCP (UCP 600) is the sixth since the rules were first introduced in 1933.

Letter of credit transactions have been among the most popular international methods of payment, because they provide a relative degree of protection for both sellers and buyers. They are particularly suited to high-risk, high-value situations, and where a lack of trading history exists. It has been estimated that the value of letter of credit business is above one trillion USD per annum. Because letter of credit transactions are pedantic in their documentary requirements, they can be notoriously difficult — particularly for the exporter — due to the high level of documentary compliance required by the banks prior to the payment of funds. The International Chamber of Commerce (ICC) estimates that non-compliance in exporter documentation exists in about 70% of transactions, and this comes at a cost for the exporter. It has been estimated that in the UK alone, the cost of documentary discrepancies is in the order of £113 million per annum. Understanding the rules that govern these transactions therefore would seem to be the first step in "getting it right".

The Uniform Regulations for Commercial Documentary Credits of 1929 was the first attempt by the ICC to codify letter of credit rules, as private contract law. However, this first set of rules was introduced into banking practice in Belgium and France only, with banking associations in other countries willing to adopt them only after certain amendments. This resulted in the 1933 Uniform Customs and Practice for Commercial Documentary Credits. Subsequently these rules were revised in 1951, 1962, 1971, 1983, 1993 (referred to as UCP 500) and the new rules — the UCP 600 — applicable from 1 July 2007.

三、各国的商事法(Domestic Business Laws)

各国的国内法也是国际商事法律规范的重要渊源,在国际商法中仍然占有重要地位。一方面,国际条约、国际惯例的适用、效力皆来自于国内立法的规定;另一方面,国内法也直接调整国际贸易或商事关系,如当事人的能力、合同的效力基本上都由国内法规定,而商事争端的解决也多适用国内法。而且,当事人从事跨国经贸和商事活动,也可能选择某国的国内法作为准则,此时该商事关系的内容、当事人之间的权利义务等就由该国内法进行调整。作为国际商法重要渊源的各国国内法,其范围涵盖了实体法、程序法和冲突法。

需要指出的是,各国的国内商事法在大陆法系和英美法系,具有不同的表现形式。西方国家的法律体系主要分为大陆法系和英美法系,它们之间的主要区别如下。

(一) 大陆法系

大陆法系强调成文法的作用,结构上强调系统化、条理化、法典化和逻辑性,并将全部法律分为公法和私法。其形成于西欧,主要代表是法国和德国,其他国家和地区还有瑞士、意大利、比利时、卢森堡、西班牙、葡萄牙、荷兰、日本、整个拉丁美洲、非洲近东一些国家、美国路易斯安那州、加拿大魁北克省等。

从法律渊源来看,大陆法系作为成文法国家,宪法、法典以及其他的法律条例是大陆法系国家的主要法律渊源,判例在原则上不作为法的正式渊源。在结构上,大陆法系将法律分为公法和私法,前者指与国家状况有关的法律,包括宪法、行政法、刑法、诉讼法和国际公法;后者指与个人利益有关的法律,包括民法和商法。

大陆法各国都主张编纂法典,但各国在法典的编制体制上却不完全相同。以民商法而言,即分为民商分立和民商合一两种编制体例。

(二) 英美法系

英美法系又称为普通法系,传统上以基于以往判决的判例而逐步形成的一种在全国普遍通用的法律为主，分为普通法和衡平法两部分。其形成于英国，主要代表是英国和美国，其他国家和地区还有加拿大、澳大利亚、马来西亚、爱尔兰、新加坡、巴基斯坦等。

从法律渊源来看，判例曾是英美法的主要渊源，其基础是"先例约束力"原则，即法院在判决中所包括的判决理由必须得到遵循。但19世纪末20世纪初成文法在英美法系国家的比重和作用不断上升，成文法也成了英美法的重要渊源。在结构上，英美法系分为普通法和衡平法，前者是通过国王法院的判例逐步形成的一种全国普遍适用的法律；后者是在14世纪，为补充和匡正普通法的不足，由英国枢密法院发展起来，不受普通法约束，按公平与正义原则作出判决的判例法。

作为英美法系的国家，美国比英国更重视成文法。美国不仅有联邦成文法，还有州成文法；在商法领域，还专门修订了《美国统一商法典》以及一系列的反托拉斯法，对规范公司，尤其是大公司的行为有重要影响。

The national sources of international business law are business laws found within the legal systems of different countries. National law is certainly one of the most important sources of international business law, and it refers to all rules and norms made by a state. As one of the important sources of international business law, national laws from different countries have a full scope, including substantive law, procedural law and law of the conflict of laws. ①

Conflict of Laws

It is a common occurrence that a number of laws will apply to one controversy. If one applies the wrong contract law, this could lead to unfavorable results. For example, if one is injured by a defective product, it is very important to choose the correct contract law. For example, common law contracts does not provide for product liability. International contract law excludes consumer protection. However, commercial contracts provide maximum consumer protection. Obviously, an injured person would prefer to apply commercial contract law in product liability cases. This is clearly the concept of "conflict of laws".

One method to determine the appropriate law is to look at the subject-matter of the case. For example common law contracts generally apply to private, non-merchant, intangible, labor transactions. If the contracting parties fall within one the above categories, one must use common law contract to resolve the dispute. Commercial contracts involve merchant who sell tangible movable goods. If the transaction involves a merchant, one must apply commercial contract law. International contract law is applicable to merchants of different countries licensed to do business in the respective countries and the merchants sell tangible movable goods. If the dispute involves two merchants of different countries, the court must apply commercial law. One method to determine the appropriate law is to determine the subject-matter of the case.

Another method to determine the appropriate is whether or not one will apply domestic law or international law. Treaties and conventions will describe the subject-matter of the treaty or

---

① 张学森：《国际商法（英文版）》（第二版），复旦大学出版社，2018年9月版，第17页。

convention. If a disputes arises between parties of different countries, which law will the domestic court apply. If the treaty or convention has been properly ratified and incorporated into the body of laws of the nation state, then the court is obligated to apply the treaty or convention even if the treaty or convention conflicts with domestic laws.

Another method to resolve conflict of laws issues is when the parties choose an appropriate law in the contract itself. The United Nations Convention for the International Sales of Goods provides that parties who are residence of a non signatory nation may choose the convention as the governing law. Generally, courts will enforce this provisions so long as the parties entered into the agreement on a voluntary, knowing and intelligent basis. Furthermore, the court will require that there be a significant relationship to the forum state and that enforcement of the agreement does not contravene the public policy of the forum state.

In the absence of the above factors, the court will apply the "significant relationship test" to determine the appropriate law. The "significant relationship test" usually applies to whether or not a law of a different state or nation should be applied by a domestic court. In applying the "significant relationship test" the court looks at the following factors:

1. Where the defendant resides.

2. Where the plaintiff resides.

3. Where the cause of action arose.

4. Where the contract was entered into.

5. Whether or not in applying a different law will lead to a different outcome.

6. Whether application of the foreign law will contravene public policy of the forum state.

7. Whether or not the legislative branch has authorized the application of the foreign law.

The above methods are used to resolve conflict of law issues.

第三节 中国民商法概述
1.3 Introduction to the Civil and Commercial Laws of China

一、中国民商法概述(Introduction)

(一) 民法的概念

1. 民法的概念

民法(Civil Law)一词是从罗马法中的市民法(jus civile)沿袭而来。日本学者在明治维新时期引入民法的概念,中国在清朝末年维新变法时从日本引入民法一词,并开始制定近代民法。根据我国《民法典》第2条的规定,民法是调整平等主体的自然人、法人和非法人组织之间的人身关系和财产关系的法律规范的总称。由此可见,我国民法以平等主体之间的财产关系和人身关系作为自己的调整对象。

2. 民法的调整对象

作为民法调整对象的财产关系,是指人们在产品的生产、分配、交换和消费过程中形成的具有经济内容的关系①。财产关系具有以下三个特征：第一，财产关系以财产为客体。随着商品经济的发展，财产的范围日益扩大，包括物质性财产和非物质性财产。物质性财产是指能够为人掌握、控制，可以在人类社会生产经营活动中和人的生活中加以利用的物质资料，包括土地、矿藏等天然资源和房屋、家具、书籍等人类劳动创造的以各种物质形态出现的产品。非物质性财产是指对人具有经济价值的非物质事物，往往被作为获得物质性财产的手段而存在。非物质性财产主要包括：①智慧财产，如文学作品、发明创造等。②具有经济价值的权利，如用益物权、股权等。③劳动力。第二，财产关系以经济利益为内容。体现主体的经济利益，以经济利益为内容，也是财产关系区别于其他社会关系的重要特征。第三，财产关系体现的经济利益可以与特定主体相分离。除劳动力外，其他财产是可以与主体相分离，脱离特定主体的支配转由其他主体支配的，即可以转让和继承。

作为民法调整对象的人身关系，是指人与人之间基于彼此的人格或身份而形成的，以主体的人身利益为内容的社会关系，分为人格关系和身份关系两种。人格关系，是指因民事主体的人格利益而发生的社会关系，主要包括生命权、健康权、名称权、肖像权等关系。身份关系，是指基于一定的身份而产生的社会关系，主要包括亲属、监护等关系。民法调整的人身关系具有两个特征：①不具有直接的经济内容，不能直接用金钱价值来衡量；②通常都不能转让和继承，具有一定的人身依附性。

民法调整的人身关系与财产关系有着密切的联系。某些人身权的行使，可以使公民或法人获得财产利益；某些人身权是民事主体从事的商品经济活动与他人发生经济联系的前提。所以，在确定民法的调整对象时，不能将财产关系和人身关系完全割裂开来。

3. 民法的基本原则

民法具有自己的基本原则，其效力贯穿于民法始终，体现民法的基本价值。民法的基本原则集中反映了民事立法的目的和方针，是民事立法、执法、守法和研究民法的总的指导思想和基本准则。根据《民法典》的规定，我国民法的基本原则包括平等原则、自愿原则、公平原则、诚实信用原则、守法和公序良俗原则、绿色原则。

（二）商法的概念

1. 商法的概念

商法又称为"商事法"（Business Law 或 Commercial Law），是调整有关商事关系的一系列法律规范的总称。对商法的这一定义，可以从两个方面来分析：一方面，它说明商法是以商事关系作为自己的调整对象的法律部门；另一方面，它说明商法是由一系列法律规范所构成的一个法律体系。

2. 商法的调整对象

作为商法调整对象的商事关系是一种财产关系，它是指商事主体按照商事法律的规定从事各种以营利为目的的营业活动所发生的财产关系。商法是一种私法，它所调整的关系是一种私人关系，但它不调整全部私人关系，而只调整私人财产关系②。私人财产关系是指人们在

---

① 王利明：《民法》，中国人民大学出版社，2000 年 6 月版，第 8 页。
② 传统上，法律有公法与私法之分。公法调整的是公共管理关系，私法调整的是私人之间的关系。其中，私人关系包括私人财产关系和私人人身关系。

物质资料生产、分配、交换和消费过程中所形成的经济利益关系。私人财产关系具有平等性、自愿性和有偿性的特征,反映了商品经济关系的客观要求。一切商事主体都享有一定范围的人身权,比如商事主体的名誉权等。但商事主体的人身关系并不为商法所调整,而由民法来调整。商法之所以不调整人身关系,是因为商法所调整的商事关系是以营利为目的的经营关系,人身关系不具有营利性特征①。

商事关系是一种经营性财产关系。商法所调整的商事关系是一种私人财产关系,但商法并不调整全部私人财产关系,而只调整商事财产关系。营利性是商事财产关系的本质特征,非商事财产关系不具备营利性特征。由此可见,商法所调整的商事关系是商事主体以追求利润为目的而营运其财产所形成的财产关系,是一种商事经营关系,其核心特征在于它的营利性。所谓营利,是指以金钱、财物、劳务等为资本而获取经济上的利益。

3. 商法是一个法律体系

商法是一系列法律规范的总称,就是说,商法是由各种商事法律规范所构成的一个体系。在采用民商合一的体例下,除了有关商法的一般性规则纳入民法典之中外,其他具体商事法律均采用单行法的形式。在采用民商分立的体例下,在商法典之外,仍然有许多商事单行法存在。此外,无论是民商合一还是民商分立,都存在着相关商事法律的实施细则,构成商法的有机组成部分。

商法体系的构建,服从于商法所调整的社会关系。作为商法调整对象的商事关系,由商事主体和商事行为两大要素构成。相应地,商事法律体系就由商事主体法和商事行为法两大部分构成。商事主体法是关于商事主体资格的取得、变更或者消灭的规则。在现代社会,商事主体主要表现为某种形态的商事组织,如商事公司、合伙企业、个人独资企业,以及国有企业、集体企业、外商投资企业和各类金融机构等。在我国,有关商事主体方面的法律主要有:公司法、合伙企业法、个人企业法、外商投资企业法,以及破产法等。商事行为法是关于商事主体从事各种商事经营活动的行为规则。由于商事行为又体现为各种形式的商事交易,所以又称为商事交易法。目前,我国调整商事交易方面的法律主要有:合同法、证券法、证券投资基金法、信托法、保险法、票据法、商业银行法,以及海商法等;而期货交易法,正在起草过程中。

需要指出的是,一方面,关于商事主体法和商事行为法的区分,只是一种学理上和逻辑上的分析。实际上,往往商事主体法中有行为的内容,特别是那些与商事组织本身有着密切联系的交易行为;在商事交易法中除合同法属于单纯交易法外,其他各种交易法往往都存在有关主体的内容。另一方面,我国的商事立法具有明显的民商合一特征,即有关一般性的商事行为,都被固定在合同法之中。我国合同法所规定的 15 种有名合同中,除赠与、无偿性保管、委托、居间即个人消费买卖等合同外,其他均具有商事合同性质。由于我国法学概念中,合同法属于民法的一部分,所有的合同均被视为民事合同,因而人们往往容易忽略合同也是商事行为的一种,而且是一种基本的商事行为。

4. 商法的特征

商法具有自己的鲜明特征,可以从若干个方面进行分析,主要包括商法的私法性与公法

---

① 施天涛:《商法学》(第二版),法律出版社,2004 年 8 月版,第 3—4 页。

性、国内性与国际性、实体性与程序性，以及冲突性与协调性、伦理性与技术性、稳定性与进步性等。

（1）商法的私法性与公法性。商法本质上属于私法，对于其所调整的私人关系主要采用自由主义，如合同自由原则、企业自治原则等；虽然现代商法以私法规定为中心，但为了保障其私法之规定的实现，又多采取强制干涉主义，从而导致了商事法的公法化倾向。

（2）商法的国内性与国际性。毫无疑问，商法属于国内法范畴；但自近代以来，国际贸易往来频繁，各国在长期经贸交往中逐渐形成了一些普遍接受的贸易惯例和习惯做法。商法的国际性在各种商事法律中都有不同程度的体现，在海商法、票据法等领域中，尤为明显。

19世纪以来，商事法律的国际法统一运动一直没有间断过，1960年代以后商法的国际化倾向更加明显。各国制定了一系列有关商事的国际条约或公约，如1874年《世界邮政协约》、1910年《船舶碰撞及海难救助统一公约》、1930年《日内瓦统一票据公约》、1931年《日内瓦统一支票公约》、1978年《国际海上货物运输公约》、《国际汇票和国际本票公约》、1980年《联合国国际货物买卖合同公约》等。

（3）商法的实体性和程序性。商法当然是实体法，但同时也具有非常强烈的程序性。商法中的程序性规范有诉讼程序规范和非诉讼程序规范之分。

商法中最为典型的诉讼程序规范有：一是破产程序（bankruptcy procedure），即在破产法中相当多的内容都是关于司法程序上的规定，如破产宣告、债权人会议、破产清算以及破产和解、破产整顿等；二是公司法中的股东派生诉讼（shareholder derivative litigation），即股东间接诉讼或股东代表诉讼，是指当公司利益受到不法侵害时由股东代表公司提起的诉讼；三是证券集团诉讼（class action），在证券欺诈所引起的民事损害赔偿诉讼的原告往往人数众多，所以往往采取集团诉讼的方式，而证券法通常会对这种集团诉讼程序予以专门规定。

商法中的非诉讼程序规范，更是随处可见。例如，公司法中的公司设立程序、股东会议程序、董事会议程序、分立与合并程序、解散与清算程序等；证券法中的证券发行与交易程序等；票据法中的票据承兑程序、见票程序、付款程序、行使追索权程序，以及票据遗失后的挂失止付程序等；保险法中的索赔与理赔程序等；商业银行法中的各种银行业务的办理程序，如银行贷款程序、结算程序，以及客户账户的查询、冻结、扣划程序等。

可见，在商法中，实体规范与程序规范并重，几乎每一个实体权利都会有相应的程序规范，其目的无非在于确保当事人权利的实现。

（三）民法与商法之间的关系

民法有广义和狭义之分，广义上的民法是指包括商法在内的所有私法之全体，狭义的民法是指除去商法及其他特别私法之部分私法①。广义的民法包括商法和狭义的民法。

民法与商法具有十分密切的关系，所以常常被并称为"民商法"。一般而言，民法调整平等主体之间的财产关系和人身关系，而商法调整平等主体之间的商事关系，二者是一般法和特别法的关系。在商事关系的调整中，民法的一般性规定如民法中的权利能力、行为能力规定以及诚信原则等，都适用于商事关系。

---

① 史尚宽：《民法总论》，中国政法大学出版社，2000年3月版，第6页。

同时,商法作为专门调整商事关系的特别法,在许多方面存在特殊性。首先,商法所调整的范围局限在商事关系,且是一种比较纯粹的财产关系。其次,营利性是商事行为的最主要特征,商事关系仅发生在持续的营业中,而一般的民事行为并不以营利动机为必然要素。再次,商法的效力优先于民法。商法是特别法,依照特别法优先于普通法的原则,关于商事关系,应首先适用商法的相关规定。

随着我国社会主义市场经济体制的建立和发展,商事立法也渐趋完善,其在社会经济生活中的地位也越来越重要。当前我国已经制定的主要商事法律有公司法、证券法、票据法、保险法、海商法等。本章以下各节使用"民法",意为广义的民法。

（四）我国民事立法概况

一般来说,民法典应包括总则、人身权法、物权法、债权法(合同法、侵权行为法)、知识产权法、亲属法、继承法等。至目前,我国的民事立法,已经基本形成了适应社会主义市场积极发展需要的民事法律体系——《民法典》,以及最高人民法院发布的大量司法解释。

需要特别指出的是,被誉为"新时代人民权利的宣言书"、"社会生活的百科全书"的新中国第一部以法典命名的法律,《中华人民共和国民法典》于2020年5月28日十三届全国人大三次会议表决通过,自2021年1月1日起施行。我国《民法典》是在法律体系中居于基础性地位,是市场经济的基本法。《民法典》共7编、1 260条,各编依次为总则、物权、合同、人格权、婚姻家庭、继承、侵权责任,以及附则。我国《民法典》生效施行后,《婚姻法》《继承法》《民法通则》《收养法》《担保法》《合同法》《物权法》《侵权责任法》《民法总则》同时废止。

China's Civil Code was adopted at the closing meeting of the annual session of the 13th National People's Congress on May 28, 2020, and took effect on Jan. 1, 2021. In addition to general and supplementary provisions, the Civil Code, the world's latest modern-day civil law, includes six parts on real rights, contracts, personality rights, marriage and family, inheritance, and tort liabilities.

Since the founding of the People's Republic of China in 1949, the Chinese have long yearned for a civil code of their own, the earlier four attempts to draft a civil code since the 1950s did not succeed due to various reasons. Compiling a civil code, a decision made by the central leadership in 2014, has been deemed as a "must-do" to promote the country's rule of law and modernize state governance, and as a crucial move in building China into a moderately prosperous society by 2020. The Civil Code is a milestone in developing the socialist legal system with Chinese characteristics, and will boost the modernization of China's system and capacity for governance. "

二、中国涉外商事法律制度(China Legal System for Foreign International Business Transactions)

（一）中国涉外商事法律制度的概念与基本原则

涉外民商事法律制度是指一国用以调整涉外商事交易中所发生的各种商事关系的法律规范的总称。我国涉外商事法律制度有着自己的基本原则,构成我国涉外商事立法、司法应当遵守的基本准则,同时也是我国自然人、法人及其他经济实体参与涉外商事交易所应当遵守的基本准则。

1. 尊重国家主权,维护国家利益

尊重国家主权和维护国家利益是我国一切对外交往活动必须遵循的基本原则。尊重国家主权要求国与国在经济交往中,要相互尊重对方的经济自主,不得以任何手段控制、操纵他国的经济命脉,同时也要遵守双方国家的法律的管辖。维护国家利益要求当事人在进行涉外商事交易时应维护本国的经济利益,而不能以损害国家和民族的利益来满足自己的私利。

2. 坚持平等互利,尊重各方意愿

坚持平等互利要求国与国之间应在法律地位平等的基础上进行经济合作;而对于自然人、法人及其他经济实体来说,坚持平等互利要求其在从事涉外商事交易中体现彼此权利义务的对等,要在充分尊重彼此意愿和切实保障各方合法利益的基础上开展商事交易活动。

3. 信守国际条约,尊重国际惯例

凡我国缔结或参加的国际条约同我国法律有不同规定的,以国际条约的规定为准,但我国已声明保留的除外。国际惯例是国际商事交往实践中衍生出来的、被普遍接受的规范。尊重国际惯例要求进一步完善我国的涉外商事立法,使之尽可能地与国际惯例接轨。在处理我国涉外商事立法没有明确规定的问题时,应按国际惯例来处理,以减少执法中的摩擦和冲突。

(二) 中国涉外商事法律制度的渊源

中国涉外商法的渊源包括国际渊源和国内渊源。

1. 国际渊源

我国涉外商法的国际渊源,包括我国缔结或参加的国际商事条约,以及国际商事惯例。关于国际商事条约,除我国参加的国际商事公约外,还包括我国与世界许多国家和地区签订的贸易协定、保护投资协定、避免双重征税协定等国际商事协定,这些多边或双边的国际商事条约、协定,是我国涉外商法的重要渊源。

关于国际商事惯例,只要我国当事人在对外商事交往关系中选择适用某惯例规则,则该惯例规则即对该当事人具有相当于法律的约束力。我国《民法典》第10条规定:"处理民事纠纷,应当依照法律;法律没有规定的,可以适用习惯,但是不得违背公序良俗。"我国原《民法通则》第142条规定,对于中国法律和中国缔结或者参加的国际条约没有规定的,可以适用国际惯例。实践中,我国对国际商事活动中的国际惯例,历来给予高度重视,并严格予以遵守。

2. 国内渊源

因受经济发展水平等多种因素的制约,我国与世界上大多数国家一样,目前还无法做到对涉外商事活动和国内商事活动完全同等对待,这种背景下,我国制定的有关涉外商事方面的法律、法规就成为我国涉外商法的国内渊源,其内容主要涉及下列几个方面对外贸易、货物运输、海商法律、知识产权保护、产品责任、金融服务、利用外资、涉外税收、涉外商事诉讼与仲裁等方面。

【案例分析】

Case 1-1[①]   **Gaskin v. Stumm Handel GMBH**

390 F. Supp. 361 (1975)

United States District Court

(S. D. N. Y)

Background and Facts

The plaintiff, a U. S. citizen, entered into contract with the German firm of Stumm Handel, the defendant. The contract presented to the plaintiff was written entirely in German. Without being able to speak or read German, the plaintiff signed the contract. He never received an English language version. At the time of the signing of the contract, however, the terms of the contract were explained to him in English. One of the terms of the contract, known as a "forum selection clause", provided that any dispute that might arise between the parties would be settled in the courts of Germany. Later, when the parties reached a disagreement, the plaintiff brought this action against the defendant in the United States, contending that his failure to understand German rendered the forum selection clause invalid.

Cannella, District Judge

With regard to such translation, Gaskin asserts that " I was never informed that by executing the contract, I was consenting to the Republic of West Germany as the forum within which I must submit all controversies" and that "had I known this, I would not have agreed to the same, as such an obligation is onerous and unconscionable, and a deterrent to bringing any actions whatsoever. " …We find that I making the foregoing assertions, Gaskin flies in the face of well-settled contract law principles and has failed to sustain his burden.

It is settled proposition of contract law in this state and nation that "the signer of a deed or other instrument, expressive of a jural act, is conclusively bound thereby. That his mind never gave assent to the terms expressed is not material. If the signer could read the instrument, not to have read it was gross negligence; if he could not read it, not to procure it to be read was equally negligent; in either case the writing binds him. "

While Mr. Gaskin's apparent "blissful ignorance" with regard to the contract under which he was to render his labors to the defendant strikes us as highly incredible as a matter of common sense, we take note of certain facts which are relevancy to the disposition of this matter. It must be remembered that Mr. Gaskin is not an ignorant consumer, unlearned in the language of the contract, who has become entangled in the web of a contract of adhesion through the overreaching of other unconscionable practices of defendant. The contract at bar does not involve the credit sale of a

---

① Richard Schaffer, Beverley Earle and Filiberto Agusti, *International Business Law and Its Environment*, *Sixth Edition*, West Legal Studies in Business, 2005.

refrigerator or color television set, but rather compensation of some $36,000 per anum for Mr. Gaskin's services as the manager in charge of the defendant's New York operations which were to be conducted under the name Stumn Trading Company. His office (Park Avenue, New York City) is not located in an area which would have precluded his easy access to a competent translation of the involved document. There existed no emergency condition or other exceptional circumstances at the time plaintiff entered into this contract; conditions which might now server to excuse his present plight...

Thus, we find that the instant transaction was a commercial arrangement of a nature which warranted the exercise of care by Mr. Gaskin before his entry into it and that his conduct with regard to this undertaking can only be characterized as negligent, the consequences of which he must now bear...

We, therefore, decline to exercise our jurisdiction over this cause in deference to the contractual forum. An order dismissing this action will be entered.

Decision

The Court dismissed the plaintiff's action, holding that the plaintiff's failure to speak or read German was hot grounds for invalidating any of the provisions of the contract.

Analysis

From this case, we understand that: "If the signer could read the instrument, not to have read it was gross negligence; if he could not read it, not to procure it to be read was equally negligent; in either case the writing binds him. "

It tells us that the so-called duty to read is not a true duty owed to the other party to the contract. Rather, it refers to the consequence that a party must read the contract or be bound to what he fails to read.

第二章 商事组织法
Chapter Two　Law of Business Organizations

【本章要点】
- 商事组织的概念
- 普通合伙企业
- 有限责任合伙与有限合伙
- 有限责任公司与股份有限公司
- 公司治理结构与社会责任

Key Terms

Business organizations include many various forms, such as sole proprietorship, partnership, incorporated company, trust and franchise. When taking a certain form, you should consider many factors, including the purpose of the business, its duration, the cost, the taxation, the procedure being simple or elaborate, the type of assets which the business organization will be acquired, whether the members' interest should be transferable and whether the form should be adopted in homeland or overseas and so on.

A partnership is a type of business entity in which partners share with each other the profits or losses of the business undertaking in which all have invested.

Partners' liability All partners will be liable under it where a firm incurs a debt or obligation. A partnership is not a legal entity. A partner in a firm is liable jointly with the other partners for all debts and obligations of the firm incurred while he or she is a partner, and after his or her death his or her estate is also liable for those debts and obligations, so far as they remain unsatisfied.

Limited partnership (**LP**) is a form of partnership similar to a general partnership, except for one or more general partners, there are one or more limited partners. The general partners are, in all major respects, they have management control, share the right to use partnership property, share the profits of the firm in predefined proportions, and have joint and several liabilities for the debts of the partnership. But the limited partner(s) cannot participate in the management and control of the partnership's business.

Limited liability partnership (**LLP**) is a partnership in which some or all partners (depending on the jurisdiction) have limited liability. It therefore exhibits elements of partnerships and corporations. In an LLP one partner is not responsible or liable for another partner's misconduct or negligence. This is an important difference from that of a limited partnership. In an LLP, some partners have a form of limited liability similar to that of the shareholders of a corporation.

Corporation Corporate is the most important type of business organization in the world, it generally is set up by two or more persons carrying on a business for profits. Corporations are distinguished from a wider spectrum of organizational forms, such as partnerships, trusts, unincorporated associations, guilds or sole proprietorships. When it is registered a corporation becomes a separate legal entity. Corporation is liable for its debts and obligations.

第一节　概　述
2.1　Introduction to Law of Business Organizations

商事组织,即以企业为主的营利性组织。企业是指依法成立并具有一定的组织形式,以营利为目的的独立从事商业生产经营和商业服务活动的经济组织。企业的法律特征主要有:①形式上:企业是一种组织体;②社会功能上:企业独立从事商事活动;③设立目的上,具有营利性,即企业以营利为目的;④法律要求上:依法设立,并具备一定法律形式,主要包括个人独资企业、合伙企业、公司企业①。

People wishing to commence a business have a variety of questions to consider before deciding to launch the venture. The chief is which business organization should be adopted: sole proprietorship, or partnership, or incorporated company, or other forms?

A number of factors have to be considered, including: the purpose of the business, its duration, the cost, the taxation, the procedure is simple or elaborate, the type of assets which the business organization will be acquired, who should be entitled to participate in income distributions, who should be entitled to participate in capital distributions, whether the members' interest should be transferable, whether the form should be adopted in homeland or overseas, or in a certain State or Territory, the function of the members of the business organization, i. e. whether each member should be act for and bind it, or whether the management should be vested by them.

You may take the advice from lawyers, accountants and other business advisers. Then you take them into account and make the ultimate decision.

In the chapter, the forms of organization discussed are: sole proprietorship, partnership, company and China foreign investment enterprises.

一、个人企业 (Sole or Individual Proprietorship)

个人企业,即个人独资经营企业,是由一名出资者单独出资并从事经营管理的企业。我国的个人企业形式主要是个人独资企业,是指依照个人独资企业法在中国境内设立的,由一个自然人

---

① 张学森:《经济法》(第二版),上海财经大学出版社,2010 年 2 月版,第 137 页。

投资,财产为投资人个人所有,投资人以其个人财产对企业债务承担无限责任的经营实体。

个人企业是企业三种基本形式中的一种,它有三个基本特征,反映了它与其他企业形式的区别。

(1)个人企业是由一个自然人投资的企业。这项特征是要求个人独资企业的投资主体必须是自然人,投资形式是独资即一个人的投资,非自然人的投资和两个人以上的投资,都不符合个人独资企业的基本属性。

(2)个人企业的投资人以其个人财产对企业债务承担无限责任。这是由于个人独资企业为投资人个人所有,收益归其个人,企业风险也应由其个人承担;投资人投资于个人独资企业的财产和其他个人财产是不可分离的,这就构成清偿企业债务的基础。

(3)从法律性质上而言,个人企业不具有独立的法人资格,它的财产与出资人的个人财产混同。这个特征与上述两个特征紧密联系,这种非法人性,使得投资者须以其个人财产对企业债务承担无限责任。

个人企业设立方便,手续简单,无最低资本出资要求,法令限制较少;一般投资者就是企业的所有人,所有权与决策权统一,决策迅速,且利润独享,保密性较强;个人企业税负较轻,其出资者只需缴纳一次个人所得税,而不必像公司企业的股东,在公司缴纳了法人的所得税后,股东仍须缴纳个人所得税,即"双重纳税"。但个人企业的投资者须对企业债务负无限清偿责任,风险较大;个人企业往往财力有限,融资能力较差,企业的管理很大程度上取决于投资者个人素质。

二、合伙企业(Partnership)

根据我国《合伙企业法》第2条规定,合伙企业是指自然人、法人和其他组织依照本法在中国境内设立的普通合伙企业和有限合伙企业。普通合伙企业由普通合伙人组成,合伙人对合伙企业债务承担无限连带责任。本法对普通合伙人承担责任的形式有特别规定的,从其规定。有限合伙企业由普通合伙人和有限合伙人组成,普通合伙人对合伙企业债务承担无限连带责任,有限合伙人以其认缴的出资额为限对合伙企业债务承担责任。同时,《合伙企业法》第3条规定,国有独资公司、国有企业、上市公司以及公益性的事业单位、社会团体不得成为普通合伙人。

作为人类社会最古老的企业组织形式之一,合伙企业极具灵活性和顽强生命力。随着经济的发展,在最初的普通合伙企业(general partnership)的基础上,欧美各国逐步衍生出有限合伙(limited partnership)、有限责任合伙(limited liability partnership)等各类形式的合伙企业,它们之间既相联系又存在着微妙的差别。我国新修订的《合伙企业法》也在原规定的普通合伙企业基础上,引进了有限合伙和有限责任合伙制度。

1. 合伙企业的优点

合伙企业在经营管理上,具有较大的自主性和灵活性,其优点主要有:

(1)设立手续比较简单,费用较少;

(2)合伙企业的资本来源比个人企业广泛,它可以充分调动企业和合伙人个人的力量,有利于增强企业经营实力、扩大经营规模;

(3)相对于独资企业而言,合伙企业的风险和责任要分散一些,因为,一般而言,每个合伙

人均有参加管理的权利,合伙人共同承担合伙企业的经营风险和责任;

（4）税收负担较轻,合伙企业和个人独资企业一样,无须缴纳企业所得税,合伙人只需将从合伙企业分得的利润与其他个人收入汇总缴纳一次所得税即可;

（5）法律对合伙企业的干预和限制较少,一般不要求其公开企业账目和年度报告。

2. 合伙企业的主要缺点

（1）相对于公司而言,合伙企业的资金来源和企业信用能力有限,合伙人的数量有限,且不能发行股票和债券,难于募集大量资本,这使得合伙企业的规模不可能太大;

（2）合伙人的责任比公司股东的责任大,合伙人之间的连带责任使合伙人需要对其合伙人的经营行为负责,更加重了合伙人的风险;

（3）在普通合伙企业中,每个合伙人都有权参与管理,不利于企业管理的集中和统一,不利于实行有效管理;

（4）由于合伙企业具有浓重的人合性,合伙人破产、死亡或退伙都有可能导致合伙企业解散,因而其存续时间不稳定;

（5）合伙企业整体上对企业债务承担无限责任,尽管有限合伙和有限责任合伙对合伙企业的内部责任进行划分,但是这种划分本质上没有改变合伙企业整体上对企业债务承担无限责任的特征。

三、公司企业(Corporation)

公司是指依照公司法的规定设立的,以营利为目的的法人组织。一般而言,公司具有独立的法人资格,能够以自己的名义独立地享受权利和承担义务。这意味着公司的人格和股东的人格相对独立。

我国《公司法》规定了有限责任公司和股份有限公司。有限责任公司,是指由股东出资组成的,股东对公司的债务以其出资额为限承担有限责任,公司以其全部财产对外承担责任的企业法人。股份有限公司,也称股份公司,是指公司的资本分成若干等额的股份,由一定人数以上的股东组成,股东以其认购持有的股份为限对公司承担有限责任的公司。因此在我国,公司的股东均承担有限责任,公司均具有独立的法人资格。

1. 公司企业的优点

公司作为一种最常见、最普遍的企业组织形式,也有其利弊。其优点主要有:

（1）股东一般仅以其出资为限承担有限责任,从而减少了股东投资风险;

（2）公司一般具有法人资格,能够以自己的名义对外独立享受民事权利承担民事责任;

（3）公司具有较强的筹资能力,股份有限公司还可以获准在证券交易所上市,能迅速扩大企业规模;

（4）公司由于资产规模较大、经营范围较广,一般经营权与所有权分离,聘请职业经理人,管理更有效率。

2. 公司企业的主要缺点

（1）设立程序复杂,一般有最低注册资本数额要求;

（2）法律对公司的监管规制较多,上市的股份有限公司还应定期向社会公开其营业情况和财务情况,保密性不强;

（3）所有权和经营权分开，会产生复杂的委托—代理关系；

（4）在股权分散的上市公司中，许多小股东缺少对企业长远的关心，购买股票是为了取得股利和从股票升值中取利；

（5）公司的税负较重，法律既对公司征收企业所得税后，又对股东就公司分配的收益征收个人所得税，即存在"双重纳税"问题。

四、跨国公司（Transnational Corporation，TNC）

跨国公司，又称多国公司，是指以本国为中心，通过直接投资等形式，在不同国家或地区设立的分支机构、子公司或其他企业形式，从事跨国性生产经营活动的经济组织。从法律上看，跨国公司并非严格法律意义的公司，而是国际上公司之间的特殊形式。跨国公司的雏形最早出现在16世纪，成长于19世纪70年代之后，是企业跨国经营的重要载体和重要组织形式，是国际经济一体化、全球化的重要表现，是科技进步和社会生产力发展的必然产物。

根据定义，跨国公司具有如下特征：

（1）跨国性。跨国公司一般都以一个实力雄厚的大型公司为主体，通过对外直接投资或收购当地企业的方式，在许多国家设立子公司或分公司。跨国公司所从事的经营活动是将技术、资金、商品、人才、信息等生产要素在国际进行全球范围内的优化配置，其经营空间超越了一国国界。

（2）实行全球战略和集中管理。跨国公司在制定战略和作出经营决策时，一般都从全球战略出发安排自己的经营活动，在世界范围内寻求市场和合理的生产布局，定点专业生产，定点销售产品，以牟取最大的利润。为了实现跨国公司的全球战略，公司一般都有一个完整的决策体系和最高的决策中心对整个公司进行高度集中的管理。各子公司或分公司虽各自都有自己的决策机构，可以根据自己经营的领域和不同特点进行决策活动，但其决策必须服从于最高决策中心。

（3）公司内部一体化。跨国公司是由它分布在各国的各实体所组成的企业，其内部各实体之间并非简单地组合，而是通过各种复杂的控制关系有机地联系在一起，为了共同的战略目标，并在母公司的统筹安排下，彼此分享资源、信息和分担责任，在全球范围内开展生产经营活动。这是跨国公司得以实现其全球战略的关键所在。

（4）国际风险的多元性。跨国公司组织形式的复杂性、投资主体的多元性以及经营活动的跨国性，使得跨国公司除了一般国内企业面临的经营风险，还必须面临和承受政治风险、法律风险、证券风险等国际风险，其在经营活动中承担的法律责任也加大。一般而言，其承担的法律责任主要根据跨国公司内部关系来认定。如总公司一般要承担分公司的法律风险，子公司要独立承担法律风险，母公司一般只按自己所控股的比例承担风险。

跨国公司一方面促进了国际的商品贸易流通和发展，将资金、技术、产品等生产要素在国际范围内进行了合理布局配置，创造出最大的经济效益；另一方面，由于跨国公司以其拥有雄厚的资本，在世界范围内追逐高额利润，对母国和东道国的政治、经济、法律和外交都产生了巨大影响，包括了一些消极影响，如环境污染、干涉东道国内政外交等等。

因此，各国与一些国际组织，特别是发展中国家纷纷要求对跨国公司的活动进行一定程序的国际监督和管制，以消除其消极影响。为此，联合国国际投资和跨国公司委员会（U. N.

Commission on International Investment and Transnational Corporations）①于 1982 年草拟了《联合国跨国公司行为守则（草案）》（Draft United Nations Code of Conduct on Transnational Corporations）。

根据该《守则》，"跨国公司"一词，系指一种企业，它可以是公营企业、也可以是私营的或公私合营的企业。构成这种企业的实体分布于两个或两个以上的国家，不论其法律形式和活动范围如何。各个实体通过一个或数个决策中心，在一个决策系统的统辖之下开展经营活动，彼此有着共同的战略并执行一致的政策。由于所有权关系或其他因素，各个实体相互联系，其中的一个或数个实体，对其他实体的活动能施加相当大的影响，甚至还能分享其他实体的知识、资源，并为它们分担责任。

Transnational Corporations

The term "transnational corporation" as used in this code means an enterprise whether of public, private or mixed ownership, comprising entities in two or more countries, regardless of the legal form and fields of activity of these entities, which operates under a system of decision-making, permitting coherent policies and a common strategy through one or more decision-making centers, in which the entities are so linked, by ownership or otherwise, that one or more of them [may be able to] exercise a significant influence over the activities others, and, in particular, to share knowledge, resources and responsibilities with the others②.

第二节　合　伙　法
2.2　Partnership Law

一、合伙与合伙企业法概述

（一）合伙的概述

合伙作为人类社会最古老的企业形式之一，是极具灵活性和顽强生命力的一种企业组织形式。"合伙也许是人类群体本能最古老的表现形式"，这种经营方式早在公元前 18 世纪古巴比伦的《汉穆拉比法典》中已有规定③。到古罗马时代，合伙已成为一种制度成熟、形式多样的个人联合体。

---

① 联合国国际投资和跨国公司委员会（U. N. Commission on International Investment and Transnational Corporations），其前身是联合国跨国公司委员会，成立于 1974 年，是经社理事会的辅助机构，总部设在美国纽约。1994 年 7 月，经社理事会同意该委员会转为联合国贸发会议贸易和发展理事会的辅助机构，并改名为联合国国际投资和跨国公司委员会。该委员会的宗旨和任务是：研究跨国公司的定义、任务及其对政治、经济和社会诸方面所产生的影响；协助审查关于跨国公司具体问题的可行性措施或协议，并研究拟定共同协议的可能性；向联大提交关于本身行为活动的报告或有关建议；召开各类会议，研究跨国公司在实践活动中所产生的矛盾和问题；并制定跨国公司的行为守则，即不可侵犯他国选择自己经济和社会发展途径的权利，不可侵犯他国拥有自己领土上的自然资源和经济活动的权利，不可践踏当地政府的社会经济发展计划、法律制度和社会经济制度等。

② Draft United Nations Code of Conduct on Transnational Corporations：1（a），the UN General Assembly, 21 December 1990.

③ 《汉穆拉比法典》第 99 条规定："某人按合伙方式将银子交给他人，则以后不论盈亏，他们在神前摊分。"

早期的合伙,主要是一种契约关系,一般为"二人以上相约出资,经营共同事业,共享利益,共担风险的合同"①。这种契约关系渐渐发展成为合伙企业,即两个或两个以上的合伙人为共同经营事业、共同投资、共享利润、共担风险而组成的企业。最早出现的合伙企业形式主要是普通合伙企业,其主要特征是全体合伙人对企业的债务承担无限连带责任。

随着经济的发展,在最初的普通合伙企业(general partnership)的基础上,在欧美各国逐步衍生出有限合伙(Limited Partnership)、有限责任合伙(Limited Liability Partnership)等各类合伙性质的企业,它们相互之间,既相互联系,又存在着微妙差别②。

Partnership

Partnership is the relation which subsists between persons carrying on a business in common with a view of profit. Under Revised Uniform Partnership Act 1994, a partnership is stated as "an association of two or more persons to carry on as co-owners a business for profit"③ The requirements of a partnership are: two or more persons; carrying out a business; as co-owners; for profits.

The words "partnership" and "firm" have the same meaning in the common law. But neither the partnership nor the firm is a separate legal entity like a company.

(二) 合伙企业法的概述

合伙企业法是调整合伙企业设立、经营、变更过程中形成的各种法律规定的总称。

1. 西方国家关于合伙企业的法律

合伙作为一种古老的企业组织形式,早在古希腊,罗马时代就已广泛存在,有关合伙的法律规定也随之产生。例如,著名的《法学阶梯》中就设有专门一节对合伙做了规定。也有学者认为,上升到法律层面的合伙法律制度及受其约束的合伙制企业出现较晚,合伙企业法律制度就发端于中世纪的欧洲在地中海地区形成的商法(law of merchant)④。

在现代大陆法系中,合伙法主要规定在民法典和商法典的有关章节中。《德国民法典》第二编第705—740条规定了民事合伙,《德国民法典》第105—160条规定了商事合伙。《法国民法典》第三章第四章为"合伙"。

在英美法系国家,合伙法大都采取了单行法的形式。英国的普通法院早在17世纪就已接受了欧洲大陆发展起来的有关合伙企业权利义务的商法原则,但到1756年曼斯菲尔德就任首席大法官之后,有关合伙企业的商法原则真正形成系统的理论体系,成为英国普通法的一部分。英国1870年制定了合伙法,至今依然有效,该法对英美法系的其他许多国家的合伙法有较大影响。美国的合伙制度继承于英国的普通法原则,但其关于合伙的有影响的成文法的出现则是近百年的事。美国作为联邦制国家,其关于企业主体的立法权限属于各州的立法机关,没有统一的联邦合伙法。为消除各州合伙法之间的差异,美国统一州法委员会于1914年制订了《统一合伙法》(Uniform Partnership Act),该法目前已被除佐治亚州和路易斯安那州以外的所有州采用。

---

① 梁慧星:《民商法论丛》,第四卷,法律出版社,1996年版。
② 张学森:《国际商法》,上海财经大学出版社,2009年9月版,第34页。
③ Revised Uniform Partnership Act 1994 sec 101.
④ 沈四宝、郭丹:《美国合伙制企业法比较及对中国法的借鉴意义》,参见"中国民商法律网",http://www.civillaw. com.cn/article/default.asp? id=28956。

Uniform Partnership Act

Many countries normally have partnership act. England enacted its Partnership Act in 1890. In the United States legal experts drafted a Uniform Partnership Act (UPA) in 1914. The Uniform Partnership Act was originally promulgated by National Conference of Commissioners on Uniform State Laws ("NCCUSL"). [①] But 78 years is a long time in the reckonings of the law, and in 1992 the NCCUSL promulgated the first revision of the Uniform Partnership Act. Some clarifying amendments were added in 1993 and 1994. The 1994 revision was often referred to as the Revised Uniform Partnership Act (RUPA). The 1994 revision makes clarity on some confused problems. Later the NCCUSL revised the Uniform Partnership Act again in 1996 and 1997. The 1997 revision adds the provisions of the Limited Liability Partnership. When the 1996 and 1997 versions were also called RUPA, confusion arose. Because of this confusion, the NCCUSL now officially refers to each UPA version as "Uniform Partnership Act (year)," where "year" is replaced by the actual year that NCCUSL approved it. The State property law also impacts partnerships by defining ownership in a partnership and determining how the death of a partner changes the partnership structure. Federal law plays a minimal role in partnership law except in the context of a diversity action, or in instances where a partnership agreement contains an effective choice-of-law provision designating the application of federal law. In Australia the partnership act also exists. In common law the contents of these acts are similar to each other.

2. 我国的合伙企业法

改革开放以来,随着我国经济的发展,企业形态不断创新,合伙企业已经发展成为我国企业中的重要主体之一。1997 年 2 月 23 日,第八届全国人民代表大会常委会第二十四次会议通过了自 1997 年 8 月 1 日施行的《中华人民共和国合伙企业法》。该法的实施,对于确立合伙企业法律地位,规范其设立与经营,保护合伙企业及其合伙人的合法权益,鼓励民间投资,促进经济发展,发挥了积极作用。但是因处于社会主义市场经济体制建立初期,受当时的条件和认识局限,立法只对普通合伙,即所有投资者都对企业债务承担无限连带责任的合伙作了规范。随着社会主义市场经济体制的逐步完善,经济社会生活中出现了一些新的情况和问题,加之民间投资、风险投资以及专业服务机构发展对合伙组织形式的不同需要,使其难以适应当前经济与社会发展要求,迫切需要进行修改。

2006 年 8 月 27 日,十届全国人大常委会第 23 次会议修订的《合伙企业法》于 2007 年 6 月 1 日起施行。该法修改内容主要包括三方面:增加有限合伙制度;增加有限责任合伙制度(特殊的普通合伙企业);明确法人可以参与合伙,这与我国公司法第十五条关于限制公司对外投资的规定进行了必要衔接,即要求一般公司不得从事承担连带责任的投资,但法律另有规定者除外。因此,法人可以成为合伙企业中的有限合伙人。

---

① NCCUSL members must be lawyers, qualified to practice law. They are practicing lawyers, judges, legislators and legislative staff and law professors, who have been appointed by state governments to research, draft and promote enactment of uniform state laws in areas of state law where uniformity is desirable and practical. NCCUSL not only strengthens the federal system by providing uniform rules and procedures but also reflects the diverse experience of the states. NCCUSL statutes are representative of state experience, because the organization is made up of representatives from each state, appointed by state government.

China's Partnership Enterprise Law Revised

The Partnership Enterprise Law, originally promulgated on February 23, 1997, was amended on August 27 2006 by the Standing Committee of the National People's Congress (NPC). The amended Partnership Enterprise Law (the Revised Partnership Law), came into effect on June 1, 2007.

The Partnership Enterprise Law attracted limited attention when promulgated in 1997 due to its inflexibility only natural persons could be partners, the partnership was taxed as an enterprise and the partners themselves were taxed on their income, a partnership enterprise did not enjoy limited liability, and the implications of the bankruptcy of a partnership were unclear. The Revised Partnership Law addresses these problems, and also provides several additional advantages. Under the revised law, a range of legal entities are eligible to be partners, a degree of limited liability can be achieved, and there are clear rules for the handling of bankruptcy. The law also confirms that partnerships are eligible to be taxed on a pass-through basis. In addition, the Revised Partnership Law adds two new forms of partnership to the original general partnership enterprise: the special general partnership enterprise (SGP) and the limited liability partnership enterprise (LP). It is widely anticipated that the ability to establish SGPs will promote the development of professional service firms in China, while the availability of LP structures will enhance the development of onshore investment funds, consistent with the PRC government's longstanding goal to cultivate the growth of venture capital and private equity in China. [1]

二、普通合伙企业（General Partnership）

（一）普通合伙企业的概述

普通合伙企业,简称 GP,是指依法设立的,由全体合伙人对合伙企业的债务承担无限连带责任(unlimited joint and several liability)的合伙企业。普通合伙企业是最早出现的一种合伙企业形式,也是最典型的合伙企业形式。我国 1997 年通过的合伙企业法仅规定了这一种合伙形式。

普通合伙企业具有以下特征:

（1）合伙企业由各合伙人组成。合伙企业不是单个人的行为,而是两个以上个人的联合,所以才称之为合伙。因此合伙企业强调的是"人的组合"(aggregation),合伙人之间一般具有较强的人身信赖关系。

（2）合伙建立在合伙协议基础之上。订立合伙协议,是合伙人建立合伙关系,建立合伙企业的前提,也体现了合伙企业的基本属性。合伙协议规定了合伙人在合伙中的权利和义务,是规范其内部关系的主要依据。

（3）合伙人有权平等地享有合伙的收益并享有参与管理合伙事务的平等权利,每个合伙人均有权对外代表合伙企业从事合伙的正常业务活动,但合伙协议另有规定的除外。

（4）全体合伙人对合伙企业债务承担无限连带责任,合伙企业是以合伙人个人财产为基础建立的,合伙财产为合伙人所共有,与合伙人的个人财产密切联系;合伙企业由合伙人共同

---

① Paul McKenzie and Fraser Mendel, Morrison & Foerster LLP: China's Partnership Enterprise Law Revised, Asia Law & Practice, March 2007.

经营,风险共担,要求各合伙人用其个人财产来共同保障合伙企业的信誉,承担合伙企业的债务责任。

(5) 合伙企业一般不具有法人资格,不能对外独立承担责任。包括我国在内的大多数国家法律规定,合伙企业不具有独立的法律人格,不属于企业法人。但法国,荷兰等大陆国家及苏格兰的法律则规定合伙企业也可具有法人资格。

The advantages of a partnership can be summarized as below:

(1) Informality and inexpensiveness in setting up.

(2) Flexibility. The nature of the business can easily altered by agreement.

(3) Tax. One of the primary reasons to form a partnership is to obtain its favorable tax treatment. Because partnerships are generally considered an association of co-owners, tax is not paid by the partnership, but it is instead paid by the partners on her or his proportional share of partnership profits.

The disadvantages of a partnership are as below:

(1) Liability. Each partner will face an unlimited liability for the debts and obligation of the firm.

(2) Transfer of interest is not as easy as the transfer of share in the company.

(3) Unanimous decisions. Unanimous decision will be needed for a lot of matters under the partnership law, such as no person can become a member of a partnership without the consent of all the partners. [①]

(4) Agency. A partner is an agent of the firm and the other partners for the purpose of the business of the partnership. Each partner is bound by the actions of the other partners in the course of carrying out the business. Therefore each partner is an agent of every other partner and at the mercy of the other partners. Partners should be chosen carefully.

(二) 普通合伙企业的设立

1. 合伙协议

各国一般规定,合伙协议是基于合伙人之间的合同而成立的。合伙协议是规定合伙人之间权利,义务的法律文件,是确定合伙人出资,利润分配,风险及责任分担,合伙的经营等方面的基本法律依据。它一般以书面形式订立,但也可以根据合伙人之间的口头方式以及他们的行为来判定他们之间存在合伙关系。

合伙协议一般载明以下内容:①合伙企业的名称和合伙人的姓名及其住所;很多合伙企业的名称多以合伙人的姓氏命名,在合伙人的姓氏之后可加上"商行"(firm) 或"企业"(company or enterprise)的字样。②合伙性质和合伙企业的经营范围。③合伙的期限。一些国家对合伙的期限加以限制。例如,法国法律规定,合伙的期限最多不得超过 99 年,但是合伙人可以在此期满后请求延长。④合伙人出资的方式、数额缴付出资的期限。⑤利润分配和亏损分担办法。⑥合伙企业事务的执行。⑦入伙与退伙及合伙企业的解散与清算。⑧违约责任。⑨合伙人认为必须约定的其他内容。

---

① Uniform Partnership Act (U. S.) sec 18.

2. 合伙的登记

合伙企业设立的手续一般比较简便,但是否须经过注册登记程序才能成立,不同的国家有不同的态度。

大陆法系国家一般要求设立合伙企业时必须履行申请登记手续,并领取营业执照,该营业执照签发日期为合伙企业的成立日期,在一般领取合伙企业营业执照前,合伙人不得以合伙企业的名义从事经营活动。比如我国的合伙企业法就有此规定。法国对合伙的登记也作出了类似规定。英美国家则不同,法律并不要求合伙必须登记,只要合伙协议已经签订,资金已经到位,合伙即可以认为成立,但要求所有的合伙企业必须有合法的目的。如依照美国《统一合伙法》的规定,合伙须依合伙人的协议而组成,也可以无须政府批准,但必须要有合法的合伙目的。

无论对合伙的登记持何种态度,各国一般对合伙的成立有一定的限制。例如,英国的合伙法对合伙的商号名称要求相当严格,合伙的商号一般应以合伙人的姓氏命名,如在商号中没有包含合伙人的真实姓氏或没有包含合伙人的真实姓名的开头字母,均须向主管部门进行登记。如日后商号的名称有所变更,则须再行登记。各国一般也规定,合伙的人数应在两人以上,如美国的合伙法规定合伙应是两人或多人以上的联合营业性组织[1]。英国还规定,除律师、会计师、证券批发商、专利代理人、检验师、精算师、咨询工程师或者建筑工程师组成的合伙外,其他合伙组织的成员不得超过20人。

3. 我国普通合伙企业设立条件

我国合伙企业法规定,设立普通合伙企业,应当具备下列条件:①有2个以上合伙人。合伙人为自然人的,应当具有完全民事行为能力;②有书面合伙协议;③有合伙人认缴或者实际缴付的出资;④有合伙企业的名称和生产经营场所;⑤法律、行政法规规定的其他条件。

合伙企业名称中应当标明"普通合伙"字样。合伙人可以用货币、实物、知识产权、土地使用权或者其他财产权利出资,也可以用劳务出资。合伙人以实物、知识产权、土地使用权或者其他财产权利出资,需要评估作价的,可以由全体合伙人协商确定,也可以由全体合伙人委托法定评估机构评估。合伙人以劳务出资的,其评估办法由全体合伙人协商确定,并在合伙协议中载明。合伙人应当按照合伙协议约定的出资方式、数额和缴付期限,履行出资义务。以非货币财产出资的,依照法律、行政法规的规定,需要办理财产权转移手续的,应当依法办理。

(三)合伙企业内部关系

合伙企业的内部关系是指合伙企业与各合伙人之间及各合伙人之间的权利义务关系,这是合伙企业人合性的内部体现。通常,合伙人的权利义务,应由全体合伙人协商一致后在协议中加以规定,依协议执行。但由于某些权利与义务直接影响到企业经营,为指导企业确定合伙人的权利义务,并规范合伙人的有关行为,法律对合伙人的部分权利作了专门规定。具体包括合伙人对合伙企业的出资义务、对合伙企业财产的共同支配权、对合伙企业经营活动损益的共担、对合伙企业事务共同决策权的享有,以及对合伙企业负有的竞业禁止和交易限制义务。

1. 合伙人的权利

根据多数国家的合伙法,合伙人的权利可以归纳为以下几项:

(1)管理参与权,主要体现为事务执行权和重大事项的表决权。各国合伙法都规定,除非

---

[1] Partnership law: an overview from: http://www.leginfo.ca.gov/cgi-bin.

合伙协议有相反的规定,每个合伙人均有平等地参与合伙管理,对外以合伙名义进行业务活动的权利。实践中,合伙协议通常约定由一位或者几位合伙人负责合伙的日常管理,但是企业的有关重要事项必须经过全体合伙人讨论,一致同意方可决定。

(2)利润分配权,即依据协议规定的方式和比例享受合伙企业盈利分配的权利,但合伙人不得协议将企业利润分配给部分合伙人,也不得要求部分合伙人承担企业的全部亏损。若协议中没有规定或者规定不明确,则应根据各国合伙法的规定分配利润,但是各国对此规定有所不同。例如,法国的法律规定应按合伙人的出资比例分享利润,但是,英国、美国、德国等国家的合伙法规定,合伙人应平均地分配利润,而不考虑合伙人出资的比例。

(3)监督权和知情权。无论合伙人本身参与事务执行与否,他都拥有对他人执行合伙事务情况的监督权,特别是不参与事务执行或不负责全面事务执行的合伙人由于条件的限制不能随时了解企业的经营情况。为此,法律规定每个合伙人都有权了解、查询有关合伙经营状况的各种情况,有权随时查阅合伙企业的账目并提出质询的要求,负责日常业务的合伙人不得拒绝。一些国家对合伙人这项权利加以限制,以保证合伙企业的经营管理能够顺利进行。例如,法国的法律规定,不参与日常管理的合伙人一年内查阅合伙账目一般不得超过2次。

(4)获得补偿权利。合伙人为处理企业的正常业务或维持企业的正常经营,维持企业的财产利益而垫付的个人费用或因此遭受的个人财产损失,合伙企业和其他合伙人应予以补偿。但原则上,合伙人不得向合伙企业请求报酬,也不领取工资,因为执行合伙企业事务既是每个合伙人的权利,也是其应尽的义务。

2. 合伙人的义务

合伙人的义务主要有:

(1)履行出资的义务。合伙人在签订合伙合同之后,有义务按照合同约定的时间、数额、方式缴纳出资(contributions)。如合伙人到期拒不缴纳出资,其他合伙人有权要求其承担相应的违约责任。

(2)不得随意对外转让出资的义务。由于合伙人之间存在着"相互信任"(mutual confidence)的关系,如果未经其他合伙人同意而随意对外转让出资,则有可能损害合伙企业人之间的相互信赖关系。大多数国家法律都规定,除合伙协议另有规定外,合伙人对外转让出资时需经其他合伙人一致同意,但同时也允许合伙人在一定条件下将请求分配利润的权利转让或者馈赠给他人。

(3)承担合伙债务的义务。合伙企业的债务是指合伙企业以自己的名义对他人所负的债务,合伙人对内按合同约定的比例承担按份债务,对外则对债权人承担无限连带责任。

(4)忠实义务。合伙人对合伙企业及其他合伙人负有忠实义务(duty of loyalty)。合伙人必须为合伙企业的最大利益服务;不得擅自利用合伙企业财产为自己牟取私利;应及时向其他合伙人报告有关企业的各种情况和信息。各国法律一般均规定合伙人对合伙企业不得有如下行为:竞业禁止,即合伙人不得自营或同他人合伙经营与该合伙企业相竞争的交易或行为;自我交易禁止,即合伙人未经合伙协议或全体合伙人同意不得擅自与本企业进行交易;不得从事损害本企业利益的活动,包括从事各种可能明显损害或有损害合伙企业利益潜在危险的活动。合伙人违反忠实义务所获得的利益,必须全部转交给合伙企业。

(5)谨慎和注意义务。参与经营管理的合伙人在执行合伙业务时,必须履行谨慎和勤勉义务(duty of care),否则因其过错给而给合伙企业造成损失,其他合伙人有权请求赔偿。

上述权利义务只是与企业事务执行比较密切的部分。除此以外,企业可根据自己的实际情况,在协议中规定更多的权利义务,对此法律并不加以限制。但对合伙人的上述权利,合伙协议另有规定的可依规定执行,无规定的应依法执行;而对合伙人的上述义务无论协议有无规定,都应依据法律规定执行,当然在此之外企业也可根据具体情况对合伙人提出其他要求。

（四）合伙企业的外部关系

合伙企业的外部关系即合伙企业以自己名义与外界发生的联系,主要体现在合伙企业合伙人或委托人的行为效力问题和合伙企业与第三人的关系上。因合伙企业不具法人资格且具有人合性质,其外部关系与公司企业的外部关系有很大的差异,其在实际应用上突出体现的问题便在于合伙企业债务的清偿问题。

1. 合伙企业的合伙人或委托人行为效力问题

在合伙企业中,每个合伙人在企业所从事的业务范围内,都有权作为合伙企业和其他合伙人的代理。这就是所谓的相互代理原则,这就涉及合伙企业合伙人或委托人的行为是否有效的问题,该问题不仅关系到合伙人内部的利益关系,而且关系到第三人的利益问题。对此,各国法律一般均作相应的规定:

（1）每个合伙人在执行合伙企业的通常业务（ordinary business）中所实施行为一般均具有法律效力。除非该合伙人无权处理该项事务,而且与之交易的第三人也明知该合伙人没有相应的授权,否则合伙企业和全体合伙人都应就该合伙人的行为对第三人负责。

根据英国合伙法的规定,每个合伙人,特别是从事货物买卖的合伙贸易企业的合伙人,在处理下列事务时,都认为具有默示的授权:出售合伙企业的货物;以企业的名义购买企业业务所需要的货物;收受企业借款,并出具收据;为企业雇佣员工;以企业名义承兑和开立流通票据;以企业的信用借款或以企业的货物作抵押借款;委托律师为企业进行诉讼①。任何合伙人就上述事项同第三人订立的合同,对合伙企业和其他合伙人都具有拘束力。所有合伙人均须对合伙企业同第三人所订立的合同或所承担的债务负连带的无限责任。

（2）合伙企业对合伙人执行合伙企业事务以及对外代表合伙企业权利的限制,不得对抗不知情的善意第三人。这种内部限制是否有效关键在于第三人是否知道这些情况。原则上这些相关内部限制不得对抗不知情的善意第三人,不能成为合伙企业或合伙人不承担法律责任的抗辩理由。但如果第三人在同该合伙人进行交易时,已经得知该合伙人的权利受限制而无权处理该项业务,则该合伙人所作出的行为就不能约束合伙企业和其他合伙人。

（3）合伙人在从事通常的合伙业务的过程中所作的侵权行为（tort）,应由合伙企业承担责任。但合伙企业也有权要求由于故意或疏忽的有关合伙人赔偿企业由此而遭受的损失。

（4）新合伙人对于入伙之后合伙企业所承担的债务,应与其他合伙人一样承担连带责任,但是新合伙人对于其入伙前合伙企业已存在的债务如何承担责任,各国规定不同,主要有三种立法例:新合伙人与其他原合伙人一样承担连带责任,如法国、日本;新合伙人对合伙原有债务不承担责任,如英国;新合伙人对入伙前发生的债务承担责任,但如果这种债务仅以合伙财产清偿时除外,如美国。

我国的合伙企业法采取了第一种做法,即新合伙人对入伙前合伙企业的债务承担连带责

① 沈四宝、王军等:《国际商法》,对外经济贸易大学出版社,2002年12月第1版。

任。其立法依据在于:第一,新合伙人在入伙前应当要对合伙企业进行必要的考察,因此,新合伙人一般是在明知合伙企业债务存在的情况下同意加入合伙企业的,这意味着其对原合伙企业债务的默认和接受。第二,从合伙企业财产是合伙人的共有财产出发,新合伙人既然成为共有人而享有权利,自然也应对原合伙企业债务承担连带责任。第三,由新合伙人对原合伙企业债务债权享有权利并承担责任,有利于操作管理,也有利于在合伙人之间形成一种平等的法律地位。

对已退出合伙企业的原合伙人而言,若日后发生的债务是在其退伙之前的交易结果,则仍须对债权人负责。其目的是最大限度地保护合伙企业债权人的利益,防止合伙人借退伙逃避债务,这也是由合伙责任的连带特点决定的。但如果该债务与其退伙之前的交易无关,且第三人知道其已不是合伙人,则其对退伙后第三人的债务不承担任何责任。

2. 合伙企业与债权人的关系问题

(1) 合伙企业的债务承担。合伙企业对其债务,首先应以其全部财产进行清偿。合伙企业财产不足以清偿债务的,各合伙人应当承担无限清偿责任。以合伙企业财产清偿合伙企业债务时,其不足部分,由合伙人依照合伙协议约定的比例分担。如果合伙协议没有约定分担比例,则由各合伙人平均分担。如合伙人实际支付的清偿数额超过其依照既定比例所应承担的数额的,该合伙人有权就超过部分,向其他未支付或未足额支付应承担数额的合伙人追偿。

需要注意的是,各合伙人之间的分担比例不能对抗债权人。债权人根据实际相关情况,既可依照合伙协议确定的比例向各合伙人分别追偿,也可要求全体合伙人中的一人或数人承担全部清偿责任。

(2) 合伙人的债务清偿。合伙人个人财产不足以清偿其个人所负债务的,以该合伙人在合伙企业中的份额清偿。为了保护合伙企业和其他合伙人的利益,以及最大限度地实现债权人的利益,各国合伙企业法均作相应规定:

其一,合伙人的债权人不得以该债权抵消其对合伙企业的债务。这是因为合伙企业的债权独立存在,反映了全体合伙人的利益,而某一合伙人的债务应当由其自行负责,不应当由合伙企业偿还或者冲抵。

其二,合伙人的债权人不得代位行使该合伙人在合伙企业中的权利。这是因为合伙人个人债务的债权人作为第三人,不具有合伙资格,与其他合伙人不具有以合伙为基础的关系,难以行使合伙人的权利。

其三,合伙人个人财产不足清偿其个人所负债务的,该合伙人只能以其从合伙企业中分取的收益用于清偿;债权人也可以依法请求人民法院强制执行该合伙人在合伙企业中的财产份额用于清偿;对该合伙人的财产份额,其他合伙人有优先受让的权利,取得该合伙人的份额,该受让人支付的价金用于向该债权人清偿债务。

(五) 合伙企业的变更

合伙企业的变更即合伙企业的合伙人以及合伙企业的出资份额等发生变化,主要是指入伙和退伙。合伙企业的变更直接影响合伙人及其债权人的利益。因而各国法律对此都有严格的规定。

1. 入伙

入伙是指合伙企业存续期间,合伙人以外的第三人加入合伙企业,从而取得合伙人法律资格的行为。由于合伙企业具有人合性,合伙企业的建立主要基于合伙人之间的信任,因此新合伙人的入伙时,应当经全体合伙人同意,并依法订立书面合伙协议;订立入伙协议时,原合伙人应当向新合伙人告知原合伙企业的经营状况和财务状况,并可就原合伙企业的债务清偿情况作出规定。

新合伙人与原合伙人享有同等权利,承担同等责任。根据我国合伙法规定,新合伙人对入伙前合伙企业的债务承担连带责任。

2. 退伙

退伙是指合伙人退出合伙企业,从而丧失合伙人法律资格的行为。根据合伙的原因,退伙可以分为自愿退伙和法定退伙。

(1) 自愿退伙。自愿退伙,也称声明退伙,是指合伙人按照自己的意愿而退出合伙。自愿退伙又可分为协议退伙和通知退伙两种情况。

协议退伙是指合伙企业在合伙协议约定的合伙企业存续期间有下列情形之一者,合伙人可以退伙:合伙协议约定的退伙事由出现;经全体合伙人一致同意退伙;发生合伙人难以继续参加合伙企业的事由;其他合伙人严重违反合伙协议约定的义务。应注意的是,在合伙协议有约定合伙期限的情况下,合伙人未经其他合伙人一致同意,不得单方面通知退伙。

通知退伙,合伙协议未约定合伙企业的经营期限的,合伙人在不给合伙企业事务造成不利影响的情况下,可以退伙。由于通知退伙具有一定的单方面性,为了保护其他合伙人的利益,法律对通知退伙有明确限制:合伙协议未约定合伙企业的经营期限;合伙人的退伙不致给合伙企业事务造成不利影响;应当提前 30 日通知其他合伙人,如擅自退伙,应当赔偿由此给其他合伙人及合伙企业造成的损失。

(2) 法定退伙。法定退伙是指合伙人因出现法律法规规定的事由而退伙,其法定事由可分为两种:当然退伙和除名退伙。

当然退伙是指出现了某种难以预料的客观情况,合伙人丧失法律合伙资格的情况。其主要情形有:合伙人死亡或者被依法宣告死亡;个人丧失偿债能力;作为合伙人的法人或者其他组织依法被吊销营业执照、责令关闭、撤销,或者被宣告破产;法律规定或者合伙协议约定合伙人必须具有相关资格而丧失该资格;合伙人在合伙企业中的全部财产份额被人民法院强制执行。退伙事由实际发生之日为退伙生效日。

除名退伙,一般是指在合伙人的行为严重损害合伙企业和其他合伙人的利益,或者合伙协议约定的其他事由的情况下,经其他合伙人的一致同意决议将其除名,使该合伙人丧失合伙人法律资格的情况。根据我国合伙企业法第四十九条规定的情形:未履行出资义务;因故意或者重大过失给合伙企业造成损失;执行合伙事务时有不正当行为;发生合伙协议约定的事由。对合伙人的除名决议应当书面通知被除名人。被除名人接到除名通知之日,除名生效,被除名人退伙。被除名人对除名决议有异议的,可以自接到除名通知之日起 30 日内,向人民法院起诉。

(3) 退伙的法律后果。退伙行为一经发生,其产生的法律后果涉及退伙人在合伙企业中财产份额的归属和民事责任的承担,一般涉及财产继承和退伙结算的问题。

第一,财产继承,即合伙人死亡或者被依法宣告死亡而退伙发生的法律后果。我国合伙企业法第五十条规定:"合伙人死亡或者被依法宣告死亡的,对该合伙人在合伙企业中的财产份额享有合法继承权的继承人,按照合伙协议的约定或者经全体合伙人一致同意,从继承开始之日起,取得该合伙企业的合伙人资格。"合伙继承人不愿意成为合伙人或者法律规定或者合伙协议约定合伙人必须具有相关资格,而该继承人未取得该资格,合伙企业应退还其依法继承的财产份额。

第二,退伙结算。合伙人退伙,其他合伙人应当与该退伙人按照退伙时的合伙企业财产状况进行结算,退还退伙人的财产份额。退伙人对给合伙企业造成的损失负有赔偿责任的,相应扣减其应当赔偿的数额。退伙时有未了结的合伙企业事务的,待该事务了结后进行结算。退伙人在合伙企业中财产份额的退还办法,由合伙协议约定或者由全体合伙人决定,可以退还货币,也可以退还实物。退伙人对基于其退伙前的原因发生的合伙企业债务,与其他合伙人承担无限连带责任,不能因其退伙而减免其债务和责任。

3. 合伙人出资额的转让

合伙企业在经营过程中,因为各种问题,其出资额转让情况时有发生。根据转让对象的不同,可以将出资额转让分为:内部转让和外部转让。

（1）内部转让,即合伙人将其在合伙企业中的份额在其他合伙人之间转让。这种转让一般不会影响合伙企业人合性,也不会给其他合伙人带来风险,所以只需通知其他合伙人即可,无须经其他合伙人的同意。

（2）外部转让:即合伙人将其出资额转让给其他合伙人以外的第三人。这种情况相当于新的合伙人加入合伙企业,因此可能影响合伙人的信任关系,因此这种转让一般有较为严格的规定。外部转让一般须经其他合伙人一致同意,且在同等条件下,其他合伙人有优先受让权。

（六）合伙企业解散、清算

合伙企业的解散,即合伙企业法律资格丧失过程。一般情况下,合伙企业解散分以下两种情况。

（1）自愿解散（voluntary）,即合伙企业依合伙协议或合伙人的一致同意而解散,如合伙协议约定的经营期限届满或出现合伙协议约定的解散事由。

（2）法定解散（by operation of law）,即指合伙企业出现法定事由而依法解散。根据我国合伙企业的规定,主要有以下情形:①合伙人已不具备法定人数满30天;②依法被吊销营业执照、责令关闭或者被撤销;③法律、行政法规规定的其他原因。一些国家的法律还规定:因爆发战争,合伙人之一系敌国公民时,合伙企业应解散;如因发生某种情况,致使合伙企业所从事的业务成为非法;合伙人中有人精神失常,长期不能履行其职责,或因行为失常使企业遭到重大损失,或因企业经营失败难以继承维持时,任何人均有权向法院提出申请,要求下令解散合伙企业。

引起合伙企业解散的原因发生后,即进入清算阶段。合伙企业的清算,即对合伙企业的财产、资产及债权债务进行清理、核算和处理的过程,使合伙企业归于消灭,主要包括:清偿合伙企业债务,收取企业债权,返还合伙人出资,分配合伙企业剩余财产等。合伙企业至清算结束,注销登记后为完全消灭。

三、有限责任合伙（Limited Liability Partnership）

有限责任合伙,简称LLP,是指由两个或两个以上合伙人组成,经依法核准登记注册,以合伙财产对合伙债务承担责任,各合伙人对自己的行为引起的合伙组织债务承担无限责任,对其他合伙人的疏忽、不当、渎职等行为引起的合伙组织债务以自己在合伙中的利益为限承担有限责任的实体。

有限责任合伙,是近十几年来流行于英美的商业组织形式①。20 世纪 70 年代以来,随着侵权法的重大发展,针对会计师、律师、医生等专业人士的法律诉讼频繁爆发,巨额索赔纷至沓来。专业人士逐渐突然发现,传统的"合伙制中凸显的专业人士个人信誉、品格与技能的光环,已经成为其生命中无法承受之重"②。为寻求合理限制合伙人法律责任的风险,有限责任合伙制度应运而生。它融合了传统合伙与公司各自优点的结合,其意义在于合理限制专业人士法律责任。最先提出对合伙人给予有限责任保护立法的是美国得克萨斯州 1991 年的立法,这一立法受到了希望得到有限责任保护但出于纳税、传统或其他原因而不愿意注册成为公司的事务所的欢迎③。随后其他各州群起仿效,在全美引起了 LLP 立法的热潮④。

我国修改后的合伙企业法引进了有限责任合伙制度,并规定为"特殊的普通合伙企业"(Special General Partnership)。特殊的普通合伙企业,是指一个合伙人或者数个合伙人在执业活动中因故意或者重大过失造成合伙企业债务的,应当承担无限责任或者无限连带责任,其他合伙人以其在合伙企业中的财产份额为限承担责任。合伙人在执业活动中非因故意或者重大过失造成的合伙企业债务以及合伙企业的其他债务,由全体合伙人承担无限连带责任。

我国的有限责任合伙制度具有以下特征:

(1)有限责任合伙企业形式主要适用以专业知识和专门技能为客户提供有偿服务的专业服务机构。如律师事务所、会计师事务所。

(2)有限责任合伙企业内部的责任承担与合伙人在执业过程中的过错相关,而这种过错程度须达到"故意或者重大过失"。只有当一个合伙人或者数个合伙人在执业活动中因故意或者重大过失造成合伙企业债务的,才会有有限责任和无限责任的划分,即有故意或重大过失造成合伙债务的合伙人承担无限责任或者无限连带责任,而其他合伙人承担有限责任。否则,仍承担无限连带责任,即"合伙人在执业活动中非因故意或者重大过失造成的合伙企业债务以及合伙企业的其他债务,由全体合伙人承担无限连带责任"。

(3)有限责任合伙对外在整体上仍承担无限责任,仍属于一种合伙企业,一般不具备法人资格,仅仅是在其内部根据"过错"对合伙人的债务承担进行了分类,但如上所述,当这种过错没有达到"故意或者重大过失"时,全体合伙人仍承担无限连带责任;即使这种过错达到"故意或者重大过失"时,仍有一部分合伙人须承担无限连带责任,因此这种形式并没有在本质上改变该合伙组织对外整体上承担无限责任的特征。

我国合伙企业法还规定,特殊的普通合伙企业名称中应当标明"特殊普通合伙"字样,并应当建立执业风险基金、办理职业保险。执业风险基金用于偿付合伙人执业活动造成的债务。执业风险基金应当单独立户管理。

① 2001 年 4 月,英国《有限责任合伙法》开始实施。
② 美国 80 年代末爆发储蓄信贷协会危机后,负责收拾残局的联邦存款保险公司将索赔矛头指向会计师等专业人士,直接引起了当时第七大会计师行的破产;在英国,1991 年国际商业信贷银行的关闭后,清算人向负责审计的普华和安永两家会计师行提起的索赔额竟然高达 800 亿美元。详见刘燕:《职业利益笼罩下的法律制度创新》http://www.civillaw.com.cn/article/default.asp?id=32742。
③ 宋永新:"一种新型的合伙——美国有限责任合伙法评介",《中外法学》2001 年第 5 期。
④ LLP 这种形式已越来越受到合伙企业组织的青睐。许多大型的合伙已经注册为 LLP。据统计,在美国,到 1996 年底,3 142 家律师事务所已注册为 LLP;从 1993 年到 1996 年,已经有 16 082 项 LLP 注册。全美最大的六家会计师事务所也已注册成为 LLP。

有限责任合伙本质上是专业人士,特别是会计职业,为化解日益沉重的法律风险而推动的制度创新,力图在保留专业合伙组织的传统价值与合理规避法律责任之间探索出一条新路。尽管有限责任合伙对外在整体上对合伙债务仍承担无限连带责任,但这种制度将合伙人的无限连带责任仅局限于本人业务范围及过错,使这些专业服务机构的合伙人避免承担过度风险,有利于其发展壮大和在异地发展业务。

Limited Liability Partnership（LLP）in the United States

In the United States, the NCCUSL appointed a Drafting Committee to add provisions to RUPA authorizing the creation of a new form of general partnership called a limited liability partnership（LLP）in 1995. At the time RUPA was first approved in 1992, only two states had adopted limited liability partnership legislation. By the time the LLP amendments to RUPA were approved by the NCCUSL at the 1996 Annual Meeting, over forty states had adopted limited liability partnership provisions to their general partnership statutes. In 2006, China amended the Partnership Enterprise Act, adding the provisions of Limited Liability Partnership applicable for the new situations. The legislation draws on the United States model of LLP.

A limited liability partnership has elements of partnerships and corporations. In an LLP, all partners have a form of limited liability, similar to that of the shareholders of a corporation. However, unlike corporate shareholders, the partners have the right to manage the business directly. Comparing it with the general partnership, the essential differences are:

（1）Scope of a partner's liability shield. If a partnership is a limited liability one, a partner is not personally liable, directly or indirectly, by way of contribution or otherwise, for such an obligation solely by reason of being or so acting as a partner. Thus the law provides for a corporate-styled liability shield which protects partners from vicarious personal liability for all partnership obligations incurred. The complete liability shield comports with the modern trend. On the other hand, the law does not alter a partner's liability for personal misconduct and does not alter the normal partnership rules regarding a partner's right. Therefore, the primary effect of the new liability shield is to sever a partner's personal liability to make contributions to the partnership when partnership assets are insufficient to cover its indemnification obligation to a partner who incurs a partnership obligation in the ordinary course of the partnership's business.

（2）Annual filing requirement. Generally, the law provides that a partnership's status as an LLP remains effective until it is revoked by a vote of the partners or is canceled by the administration. During the time, the firm is required to file an annual report including: the name of the partnership; the street address of the partnership's chief executive office and a statement that the partnership elects to be a limited liability partnership. This is similar to the incorporation.

Special General Partnership Enterprises（SGPs）in China

One of the most notable changes to the Revised Partnership Law is the introduction of special general partnership enterprises（SGPs）. Under Article 55, these permit "professional service providers who provides clients with paid services on the basis of professional knowledge and special skills" to organize themselves as SGPs, which are subject to distinct rules governing the liabilities of participating partners. Organizationally, an SGP is required to include the term "Special General Partnership"（特殊普通合伙）in its enterprise name.

Article 57 provides the key liability provisions for SGPs. If one or more partners commit an intentional or grossly wrongful act that results in liability on the part of the SGP, those partners bear unlimited joint and several liability. In connection with other types of liability on the part of the SGP, all partners bear joint and several liability. Additionally, Article 58 provides that if an SGP incurs liabilities due to the intentional or grossly wrongful act of one or more of the partners, if provided in the partnership agreement those partners shall be liable to compensate the losses of the partnership enterprise.

One additional unique aspect of an SGP is that Article 59 requires it to allocate a proportion of its revenue to a risk fund and to purchase professional liability insurance. The risk fund is to be used to repay the debts incurred by the partners during their practice. The SGP is required to open a separate bank account to administer these funds. The State Council is to issue detailed implementing measures for the handling of such risk funds. [1]

四、有限合伙（Limited Partnership）

有限合伙,简称 LP,是指至少一名普通合伙人(general partner)和至少一名有限合伙人(limited partner)组成的企业,其中普通合伙人负责执行合伙事务,对外代表合伙组织,并对合伙的债务承担无限连带责任,而有限合伙人不参加合伙业务的经营,不对外代表合伙组织,只按一定的比例分配利润和分担亏损,且仅以出资为限对合伙债务承担责任。

作为合伙的一种特殊形式和英美法上的一个重要概念,有限合伙起源可以追溯到 10 世纪左右意大利航海贸易当中广泛采用的康孟达(Commend)契约,更有学者认为其最早的前身可能是穆斯林的一种商业惯例。12—13 世纪,随着欧洲地中海海上贸易的发展和扩大,单个商人已不再适应较大规模的商业冒险。于是,一种新型的商业经营方式——康孟达于 11 世纪晚期在意大利、英格兰和欧洲的其他地方逐渐被使用。这种"康孟达契约"一般用于长距离的海上贸易,主要在普通商人与海运商人之间订立。它一般规定,由普通商人提供资金,由海运商人负责经营,贩卖货物,普通商人的风险及责任以其出资为限。这种契约后来便演变为有限合伙。1807 年《法国商法典》首次对有限合伙作了规定。1890 年英国合伙法也规定了有限合伙,1907 年又制定了单行的《英国合伙法》。美国统一州法委员会于 1916 年制定了《美国统一有限合伙法》,现已被大多数州所采纳。而德国和日本,其有限合伙企业是以两合公司的形式出现[2]。我国 2006 年修订的合伙企业法第三章中也增加了有关有限合伙的规定。

根据我国合伙企业法的有关规定,有限合伙制度的主要法律特征有:

（1）有限合伙企业由 2 个以上 50 个以下合伙人设立, 但是至少应当有一个普通合伙人。这就意味着有限合伙企业必须是普通合伙人和有限合伙人的组合,当有限合伙企业仅剩有限

---

① Paul McKenzie and Fraser Mendel, Morrison & Foerster LLP: China's Partnership Enterprise Law Revised, Asia Law & Practice, March 2007.

② 德国商法典第二章第 161 条规定了两合公司(die Kommanditgesellschaft)的概念,日本商法第三章第 146 条至 164 条中也规定了两合公司。

合伙人的,应当解散;有限合伙企业仅剩普通合伙人的,转为普通合伙企业。

（2）普通合伙人对合伙企业的债务执行合伙事务,对外代表合伙组织,并对合伙的债务承担无限连带责任,而有限合伙人不参加合伙业务的经营,不对外代表合伙组织,只按一定的比例分配利润和分担亏损,且仅以出资为限对合伙债务承担责任。这一规定是有限合伙在组织安排和法律制度上的主要特点之所在,其有限合伙内部设置了一种与普通合伙制有根本区别的两类法律责任截然不同的法律主体:一是仅投入资金、不参与经营管理且只以其投资额承担有限责任的有限合伙人;二是投入资金并全权负责经营管理、承担无限责任的普通合伙人。

（3）有限合伙对外在整体上仍承担无限责任,因为它至少有一个普通合伙人必须对债务承担无限责任或无限连带责任。有限合伙仍属于一种合伙企业,也仅仅是在其内部对承担责任的合伙人进行了分类,但这也没有在本质上改变该合伙组织对外整体上承担无限责任的特征。

（4）有限合伙人可以用货币、实物、知识产权、土地使用权或者其他财产权利作价出资,但不得以劳务出资。而普通合伙人则可以以劳务出资。

（5）有限合伙人的死亡、破产不影响合伙的存在,不产生终止合伙的效果,一般也不当然退伙;而普通合伙人的死亡和退出,除非合伙协议另有规定,该普通合伙人一般当然退伙。我国合伙企业法第79条规定:"有限合伙人的自然人在有限合伙企业存续期间丧失民事行为能力的,其他合伙人不得因此要求其退伙";第80条规定:"作为有限合伙人的自然人死亡、被依法宣告死亡或者作为有限合伙人的法人及其他组织终止时,其继承人或者权利承受人可以依法取得该有限合伙人在有限合伙企业中的资格。"

（6）有限合伙人和普通合伙人在一定条件下可以相互转化。除合伙协议另有约定外,普通合伙人转变为有限合伙人,或者有限合伙人转变为普通合伙人,应当经全体合伙人一致同意。有限合伙人转变为普通合伙人的,对其作为有限合伙人期间有限合伙企业发生的债务承担无限连带责任。普通合伙人转变为有限合伙人的,对其作为普通合伙人期间合伙企业发生的债务承担无限连带责任。

有限合伙企业由少数普通合伙人经营管理并承担无限责任,可以最大限度发挥激励机制的作用,减少一般企业的委托代理和监督成本,保持合伙组织的结构简单及降低管理费用和运营成本;充分利用"有限责任"的优势,吸引他人入伙,有利于广开资金来源,扩大企业规模,并适合高风险投资的需要。

Limited Partnership (LP) in the U.S. Law

In the United States, the NCCUSL promulgated the original the Uniform Limited Partnership Act (ULPA) in 1916 and the most recent revision in 2001. The Act was revised in 1976 and 1985.

A limited partnership is a form of partnership similar to a general partnership, except for one or more general partners (GPs), there are one or more limited partners (LPs). The GPs are, in all major respects, they have management control, share the right to use partnership property, share the profits of the firm in predefined proportions, and have joint and several liabilities for the debts of the partnership. A limited partnership is similar in some respects to a general partnership, with one essential difference. Unlike a general partnership, a limited partnership has one or more partners who cannot participate in the management and control of the partnership's business. A partner who has such limited participation is considered a "limited partner" and does not generally incur personal liability for the partnership's obligations. Generally, the extent of liability for a limited partner is the limited partner's capital contributions to the partnership. For this reason, limited partnerships are often used to provide capital to a partnership. A limited partner may lose protection against personal liability if she or he participates in the management and control of the partnership, contributes services to the partnership, acts as a general partner, or knowingly allows her or his name to be used in partnership business. Unlike general partnerships, however, limited partnerships must file a certificate with the appropriate state authority to form and carry on as a limited partnership. Generally, a certificate of limited partnership includes the limited partnership's name, the character of the limited partnership's business, and the names and addresses of general partners and limited partners. In addition, because the limited partnership has a set term of duration, the certificate must state the date on which the limited partnership will dissolve.

Limited Partnership Enterprises（LP）in China Law

The second major structural change in the Revised Partnership Law is the creation of Limited Partnership enterprises（LPs）, which is widely anticipated to provide a vehicle for more flexible structuring of investment structures. The new LP form is seen as permitting greater structuring flexibility by permitting the combination of institutions or individuals who have management experience or R&D capabilities, and those with capital.

Organizationally, Article 61 requires an LP to have at least one general partner and one limited partner. The total number of partners cannot exceed 50. Article 62 requires LPs to include the term "Limited Partnership"（有限合伙）in their enterprise name.

General partners have managerial power of an LP but also bear unlimited joint and several liability for the debts of the LP. Limited partners' liability is limited to the amount of their capital contributions. The Revised Partnership Law includes detailed provisions for the protection of minority and limited partners. Article 68 permits limited partners to make capital contributions in money, in kind, and of intellectual property, land use rights, or other proprietary rights. However, a partner's services cannot be counted towards capital contributions. Limited partners are allowed to participate in certain actions, including making decisions about the admission or withdrawal of a general partner, making a proposal for the management of the LP, selecting the partnership's certified public accountant, reviewing the financial reports of the partnership, and acting as a guarantor to the partnership as allowed by other laws.

A limited partner's interest in the partnership is assignable and may be pledged as security in relation to other transactions, unless otherwise restricted in the partnership agreement. Likewise, a limited partner can transfer its interest in an LP to a third party simply upon 30 days' notice to the other partners. [1]

---

[1] Paul McKenzie and Fraser Mendel, Morrison & Foerster LLP: China's Partnership Enterprise Law Revised, Asia Law & Practice, March 2007.

第三节 公 司 法
2.3 Law of Corporations

一、公司法概述(Introduction to Corporation Law)

(一) 公司的概念和法律特征

公司是市场经济中最常见、最普遍的企业组织形式。由于各国法律文化及公司法律制度的差异,各国法律对公司的概念没有形成统一的释义,但是基本都集中在三个方面,即法定性、营利性和法人资格上。因此,公司是指依公司法的规定成立的,以营利为目的的企业法人(corporate body)。

例如,《美国标准公司法》第 2 条规定:公司是指受法令管辖之营利公司。《日本商法典》第 52 条规定:本法所谓公司是指从事商行为目的而设立的社团。英国公司法对公司的定义也基本一样。《法国商法典》第 1832 条规定:公司是由两人或数人通过契约约定共同投资,以分享由此产生的利润和经营所得的利益的营利性组织。在英文中,公司可以用"corporation"表示,也可以用"company"表示。但在用"company"表示时,在公司名称后应添加"Ltd"或"Inc",或直接用公司的缩写"Corp".

"Company" and "Corporation"

In English, a company may or may not be a separate legal entity, and is often used synonymously with "firm" or "business". In common usage the word "company" means those associated for economic purposes, i. e. to carry on a business for profit, and covers partnership, trusts, clubs, incorporated association and to some extent almost any business operation operating as "the company". "Company" is broader than "corporation". The term has no strict legal meaning. A corporation may accurately be called a company; however, a company should not necessarily be called a corporation, which has distinct characteristics. According to Black's Law Dictionary, a company means a corporation — or, less commonly, an association, partnership or union — that carries on industrial enterprise.

The corporate form is the most important type of business organization in the world. When it is registered a corporation becomes a separate legal entity owned by shareholders. Corporations generally are set up by two or more persons carrying on a business for profit. Corporations are distinguished from a wider spectrum of organizational forms, such as partnerships, trusts, unincorporated associations, guilds or sole proprietorships. [1]

公司一般具有以下法律特征:

1. 合法性

公司依照法律设立和运行,是规范化程度较高的企业组织形式。公司的成立一般以注册

---

[1] 张学森:《国际商法》(英文版),复旦大学出版社,2008 年 10 月版,第 40 页。

登记为要件,必须履行一定的程序。在西方国家,对此要求并不严格。许多国家承认事实商人,只要有一定行为表明从事商事活动,即使不作商事登记,其行为也具有法律效力。我国属严格控制国家,设立公司必须登记注册。公司的发起设立、对内对外关系、内部治理结构、合并分立等,都是依照法律规范来办理,公司是一种企业形式与法律形式相结合的体现。

2. 营利性

公司是以营利为目的的经济组织,这是反映公司基本属性的一个特征。公司营利性是公司诞生的价值目的,也是公司生存和发展的前提,从经济整体来说,公司资产的增值是社会发展的需要。公司以营利为目的,使它不同于以社会效益为目的的公益法人和以管理社会事务为目的的国家机关。但是,在西方并不是所有公司都具有营利性,例如,美国一些公司具有政府的某些职能。所以西方国家一般把具有营利性特征公司称为商事公司。

3. 法人性

法人性是公司区别于合伙企业和个人独资企业的一个重要法律特征。法人是具有民事权利能力和民事行为能力、依法独立享有民事权利和承担民事责任的组织。法人是依法定条件和程序设定的拟制主体,是赋予法律人格的社会组织。法人的人格独立性取决于财产的独立性和责任的独立性。但是应当注意,这种法人性并非绝对,当公司的股东滥用公司的独立人格,损害债权人的利益时,法院可能在特定的情况下对公司的法人人格进行否认,即"揭开公司的面纱"原则。

(二)揭开公司的面纱(Piercing the Corporate Veil)

揭开公司的面纱又称公司法人人格否定(disregard of corporate personality),是指当公司的独立人格和股东有限责任被公司背后的股东滥用时,就具体法律关系中的特定事实,否定公司的独立法人机能,将公司与其背后的股东视为一体并追究其共同的连带法律责任,以保护公司债权人或其他相关利害关系群体的利益及社会共同利益,实现公平、正义的一种法律措施。

公司的独立法人人格以及公司股东对公司承担有限责任,是企业发展过程中的巨大进步,是公司法的基石,而这种制度最奇妙之处就在于它割断了公司股东与公司债权人之间的天然联系,使公司债权人在得不到清偿时却不得揭开公司这层面纱,不能向其背后的股东主张债权。但在现实生活中,让公司制度的设计者们始料不及的是,许多股东在公司面纱的遮掩下,滥用公司独立人格逃避债务、过度转嫁风险,采用转移公司财产、将公司财产与本人财产混同等手段,造成公司可以用于履行债务的财产大量减少,严重损害公司债权人的利益。这对公司债权人极为不公平。揭开公司面纱原则,正是在英美国家的司法实践中针对股东特别是控制股东滥用公司人格导致事实上的不公平和利益关系失衡的情况而发展起来的判例规则。

我国2005年修订的公司法中增加了公司人格否认制度,《公司法》第20条规定,公司股东应当遵守法律、行政法规和公司章程,依法行使股东权利,不得滥用股东权利损害公司或者其他股东的利益;不得滥用公司法人独立地位和股东有限责任损害公司债权人的利益。公司股东滥用股东权利给公司或者其他股东造成损失的,应当依法承担赔偿责任。公司股东滥用公司法人独立地位和股东有限责任,逃避债务,严重损害公司债权人利益的,应当对公司债务承担连带责任。《公司法》修改时重点考虑了"揭开公司面纱"的以下范畴:公司不能清偿债务,同时存在股东虚假出资或抽逃出资时,债权人可以直接向股东请求清偿;清偿范围可以视不同情况而定:如股东出资不足,股东在章程规定的出资范围内对公司债务承担责任;如股东完全没有出资,该股东对公司债务承担无限责任;如股东抽逃出资,原则上在抽逃出资的范围内承担责任。

（三）公司法概述

公司法是调整公司在设立、组织、活动和解散以及股东权利义务的法律规范的总称。为规范、调整公司活动,各个国家都制定了富有特色的公司法。

目前世界各国的公司法,主要采用两种法律形式:一种为单行法规;另一种是包含在民法或商法之中,作为民商法的一个组成部分。大陆法系国家早期的公司法,主要规定在商法典中。随着公司在社会经济活动中的作用和影响的日益扩大,以及公司本身问题的复杂性与特殊性,大陆法系中许多国家将公司法从商法典中分离出来,制定成单行的法规,目前大陆法系中仅有日本等少数国家,仍将公司法放在商法典中。英美法系的国家关于公司的规定一般采取单行法的形式。

1. 英国公司法

英国的公司立法对英美法系国家和地区有很大影响。英国最早于 1720 年颁布实施了有关公司制度的《布伯尔法》。该法案一直到 1825 年才予以废止。1825 年以后英国颁布了一系列单行的公司法规,诸如 1835 年的《贸易公司法》、1844 年的《共同股份法》、1855 年的《有限责任法》、1907 年的《有限责任合伙法》、1908 年的《公司合并法》、1929《公司法》和 1948 年颁布的新《公司法》等。这些法规经过多次修改,对无限公司、有限责任保证公司和股份有限公司等各种类型的公司作了明确的规定,形成了现代英国较为完整的公司法律制度。

2. 美国公司法

美国公司法是受英国公司法影响制定的。但美国作为联邦制国家,其公司法是各州自行制定的,没有统一的联邦公司法。由于各州的公司法之间存在很大的差异,为了减少和消除这些差异给公司的发展造成不利影响与法律障碍,美国律师协会(American Bar Association, ABA)于 1933 年起草了《标准商事公司法》(The Model Business Corporation Act)。作为一种"样板法",它本身没有法律约束力,只是作为各州的立法机关在制定公司法的参考。自 1933 年以来,该标准法经过了多次修订,目前生效的是 1969 年修订的版本。1984 年,美国律师协会又制定了《标准修订商事公司法》(The Model Revised Business Corporation Act),作为各州修订各自公司法时的参考与指导。

3. 法国公司法

法国公司法以其规定严格而著称,对各国公司法的发展有着重要影响。法国早在 1673 年路易十四时代就制定了世界第一部系统编纂的《商事条例》,该条例中已正式有关于公司的规定,这是世界上最早规定公司的成文法。拿破仑于 1807 年颁布了《商法典》,在该法典第一编商行为中的第三章是关于公司的规定。后来随着资本主义商品经济的迅速发展,对有关公司法的规定作了多次修改,并于 1867 年另外颁布了《公司法》,对公司制度作了专门规定,并设专章规定了股份两合公司和股份有限公司。1925 年另外颁布了《有限公司法》,正式承认并规定了有限公司的法律制度。1940 年法国政府制定了一部统一的全面规定所有各种形式公司的《公司法》。这个法律公布后,过去有关公司的法律均相应废除。这部《公司法》内容充实,结构严谨。法国政府 1985 年对它又作了一些修改。

4. 德国公司法

德国的公司立法在世界范围内有举足轻重的地位。1892 年专门颁布了《有限责任公司法》,这是世界上第一部有限公司法,以后世界许多国家有关有限公司的立法也均以单行法形式出现。1897 年德国制定了新商法,即《德国商法典》,德国商法典有关公司的规定要比法国商法典丰富得多,设立专编规定了有关无限公司、两合公司、股份有限公司和股份两合公司四种公司法律制度。1937 年德国又颁布了《股份法》,包括股份有限公司和股份两合公司,代替了 1897 年《商法典》中对这两种公司的有关规定,1965 年通过新的《股份法》。现在德国的无限公司、两合公司适用《商法典》,股份公司与股份两合公司适用新《股份法》,有限公司适用《有限责任公司法》。

5. 我国公司法

我国最早的公司立法可以追溯到清末,1904 年 1 月 21 日颁布的公司法,而现代意义的公司立法则是民国政府于 1929 年颁布的公司法。中华人民共和国成立后,废除了旧的法律制度和法律体系。20 世纪末,随着改革开放和经济发展的需要,1993 年 12 月 29 日第八届全国人民代表大会常务委员会第五次会议通过了《公司法》,该法自 1994 年 7 月 1 日正式施行,1999 年、2004 年对个别条款进行了修改,2005 年进行了全面修订,2013 年、2018 年又对公司资本制度相关问题作了两次重要修改。其中,2005 年修订版修改了公司的注册资本制度、增加了一人公司制度等;2013 年修订版主要是取消了对公司注册资本的最低限额要求,并将公司注册资本实缴登记制改为认缴登记制;2018 年修正版补充完善了允许股份回购的情形,适当简化股份回购的决策程序、提高公司持有本公司股份的数额上限、延长公司持有所回购股份的期限,补充了上市公司股份回购的规范要求。

我国 2013 年最新修订的公司法,从 2014 年 3 月 1 日起实施。据其规定,除对公司注册资本最低限额有另行规定的以外,取消了有限责任公司、一人有限责任公司、股份有限公司最低注册资本分别应达 3 万元、10 万元、500 万元的限制;不再限制公司设立时股东(发起人)的首次出资比例以及货币出资比例。同时,最新公司法将公司注册资本实缴登记制改为认缴登记制,除法律、行政法规以及国务院决定对公司注册资本实缴有另行规定的以外,取消了关于公司股东(发起人)应自公司成立之日起两年内缴足出资,投资公司在五年内缴足出资的规定;取消了一人有限责任公司股东应一次足额缴纳出资的规定。转而采取公司股东(发起人)自主约定认缴出资额、出资方式、出资期限等,并记载于公司章程的方式。

值得注意的是,我国《公司法》最新修订草案于 2021 年 12 月 20 日,提请十三届全国人大常委会第三十二次会议进行了审议。并于 12 月 24 日起将《公司法(修订草案)》予以公布,征求意见。此次修订的主要内容包括坚持党对国有企业的领导,完善国家出资公司特别规定,完善公司设立、退出制度,优化公司组织机构设置,完善公司资本制度,强化控股股东和经营管理人员的责任,加强公司社会责任等。具体来看,修订草案明确党对国有企业的领导,保证党组织把方向、管大局、保落实的领导作用;在现行公司法关于国有独资公司专节的基础上,设“国家出资公司的特别规定”专章;完善公司登记制度,进一步简便公司设立和退出;在组织机构设置方面赋予公司更大自主权;丰富完善公司资本制度;完善控股股东和经营管理人员责任制度;加强公司社会责任建设。

近年来,随着国际贸易和全球化浪潮的扩展,各种国际组织和跨国公司大量涌现,各国公司出现了统一化的趋势,这种趋势主要表现在以下两个方面:

第一,各国在新制定和修改公司法时,尽可能吸收其他国家的立法长处,使本国法律与之趋同。例如,日本在第二次世界大战后,其公司法吸收了美国法的许多内容;英国为配合欧共体的一体化进程,多次修订其公司法,使之与大陆法协调起来。

第二,编纂普遍适用的统一公司法。最具代表性的是欧盟为协调各成员国公司法,起草发布了一系列欧盟公司法指令(directives)。这些指令虽然不能对各成员国的公民或公司直接发生效力,但各成员国有义务通过制定或修改相应的国内法,使"指令"转化成为其国内法,以约束其本国公民和公司。

二、公司的分类(Classifications of Corporations)

根据不同的标准,可以对公司进行不同的分类。

1. 无限责任公司、两合公司、股份有限公司、有限责任公司、股份两合公司

这是大陆法系国家根据股东所负的责任承担不同,对公司所作的分类。但我国的公司法仅规定了有限责任公司和股份有限公司,因此我国的公司股东均承担有限责任,公司均具有法人资格。

(1) 无限公司。无限公司是指两个以上的股东组成,股东对公司债务承担连带无限清偿责任的公司。无限公司作为最早的一种公司形式,股东承担的风险极大,股东的信用在公司中表现得尤为重要,股东之间的关系具有浓厚的合伙性,因此,真正成立这种公司的股东,通常是在家族及亲朋之间。伴随着现代公司形式的产生,这种公司形式的采用正日益减少。这种公司类型类似我国的普通合伙企业。

(2) 两合公司。两合公司是指由承担无限责任的股东和承担有限责任的股东共同组成的公司。承担无限责任的股东必须对公司的债务承担连带无限清偿责任;承担有限责任的股东只以其出资额为限对公司承担责任。这种公司类型类似我国的有限合伙。

(3) 有限责任公司,也称有限公司,是指由股东出资组成的,股东对公司的债务以其出资额为限承担有限责任,公司以其全部财产对外承担责任的企业法人。有限公司在1892年发端于德国,融合了合伙企业和股份有限公司的优点,在各种公司类型中是最晚出现的一种。

(4) 股份有限公司,也称股份公司,是指公司的资本分成若干等额的股份,由一定人数以上的股东组成,股东以其认购持有的股份为限对公司承担有限责任的公司。股份公司是一种最高级的企业组织形式,对于加速资本集中和社会化,促进社会经济的发展有重要作用。

(5) 股份两合公司,是指公司的资本划分为等额股份,由无限责任股东与股份有限责任股东共同组成的股份公司。无限责任股东对公司债务承担无限连带清偿责任。股份有限责任股东以其所认购的股份对公司债务承担股份有限责任。与股份公司相比,股份两合公司的优点并不很多,因此,在各国受到的重视程度和发挥的作用是极小的,公司的数量也很有限。多数国家未规定此种公司形式。

2. 封闭式公司和开放式公司

这是英美法系国家根据股票发行的对象及股权转让方式的不同对公司的分类。

(1) 封闭式公司(private company 或 closed corporation),它是指根据公司法而成立的,并且根据其公司章程,股东人数限制在50人以下,限制公司股份转让,禁止吸引公众购买其任何股份或任何债券的公司。这种公司类似于大陆法系中的有限责任公司。

(2) 开放式公司(open corporation 或 public corporation),又称多数人公司或者上市公司。

这种公司的特点是它的股票可以在股票交易所挂牌并公开进行交易,股份可以自由转让。这种公司类似于大陆法系中股票获准上市的股份有限公司(listing corporation)。

3. 母公司和子公司

这是根据公司的控制和依附关系为标准,对公司所作的分类。

母公司(parent company)是指一个公司持有另一个公司一定比例的股份并直接掌握其经营的公司。子公司(subsidiary company)是母公司投资并受母公司控制的公司。一般而言,母公司和子公司均具有独立的法人资格,母公司以其出资额或所持的股份为限对子公司承担责任,子公司以其全部资产对它自己的债务承担责任。通常,如果一个母公司控制了三个以上的子公司,可以形成集团或企业集团。母公司与子公司之间的关系是以股权的占有为基础的,母公司是通过行使股权而不是直接依靠行政权力控制子公司。

4. 总公司和分公司

这是根据公司的内部管辖系统的分类。总公司(head office),是管辖其全部组织的总机构,在法律上具有法人资格。分公司(affiliated office)是总公司所管辖的分支机构,不具备法人资格。关于分公司业务的经营、资金的配置、财产的调度等一般均由总公司统一指挥决定。分公司不能独立承担财产责任,当它的财产不足以清偿债务时,应由总公司来清偿。

Classifications of Corporations

1. Classification by liability of members

(1) Companies limited by shares. The most common form of registered company is the private or public company limited by shares. A limited company by share has the following features:

• A share capital, often divided into shares of different classes.

• It may allot and issue shares when the directors think fit.

• Each subscriber is allotted one or more shares on terms that an amount will be paid to the company.

• The liability of the members is limited to the amount (if any) unpaid on their share.

• The shares are personal property of members and are freely transferred.

(2) Companies limited by guarantee. A company limited by guarantee differs from a company limited by shares in that the liability of the members is to contribute to the company when it is wound up, not when they become member. It is commonly used where companies are formed for non-commercial purposes, such as clubs or charities. The members guarantee the payment of certain (usually nominal) amounts if the company goes into insolvent liquidation, but otherwise they have no economic rights in relation to the company.

(3) A company limited by guarantee with a share capital. A hybrid entity, is usually used where the company is formed for non-commercial purposes, but the activities of the company are partly funded by investors who expect a return.

(4) An unlimited company. A company in which the liability of members for the debts of the company is unlimited. Although the kind of company does not confer the protection of limited liability upon its members, it is still a separate legal entity which is different from the partnership. Today these are only seen in rare and unusual circumstances.

(5) No-liability company. Under this kind of classification, there is another company, named no-liability company. No-liability companies are a type of company especially developed for the purpose of the mining industry. The difference is in that the members are not legal liable for calls made by the company either during its lifetime or in wingding up. The penalty for failure to pay calls is during the period in which the calls are unpaid the member is not entitled to participate in any dividends and the shares are forfeited, following which they are offered for sale by public auction. The kind of company is suitable for inexperienced investors and speculators.

2. Classification by membership

The purpose of distinction is that the obligations and restrictions on the two kinds of companies are so different. In legal parlance, the "owners" of a company are normally referred to as the members. In a company limited by shares, this will be the shareholders. In a company limited by guarantee, this will be the guarantors.

(1) Public companies. Public companies are companies whose shares can be publicly traded, often (although not always) on a regulated stock exchange. There are more restrictions and obligations on it.

(2) Private company. Private companies do not have publicly traded shares, and often contain restrictions on transfers of shares. Generally, private companies have maximum numbers of shareholders. But private companies are relieved of many of the obligations and restrictions of public company.

3. Classification by the size of the business

Proprietary company is either large or small. A proprietary company can also be grouped into large proprietary company and small proprietary company in according to the size of their business.

Apart from the size, the main difference is that large proprietary companies have to hold some duties, such as lodging audited financial reports each year. Small proprietary companies have less onerous disclosure requirements and do not prepare annual financial reports except for their taxation return.

三、公司的设立(Establishment of Corporations)

公司的设立,是指公司根据法定程序取得合法资格的过程。

(一) 公司的设立原则

公司设立的原则是指一个国家在法律上对公司设立所采取的基本态度,即以怎样的程序限制来规范公司的设立。纵观各国公司法律,公司设立的原则,大体经历了以下几个阶段。

(1) 自由主义,又称放任主义,是指公司的设立没有任何的法定条件和程序,无须注册登记。自由主义产生于公司制度萌芽时期,但其容易造成公司泛滥,危及债权人的利益,不利于维持正常的经济秩序,在现代公司制度中已经消失。

(2) 特许主义,是指公司的设立须经国家元首或立法机关予以特许。特许主义盛行于17—19 世纪的英国、荷兰等国家。例如,1600 年成立的英国东印度公司就是英国女王伊丽莎白一世特许成立的。但因其手续极其繁琐,特许设立不能普及,而且特许本身具有特权,不利于大规模发展公司,因而逐渐被各国所舍弃。

(3) 核准主义,是指公司的设立除必须具备法律规定的条件和履行法定程序外,还须经政府行政主管机关的审查和批准。核准主义创设于法国路易十四时代制定的《商事条例》,后被德国等许多国家所采纳。核准主义虽然比特许主义有了很大进步,简化了公司设立的手续,但随着社会经济的高速发展,核准主义对公司设立的限制仍显得过于严格,不能满足公司发展的需要,逐步为准则主义所取代。

(4) 准则主义,是指由法律对公司设立的条件作出规定,凡是具备这些法定条件的,不必经政府行政主管机关批准,可直接向登记机关申请成立公司。准则主义简化了公司设立程序,便于公司及时设立。但是这种设立原则也会导致公司滥设,目前大多数国家采取严格准则主义:一方面加重设立要件及设立责任,另一方面加强法院和行政机关的监督。

目前许多国家采用以准则设立为主、核准设立为辅的方式。比如我国对一般的有限责任公司采取准则主义,对涉及国家安全、公共利益和关系国计民生的特殊行业和特别经营项目的有限责任公司、股份有限公司则采取核准主义。

(二) 设立方式

公司设立的方式基本为两种,即发起设立和募集设立。

(1) 发起设立,是指公司的注册资本或公司所发行的股份全部由发起人出资或认购,不向公司以外的其他人募集。这种设立方式对社会公众利益影响相对较小,设立程序简单,设立所需时间短,成本低。有限责任公司、无限责任公司及两合公司大都采取此种方式。股份有限公司也可采用此种设立方式,但其更经常采取的是募集设立方式。

(2) 募集设立,是指发起人只认购公司股份或首期发行股份的一部分,其余部分对外募集而设立公司的方式。这种方式仅适用股份有限公司。由于募集设立的股份有限公司资本规模较大,涉及众多投资者的利益,故各国公司法均对其设立程序严格限制,一般对发起人认购的股份比例有一定的限制。如我国公司法规定发起人认购的股份不得低于公司发行股份总额的35%。

(三) 设立条件

各国关于各类公司设立的条件不尽相同,但关于公司设立的程序大体相同:一定人数的法定创办人;创办人负责拟订公司章程和内部细则;组织认购股份;选举和任命公司的管理人员;申请注册登记等。这些手续完成后,经主管当局核准登记,即可领取营业执照,至此,公司便告成立。

公司设立的条件主要有:

1. 公司发起人或股东符合法定人数和具备法定资格

公司发起人(incorporator, founder 或 sponsor),即公司的创设人员,负责筹建公司并对公司设立承担相应责任的人。由于发起人所具有的权利、承担的义务及责任的特殊性,各国公司法对公司,发起人的人数及资格都具有具体而严格的规定。

从发起人数量来看,一般来说,应符合法定最低数。多数国家规定发起人必须为两人以上,但一些国家也允许设立一人公司,如美国。我国新修订的公司也增加关于一人公司的规定。

从发起人性质来看,发起人可以是自然人,也可以是法人或其他经济组织,有的国家还可以是政府。对于发起人的国籍和居所地问题,各公司法一般没有强制性规定,但也有个别国家和地区对此加以限制。如意大利公司法规定,外国人拥有意大利公司 30% 以上的股份时,须经意大利财政部批准。我国公司法规定股份有限公司,须有半数以上的公司发起人在中国境内有住所。

从发起人的责任和义务看,发起人对所设立的公司负有忠实的义务,必须在其权限范围内为投资者和公司的利益服务,并负有出资或认购公司法定比例股份的义务,在公司成立后即成为公司的首批股东。发起人因履行公司设立义务或履行过程中本人的过失所发生的法律责任由公司承担,但若公司未能成立,则由所有发起人共同承担连带责任。发起人因非履行公司义务或第三人造成损失的,则由发起人个人承担责任。

2. 公司章程

公司章程(articles of corporation 或 status)是规定公司的宗旨、名称、资本构成、组织结构及公司经营活动基本规则的法律文件,是以书面形式固定下来的全体股东共同一致的意思表示,是规范公司经营活动的根本性大法。因此公司的章程也被喻为"公司宪法"。

公司的章程一般由公司发起人制定,并经发起人一致同意并签字盖章后交主管部门审核,并以公开的方式向公司成员及第三人表明公司的基本情况和信用,以维护交易安全。章程一经制定生效后不得随意变更,如确因情况变化需要变更章程,一般须持有一定比例表决权的股东同意,并依法向原登记机关办理变更章程登记。

各国的公司章程一般包括以下内容:公司名称和住所;公司经营范围;公司注册资本;股东的姓名或者名称;股东的出资方式、出资额和出资时间;公司的机构及其产生办法、职权、议事规则;公司法定代表人;公司章程的修改规则等等。关于公司章程的形式,大陆法系一般采用单一形式,即公司章程。英美法系规定由两个文件组成,即组织大纲(memorandum of association)和内部细则(articles of association 或 by-laws)。组织大纲即规定公司对外关系的纲领性文件,而内部细则是在组织大纲的基础上订立的,关于公司内部事务准则的基本文件。内部细则一般只能在公司内部有效,不能对抗善意第三人,一般由董事会制定、修改或废除。

3. 股东缴纳出资或认购股份

(1)最低注册资本要求。公司注册资本由全体股东出资构成,公司的资本是公司开展经营活动的前提和承担责任的基础。为了保护股东和债权人的合法权益,防止滥设公司,保障公司的偿债能力和社会交易安全,许多国家的公司立法对公司的资本总额规定最低限额。如德国规定,有限公司基本资本不得少于 5 万马克,股份有限公司不得少于 10 万马克。但是英美法系一般对公司的设立的注册资本无严格要求,甚至无须最低注册资本要求。我国修订后的《公司法》也放宽了最低注册资本的要求,有限责任公司的注册资本为在公司登记机关登记的全体股东认缴的出资额。法律、行政法规以及国务院决定对有限责任公司注册资本实缴、注册资本最低限额另有规定的,从其规定。

(2)出资形式。虽然公司的资本在章程中均应货币化,表现为一定数额的货币,但其具体构成并不以货币或现金为限。一般而言,有限责任公司和股份有限公司的资本由货币、实物、知识产权及土地使用权等构成;无限公司和两合公司的资本构成则更广泛,还可以包括股东的信用和劳务出资等。我国公司法规定,股东可以用货币出资,也可以用实物、知识产权、土地使用权等可以用货币估价并可以依法转让的非货币财产作价出资;但是,法律、行政法规规定不得作为出资的财产除外。其中全体股东的货币出资金额不得低于有限责任公司注册资本的30%。

在发起人以非货币财产出资时,由于发起人有可能利用其有利地位将其作价过高,从而损害其他投资者及公司的利益,因此,大多数国家公司法都对实物作了具体的审查规定,设置了专门的审查机构或人员,并且明确规定相关人员或机构故意对实物估价过高的法律责任,以保证在以实物出资的情况下,作价公平合理。各国公司法对缴纳出资和认购股份的程序和审核手续都有严格的规定。如意大利、比利时的法律规定,认购方式必须采用公证文书,由公证人作证。德国股份有限公司规定,发起人以实物提供股款者,应由法院在征求商会意见后,指定独立的审查员审查。我国公司法也规定,对作为出资的非货币财产应当评估作价,核实财产,不得高估或者低估作价。股东缴纳出资后,必须经依法设立的验资机构验资并出具证明。

(3)股东的足额出资义务。缴纳出资和认购股份是股东的一项最基本义务。股东须严格履行出资义务,以保证公司资本的真实可靠,从而保证交易的安全。股东如不能依照章程缴付出资,在无限公司构成被除名的原因;在有限公司,股东负有填补差额的义务;在股份有限公司,发起人应负填补其差额义务。如我国公司法明确规定,股东应当按期足额缴纳公司章程中规定的各自所认缴的出资额。股东以货币出资的,应当将货币出资足额存入有限责任公司在银行开设的账户;以非货币财产出资的,应当依法办理其财产权的转移手续。股东不按照规定缴纳出资的,除应当向公司足额缴纳外,还应当向已按期足额缴纳出资的股东承担违约责任。有限责任公司成立后,发现作为设立公司出资的非货币财产的实际价额显著低于公司章程所定价额的,应当由交付该出资的股东补足其差额;公司设立时的其他股东承担连带责任。

(4)有公司住所或固定生产经营场所和必要的生产经营条件。公司住所一般是指公司主要办事机构所在地。这是公司开展正常经营活动的前提条件。对此,各国公司法都有较严格和明确的要求。规定公司住所,从法律上来看,还具有以下几个方面的意义:作为法律文书的送达处所;作为诉讼管辖的根据;在一定意义上是公司享有权利和履行义务的法定场所。比如,税务机关送达税务方面的文书,必须有一个可以送达的处所;公司将财务会计报告等资料供股东查阅,应当置备于公司住所。

四、公司的治理结构和组织机构(Corporate Governance and Management)

(一)公司的治理结构概述

公司治理结构(corporate governance),是指适应公司的产权结构,以出资者(股东)与经营者分离、分立和整合为基础,连接并规范股东会、董事会、监事会、经理相互之间权利、利益、责任关系的制度安排。它包括公司的组织结构及其运行机制两个方面。公司的组织结构指有公司的意思形成机构、业务执行机构和内部监督机构构成的完整的、有机的、科学的组织系统,即股东会、董事会、监事会等公司组织机构组成的管理系统。公司的运行机制是指股东会、董事会、监事会等公司组织机构在公司运营过程中的激励、监督和制衡机制。

由于各国法律、哲学、历史传统、政治制度、外在条件及其他条件的不同,各国公司治理结构的具体模式也有所不同,其间所有者、经营者及其监督者的角色定位存在一定差异,反映了不同的管理理念。各国的公司治理结构可分为以德、日等国家为代表的双层委员会制和以英、美为代表的单层委员会制。

双层委员会制,又称大陆法系型,除了股东会和董事会作为公司的权力机关和执行机关外,还设有行使监督权的监事会。在监事会与董事会的关系上,又有两种模式。一是双层型,如德国、奥地利,由监事会推选董事组成董事会,负责公司的具体经营管理。在这种结构中,监事会居于董事会之上。二是并列型,如我国、日本和我国台湾地区,监事会和董事会共同由股东会选举产生,在双层结构中处于并列地位。双层委员制公司治理结构的理念基础在于大陆法系国家把公司的活动视为职工与管理层之间的合作行为,特征在于吸收职工参与公司管理,强调公司的稳定发展。这种治理模式有利于公司利益共同体的形成,减少劳资双方的摩擦和对立,有利于防止和抵御外来的恶意收购,维护公司管理的稳定延续。

单层委员会制,又称英美法系型,除了作为公司的权力机关的股东会外,公司重大事项的决策权由股东推选的董事会行使,公司高级管理人员也由董事会聘任,一般不设监事会。近十几年来,英美国家的法律引进了独立董事(independent director),为有效的监督提供了重要途径。这种治理模式也与这些国家发达的证券市场和职业经理人市场相关。若执行董事的工作未取得股东满意的业绩,股东就会在证券市场上抛售其股票,同时,也可能引发对该公司的敌意收购,一旦被收购,这些执行董事一般会被解聘。"反抗兼并"的本能促使执行董事忠诚、勤勉地执行职务。单层委员会的特征在于公司的权利集中于资方,强调资本的流动中提高效率。但是近几年来,董事会逐渐变成公司组织机构的核心和公司的主宰,股东会中心主义已逐渐被董事会中心主义所取代。

Corporate Management

The corporation is a legal "person" that has standing to sue and be sued, distinct from its stockholders. The legal independence of a corporation prevents shareholders from being personally liable for corporate debts. If you abuse the company's limited liability, you also will be liable for company's debts. As an artificial person it is still a paper structure and companies can only act through human agents. So it must act through its board of directors and its general meeting.

The board of directors is normally elected by the members, and the other officers are normally appointed by the board. These agents enter into contracts on behalf of the company with third parties.

1. Directors. Companies must have at least a director. A director may be executive director, non-executive director, independent director or the chief executive officer. Generally, executive directors tend to be persons who are devoted full-time to their role in relation to the management of the company. Non-executive directors tend to be "outsiders" brought in for their expertise, and to lend a more impartial view in relation to strategic decisions. Many corporate reforms in the late 1990s and early 2000s were focused on increasing the number and role of non-executive directorships in public companies in the United States in the belief that an impartial view was more likely to restrain corporate improper act. If there are more directors than one, they are called the board of directors. The company's constitution gives the board of directors wide powers.

2. Directors' qualifications. Generally, few legal qualifications are required. In some nations, a director must be a shareholder, while in other nations it is not necessary to be one. Certainly it can be provided by the memorandum of association and (or) by-laws that a director must be a

shareholder or other qualifications, such as the nations requirement or the duration of remaining shares.

3. Directors' duties to their company. Because directors exercise control and management over the company, but companies are run, in theory at least, for the benefit of the shareholders, the law imposes strict duties on directors in relation to the exercise of their duties. The duties imposed upon directors are fiduciary duties, similar in nature to those that the law imposes on those in similar positions of trust: agents and trustees.

(1) Duty to be loyal to the company. As fiduciaries, directors owe a loyalty to the company. Directors must not exercise their powers for any private advantage. They must act in what they believe to be the best interests of the company. In other words, the directors should be loyal to the company. In short, directors are under a:

• duty of acting in bona fide. Directors must act honestly and in bona fide. The test is a subjective one — the directors must act in good faith in what they consider — not what the court or other professional persons may consider — is in the interests of the company.

• duty of exercising powers for proper purpose. Directors must exercise their powers for a proper purpose. While in many instances an improper purpose is evident, such as directors divert an investment opportunity to a relative, issue shares to maintain control or use the company funds to assist the reelection of a director.

• duty of retain their discretion. Directors cannot, without the consent of the company, fetter their discretion in relation to the exercise of their powers.

• duty to avoid actual or potential conflict of duty and interest. As fiduciaries, the directors may not put themselves in a position where their interests and duties conflict with the duties that they owe to the company. The law takes the view that good faith must not only be done, but must be manifestly seen to be done. The conflicts of duty and interest are:

• Transactions with the company. If a director enters into a transaction with a company, there will be a conflict between the director's interest and his duty to the company. Generally, in theory, a corporate body can only act by agents, and the duty of those agents is to act as best to promote the interests of the corporation. It is a rule of universal application. But sometimes a transaction maybe benefit to a company. So in many jurisdictions the members of the company are permitted to ratify transactions. If the director fails to make a disclosure of interest to the company, he or she will face to be fined.

• Use of corporate property, opportunity, or information. Directors must not, without the informed consent of the company, use for their own profit the company's assets, opportunities, or information. This is easy to understand because the property, opportunity or information is not the director's property, opportunity or information but the company's.

• Competing with the company. Directors cannot, clearly, compete directly with the company with a conflict of interests arising. Similarly, they should not act as directors of competing companies, as their duties to each company would then conflict with each other.

52

(2) Duty of care. At common law, directors may be liable for breach of the duty of care.

● The understanding of the "skill". A director has a duty of care. The level of skill was expressed that it is reasonably be expected from a person of his knowledge and experience. The duty involves becoming familiar with the business of the company and how it is run.

● Diligence. The responsibilities of directors require that they take reasonable steps to place themselves in a position to manage and control the company. In Dorchester Finance Co v. Stebbing the court held that directors of a company were bound to act in good faith and in the interests of the company. They also had to display such skill and care as should be reasonably expected from people with their knowledge and experience. This was a dual subjective and objective test, and it was improved to a higher level.

More recently, it has been suggested that both the tests of skill and diligence should be assessed objectively and subjectively. In the United Kingdom the statutory provisions relating to directors' duties in the new Companies Act 2006 have been codified on this basis.

● Reliance others. The board may be assisted by sub-committees consisting of its members, including non-executive directors.

(3) The "business judgment" rule. The business judgment rule is closely linked to the duty of care. Shareholders suing the directors often charge both the duty of care and duty of loyalty violations. A court will refuse to review the actions of a corporation's board of directors in managing the corporation, unless there is some allegation of conduct that the directors violated above duties in the management of the corporation, because the directors are not insurers of corporate success. So the directors will not be liable if the directors performed their duties in good faith, with the care that an ordinarily prudent person in a like position would exercise under similar circumstances, and in a manner the directors reasonably believe to be in the best interests of the corporation.

Generally, the duties of the directors are several and the duties are owed to the company itself, and not to any other entity. But in future, there are some changes about it. For example, in the United Kingdom, the Companies Act 2006 will require a director of a UK company "to promote the success of the company for the benefit of its members as a whole", and sets out six factors to which a director must have regards in fulfilling the duty to promote success. These are:

1) the likely consequences of any decision in the long term;

2) the interests of the company's employees;

3) the need to foster the company's business relationships with suppliers, customers and others;

4) the impact of the company's operations on the community and the environment;

5) the desirability of the company maintaining a reputation for high standards of business conduct, and

6) the need to act fairly as between members of a company.

This represents a change different from the traditional notion that directors' duties are owed only to the company.

4. Remedies for breach of duty. In most jurisdictions, the law provides for a variety of remedies

in the event of a breach by the directors of their duties:

1) Injunction or declaration. Declared that he or she is not to be a director by the shareholders' meeting or issue an injunction by a court to prevent him or her from being a director in any corporate for a certain time or forever.

2) Damages or compensation. If a director violates his above duties and produce damages to the company, he or she is liable.

3) Restoration of the company's property. A director use the company's property for himself or for others, he or she will restore them. And the relevant contract is rescinded, such as making a transaction with the company without the consent of the company.

4) Return of profits. A director uses the corporate property, opportunity, or information to make profits, with the consent of the company, the contract is valid and profits should be returned to the company.

5. Corporate governance. Corporate governance is the system by which companies are directed and managed, and it influences how the objectives of the company are set and achieved, how the risk is monitored and limited. Good corporate governance structures encourage companies to create value.

An important theme of corporate governance is to ensure the accountability of certain individuals in an organization through mechanisms that try to reduce or eliminate the principal-agent problem. Another problem focuses on the impact of a corporate governance system in economic efficiency. Many countries have paid much attention to the problem and regulate some acts referring to it. [1]

Except that some companies acts began to take into account not the interests of shareholders but the interest of employees. Of course, the changes have therefore been the subject of some criticism.

（二）股东会（Board of Shareholders）

1. 股东会的性质和职权

股东会由全体股东（shareholder）组成，是公司的最高权力机关。尽管各国虽受公司股东大会权力弱化、董事会权力强化趋势的影响，股东大会的权力在各国受到不同程度的架空，但它仍是公司象征性的最高权力机构。

股东会行使的职权主要包括：①决定公司的经营方针和投资计划；②选举和更换非由职工代表担任的董事、监事，决定有关董事、监事的报酬事项；③审议批准董事会的报告，审议批准监事会或者监事的报告；④审议批准公司的年度财务预算方案、决算方案，审议批准公司的利润分配方案和弥补亏损方案；⑤对公司增加或者减少注册资本作出决议，对发行公司债券作出决议；⑥对公司合并、分立、解散、清算或者变更公司形式作出决议，修改公司章程；⑦公司章程规定的其他职权。但是股东会一般对内不直接对公司业务进行经营管理，对外也不代表公司，而是通过选举和控制董事会来间接行使管理和领导权。

2. 股东会会议的种类和召集

股东会通过定期或临时举行由全体股东出席的会议来进行工作，以行使对公司联合控制

---

① In 2002, the US federal government passed the Sarbanes-Oxley Act, intending to restore public confidence in corporate governance.

的最高权力。

（1）定期会议，是指依据法律和公司章程的规定在一定时间内必须召开的股东会议，定期会议应当按照公司章程的规定按时召开。对于股东大会定期会议每两次会议之间的最长间隔期限，各国规定有所不同。我国公司法规定每年召开一次，英国公司法规定两次会议之间的间隔一般不得超过 15 个月。

（2）临时会议，也称特别会议，是指定期会议以外的必要时候，由于发生法定事由或者根据法定人员、机构的提议而召开的股东会议。各国公司法一般规定以下情况可以召开临时会议。

第一，持有一定比例股份的股东申请。如我国《公司法》规定，有限责任公司代表 1/10 以上表决权的股东提议时，股份有限公司单独或者合计持有公司 10% 以上股份的股东请求时，应当临时召开股东大会。

第二，根据董事提议或在董事会认为必要时。如我国《公司法》规定，有限责任公司 1/3 的董事或董事会提议时，股份有限公司董事会认为必要时，应当召开临时股东大会。

第三，根据监事提议或在监事会认为必要时。如我国《公司法》规定，有限责任公司监事会或者不设监事会的公司的监事提议时，股份有限公司监事会提议时，应当召开临时股东大会。

第四，发生法定事由时。对于法定事由，各国公司法规定内容不一，例如，英国 1967 年《公司法》规定，凡需要临时撤换一个董事，或任命一位年逾 70 岁的董事，或者任命一位新的审计员时，均需召开临时会议。我国《公司法》规定，股份有限公司当董事人数不足本法规定人数或者公司章程所定人数的 2/3 时，或者公司未弥补的亏损达实收股本总额三分之一时，应当在 2 个月内召开临时股东大会。

（3）会议的召集。我国公司法规定，首次股东会由出资最多的股东召开和主持。公司设立董事会的，股东会会议由董事会召集，董事长主持，董事长不能履行职务或者不履行职务的，由副董事长主持；副董事长不能履行职务或者不履行职务的，由半数以上董事共同推举一名董事主持。董事会或者执行董事不能履行或者不履行召集股东会会议职责的，由监事会或者不设监事会的公司的监事召集和主持；监事会或者监事不召集和主持的，有限责任公司代表1/10 以上表决权的股东可以自行召集和主持，股份有限公司连续 90 日以上单独或者合计持有公司 10% 以上股份的股东可以自行召集和主持。

3. 股东会的议事规则

股东会的决议一般须由代表表决权多数的股东通过方为有效。股东会的议事方式和表决程序，除公司法有规定的以外，由公司章程规定。根据决议事项和多数标准不同，股东会决议有普通决议和特别决议之分。

（1）普通决议，是指股东会在决议公司的普通事项时，获得简单多数赞成即可通过的决议。根据我国公司法，所谓"简单多数"，在有限责任公司是代表 1/2 以上表决权的股东；在股份有限公司是出席会议代表 1/2 表决权的股东。除法律明确规定以特别决议规定的事项外，其他事项多属普通决议。

（2）特别决议，是指股东会在决议公司的特别事项时，获得绝对多数赞成方可通过的决议。根据我国公司法，所谓"绝对多数"，在有限责任公司是代表 2/3 以上表决权的股东，在股份有限公司是出席会议代表 2/3 表决权的股东。我国公司法规定的特别事项主要有:公司的合并、分立、解散或变更公司形式,修改公司章程,增加或减少资本。

(三)董事会(Board of Directors)

董事会依法由股东会选举产生,代表公司并行使经营决策权和管理权的公司常设机关。它对内管理公司事务,对外代表公司行使职权。

1. 董事会的组成

董事是由股东在股东会上选举产生的,对公司的业务活动进行决策和领导的专门人。

(1)董事的人数。各国公司法都对董事人数作了不同的规定,但多是基于如何使董事会更有效地领导公司业务来确定的。因董事会人数少,易出现独裁,危害股东利益;董事会人数多,又会导致效率低下。所以,各国公司法对此都作出了弹性较大的规定,一般是只规定最高和最低人数,具体人数由各公司章程规定。例如,德国规定,董事会必须至少由 3 人组成,股本金额在 120 万马克以下者,不得超过 9 人。我国公司法规定,有限责任公司设董事会,其成员为 3~13 人;股东人数较少或者规模较小的有限责任公司,可以设一名执行董事,不设董事会;国有独资公司董事会的成员为 3~9 人;股份有限公司成员为 5~19 人。董事会的人数一般为奇数,其目的是减少董事会内出现僵局的机会。

(2)董事的任职资格。为了确保公司董事能够胜任工作,维护公司、投资者及社会公共的利益,董事一般是由股东会选出,然后由选出的董事组成董事会。各国公司法都在身份、年龄等方面对董事资格做出了一定限制,有积极条件,也有消极条件。这些条件一般包括国籍限制、年龄限制、兼职限制、能力品行限制等。

我国公司法规定有下列情形之一的,不得担任公司的董事:无民事行为能力或者限制民事行为能力;因贪污、贿赂、侵占财产、挪用财产或者破坏社会主义市场经济秩序,被判处刑罚,执行期满未逾 5 年,或者因犯罪被剥夺政治权利,执行期满未逾 5 年;担任破产清算的公司、企业的董事或者厂长、经理,对该公司、企业的破产负有个人责任的,自该公司、企业破产清算完结之日起未逾 3 年;担任因违法被吊销营业执照、责令关闭的公司、企业的法定代表人,并负有个人责任的,自该公司、企业被吊销营业执照之日起未逾 3 年;个人所负数额较大的债务到期未清偿。

2. 董事会的职权

董事会作为公司执行机构,对股东会负责,一般具有下列职权:①召集股东会会议,并向股东会报告工作;②执行股东会的决议;③决定公司的经营计划和投资方案;④制订公司的年度财务预算方案、决算方案;⑤制订公司的利润分配方案和弥补亏损方案;⑥制订公司增加或者减少注册资本以及发行公司债券的方案;⑦制订公司合并、分立、解散或者变更公司形式的方案;⑧决定公司内部管理机构的设置;⑨决定聘任或者解聘公司经理及其报酬事项,并根据经理的提名决定聘任或者解聘公司副经理、财务负责人及其报酬事项;⑩制定公司的基本管理制度;⑪公司章程规定的其他职权。

3. 董事会会议

董事会会议有普通会议(regular meeting)和特殊会议(special meeting)之分。普通会议是董事会根据公司章程而定期召开的会议,俗称"例会"。特殊会议是董事会认为必要时随时召开会议。我国公司法规定,有限责任公司的董事会会议由董事长召集和主持;董事长不能履行职务或者不履行职务的,由副董事长召集和主持;副董事长不能履行职务或者不履行职务的,由半数以上董事共同推举 1 名董事召集和主持。股份有限公司的董事会每年度至少召开两次会议,每次会议应当于会议召开 10 日前通知全体董事和监事。代表 1/10 以上表决权的股东、1/3 以上董事或者监事会,可以提议召开董事会临时会议。董事长应当自接到提议后 10 日内,召集和主持董事会会议。董事在会议上表决权为一人一票,一项决议经符合法定人数的出席会议董事的简单多数通过即为有效。董事会应当对所议事项的决定作成会议记录,出席会议的董事应当在会议记录上签名。

4. 董事对公司的义务和责任

公司的董事拥有公司的执行权和监督权,实际控制着公司的运营。虽然他们与公司及股东的利益有一致性,但他们又有各自独立的利益,甚至有可能与公司、股东利益相冲突。近几年来,股东会中心主义逐渐被董事会中心主义所取代,尤其是股权分散的上市公司,许多小股东并不关心公司的实际经营,而仅关心手中的股票是否增值。因此,各国立法都不同程度地强调董事等高级管理人员对公司的义务。

(1) 善良管理义务(duty of care),在公司与董事的委任关系中,董事作为受任人在处理公司事务时须以善良管理人标准给予合理注意的义务。根据我国的公司法,董事的善良管理义务仅限于遵守法律、行政法规、公司章程,标准显然过低,不利于提高董事的整体素质,应以善良管理人的注意为之。但在董事具有特殊识别能力的场合,则应承担与其识别能力相应的更高的注意义务。

(2) 忠实义务(duty of loyalty),即董事对公司负有忠实履行其职务的义务,禁止背信弃义,不得使个人权利优于公司利益。一般认为,董事的忠实义务主要包括以下两重含义:

第一,董事必须诚实正当地行使职权,不得背信弃义,利用职权损害公司利益。董事作为公司的受托人,行使职权应以公司利益为准则,衡量其是否诚实正当行使职权的标准在于公司利益是否是董事行使职权的主要动机。对此,我国公司法规定:①董事不得利用职权收受贿赂或者其他非法收入,不得侵占公司的财产;②不得挪用公司资金;③不得将公司资金以其个人名义或者以其他个人名义开立账户存储;④不得违反公司章程的规定,未经股东会、股东大会或者董事会同意,将公司资金借贷给他人或者以公司财产为他人提供担保;⑤不得接受他人与公司交易的佣金归为己有;⑥不得擅自披露公司秘密。

第二,在自身利益与公司利益相冲突场合,董事不得使个人利益优于公司利益。主要包含以下三种基本情况:①董事在自身交易中不得违反公司章程的规定或者未经股东会、股东大会同意,与本公司订立合同或者进行交易;②董事履行职务时获得的秘密利益应归于公司,董事不得未经股东会或者股东大会同意,利用职务便利为自己或者他人谋取属于公司的商业机会;③董事不得与公司竞争营业,董事不得自营或者为他人经营与所任职公司同类的业务。

董事执行公司职务时违反法律、行政法规或者公司章程的规定,给公司造成损失的,应当承担赔偿责任。

(四) 监事会 (board of supervisors)

监事会是依法产生,由股东会选举的,由全体监事组成的对公司的业务活动进行监督和检查的常设机构。它代表全体股东对公司经营管理进行监督,行使监督职能,是公司的监督机构。

监事会成员一般由股东会在有行为能力的股东中选任。监事的任职资格与董事的任职资格基本一致,但是董事、高级管理人员一般不得兼任监事。我国公司法规定,有限责任公司设监事会,其成员不得少于 3 人。监事会应当包括股东代表和适当比例的公司职工代表,其中职工代表的比例不得低于1/3,具体比例由公司章程规定。监事会中的职工代表由公司职工通过职工代表大会、职工大会或者其他形式民主选举产生。

监事会主要对公司董事会和高级管理人员的业务活动实行监督,具体包括:①检查公司财务;②对董事、高级管理人员执行公司职务的行为进行监督,对违反法律、行政法规、公司章程或者股东会决议的董事、高级管理人员提出罢免的建议;③当董事、高级管理人员的行为损害公司的利益时,要求董事、高级管理人员予以纠正;④提议召开临时股东会会议,在董事会不履行本法规定的召集和主持股东会会议职责时召集和主持股东会会议;⑤向股东会会议提出提案;⑥按照法律的规定,对董事、高级管理人员提起诉讼;⑦公司章程规定的其他职权。

监事会每年度至少召开一次会议,监事可以提议召开临时监事会会议。监事会决议应当经半数以上监事通过。监事会主席召集和主持监事会会议;监事会主席不能履行职务或者不履行职务的,由半数以上监事共同推举一名监事召集和主持监事会会议。监事会应当对所议事项的决定作成会议记录,出席会议的监事应当在会议记录上签名。

各国公司法对监事会成员的责任规定也基本上与董事会相同,要求其尽到谨慎、善良和管理义务,否则要承担相应的法律责任。

五、公司的合并,分立和解散、清算(M&A, Dissolution and Liquidation)

(一) 公司的合并和分立

公司的合并是指两个或两个以上的公司依法达成合议,归并为一个公司或创设一个新的公司的法律行为。公司的合并通常有两种行为:新设合并和吸收合并。新设合并,是指两个或两个以上的公司中,各个公司都解散,另外组建成一个新的公司,在美国又叫联合(consolidation)。吸收合并,是指两个以上公司中,一个公司存续,其他公司解散,在美国又称兼并(take over)。

公司的分立是指一个公司通过签订协议,不经过清算程序,分为两个或两个以上的公司的法律行为。公司分立主要有派生分立和新设分立两种形式。派生分立,是指一个公司分立成两个以上公司,本公司继续存在并设立一个以上新的公司。新设分立,是指一个公司分解为两个以上公司,本公司解散并设立两个以上新的公司。

(二) 公司的解散(dissolution)和清算(liquidation)

公司的解散是指公司法人资格的消灭的法律行为。各国公司法对公司解散的原因都有具体规定。各国公司法对公司解散的原因都有具体规定。根据公司解散是否为公司自主决定,可将解散的原因分为任意解散和强制解散。

任意解散是指由公司发起人或股东约定或决议引起的公司解散,主要有以下几种情形:公司章程规定的营业期限届满或者公司章程规定的其他解散事由出现;股东会决议解散;因公司合并或者分立需要解散;章程规定的某些解散事由出现。

强制解散是指因主管机关决定或法院判决所导致的公司解散,主要有主管机关命令其解散,法院判定公司解散,公司被宣告破产。我国新修订的《公司法》第一百八十三条增加了股东请求法院解散的情形:"公司经营管理发生严重困难,继续存续会使股东利益受到重大损失,通过其他途径不能解决的,持有公司全部股东表决权百分之十以上的股东,可以请求人民法院解散公司。"

公司的清算,是指公司在解散过程中,清理公司的债权债务,并在股东间分配公司剩余财产,最终结束公司所有法律关系的一种法律行为。一般来说,公司解散应成立清算组进行清算,但并非所有的公司解散都要进行清算,因公司合并或分立导致公司解散的,可以不进行清算。清算组由股东会确定其人选,可由董事、股东担任清算人,也可根据债权人的要求,法院指派清算人。清算组在清算期间一般行使下列职权:①清理公司财产,分别编制资产负债表和财产清单;②通知、公告债权人;③处理与清算有关的公司未了结的业务;④清缴所欠税款以及清算过程中产生的税款;⑤清理债权、债务;⑥处理公司清偿债务后的剩余财产;⑦代表公司参与民事诉讼活动。

【案例分析】

案例 2-1　　　　　　　　　　**萨洛蒙诉萨洛蒙有限公司案**

【案情】萨洛蒙先生原为个体商人,拥有一家鞋店。1892 年依英国公司法的规定建立了萨洛蒙有限责任公司, 有 7 名股东:萨洛蒙先生、萨洛蒙太太和他们的 5 个子女。公司发行了20 007份股份,其中,萨洛蒙先生占 20 001 股,其余每人各占 1 股(这主要是为了达到当时法律规定的最低股东人数 7 人)。公司成立后的第一次董事会批准萨洛蒙先生将其鞋店卖给公司,售价38 782英镑,其中,20 000 英镑作为萨洛蒙先生认缴公司的股金,计 20 000 股;10 000 英镑作为公司欠其债务,并由公司资产作为担保;其余以现金支付。公司以后又陆续对外借了部分债务,未设抵押。

1893 年,公司因无力支付到期债务被依法清算,清算结果是公司有资产 6 000 英镑,欠债除萨洛蒙先生的 10 000 英镑外还有 7 000 英镑非担保债务。萨洛蒙先生要求公司优先偿付其有担保的债权。若公司清偿了萨洛蒙的有担保的债权,其他的无担保的债权人就将一无所获。公司清算人代表无担保的债权人起诉萨洛蒙先生,认为他与公司实际为同一个人,他应对普通债权人承担赔偿责任,并且本人债权不应当向公司求偿,公司不能欠他的债,因为自己不能欠自己的债,公司的财产应该用来偿还其他债权人的债。

请思考:萨洛蒙先生主张公司优先偿付其有担保的债权的主张能否成立?

【解析】本案的关键是理解公司的独立法人人格。公司区别于个人独资企业和合伙企业的最重要的特征是公司具有独立的法人人格。法人是具有民事权利能力和民事行为能力、依法独立享有民事权利和承担民事责任的组织。法人是依法定条件和程序设定的拟制主体,是赋予法律人格的社会组织。法人的人格独立性取决于财产的独立性和责任的独立性。在公司法上,就体现为公司人格与股东人格相对独立,公司作为一个拟制主体,具有独立的人格,公司的财产与股东的财产不能混同。

具体到本案,初审法院和上诉法院都认为,萨洛蒙公司只不过是萨洛蒙的化身、代理人,公司的钱就是萨洛蒙的钱,萨洛蒙没有理由还钱给自己,从而判决萨洛蒙应清偿无担保债权人的债务。但是衡平法院驳回判决,萨洛蒙公司是合法有效成立的,因为法律仅要求有 7 个成员并且每人至少持有 1 股作为公司成立的条件,而对于这些股东是否独立、是否参与管理则没有作出明文规定。因此,从法律角度讲,该公司一经正式注册,就成为一个区别于萨洛蒙的法律上的人,拥有自己独立的权利和义务,以其独立的财产承担责任。本案中,萨洛蒙既是公司的唯一股东,也是公司的享有担保债权的债权人,具有双重身份。因此,他有权获得优先清偿。最后,法院判决萨洛蒙获得公司清算后的全部财产。

本案是英美法上的经典判例,确立了公司的法人人格制度,否认了公司是股东的化身、代理人。但是公司的法人人格并不是绝对的,本案的判决并不意味着公司的设立人可以欺骗公司或公司的债权人,要注意"揭开公司面纱"的法人人格否认制度。衡平法院认为在这个案子中,萨洛蒙并没有任何欺诈行为。因为没有任何证据证明,萨洛蒙曾经私分公司利润,也没有转移、隐匿任何公司的财产以逃避公司的债务。在本案中,萨洛蒙本人也是一个受害者,不应该让其承担双重损失。

【提示】理解掌握公司独立法人人格制度的同时,应注意把握"揭开公司面纱"的法人人格否认制度,我国在 2005 年修订的公司法中明确了法人人格否认制度。

Case 2-2①   Salomon v Salomon & Company[1897] AC 22 (H. L)

Salomon v. Salomon & Co. Ltd (1896), [1897] A. C. 22 (H. L.) is a foundational decision of the House of Lords in the area of company law. The effect of the Lords' unanimous ruling was to firmly uphold the doctrine of corporate personality, as set out in the Companies Act 1862.

Background

Aron Salomon was a successful leather merchant who specialized in manufacturing leather boots. For many years he ran his business as a sole proprietor. By 1892, his sons had become interested in taking part in the business. Salomon decided to incorporate his business as a Limited company, Salomon & Co. Ltd.

At the time the legal requirement for incorporation was that at least seven persons subscribe as members of a company i. e. as shareholders. The shareholders were Mr. Salomon, his wife, daughter and four sons. Two of his sons became directors; Mr. Salomon himself was the managing director. Mr. Salomon owned 20,001 of the company's 20,007 shares, and six shares by his wife and family. Mr. Salomon sold his business to the new corporation for almost £ 39,000, of which £ 10,000 was a debt to him. One of conditions of the terms which the transfer was to be made by him is that part payment might be made to him in debentures of the company. He was thus simultaneously the company's principal shareholder and its principal creditor.

In 1893 Mr. Broderip, whom Mr. Salomon transferred his debentures to, instituted an action in order to enforce his security against the assets of the company. Therefore a liquidation order was made, a liquidator appointed, at the instance of unsecured creditors of the company. The liquidator lodged a defense, in name of the company, to the debenture suit. The liquidator argued that the debentures used by Mr. Salomon as security for the debt were invalid, on the grounds of fraud. And the liquidator counterclaimed against Mr. Salomon. It had been ascertained that, if the amount realized from the assets of the company were, in the first place, applied in of Mr. Broderip's debt

---

① Salomon v Salomon & Company [1897] AC 22 (H. L), refer to Wikipedia, the free encyclopedia, available at < http://en. wikipedia. org/wiki/Salomon_v._Salomon_&_Co. >, last visited on July 27, 2008.

and interest-10551, there would be no funds left for the payment of the unsecured creditors, whose debts amount to 77331.

The judge, Vaughan Williams J. accepted the liquidator's argument, ruling that since Mr. Salomon had created the company solely to transfer his business to it, the company was in reality his agent and he as principal was liable for debts to unsecured creditors.

The Appeal

Both parties having appealed, the Court of Appeal also considered that the formation of the company and the issue of debentures to the Mr. Broderip himself were a mere scheme to enable him to carry on his business in the name of the company with limited liability, and further to enable him get a preference over other creditors of the company. Therefore the Court of Appeal ruled against Mr. Salomon, thought on the grounds that Mr. Salomon had abused the privileges of incorporation and limited liability, which the Legislature had intended only to confer on "independent bona fide shareholders, who had a mind and will of their own and were not mere puppets".

The Lords

The House of Lords unanimously overturned this decision, rejecting the arguments from agency and fraud. They held that there was nothing in the Act about whether the subscribers (i. e. the shareholders) should be independent of the majority shareholder. The company was duly constituted in law and it was not the function of judges to read into the statute limitations they themselves considered expedient. The 1862 Act created limited liability companies as legal persons separate and distinct from the shareholders. Lord Halsbury stated that the statute "enacts nothing as to the extent or degree of interest which may be held by each of the seven [shareholders] or as to the proportion of interest or influence possessed by one or the majority over the others."

Lord Halsbury remarked that — even if he were to accept the proposition that judges were at liberty to insert words to manifest the intention they wished to impute to the Legislature — he was unable to discover what affirmative proposition the Court of Appeal's logic suggested. He considered that identifying such an affirmative proposition represented an "insuperable difficulty" for anyone putting forward the argument propounded by the lord justices of appeal.

Lord Herschell noted the potentially "far reaching" implications of the Court of Appeal's logic and that in recent years many companies had been set up in which one or more of the seven shareholders were "disinterested persons" who did not wield any influence over the management of the company. Anyone dealing with such a company was aware of its nature as such, and could by consulting the register of shareholders become aware of the breakdown of share ownership among the shareholders.

Lord Macnaghten asked what was wrong with Mr. Salomon taking advantage of the provisions set out in the statute, as he was perfectly legitimately entitled to do. It was not the function of judges to read limitations into a statute on the basis of their own personal view that, if the laws of the land allowed such a thing, they were "in a most lamentable state", as Malins V-C had stated in an earlier case in point, In Re Baglan Hall Colliery Co., which had likewise been overturned by the

House of Lords.

The House Held

"Either the limited company was a legal entity or it was not. If it were, the business belonged to it and not to Mr. Salomon. If it was not, there was no person and no thing to be an agent [of] at all; and it is impossible to say at the same time that there is a company and there is not." The House further noted: "The company is at law a different person altogether from the [shareholders]…; and, though it may be that after incorporation the business is precisely the same as it was before, and the same persons are managers, and the same hands received the profits, the company is not in law the agent of the [shareholders] or trustee for them. Nor are the [shareholders], as members, liable in any shape or form, except to the extent and in the manner provided for by the Act."

Questions

1. In your opinion why did Mr. Salomon change his sole proprietor into a limited liability company? Please tell in details the advantages and disadvantages of a sole proprietor and a limited liability company.

2. What is the difference between Mr. Salomon's debenture and other creditors' rights?

3. Had Mr. Salomon abused the company's limited liability? Why?

4. How do you understand the company is a legal entity?

Analysis

In according to Companies Act 1862, the shareholder has a limited liability. Although Mr. Salomon is both the shareholder and the creditor, but the Act did not provide that the shareholder did not become creditor. The next problem is that whether Mr. Salomon has fraud on the matter. The answer is no. Mr. Salomon was a wealthy man in 1892. He had been in the trade over thirty years. He had lived in the same neighborhood all along, and for many years past he had occupied the same premises. So far things had gone very well with him. Beginning with little capital, he had gradually built up a thriving business, and he was undoubtedly in good credit and repute. Mr. Salomon made a loan to the company by the company's secured debenture. As a subscriber he had the power that was expressed in the memorandum. It was stated that the subscribers "are a body corporate forthwith of exercising all the functions of an incorporated company". And the memorandum was duly signed and registered. There was no fraud and misrepresentation Mr. Salomon's above acts are lawful. Therefore Mr. Salomon took advantage of the provisions set out in the statute as he was perfectly legitimately entitled to do. He did not abuse the privileges of incorporation and limited liability.

The case, Salomon v. Salomon & Co. Ltd, is a foundational decision in the area of company law. The effect of the Lords' unanimous ruling was to firmly uphold the doctrine of corporate personality, as set out in the Companies Act 1862. In the decades since Salomon's case, various exceptional circumstances have been provided both by legislatures and the judiciary. The courts can deny a company's separate legal personality, if there is crime or fraud.

第三章　国际商事代理法
Chapter Three　Law of Agency

【本章要点】

- 代理与国际商事代理的概念
- 代理权的产生、无权代理、代理权的终止
- 代理法律关系及当事人的义务
- 承担特别责任的代理人
- 我国代理法与外贸代理制

Key Terms

Agency is a legal relationship whereby one person (the agent) represents another (the principal) and is authorized to act for him/her.

Agent is a person authorized by another (principal) to act for / in place of him or her.

Principal is the person for whom an agent acts and from whom the agent derives authority; the person who, by agreement or otherwise, authorizes an agent to act on his or her behalf in such a way that the acts of the agent become binding on the principal.

Fiduciary duty is a legal relationship of confidence or trust between two or more parties, most commonly a fiduciary or trustee and a principal or beneficiary.

Independent contractor is a person hired to undertake a contractually defined result (not an employee and usually not an agent).

Agency law is an area of commercial law dealing with a contractual or quasi-contractual tripartite set of relationships when an Agent is authorized to act on behalf of another (called the Principal) to create a legal relationship with a Third Party.

The agency relationship is one of the most common, important, and pervasive legal relationships. It is widely used in both domestic and international business environment. In international business trade, many business activities are conducted by all kind of agents including general agent, broker, forwarding agent, insurance agent, bank and so on. Without these agents, international trade cannot be carried out. [1]

---

[1]　Yanhong Xiang, Hui Xiang, Zhiwen Hu, *International Business Law*, Tsinghua University Press, Beijing Jiaotong University Press, 2004, p. 105.

第一节 概 述
3.1 Introduction to Law of Agency

一、代理的概念(Concepts of Agency)

(一) 代理的概念

代理(agency),是指一方(代理人,agent,又称受托人)按照另一方(被代理人,又称委托人或本人,principal)的授权(authorization)或法律的规定,代表被代理人同第三人订立合同或为其他的法律行为,由此而产生的权利与义务直接对被代理人发生效力。

Agency

Agency is "a fiduciary relationship created by express or implied contract or by law, in which one party (the agent) may act on behalf of another party (the principal) and bind that other party by words or actions."①

An agency is a legal relationship in which one person represents another and is authorized to act for him/her. The person who acts is the agent; the person for whom the agent acts is the principal.

The basic theory of the agency device is to enable a person, through the services of another, to broaden the scope of his activities and to receive the products of another's efforts, paying such other for what he does but retaining for himself any net benefit resulting from the work performed.②

大陆法系的代理概念,可以简单地概括为:一人为他人进行的法律行为。大陆法系的代理制度建立在区别论(the theory of separation)的基础上,即把委任(mandate)与授权(authority)严格区别开来。委任是被代理人与代理人之间的契约,调整被代理人与代理人之间的内部关系。授权则指代理人代表被代理人与第三人签订合同的权力,它调整的是被代理人和代理人与第三人之间的外部关系。被代理人对代理人在其授权范围内实施的代理行为,承担责任。

英美法系的代理制度是建立在被代理人与代理人等同论(the theory of identity)的基础上的。这个理论上的代理概念是指当代理人根据被代理人授权而与第三人订立合同时,该代理人与被代理人之间发生的法律关系,代理人所订立的合同对被代理人和该第三人发生法律效力。该理论可简单地概括为:通过他人去做的行为视同被代理人亲自所为的行为。

(二) 国际商事代理的概念

国际商事代理,是指代理人为取得佣金,依被代理人的授权,为被代理人的利益与第三人为商行为,由此在具有国际因素的被代理人、代理人及第三人之间产生权利义务关系的法律制度。所谓"商行为",是指一切营利性的营业行为,如货物买卖、货物运输、仓储保管、代理、保险、金融、出版等。国际商事代理的法律基础一般是委托合同,代理人根据委托合同的授权,取得代理权。

---

① Bryan A. Garner, *Black's Law Dictionary*, *8th Edition* (*Hardcover*), West Group, 2004, p.67.
② Harold Gill Reuschlein, William A. Gregory, *The Law of Agency and Partnership*, Student Edition (2d ed., West Group 1990), p.3.

　　狭义的国际商事代理,仅指代理人以被代理人名义实施代理行为的情况,即代理人依被代理人授权,以被代理人名义与第三人为商行为,所生之权利义务直接归属于被代理人。广义的国际商事代理,还应包括代理人在代理权限内,以其自己的名义与第三人为商行为的情况。在现代社会,由于经济的发达和社会关系的日益复杂,代理人以被代理人名义所实施的代理逐渐难以适应现实生活的需要,而代理人以其自己名义所实施的代理却越来越广泛地被适用。越来越多的国家和国际公约也倾向于认同广泛意义上的国际商事代理。例如,1983 年 2 月正式通过的《国际货物销售代理公约》(Convention on Agency in the International Sale of Goods, Geneva, 17 February 1983)第 1 条第 4 款规定:"不论代理人以自己名义,抑或以被代理人名义之行为,均适用本公约。"(It applies irrespective of whether the agent acts in his own name or in that of the principal.)因此,对于国际商事代理概念,应从广义上去理解。

　　国际商事代理与国内商事代理之间,存在很大不同。国内商事代理的三方当事人不仅国籍相同,而且营业地也处于该国之内。而国际商事代理则不同,法律关系的主体带有国际因素。国际因素,从某一具体国家而言,也就是涉外因素。目前,各国和国际代理公约对国际因素的衡量标准并不完全一致。概括地讲,主要有两种标准:一是国籍标准,二是地域标准。国籍标准是指商事代理所涉及的三方当事人中至少有两方的国籍不同,至于三方当事人的营业地则不予考虑。地域标准就是指商事代理所涉及的三方当事人中至少有两方的营业地不同或代理行为地与营业地不同,至于当事人的国籍则不予考虑。国际代理公约采纳的均是地域标准。

二、代理权的产生(Creation of Agency)

　　关于代理权产生的方式,大陆法系、英美法系各从不同的角度加以了规范,分别介绍如下:
　　(一)大陆法系的规定
　　大陆法系把代理权产生的原因分为两种:一种是由于被代理人的意思表示而产生的,称为意定代理;另一种是非由被代理人的意思表示而是由法律直接规定等情形而产生的,称为法定代理。

　　1. 意定代理(voluntary)
　　意定代理是指代理人根据被代理人的授权而产生的代理。由于这种代理是基于被代理人的意思表示而产生,因此被称为意定代理。它是代理关系中最常见且数量最多的一种代理关系。从意定代理的授权对象来看,大陆法系一些国家的法律规定,代理权的授予既可以向代理人为意思表示,也可以向第三人为意思表示。例如,《德国民法典》第 167 条规定:"代理权的授予应向代理人或向代理人对其为代理行为的第三人的意思表示为之。"与被代理人的授权相对应,大陆法系的许多国家的法律均规定,被代理人授予代理人代理权,需要代理人或代理关系中的第三人对被代理人的授权作出意思表示。

　　2. 法定代理(statutory)
　　法定代理是指被代理人于法律上或事实上不能为法律行为时,按照法律直接规定由他人代为进行法律行为的代理。凡不是由于被代理人的意思表示而产生的代理权称为法定代理权。法定代理权的产生主要有以下几种情况:
　　(1)根据法律的规定而享有代理权。如根据民法的规定,父母对未成年子女有代理权。

（2）根据法院的选任而取得代理权。如法院指定的法人的清算人。

（3）因私人的选任而取得代理权。如亲属所选任的监护人及遗产管理人等。

此外,公司法人本身是不能进行活动的,它必须通过代理人来处理各种业务。公司的董事一般被认为是公司法人的第一位的代理人(primary agent),按照德国法律,法人的第一位代理人的权力是由法律规定的。

大陆法系各国确立法定代理的目的,主要是为了保护无民事行为能力或限制民事行为能力的未成年人或精神病患者以及其他不能表示意思人的利益的。因此,法定代理原则上都是无偿的。

（二）英美法系的规定

英美法系上的代理主要是契约代理,也称委托代理。因此,一般被代理人与代理人之间的代理关系可以通过协议产生,但在某些情况下,即使被代理人事实上并未授权给代理人,被代理人也受其代理人行为的约束,另外代理关系还可以因事后追认而产生。

Under U. S. law, agency can be created by contract (express or implied, oral or written), by ratification (assent is given either to an act done by someone who had no previous authority to act or to an act that exceeded the authority granted to an agent), by estoppel (a person allows another to act for him/her to such an extent that a third party reasonably believes that an agency relationship exists), or by necessity (a person acts for another in an emergency situation without express authority to do so).①

1. 实际授权

实际授权是指被代理人和代理人之间通过协议或合同而在实际上给予代理人的代理权。它包括明示授权、默示授权两种。

（1）明示授权(express authority)。即指被代理人和代理人之间以明确的意思表示达成建立代理关系的协议,代理人通过被代理人的明示指定或委任而实际享有的代理权。这是英美法系上产生代理权最基本的途径。在明示授权方式下,代理人所享有代理权的范围一般依被代理人指定或委任言词的真实含义确定。如果言词含糊或模棱两可,而代理人又作了与被代理人的初衷不符的解释,如果代理人是善意的,被代理人仍然要受到代理人行为的约束。

The agency relationship is always consensual. It usually is created by contract, oral or written. When an agency is not contractual, either party can terminate it at any time without liability to the other for failure to continue performance of the agency. However, there is responsibility for tasks completed, undertaken, or underway. Even if there is no contract, the parties are bound by all the general duties and responsibilities of principal and agent.

（2）默示授权(implied authority)。根据英美等国的判例法规则,代理人在明示代理权之外,还享有一定程度的默示代理权,这主要包括三种情况:第一,由默示而存在的代理权。这是指从当事人在某一特定场合的行为或从当事人之间的某种关系中,可以推定当事人之间存在真实有效的代理关系。其中比较典型的是配偶间的默示代理和合伙人之间的默示代理。第二,附带授权。由于被代理人的明示委任并不一定能详尽地说明代理人在实际行动中所应具

_____

① Robert W. Emerson, *Business Law*, *4th ed.*, Barron's Educational Series, Inc., New York, 2004, pp.278-280.

有的一切权力,因此受托从事某种特殊任务的代理人,可以享有合理地附属于其履行明示代理权所必不可少的默示行为的权力。第三,习惯授权。在代理人被授权为被代理人在某一特殊市场进行活动的情况下,他享有按该市场的相关习惯进行活动的默示代理权,无论被代理人是否知晓该习惯,被代理人均受其约束。

Implied contracts of agency may be judicially determined because the words of actions of the parties would lead others to believe that an agency existed, that one party was acting for another. This is the test for implied contracts, generally. Indeed, because of the way persons act, third parties may depend upon there being an agency relationship even though the parties, as between themselves, may deny the existence of an agency.

2. 表见授权(apparent agency)

表见授权也称不容否认的代理权(agency by estoppal),是指被代理人虽没有对代理人加以明示委托,但如果他出于故意或疏忽,通过其言行使第三人有理由相信某人是其代理人而采取行动时,则他便不能否认其言行,而必须视为已向该代理人授权,并不得否认该代理人为其设定的与第三人的权利和义务关系。表见授权与明示授权的区别在于,后者是被代理人明确(口头或书面)委任代理人实施某一行为,而前者则是虽然实际并不存在但却使第三人明显感觉到表面上存在代理关系。另外,表见授权说在英国法上也确认了这样一条原则:除非某人以自己的言行向特定人或公众作出已向某代理人授权的一般表示,否则不能被视为被代理人。因此,依英国法,如果代理人确无代理权时,被代理人便可诉请损害赔偿,并否认其取得报酬与费用的资格;如果第三人明知该代理人无权代理或越权代理,则被代理人对该代理人的行为不负责任。

Estoppel

Estoppel is conducted by one person that causes another person, reasonably relying on this conduct, to act to his/her detriment or to change his/her position. An agent cannot give himself apparent authority; instead, he acquires apparent authority from his/her principal if the principal, by his/her conduct, leads another to reasonably believe that the agent is in fact authorized to act on the principal's behalf. If a corporation permits an office manager to excise general supervision over office employees, the office manager may have apparent authority to discipline these employees or to increase their compensation, even though secret or confidential limitations may have been placed upon this authority.

3. 职业或惯常授权

即以某种代理行为为职业的人,如拍卖商、不动产代理人、代理商、律师、合伙人、公司总经理或公司秘书等,其所享有的代理权可以扩大到这类代理人的职业通常所享有的权利范围。

但是根据英国判例法原则,职业授权规则的适用范围是有限制的。如果代理人所为行为不属其职业惯常权力范围之内,或者代理人所为行为非为被代理人利益或根本不属被代理人业务范围,则不适用职业授权规则。此外,尽管在被代理人明示收回代理人之惯常代理权之后,第三人依代理人之惯常代理权仍可与被代理人缔结合同,但被代理人可对代理人违反合同的行为起诉,并否认其取得报酬或费用的资格。

4. 必要的授权

也称客观必要的代理权(agency of necessity),是指在特定紧急情况下,某人依法律推定取得一种代理别人进行活动的代理权,他所实施的处分行为的结果及于被代理人。换言之,某人虽没有得到别人关于采取某种行为的明示授权,但由于客观情况的需要应视为具有此种授权。必要代理不同于默示推定代理的特征在于,它对于代理双方当事人均具有强制性或不可选择性。由于国际贸易经常会遇到各种不测因素,如战争、动乱、市场行情突变以及各种自然灾害等,代理人往往不得不采取一些紧急措施以维护被代理人的利益,因此英美法系各国法律都承认因客观必需而产生的代理关系。

There are a few special situations in which one person, for example, a parent, is responsible for the necessities of another, a child. In such a case, the parent may be responsible as a principal for a contract made by the child for his/her necessities (e. g., for medical treatment when away from home). The contract, of course, must be reasonable, and the provider of the service will be liable to the parent (principal) for failure to perform the contract with proper care.

必须指出的是,由于必要代理权有可能使某人失去其财产,或者使他承担某种未经其同意的责任,因此英美法院一般不愿不适当地扩大这种代理权的适用范围。按英美法院的判例,行使这种必要代理权必须同时具备以下四个条件:

(1) 代理产生的事由必须是实际的、确定的、具有商业必需性质的紧急情况。举例来说,如果监管的财物没有灭失的危险,而仅仅因为管理不便,就不能成为享有必要代理权作紧急处理的理由。

(2) 代理事由发生时,代理人必须处于根本无法与被代理人联系以取得被代理人指示,或虽能与被代理人联系但被代理人却不作指示的境况之中。但随着现代通信事业的发展,代理人与被代理人的联系已变得极为方便,基于无法联系而产生的必要代理权的必要性正趋于减小。

(3) 代理人采取必要代理行为必须是出于善意,并考虑到了所有相关当事人的利益。代理人的欺诈行为,或非为维护当事人利益的行为,或根据当事人利益不必要采取的行为,均不构成必要代理。

(4) 代理人必须是合理而谨慎地为代理行为。

5. 追认授权(agency by ratification)

即指代理人未经被代理人明示或默示授权或超越代理权,而以被代理人的名义实施代理行为,被代理人事后对此予以追认或不明示否认,代理人由此获得了追认的代理权。换言之,无论当事人之间有无事实上的代理关系,只要被代理人事后接受或认可了代理人所代订的合同,则该代理人即被法律视为经过代理授权,其所订合同对被代理人发生效力。按照英美判例规则,追认既可以以明示的口头或书面方式作出,也可以依被代理人的作为或不作为默示形式形成。追认的效果是使该无权或越权代理行为与有权代理行为一样对被代理人具有拘束力。追认具有溯及力,即自该合同成立时起就对被代理人生效。追认可以在第三人不知道或不同意的情况下进行,但追认不得破坏或损害第三人在追认时的既得权利。

Even though there was no agency when an "agent" performed a valid act ostensibly on behalf of another person, that person may ratify the act by accepting its results after the fact. There is no ratification unless the party that supposedly ratified: (1) was in existence when the "agent" acted, (2) had full knowledge of all material facts before it ratified, and (3) ratified the entire act of a

第三章　国际商事代理法

Chapter Three　Law of Agency

would-be agent, not simply the favorable parts.

按照英美判例规则,要使被代理人能给予追认授权,必须具备若干条件:

(1) 无权代理人在实施代理行为时,其意欲代理的被代理人必须存在。

(2) 无权代理人的被代理人必须具有实施该未经授权行为的能力。

(3) 无权代理人只有在以代表的身份,即代表公开姓名的或不公开姓名的被代理人实施代理行为时,才有可能得到追认。如果他的行为仅是代表某一未公开身份的被代理人,则其行为应视为代表其自己,该未公开身份的被代理人对此不能追认。

(4) 无法律效力的行为不能追认。

(5) 伪造签名不得追认,但被伪造人知悉别人伪签其名,并以其行为使第三人相信该签名为其所签而接受了文书,则根据不容否认原则,其必须承担签署文书的责任。

(6) 追认必须建立在对基本事实完全了解,或虽不了解事实,但仍表示出无条件追认的。

三、无权代理

无权代理是指欠缺代理权的人所作的代理行为。无权代理的产生主要有四种情形:不具备默示授权条件的代理;授权行为无效的代理;越出授权范围行事的代理;代理权消灭后的代理。

根据各国法律的规定,无权代理所作的代理行为,如与第三人订立合同或处分财产等,非经被代理人的追认,对被代理人是没有约束力的。如果善意的第三人由于无权代理人的行为而遭受损失,该无权代理人应对善意的第三人负责;如果第三人明知代理人没有代理权而与之订立合同,法律上不予以保护。

（一）大陆法系的规定

关于无权代理的问题,大陆法系各国大都在民法典中加以规定。例如,德国、日本民法典都规定,无代理权人以他人名义订立合同者,非经被代理人追认不发生效力。在被代理人追认以前,无权代理人所作的代理行为处于效力不确定的状态。在这种情况下,大陆法系有两种处理办法:一是由第三人向被代理人发出催告,要求被代理人在一定时间内答复是否予以追认;二是允许第三人在被代理人追认以前,撤回他与无权代理人所订立的合同。例如,《德国民法典》第177条、第178条规定,在发生无权代理的情况时,第三人得催告被代理人表示是否追认。追认的表示应在收到催告后两周之内作出,如在此期间不表示追认时,则视为拒绝追认。并且规定,无权代理人所订立的合同,在未经被代理人追认之前,第三人有权予以撤回,但如第三人在订立合同时明知其为无权代理人的,不得撤回。

关于无权代理人的责任,大陆法系各国法律的规定并不完全相同。对于无权代理人对第三人是否需承担责任,大陆法系各国的法律规定是一致的,即主要取决于第三人是否知道该代理人有没有代理权。如果第三人不知道该代理人没有代理权而与之订立了合同,无权代理人就要对第三人承担责任;反之,如果第三人明知该代理人没有代理权而与之订立了合同,无权代理人就不负责任。但在无权代理人的责任内容上,大陆法系各国则有不同的规定。根据《法国民法典》和《瑞士债务法典》的规定,无权代理人应对善意的第三人负损害赔偿的责任。但根据《德国民法典》第179条的规定,无权代理人以他人的名义订立合同,如被代理人拒绝追认,无权代理人应按照第三人的选择,履行合同或赔偿损失。换言之,第三人既可以要求无权代理人赔偿损失,也可以要求其履行合同,由第三人在两者当中选择其一。

（二）英美法系的规定

英美法系把大陆法系的无权代理称为违反有代理权的默示担保（breach of implied warranty of authority）。按照英美法系的解释,当代理人同第三人订立合同时,代理人对第三人有一项默示的担保,即保证他有代理权。因此,如果某人冒充是别人的代理人,但实际上并没有得到被代理人的授权,或者是越出了他的授权范围行事,则与其订立合同的第三人就可以以其违反有代理权的默示担保对他提起诉讼,该冒牌的代理人或越权的代理人就需对第三人承担责任。对于这种情况,需要注意以下几点:

（1）这种诉讼只能由第三人提起,不能由被代理人提起。

（2）无权代理人的行为不论是出于恶意或者是出于不知情,他都要对此负责;即使他不知道他的代理权已因被代理人的死亡或精神错乱而告终止,他也必须负责。

（3）如果第三人知道代理人欠缺代理权,或者知道代理人并没有提供有代理权的担保,或者合同中已经排除了代理人的责任,则代理人可以不承担责任。

（4）如果被代理人对代理人所作的指示含糊不清,而代理人出于善意并以合理的方式执行了这一指示,即使代理人对此项指示作了错误的解释,代理人对此也不承担责任。

（5）代理人对违反有代理权的默示担保所承担的损害赔偿金额,一般应按第三人所遭受的实际损失计算。

四、代理权的终止（Termination of Agency）

在代理关系中,大陆法系与英美法系对代理权的终止规定不同,现分别予以介绍。

（一）大陆法系的规定

大陆法系有关代理权终止的法律规定,主要针对法定代理、委托代理、表见代理三种情况。

1. 法定代理的终止

大陆法系各国规定的法定代理终止的原因,有以下四种情况:

（1）被代理人取得或者恢复民事行为能力。

（2）被代理人死亡、破产或丧失行为能力。但是,根据某些大陆法系国家民商法的规定,上述情况只适用于民法上的代理关系。至于商法上的代理关系,则应适用商法典的特别规定,代理关系不能因被代理人的死亡或丧失行为能力而终止。

（3）代理人死亡、破产或丧失行为能力。

（4）其他原因引起的被代理人与代理人之间的特定关系的解除。

2. 委托代理的终止

大陆法系各国规定的委托代理终止的原因,主要分为依据当事人的行为和依据法律原因而终止。

（1）委托代理因被代理人或代理人的行为而终止。委托代理都是基于被代理人要完成某项任务而设立的。如果被代理人所请求的代理事项业已完成,或者他已经撤销了该代理请求,或该请求的代理事项无法履行,或者法人已解散等,在这种情况下,代理关系就可以依被代理人或代理人的行为而终止。根据大陆法系各国的法律规定,原则上都允许被代理人在代理关系存续期间单方面撤回代理权,或者代理人单方面辞去代理权,由此而使代理关系终止。

（2）委托代理因被代理人或代理人死亡或丧失行为能力而终止。根据一些大陆法系国家的法律规定，如《法国民法典》第2003条第3款规定，委托终止的事由包括"因被代理人或代理人的自然死亡或民事上死亡、成年人受监护或破产。"可见，被代理人或代理人死亡或丧失行为能力是代理关系终止的一项重要原因。然而，对于被代理人死亡或丧失行为能力而终止委托代理关系的问题，根据德国法的规定，如果被代理人授予委托代理权后死亡，或者丧失法律行为能力，代理人所享有的代理权并不一定因此而归于消灭。在这种情况下，代理关系是否存续关键取决于代理的内部关系是否存续。如果委托代理的内部关系同被代理人的死亡，或者丧失法律行为能力而终止，那么委托代理关系就得终止，委托代理权依其授予代理权的法律关系决定，也就相应地归于消灭。相反，如果代理的内部关系在被代理人死亡后因继承而继续存在，那么只要这种内部关系不具有"绝对的属人性"，则委托代理关系就不得终止，委托代理权也就依然存在。

（3）委托代理因条件成就或期限届满而终止。在附条件或附期限的委托代理中，如果双方当事人在代理合同中规定有代理任务或代理期限，则代理关系因代理任务完成等条件的成就或期限的届满而使代理关系终止。如果代理合同中没有规定期限，当事人也可以通过双方的意思表示终止他们的代理关系。

3. 表见代理的终止

表见代理虽然属于无权代理，但大陆法系各国一般又都认为这种代理是有效的代理，因而表见代理关系的终止也具有特殊性。

（1）被代理人以意思表示通知了第三人他将授予代理人委托代理权形成的表见代理。在这种情况下，第三人并不能确定被代理人是否真正授予了代理人委托代理权，以及代理权的确切期限。如果委托代理权已经消灭，对于第三人而言，这种代理关系不以委托代理权消灭的时间来确定，而是以被代理人通知第三人的时间来确定代理关系终止的时间。例如，《德国民法典》第170条规定："代理权系以意思表示通知第三人者，在授权人向第三人通知代理权消灭之前，其代理权对第三人仍为有效。"

（2）被代理人以特别通知或公告通知第三人他将授予代理人委托代理权形成的表见代理。在这种情况下，对于第三人而言，只有在被代理人以相同于授予代理权的方式，通知撤回代理权时，代理关系才归于终止。

（3）代理人将被代理人给他的委托代理书展示给第三人形成的表见代理。在这种情况下，对于第三人而言，只有在被代理人向第三人宣告其已收回委托代理书，或者宣告该委托代理书无效时，委托代理关系才归于终止。

（二）英美法系的规定

英美法系将代理权的终止分为基于法律程序而终止和基于当事人行为而终止两种。

1. 基于法律程序而终止

根据英美法系规定，在发生下列法定事由时，代理人的代理权依法律程序自动消灭，代理关系自动终止：

（1）被代理人死亡；

（2）被代理人破产；

（3）被代理人精神失常；

（4）被代理人成为本国的敌对国臣民。

2. 基于当事人行为而终止

根据英美法系规定,对基于代理合同形成的代理关系,在代理合同终止条件成就之前或代理合同期届满之前,当事人之间可以通过协议终止代理关系,被代理人也可以通过单方行为随时撤销代理人的代理权。

但是,英美法系规定,被代理人撤销代理权行为的效力不是绝对的,应受以下两种特殊限制:

（1）对表见代理权的撤销。当代理人具有表见代理权或者被代理人曾认可其假想代理权的情况下,被代理人撤销其代理权的行为只有在通知送达订约第三人之后才对该第三人发生效力。从英美法系国家的实践来看,被代理人撤销代理权的行为不可能具有公示力,因此任何善意第三人在不知道被代理人撤销行为时,基于代理人表见代理权而与之订立的合同仍对该被代理人具有约束力。

（2）对附条件代理权的撤销。当被代理人已经授予代理人某种与其利益相联系的代理权的情况下,该代理权不能基于被代理人单方行为而撤销。

除此两种特殊限制之外,被代理人撤销行为的效力原则上不受影响。但如果被代理人撤销代理权的行为违反了代理合同,他应当赔偿代理人的佣金损失和其他费用损失。

第二节　代理法律关系
3.2　Legal Relations in Agency

代理关系是一种三角关系。在代理关系中,一般包含三个方面的法律关系:被代理人与代理人之间的法律关系、代理人与第三人之间的法律关系、被代理人与第三人之间的法律关系。下面分别加以介绍。

一、被代理人与代理人之间的法律关系（Principal-agent Relationship）

被代理人与代理人之间基于委托授权或法律规定而形成的代理关系,是代理关系中的内部关系（Internal Relationship）,这种内部关系由双方当事人所签订的代理合同加以规范。原则上讲,当被授权的代理人同第三人依法从事一项民事行为后,该项民事行为的后果就要约束被代理人及第三人,代理人并不是该项民事行为后果中的一方当事人。例如,某代理人被授权代表被代理人与第三人订立一个合同,当合同成立后,该合同将由被代理人与第三人直接享有有关权利和履行各自的义务,代理人无须对该合同义务承担责任。但是,如果代理人未经授权或者超出了授权的范围,而以被代理人的名义同第三人订立了合同,如果不属于表见代理,那么该合同就对被代理人没有拘束力,由此产生的损失由代理人承担。

Principal-agent Relationship

Principal-agent relationship is the arrangement that exists when one person or entity (called the agent) acts on behalf of another (called the principal). For example, shareholders of a company (principals) elect management (agents) to act on their behalf, and investors (principals) choose fund managers (agents) to manage their assets. This arrangement works well when the agent is an expert at making the necessary decisions, but doesn't work well when the interests of the principal and agent differ substantially. In general, a contract is used to specify the terms of a principal-agent relationship.

二、代理人与第三人之间的法律关系(Agent-3rd Party Relationship)

代理人依据代理权与第三人之间的关系,属于代理关系中的外部关系(external relationship)之一。

按照代理的一般原则,代理人是代替被代理人与第三人订立合同的,合同一经订立,该合同的权利义务归于被代理人,应由被代理人直接对第三人负责,代理人对此一般不承担个人责任。但是,按照英美法系国家的判例,在某些特定情况下,即使代理活动已经完成,代理人仍需对第三人承担一定的责任。

(1)在委托代理的情况下,如果下列条件成立,代理人应对他代表被代理人与第三人签订的合同负责:

① 代理人用明示或暗示形式同意对该合同负责。

② 代理人在合同上签上自己的名字,或并未明确说明自己是代理人,代理人要对该合同负责。

③ 代理人在签字蜡封式合同上签名,即使注明自己是代理人,也要对该合同负责。

④ 被代理人是虚构的情况下,代理人要对所订的合同负责。

⑤ 商业惯例要求代理人对该合同负责。

⑥ 在合伙关系中,每个合伙人都是其他合伙人的代理人,因此合伙人彼此之间要负连带责任。

在上述各种情况下,第三人若因代理行为的后果而发生损害,既可选择对代理人也可选择对被代理人提起诉讼。如果是由被代理人与代理人负连带责任时,第三人还可把被代理人与代理人作为共同被告提起诉讼。

(2)在法定代理的情况下,被代理人由于无行为能力,代理人应对给第三人带来的任何损失承担责任。

(3)在无权代理的情况下,由于无权代理人处于不确定的地位,若其行为后果被被代理人在日后予以追认,则可解除代理人对第三人承担的个人责任;若其行为后果未被被代理人追认,则除非第三人在订约时已知道或理应知道该代理人在代理权限上的瑕疵,否则代理人须对第三人承担个人责任。

三、被代理人与第三人之间的法律关系(Principal-3rd party Relationship)

被代理人与第三人之间存在承受代理行为后果的关系,也是代理关系中的外部关系之一。

一般来说,当授权的代理人代表被代理人与第三人订立的合同生效后,被代理人与第三人均须受该合同的约束。但代理人与第三人所订立的合同并非都是以被代理人的名义签订,那么,在此种场合下,如何确定代理人与第三人所订立的合同的归属问题就显得十分重要。对此,大陆法系和英美法系各有其处理方法。

（一）大陆法系的规定

多数大陆法系国家把被代理人与第三人之间的关系分为两种：直接代理与间接代理。

1. 直接代理

即指代理人在代理权限内以代理人的身份，即以被代理人的名义与第三人订立合同的行为。从事此种代理的代理人称为直接代理人或商业代理人。在直接代理中，代理人在与第三人订立合同的时候，可以指明被代理人的姓名，也可以不指出被代理人的姓名，只要代理人表明了是作为代理人身份订约的意思，或依订约时的环境情况可以表明代理人的代理身份。在直接代理中，合同效力直接及于被代理人，合同的双方当事人是第三人与被代理人，合同的权利与义务直接归属于被代理人，被代理人直接对第三人负责。

2. 间接代理

即指代理人以自己的名义，但是为了被代理人的利益而与第三人订立合同，日后再将其权利与义务通过另外一个合同让与被代理人的代理行为。从事此种代理的人称为间接代理人或经纪人。在间接代理中，无论代理人在签订合同时事先是否得到被代理人的授权，一旦合同成立，该合同都将被认为是代理人与第三人之间的合同，而不是被代理人与第三人之间的合同。在间接代理行为中，被代理人原则上与第三人在法律上没有直接的联系，被代理人不能仅凭间接代理行为直接对第三人主张权利，只有当代理人把他在与第三人所订立的合同中所取得的权利转让给了被代理人后，被代理人才能对第三人直接主张权利。如德国《商法典》第392条规定：由行纪人交易行为所发生的债权，须移转于被代理人后，被代理人才能向债务人主张。因此，在间接代理的情况下，被代理人若要对第三人主张权利，则需要经过两道合同手续，第一个是间接代理人与第三人订立的合同，第二个是代理人把有关权利转让给被代理人的合同。

我国《合同法》第403条也规定：受托人以自己的名义与第三人订立合同时，第三人不知道受托人与委托人之间的代理关系的，受托人因第三人的原因对委托人不履行义务，受托人应当向委托人披露第三人，委托人因此可以行使受托人对第三人的权利，但第三人与受托人订立合同时如果知道该委托人就不会订立合同的除外。同时第421条还规定，行纪人与第三人订立合同的，行纪人对该合同直接享有权利、承担义务。第三人不履行义务致使委托人受到损害的，行纪人应当承担赔偿责任，但行纪人与委托人另有约定的除外。

（二）英美法系的规定

英美法系根据代理人在与第三人签订合同时有否披露代理关系，将被代理人与第三人的关系分为三种：

1. 显名代理（agent for a named principal）

即指代理人在订约时不但表明了自己的代理身份，而且还表明了被代理人的身份或姓名、商号。在这种情况下，所订立的合同就是被代理人与第三人之间的合同，被代理人应对合同负责，代理人不承担个人责任。代理人在订立合同后即退出该合同之外，他既不能取得该合同权利，也不对该合同承担义务。但如按行业惯例代理人应承担责任者，代理人仍须负责。例如，按运输行业的惯例，运输代理人替被代理人预订舱位时，须对轮船公司负责交纳运费及空舱费。

2. 隐名代理(agent for an unnamed principal)

即指代理人在订约时只披露代理关系的存在,没有披露被代理人的姓名或商号。在这种情况下,所订立的合同仍被认为是被代理人与第三人之间的合同,应由被代理人对合同负责,代理人对该合同不承担个人责任。按照英国的判例,代理人在与第三人订立合同时,如仅在信封抬头或在签名之后加列"经纪人"或"经理人"的字样是不足以排除其个人责任的,必须以清楚的方式表明他是代理人,如写明"买方代理人"或"卖方代理人"等。至于他所代理的买方或卖方的姓名或公司名称则可不必在合同中载明。

3. 未披露被代理人身份的代理(agency for an undisclosed principal)

即指代理人在订约时根本不披露有代理关系的存在,既不表明自己的代理身份,又未表明被代理人的存在。在这种情况下,即使代理人得到了被代理人的授权,代理人原则上也应当对第三人承担履行合同的责任。可见它与大陆法系中的间接代理大体类似。所不同的是,英美法系认为,未被披露的被代理人原则上可以直接取得该合同的权利并承担其义务,无需再经过代理人用让与合同把权利移转给被代理人这一手续。与此同时,第三人在发现了被代理人的存在后,则享有选择权,即他既可以选择被代理人承担合同义务,也可以选择代理人承担合同义务;他可以直接起诉代理人,也可以直接起诉被代理人。但第三人一旦选定了被代理人或代理人中的其中一人对合同承担义务后,原则上讲就不能改变主意对他们当中的另一人起诉。特别是一旦法院对第三人所提起的诉讼主体作出了判决后,即使第三人对判决不满意,也不能更改诉讼主体再行起诉。

我国《民法典》也有类似的规定:受托人(代理人)以自己的名义与第三人订立合同时,第三人不知道受托人与委托人(被代理人)之间的代理关系的,若受托人因委托人的原因对第三人不履行义务,受托人应当向第三人披露委托人,第三人因此可以选择受托人或者委托人作为相对人主张权利,但第三人不得变更选定的相对人。

未被披露的被代理人可以行使介入权,但未被披露的被代理人在行使介入权时也是有限制的。根据英国法律和判例的规定,在以下两种情况下,未被披露的被代理人不能行使介入权:

(1) 如果未被披露的被代理人行使介入权,会与合同的明示或默示条款相抵触。

(2) 如果第三人是基于信赖代理人的才能或清偿能力而与其订立合同的。

我国《民法典》也有类似的规定:受托人以自己的名义与第三人订立合同时,第三人不知道受托人与委托人之间的代理关系的,受托人因第三人的原因对委托人不履行义务,在受托人向委托人披露第三人后,委托人可以行使受托人对第三人的权利,但第三人与受托人订立合同时如果知道该委托人就不会订立合同的除外。

第三节　代理法律关系当事人的义务
3.3　Duties of the Parties in an Agency

在代理关系中如何规范当事人的权利与义务,对代理人、被代理人和第三人均十分重要。关于代理人、被代理人和第三人的义务,虽然大陆法系国家主要在民(商)法典中规定,英美法系国家主要由判例确定,但有关规定基本一致。

一、代理人的义务（Duties of Agent）

（一）代理人对被代理人的义务

代理人在代理期间以及代理关系终止后,对被代理人的义务主要有以下几点:

1. 亲自履行

在一般情况下,代理人与被代理人之间的关系是基于双方相互信任而产生的。代理人的品质、知识和能力是他取得代理权的前提条件,也是实现被代理人利益的保证。所以各国法律一般均规定,代理人必须竭尽全力亲自履行代理职责。也就是说代理人在代理关系存续期间,不仅需要事事处处为被代理人的利益而勤奋工作,而且需要竭尽已能履行委托事项,不能把被代理人授予他的代理权再委托给其他人,除非得到被代理人的明示或默示同意。但在特殊情况下,各国法律或判例均允许代理人可以在未经得被代理人同意之前将代理权进行再委托。所谓特殊情况主要是指以下几种情形:

（1）代理人的再委托是属于很明显的常规行为,为贸易习惯所允许。

（2）代理权的再委托是客观必需的。例如,在紧急情况下,且不可能取得同被代理人联系时,为保护被代理人的利益,代理人可以将代理权进行再委托。

（3）在被代理人与代理人对于从事某项行为无以为计,并且在被代理人知道和有理由知道的情况下,代理人可以将代理权进行再委托。

我国《民法典》第169条对代理权再委托事项作了明确规定:"代理人需要转委托第三人代理的,应当取得被代理人的同意或者追认。转委托代理经被代理人同意或者追认的,被代理人可以就代理事务直接指示转委托的第三人,代理人仅就第三人的选任以及对第三人的指示承担责任。转委托代理未经被代理人同意或者追认的,代理人应当对转委托的第三人的行为承担责任;但是,在紧急情况下代理人为了维护被代理人的利益需要转委托第三人代理的除外。"

2. 按被代理人意志或利益履行

代理人的这项义务适用于合同代理人和无偿代理人。代理人履行代理任务必须符合被代理人的授权范围。如果委托代理协议中规定有明确的授权范围,并且该委托授权范围合法,代理人就必须遵守,他没有酌情权。即使被代理人的授权不够恰当,只要代理人不存在劝告的义务,他就必须遵照执行而不必为后果负责。

代理人通常有义务明确确定授权内容。在默示授权的情况下,代理人的代理行为必须与他从事业务的一般性质相一致,必须与交易或其他习惯、惯例相符合。但是,如果既没有明确的授权又没有惯例指导,在这种情况下,代理人应在尽可能符合被代理人的最大利益的原则下,独立地从事代理活动。

对于专业代理人,他有义务劝告或警告被代理人谨慎授权,然后再履行遵守授权的义务。如果被代理人并不考虑代理人意见,代理人必须按代理合同从事代理活动,否则他必须向被代理人负违约的责任。

3. 勤勉谨慎地履行代理职责

代理人应当勤勉谨慎地履行代理职责。无论是有偿的代理人还是无偿的代理人,如果他未勤勉谨慎地履行代理义务,或者在替被代理人处理事务时有过失,致使被代理人遭受损失,代理人应对被代理人负赔偿的责任。当然,有偿代理人与无偿代理人遵守谨慎尽职的义务的程度不同。《法国民法典》第 1992 条规定："受托人,不仅对于欺诈负责,并对其处理事务中发生的过失负责。关于过失责任的处理,无偿的受托人应较接受报酬的受托人为轻。"关于无偿代理人应履行的义务,一般来看,无偿代理人可以不履行代理事务,但如果他履行了代理事务,就必须达到勤勉谨慎的标准,否则要对此负责。

从对勤勉谨慎程度的要求比较来看,似乎无偿代理要比有偿代理的勤勉谨慎程度低一些。然而,目前英美法系国家的一些学者认为,从事代理活动无论是否有偿,只要代理人同意为他人无偿代理,就应与有偿代理一样勤勉谨慎地进行。我国《合同法》也规定,即使是无偿的委托合同,若因代理人的故意或重大过失给被代理人造成损害的,被代理人也有权要求损害赔偿。

4. 代理人对被代理人应诚信、忠实

代理人的诚信、忠实义务体现在以下几个方面:

(1) 代理人必须向被代理人公开他所掌握的有关客户的一切必要的情况,以供被代理人考虑决定是否同该客户订立合同。

(2) 代理人不得以被代理人的名义同代理人自己订立合同,除非事先征得被代理人的同意。例如,被代理人委托代理人替其推销货物时,除非事先征得被代理人同意,代理人不能利用代理关系的便利,同被代理人订立买卖合同自己买进被代理人的货物。代理人非经被代理人的特别许可,也不能同时兼为第三人的代理人以从两边收取佣金。例如,《德国民法典》规定:"代理人除经特别许可的情形外,不得以被代理人名义与自己为法律行为";也不得作为第三人的代理人而为法律行为。这种行为是对代理权的滥用,是违反代理人义务的行为。因此,当发生上述情形时,被代理人有权随时撤销代理合同或撤回代理权,并有权请求损害赔偿。

(3) 代理人不得受贿或密谋私利,或与第三人串通损害被代理人的利益。代理人不得谋取超出被代理人支付的佣金或酬金以外的任何私利。如果代理人接受了贿赂,被代理人有权向代理人索还,并有权不经事先通知而解除代理关系,或撤销该代理人同第三人订立的合同,或拒绝支付代理人在受贿交易上的佣金,被代理人还可以对受贿的代理人和行贿的第三人起诉,要求他们赔偿由于行贿受贿订立合同而使他遭受的损失。即使代理人在接受贿赂或图谋私利时,并未因此而影响他所作的判断,也没有使被代理人遭受损失,但被代理人仍然可以行使上述权利。根据《英国 1906 年反贪污法》(Prevention of Corruption Act 1906)的规定,代理人的受贿和第三人的行贿都是刑法上的犯罪行为,情节严重者可追究刑事责任。

5. 严守商业秘密

代理人在代理协议有效期间或在代理协议终止之后,都不得把代理过程中所得到的保密情报或资料向第三者泄露,也不得由他自己利用这些资料同被代理人进行不正当的业务竞争。否则,需要承担由此而给被代理人造成的一切损失。但另一方面,在代理合同终止后,除经双方同意的合理的贸易上的限制外,被代理人也不可以不适当地限制代理人使用他在代理期间所获得的技术、经验和资料。因为根据某些国家关于限制性商业做法的法律(restrictive business practice),这种限制是无效的。

6. 及时报告委托事务的情况和申报并结清账目

代理人有义务在代理合同存续期间及时报告委托事务的进展情况,在代理合同结束时及时报告委托事务的结果。代理人向被代理人报告委托事务的情况时,应按照事先约定的时间、方式进行;若事先没有约定或约定不明确的,应依常规进行;若没有常规可循,得依能最大限度保护被代理人利益的时间、方式进行。同时,代理人有义务正确核算和区分代理权下属于被代理人的财产或者金钱,并应根据代理合同的规定或在被代理人提出要求时,向被代理人申报账目。如果代理人与被代理人的财产相互混淆以至于无法确定和分开时,被代理人有权取得已混淆的全部财产,并且若因财产混淆或者账目不清而造成了被代理人的其他损失,也由代理人赔偿。当然,如果被代理人拖欠代理人的佣金或其他费用时,代理人享有对被代理人交给他保管的财物的留置权,以抵消被代理人的欠款。

Duties of Agent

Agency law specifies clearly the rights and duties between the principal and the agent. And, freedom of contract gives the parties great latitude to reach agreement on their rights and duties. When the agent is appointed by contract, the terms of the contract determine the duties of each party to the other. However, the duties of an agent may be modified by express agreement.

1. Duty of Loyalty. The agent owes a fiduciary duty[①] of good faith and utmost loyalty to the principal. The agent must conduct the principal's business with integrity. Therefore, the agent may not have any adverse personal financial interest in the principal's transactions during the agency. Some aspects of this duty persist even after the agency is terminated. Although the duty of loyalty may seem vague, it becomes more precise as it applied to more specific situations. The fiduciary duty is a most basic ethical matter applicable to nearly all persons in business and government.

(1) Duty to avoid conflict of interest. The ancient proviso that no person can serve two masters is at the heart of the prohibition against an agent simultaneously serving two principals in the same transaction. This would be dual or double agency, and the agent would be unable to serve either principal fully. If the agent negotiates gains for one principal, the gains necessarily come as losses to the other. Also, dual agents are often given confidential information by either or principals concerning key terms and the principal's willingness to sell or buy at the maximum or minimum price stated.

Conflicts of interests are not always so obvious. Sometimes a full-time agent for one party may be paid a secret bribe, gratuity, gift, or kickback by the other party. The law presumes these payments exert some influence on the agents' judgment and thereby harm the principal.

(2) Duty to avoid self-dealing. Self-dealing is another type of unethical conflict of interest in which the agent's own personal financial interest directly conflict with the principal's financial interest. Agents may not have any undisclosed, unapproved personal financial interest in a transaction in which the principal has a financial interest. The self-dealing prohibition also requires agents to refrain from competing directly with principal while the agency is in effect. Most firms'

---

① The fiduciary duty is a legal relationship of confidence or trust between two or more parties, most commonly a fiduciary or trustee and a principal or beneficiary. One party, for example a corporate trust company or the trust department of a bank, holds a fiduciary relation or acts in a fiduciary capacity to another, such as one whose funds are entrusted to it for investment. In a fiduciary relation one person justifiably reposes confidence, good faith, reliance and trust in another whose aid, advice or protection is sought in some matter. In such a relation good conscience requires one to act at all times for the sole benefit and interests of another, with loyalty to those interests. Refer to Wikipedia, the free encyclopedia.

employees are prohibited from working for competing firms or personally competing against the principal during their employment.

（3）Duty to protect confidential information. Confidentiality becomes necessary because principals often provide confidential information to their agents for effective conduct of the principal's business. The agent would be ineffective without knowing special facts about the principal's trade secrets, business plans, financial plans, customer lists, sales tactics, manufacturing technologies, and/or new product information. The principal intends this information to be used only to further the principal's business.

The principal has a property right in information produced by all its employees and agents. Generalized knowledge of a trade or profession that the agent gains while in the principal's service is not the principal's exclusive property. Any intellectual property produced by the agent during employment may be used by either party after the agency is terminated unless otherwise provided by contract. ①

2. Duty of Care, or Duty to Act with Skill. The duty of care can be called the duty to act with skill. Agent must use reasonable skill and care in conducting the principals' business. They must use all the skill they possess, and any skills the agent claims he/she has, and any additional skills specified in the employment contract. It is probably unethical for an agent to claim skills he or she does not really possess. Such false bravado is often the basis for liability and ethical abuse.

An agent undertakes to act with the degree of skill ordinarily expected from others undertaking such employment. Professional agents such as accountants, brokers, or attorneys must undertake their agencies with the understanding that they will perform with skill. However, the law does not imply that the agent guarantees success unless the agent specifically makes that promises. However, when an agent's negligent performance causes damage to the principal, the agent is liable to the principal. An agent may be released from liability for negligence in the employment contract.

Any case for breach of contract requires proof (a) of the proper standard of care or skill and (b) of failure of the agent's performance to rise to that level. ②

3. Duty to Obey Instructions. Agents must generally obey any reasonable instructions the principal gives that will impact the principal's business. Even agents with broad discretion must obey the principal's directives. Of course, an agent need not obey orders that are illegal, immoral, or unreasonable. The agent may in good faith interpret vague commands or be disobedient during an emergency if obedience would damage the principal. However, in an emergency during which the principal is unavailable for consultation, the agent could disobey the principal's instructions and do as the emergency requires in good faith.

Bear in mind, however, that the agent may be undertaking duties of the highest and most complex nature: buying and selling, entering into contracts, and the like, all as an alter ego (other

---

① Zuoli Jiang, *International Business Law*, 2nd, Law Press, 2006, p. 328.

② Robert W. Emerson, *Business Law*, 4th ed., Barron's Educational Series, Inc., New York, 2004, p. 281.

self) for the principal. The agent is personally liable to the principal if he/she (a) causes the principal to become responsible for unauthorized contracts, (b) improperly delegates his/her duties to another, or (c) commits torts for which his/her principal may be responsible.

4. Duty to Account. The contract of agency will specify times and manner of accounting. In all cases, the agent must maintain "an open book" for the principal so that the principal may assess the progress of the work. At termination of the agency, all property must be accounted for and all income turned over to the principal in accord with the agency agreement. Commingling of funds is a violation of the agent's duty of fidelity. And, failure to account and breach of the relation of trust may be criminal.

5. Duty to Notify. Since the agent is, in some respects, an extension of the principal, he/she is, by this extension, the eyes and ears of the principal. Consequently, the agent must notify the principal of all information that is or may be useful to the principal in evaluating the matter at hand. In this way, the principal can make further choice with respect to his/her business and continue to give the agent proper guidance.

An agent authorized to transact the principal's business generally has authority to receive information from third parties. When third parties provide information to the agent, the law presumes the agent will comply with the duty to communicate. Knowledge or notice received by the agent is therefore imputed to the principal. After the third party gives notice to the agent, the third party is relieved from repeating the communication to the principal or to any other agent who might later replace the original agent. The principal and agent are treated as one party after information is communicated to the agent. It is probably unethical for an agent to withhold information from the principal either in sympathy for the third party or to conceal the agent's poor performance.

（二）代理人对第三人的义务

代理人对第三人所承担的义务主要体现在如下两个方面。

1. 权利担保义务

主要是指代理人在从事代理活动中,必须对第三人保证他的代理权是毫无瑕疵的,并且这种权利担保义务是默示的,不论第三人有否提请验证,也不论代理人有否声明。只要代理人没有作出否定的意思表示,且第三人也不属于知道或理应知道之列,代理人就必须对第三人承担权利担保的义务。如果因为代理人未经授权或者超出了授权的范围或者代理权已经终止等权力瑕疵,而给第三人造成了损失,则由代理人承担责任。两大法系的规定有些许区别:

（1）大陆法系的规定。按大陆法系国家的法律规定,代理人对第三人的义务是:

在直接代理中,只要代理人是在代理权限内,以代理人的身份与第三人订立合同,那么合同的效力则直接及于被代理人,合同的双方当事人就是第三人与被代理人,代理人只承担权利担保义务,不承担履行合同的义务。

在间接代理中,由于代理人是以自己的名义与第三人订立合同,因此无论代理人事先是否得到被代理人的授权,该合同都将被认为是代理人与第三人之间的合同,在代理人把他在该合同中的权利与义务依法转让给被代理人之前,代理人就需要按照合同的有关规定对第三人承担义务。

（2）英美法系的规定。按英美法系国家的法律规定,代理人对第三人的义务是:

代理人在从事代理业务中,如果在其代理权限内并披露了被代理人的情况下与第三人订立合同,那么其所订立的合同就是被代理人与第三人之间的合同,代理人只承担权力担保义务,不承担履行合同的义务。

代理人在从事代理业务中,无论是否披露了被代理人的身份,只要是在其代理权限内并清楚、明确地以代理人的身份与第三人订立合同,那么其所订立的合同也是被代理人与第三人之间的合同,代理人对第三人也只承担权力担保义务,不承担履行合同的义务。

代理人在从事代理业务中,即使事先得到了被代理人的授权,只要他是以自己的名义与第三人订立合同,那么其所订立的合同就是代理人与第三人之间的合同,因此在未被披露的被代理人依法行使介入权并得到第三人的认可之前,代理人就需要按照合同的有关规定对第三人承担履行合同的义务。

2. 诚实信用的义务

主要是指代理人要以善意的心态、合法的手段从事代理活动,不得有损害社会公共利益和第三人合法权益的故意和过失。代理人在从事代理活动的全过程中,除了要以善意而又守信用的原则履行约定和法律、惯例规定的义务外,还应根据代理行为的性质、目的和习惯行使通知、协助、保密等义务。例如,在代理活动中,如果代理人从第三人处获得过多或者无正当理由的支付(即所谓不当得利),应承担返还之责,即使代理人在第三人要求返还该种支付之前已将该种支付纳入了被代理人利益收入,只要代理人有过错,也仍然需要返还不当得利和赔偿由此而给第三人造成的其他损害。又如,不论代理人是为了自己的利益还是被代理人的利益,只要第三人的损害是因代理人的欺骗、恶意和疏忽行为而引起的,代理人就须承担损害赔偿之责。如果此种损害是由代理人和被代理人共同为之,则由代理人与被代理人负连带责任。

二、被代理人的义务(Duties of Principal)

（一）被代理人对代理人的义务

1. 支付佣金

被代理人必须按照代理合同的规定支付代理人佣金或其他约定的报酬。当事人在商订代理合同时,应在代理合同中对有关佣金的数量和计算方法作出明确的规定。如果代理合同中没有规定佣金的数量或者规定不明确的,两大法系各国的法律或判例原则上均规定代理人可根据提供同类服务的通常价格收取佣金;若无可比价格,代理人可以按照合理价格收取佣金;若非因代理人的过错导致不能完成或部分完成代理事项的,代理人可以收取相应的报酬。

但是,我国《民法典》对此的规定与上述规定相比则有些许差别。按照我国《民法典》的规定:若当事人在委托代理合同中,没有规定佣金的数量或者规定不明确的,则按照《民法典》第510条的规定确定,即:可以由当事人协议补充;不能达成协议的,则按照合同的有关条款或者惯例确定;若仍然不能确定时,则按照《民法典》第511条的规定处理,即除了依法应当执行政府定价或指导价外,应当按照订立合同时履行地的市价支付。至于非因代理人的过错导致不能完成或部分完成代理事项的,允许代理人可以收取的报酬则与大多数国家的规定相同。

另外,按照我国《民法典》的规定:在行纪合同中,行纪人的报酬按照当事人的约定给付,若无约定或者约定不明确,依照《民法典》第510条仍然不能确定的,则依照《民法典》第511

条的规定处理;若行纪人高于被代理人指定的价格卖出或者低于被代理人指定价格买入的,可以增加报酬,若该报酬没有约定或者约定不明确,可以按照《民法典》第510条确定,若仍然不能确定的,行纪人则不得要求增加报酬。

再者,按照我国《民法典》的规定:在居间合同中,当居间人促成了交易,但对居间人的报酬没有规定或者规定不明确,依照《民法典》第510条仍然不能确定的,则根据居间人的劳务合理确定。至于居间人不能完成居间委托事项,没有促成交易的,不论何种原因,居间人均不能要求报酬,但允许居间人可以要求被代理人支付从事居间活动支出的必要费用。

两大法系国家的法律或判例对于被代理人不经代理人的介绍,直接与代理人代理的地区内的第三人订立代理事项内的合同,是否仍须对代理人支付佣金,以及代理人所介绍的买主在代理关系终止后还连续订货时,是否仍须支付佣金等问题的规定,是有较大差异的。

(1) 关于被代理人是否可以不支付佣金而绕过独家代理人与第三人订约的问题。

多数大陆法系国家在法律上对商业代理人取得佣金的权利和佣金的计算方法都有详细规定。按照一些大陆法系国家的法律规定,凡是在指定地区享有独家代理权的独家代理人,对于被代理人同指定地区的第三人所达成的一切交易,不论该代理人有否参与其事,都有权要求佣金,除非代理合同中有相反的规定。

根据英美法系国家的判例,如果当事人在代理合同中没有特别规定,那么,被代理人是否可以不支付佣金而绕过独家代理人与第三人订约,主要看该交易达成过程中代理人是否参与。若被代理人与第三人达成的交易是代理人努力的结果,代理人就有权获得佣金;但如果被代理人没有经过代理人的介绍而直接与代理地区的买方达成交易,代理人一般则无权索取佣金。

我国《民法典》对此问题没有作出详细的规定,只是原则性规定为:因不可归责于受托人的事由,委托合同解除或者委托事务不能完成的,被代理人应当向受托人支付相应的报酬,当事人另有约定的,按照其约定。这就是说,享有独家代理权的独家代理人,对于被代理人同指定地区的第三人所达成的一切交易,受托人原则上有权要求佣金,至于如何支付,支付多少,主要看被代理人和受托人是否有约定,若有约定须按照其约定办理,若没有约定,可以推定适用合同法中对有关代理合同中没有约定报酬或者约定报酬不明确的规定办理。

(2) 关于代理关系终止后被代理人是否可以无偿享受代理人在代理期间所建立起来的商业信誉问题。

当代理关系终止后,代理人所介绍的买主还连续向被代理人订货时,被代理人是否应向代理人给付佣金的问题,本来应在代理合同中明确规定。如果代理合同中对此问题没有规定或者规定不明确,往往会造成被代理人和代理人之间的争执。对此两大法系各国的法律或判例均规定了救济方法。

按照德国、法国、瑞士、意大利等大陆法系国家的规定,在商业代理关系终止后,代理人所介绍的买主还继续订货时,如果被代理人从该交易中获取了重大利益,或者该交易与代理人在代理期间的代理行为具有密不可分的联系,或者是给予代理人赔偿符合公平合理原则的其他情形,代理人均有权就其在代理期间为被代理人建立的商业信誉请求给予赔偿。

按英美法系国家的判例,在代理合同无规定期限时,只要被代理人在合同终止后接到买方的再次订货,仍须向代理人支付佣金;但如果代理合同规定了一定的期限,则在期限届满合同终止后,即使买方再次向被代理人订货,代理人最多只能要求对再次订货的佣金损失给予金钱赔偿,而不能要求取得此后每次订货的佣金。

我国《民法典》对此问题没有作出明确的规定,只是原则性规定为:合同的权利义务终止后,当事人应当遵循诚实信用的原则处理,并且不影响合同中结算和清理条款的效力。这就是说,代理关系终止后,代理人所介绍的买主还继续订货时,如果被代理人从该交易中获取了重大利益时,代理人有权基于诚信原则就其在代理期间为被代理人建立的商业信誉请求给予赔偿。至于如何赔偿,赔偿多少,主要看被代理人和受托人是否有约定,若有约定须按照其约定办理,若没有约定可以推定适用合同法中对有关代理合同中没有约定报酬或者约定报酬不明确的规定办理。

2. 履行代理合同条款

如果代理合同规定了代理关系的存续时间,在合同没有载明被代理人可以提前终止合同时,被代理人应根据代理合同的规定允许代理人履行代理职责。如果被代理人授予代理人进行某项行为的特殊权利,被代理人不能将这种特殊的代理权再授予其他任何人,并且被代理人也不能亲自取代这种已经授予代理人的特殊代理权。

3. 弥补代理人因履行代理义务而产生的费用及损失

两大法系国家的法律或判例均规定或者认为,被代理人对于代理人在正常代理活动中所支出的合理费用和遭受的损失有义务给予补偿,其中既包括对有偿代理人的补偿,也包括对无偿代理人的补偿。

各国法律一般规定,补偿的程度应达到完全的补偿,不仅包括代理人为了被代理人的利益在法律上必须支付的款项,还包括非强制代理人为被代理人的利益应履行代理义务所支出的费用。但是,如果所遭受的损失是由于代理人自己的过失或者疏忽造成的,而被代理人对此并无过失,代理人则无权得到补偿。

对无偿代理人的补偿分为以下两种情况:一是即使没有代理合同,也能够构成一个独立的默示补偿合同,在这种情况下,补偿是完全的补偿。二是如果这种默示补偿合同不能构成,代理人要求补偿的性质是偿还这个诉讼原因,因此,补偿仅限于:被代理人有法律义务支付的、被代理人已从无偿代理中得到利益的,并且属于代理人受法律所强迫支付的费用。但是,如果无偿代理人的代理行为违法,或超越代理权限从事无权代理,或在履行代理义务的过程中有过失,被代理人将不负责补偿,无偿代理人也无权诉请赔偿。

在代理人进行正常的代理活动中,有时由于无法预料的原因,如不可抗力等,致使代理人从事的代理事务遭受损失,而代理人对代理事务所遭受的损失并无过错。在这种情况下,代理人对所遭受的损失不承担责任,应当由被代理人对代理人由此而受到的损失给予补偿。

4. 允许代理人核查其账册

有些大陆法系国家在法律中明确规定,代理人有权检查核对被代理人的账册,以便核对被代理人付给代理人的佣金是否准确无误,并且将其作为一项强制性的法律规定,代理合同当事人不得在代理合同中作出相反的规定。

Duties of Principal

The duties of the principal to the agent are governed by the contract of agency. The primary duty is to compensate the agent for his/her services according to the terms of the agency agreement, or if no agreement exists, at the reasonable value of the services performed. And, the principal must inform the agent of dangerous risks the principal has reason to know exist.

1. Duty to Compensate. Whenever an amount of compensation is agreed on by the two parties, the principal must pay it on completion of the agent's activities. If no amount is expressly agreed on, the principal owes the agent the customary or reasonable amount of compensation for the agent's services.

(1) Contingency compensation. Compensation is often made contingent upon results. Sales agents are frequently paid an agreed-on percentage of the value of the sales they make. Stockbrokers are usually paid on a commission basis. Lawyers in the United States, especially when serving plaintiffs in tort actions such as automobile claims, often agree to contingency fees. If they win the case for the plaintiff, they get some share (often one-third) of the recovery. The plaintiff has only expenses and court cost to pay if there is no recovery.

An agent is entitled to be paid if the agreed-on result is obtained even though the principal does not benefit. It is common to give agents who are commissions to be earned. This gives the agent money for living expenses. At some longer interval, such as quarterly or once a year, the agent is paid the amount by which the commissions exceed the draw.

(2) Procuring cause. Generally, agents do not receive commissions on transactions that occur after termination of the agency relationship. However, when an agent was the primary factor in a purchase or sale, the procuring cause rule may entitle the procuring agent to her commission regardless of who eventually completes the sale. This rule is designed to permit agent to collect commissions on sales completed after termination of the agency relationship if the sale primarily resulted from the agent's efforts. Without the rule, the principal could easily escape from paying the agent's commissions.

2. Duty to Reimburse and Indemnify. Sometimes agents make advances from their own funds in conducting the principal's business. If the agent is acting within the scope of her authority, the principal has a duty to reimburse the agent for expenses incurred for the principal. Also, if the agent suffers losses while acting for the principal within the scope of the agent's authority, the principal has a duty to indemnify the agent. For example, suppose David is a salesperson for a company. He is in Chicago when he is asked to go to foreign trade show. He uses his own funds to pay workers to set up the company's booth at the show. The company has a duty to reimburse him for his expenses.

However, if some fault of the agent causes a losses, the principal will not be required to indemnify the agent for the amount of the loss. And, of course, the principal is not liable for unauthorized expenses incurred by the agent.

3. Duty to Keep Accounts. The principal has a duty to keep records from which the compensation due the agent can be determined. This duty is reinforced by tax laws that require such recordkeeping. For example, an employer must keep and make available to a salesperson a record of the sales on which commissions have been earned. [1]

---

[1] Zuoli Jiang, *International Business Law*, 2nd, Law Press, 2006, p. 333.

（二）被代理人对第三人的义务

被代理人对第三人所承担的义务主要有以下两项。

1. 被代理人须按照合同规定履行对第三人的义务

按照代理的一般原则,代理人是代替被代理人与第三人订立合同的,合同一经订立,其权利义务归于被代理人,应由被代理人直接对第三人负责,代理人对此一般不承担个人责任。但是,若代理人在处理委托事项时没有披露代理人的身份,或者代理人在处理委托事项中无权或越权代理等,被代理人就不需对第三人承担责任。

但在不同的情形下,被代理人对第三人所承担的义务是有差异的。因此,要阐述被代理人对第三人的义务,则必须根据不同的情形而定,并且从前文所述中可见,两大法系对此问题的规定也存在着较大的差异。

（1）大陆法系的规定。如前所述,大陆法系把被代理人与第三人的关系分为两种:直接代理与间接代理。在这两种代理形式中,被代理人对第三人所承担的义务有着很大的区别。

第一,直接代理中被代理人对第三人的义务。在直接代理中,只要代理人是在代理权限内,以代理人的身份与第三人订立合同,那么合同的效力则直接及于被代理人,合同的双方当事人就是第三人与被代理人,被代理人就需要按照合同的有关规定（若合同中无规定或规定不明确,则按照有关法律规定,下同）直接对第三人承担义务。

第二,间接代理中被代理人对第三人的义务。在间接代理中,由于代理人是以自己的名义与第三人订立合同,因此无论代理人事先是否得到被代理人的授权,该合同都将被认为是代理人与第三人之间的合同,被代理人原则上不能仅凭该合同直接对第三人主张权利,因而被代理人也无须对第三人承担义务。但是,当代理人把他在该合同中的权利与义务依法转让给被代理人后,被代理人就需要按照合同的有关规定对第三人承担义务。

（2）英美法系的规定。如前所述,英美法系则根据代理人在与第三人签订合同时有否披露代理关系的存在,而将被代理人与第三人的关系区分为三种形式。

第一,显名代理中的被代理人对第三人的义务。代理人在从事代理业务中,如果在其代理权限内并披露了被代理人身份的情况下与第三人订立合同,那么其所订立的合同就是被代理人与第三人之间的合同,被代理人应按合同的有关规定对第三人承担义务。

第二,隐名代理中的被代理人对第三人的义务。代理人在从事代理业务中,无论是否披露了被代理人的身份,只要是在其代理权限内并清楚、明确地以代理人的身份与第三人订立合同,那么其所订立的合同也是被代理人与第三人之间的合同,所以被代理人就应按合同的有关规定对第三人承担义务。

第三,未披露被代理人身份代理中的被代理人对第三人的义务。代理人在从事代理业务中,即使事先得到了被代理人的授权,只要他是以自己的名义与第三人订立合同,那么其所订立的合同就是代理人与第三人之间的合同,被代理人无须对第三人承担义务。只有当未被披露的被代理人依法行使了介入权并得到了第三人的认可后,被代理人才需要按照合同的有关规定对第三人承担义务。

Principal's Contract Liability

The principal's contract liability is derived from three basic forms of authority: actual authority, apparent authority, and ratification.

Actual authority is either express (based on oral or written words to the agent) or implied (inferred from words or conduct manifested by the principal to the agent). Implied authority to make contracts for the principle is a common sense fulfillment of the agent's job, a going forward with the purposes of the principal's business.

(1) Express Authority. Express authority is often granted in a document such as employment contract, a resolution of the board of directors, an advisory memorandum, or a special document known as a power of attorney. Additionally, the corporation's bylaws typically grant express authority to the president, and sometimes to other officers, to take actions affecting the corporation's legal relationships.

(2) Implied Authority. Implied authority includes additional authority that an agent may reasonably assume to implement the express authority. There can be no implied authority unless first there is express authority upon which the implied authority is based. An agent generally has implied authority to make contract which is necessary to conduct the business.

(3) Ratification. Ratification is the case that the principal accept the agent's previously unauthorized act afterward. Ratification arises in two general situations: (a) an agent exceeds the limits of his authority granted by the principal, or (b) a non-agent purport to act as agent for another. Authority by ratification is actually a legal fiction because the third party is bound to a contract made when the agent had no authority. For example, if an unauthorized agent negotiates a contract on July 1st and the principal ratifies the contract on July 15th, after ratification, the law presumes the transaction was originally authorized on July 1st. the principal's retroactive authorization is effective only when the following requirements for ratification are satisfied:

First, the agent's action must be one that the principal could have done lawfully.

Second, the purported agent's act must be intended to benefit the principal.

Third, the third party must have a reasonable belief that the agent is authorized to act for the principal's benefit.

Fourth, the principal may ratify an act only if the principal has full knowledge of the facts and circumstances.

Finally, a ratification is effective only the principal approves the entire transaction, not just the most favorable parts. Ratification of a portion of the agent's contract is ineffective.

(4) Third Party's Duty to Determine Authority. Usually, a third party cannot simply rely on the agent's claim of authority to represent a principal. Principals are not liable on contracts entered into by an unauthorized agent unless an apparent authority or ratification occurs. This usually means that third parties must inquire into the agent's authority or run the risk that the agent is not authorized and the contract is unenforceable.

2. 被代理人需对第三人承担转承义务

所谓转承义务,是指为他人在其授权范围内的行为过错所承担的义务。各国的法律或者判例均规定或者认可:当代理人在授权的范围内行使代理行为而发生侵权或者犯罪行为时,被代理人需承担连带责任,如果代理人的上述行为给第三人造成了损害,被代理人必须承担连带赔偿责任。

Liability of the Principal for Torts of the Agent[1]

1. Direct Liability. A principal is directly responsible for his/her agent's torts under any of the following circumstances:

1) The principal gave the agent improper orders or instructions that caused the tort to occur.

2) The agent was improperly or negligently chosen or employed.

3) The principal failed properly to supervise or oversee the work when he/she had a duty to do so.

2. Indirect Liability. Even though the principal has committed no act of negligence, the agent's negligence is imputed (charged) to the principal if the agent is acting for the principal in the scope of his/her employment. This liability is founded on the common law doctrine of respondeat superior: "Let the superior respond." The key requirement of indirect liability, *respondeat superior*, is that the agent be acting in the scope of his/her employment. The expression "scope of employment" is a technical legal phrase, and the concept must meet four tests (tests for *respondeat superior*):

1) The conduct must be of the kind the agent was employed to perform.

2) The conduct must occur at the authorized place and time of employment.

3) The conduct must be motivated, at least in part, by service to the principal (rather than the agent's self-interest).

4) The use or means employed by the agent could have been anticipated by the principal.

三、第三人的义务(Duties of 3rd Party)

(一) 第三人对代理人的义务

原则上讲,代理人是代替被代理人与第三人订立合同的,合同一经订立,其权利义务归于被代理人,由被代理人和第三人按照合同的有关规定各自承担义务,第三人对代理人一般不承担个人责任。但是,若代理人在处理委托事项时没有披露被代理人的身份,或者代理人在处理委托事项时无权或越权代理等情形下,代理人与第三人实际上就是合同的双方当事人,因此双方必须按照合同的有关规定承担各自的义务,但在不同的情形下,第三人对代理人所承担的义务是有差异的。

1. 大陆法系的规定

(1) 直接代理中第三人对代理人的义务。在直接代理中,只要代理人是在代理权限内,以代理人的身份与第三人订立合同,那么合同的效力则直接及于被代理人,合同的双方当事人就是第三人与被代理人,第三人和被代理人就需要按照合同的有关规定各自承担义务,第三人一般对代理人不承担义务。但是,若是代理人在代理中无权或者越权代理时,只要代理人的代理行为未被被代理人事后给予追认,那么,第三人和代理人则是合同的双方当事人,第三人就需按照合同的有关规定对代理人承担义务。

---

[1] Robert W. Emerson, *Business Law*, 4th ed., Barron's Educational Series, Inc., New York, 2004, pp. 284-286.

（2）间接代理中第三人对代理人的义务。在间接代理中，由于代理人是以自己的名义与第三人订立合同，因此代理人与第三人是合同的双方当事人，因而第三人则须按照合同的有关规定对代理人承担义务。只有当代理人把他在该合同中的权利与义务依法转让给被代理人后，第三人才解除了对代理人的义务。

2. 英美法系的规定

（1）显名代理中第三人对代理人的义务。代理人在从事代理业务中，如果是在其代理权限内并披露了被代理人身份的情况下与第三人订立合同，那么其所订立的合同就是被代理人与第三人之间的合同。因此，第三人对代理人不承担合同义务。

（2）隐名代理中第三人对代理人的义务。代理人在从事代理业务中，无论是否披露了被代理人的身份，只要是在其代理权限内并清楚、明确地以代理人的身份与第三人订立合同，那么其所订立的合同也是被代理人与第三人之间的合同，第三人对代理人也无须承担合同义务。

（3）未披露被代理人身份的代理中第三人对代理人的义务。代理人在从事代理业务中，即使事先得到了被代理人的授权，只要他是以自己的名义与第三人订立合同，那么其所订立的合同就是代理人与第三人之间的合同。因此，只要未被披露的被代理人事后未依法行使介入权，或者第三人不认可未被披露的被代理人所行使的介入权，那么第三人就须按照合同的有关规定对代理人承担义务。

（二）第三人对被代理人的义务

如上所述，代理人若是在被代理人的授权之下并以代理人的身份与第三人订立合同时，那么一旦合同依法成立，被代理人就是该合同的当然当事人，第三人就需按照合同的有关规定对被代理人承担义务。若代理人在处理委托事项中没有披露自己的代理身份，或者代理人发生无权或越权代理等情形下，只要第三人认可了被代理人事后所行使的介入权或者追认权，那么被代理人实际上也就成为了合同的一方当事人，因此第三人也就必须按照合同的有关规定对被代理人承担义务。另外，如果第三人串通代理人侵害了被代理人的利益，须承担连带赔偿责任。

第四节　承担特别责任的代理人
3.4　Agent Under Special Liabilities

作为代理制度的一般原则，代理人在被代理人授权的范围内与第三人订立合同后，由被代理人享有权利、承担义务，代理人对第三人不负个人责任。只要代理人尽到了勤勉、服从和诚信等一般代理人的义务后，如果第三人不履行合同，代理人对被代理人也不承担个人责任。但是在某些情况下，代理人和被代理人或者第三人约定或者按照行业惯例，对被代理人或第三人承担个人责任，这种代理人就被称为承担特别责任的代理人（the agent with special responsibility）。这主要是因为在国际经济贸易活动中，第三人与被代理人对于彼此的资信并不十分了解，代理人因长期从事国际商事业务对有关交易当事人却比较熟悉，同时具有良好的信誉，因此，有时会被要求对他们承担某种特殊的个人责任，以保护交易当事人的利益和交易的安全。根据代理人承担特别责任的对象不同，可以分为对被代理人承担特别责任的代理人和对第三人承担特别责任的代理人。

一、对被代理人承担特别责任的代理人

对被代理人承担特别责任的代理人主要是指信用担保代理人（Credit Guarantee Agent）。信用担保代理人的责任是在他所介绍的买方（即第三人）不付货款时，由他赔偿被代理人因此而遭受的损失。从法律上来看，在被代理人与代理人之间除了普通的代理合同以外，还存在另一个合同，即担保合同，代理人根据担保合同对被代理人承担个人的责任。采用这种办法的好处是：由于被代理人对国外市场情况了解不多，无法判断代理人所在地区的买方的资信是否可靠，而且由于竞争的需要，往往要用赊销的方法销售货物，一旦买方破产或赖账，被代理人就会遭到重大损失。因此，如果代理人同意为国外的买方保付，被代理人就可以避免这种风险。另外一种好处是，由于代理人承担了信用担保责任，他就不会因为贪图多得佣金而在替被代理人兜揽订单时仅看数量而忽视买方的资信能力。

在大陆法系国家，如《德国商法典》、《瑞士债务法典》和《意大利民法典》，对信用担保代理人都有专门的规定。信用担保代理在直接代理和间接代理两种情况下都可以成立。根据德国法和瑞士法的规定，对一般代理合同不要求以书面方式订立，但对于信用担保条款都要求以书面方式订立。

英美法系国家没有关于信用担保代理人的成文法，但判例法已形成了一套完整的规则。早期的英国法院判例认为，信用担保代理人的责任是第一位的责任，就是说被代理人在要求买方（即第三人）付款之前，就可以起诉代理人要求代理人付款。但 19 世纪以后的判例修改了这一规则，认为信用担保代理人的责任是属于第二位的责任，即只有当买方无力支付货款或因类似原因致使被代理人不能收回货款时，信用担保代理人才有赔偿被代理人的义务。同时，信用担保代理人的责任仅限于担保买方（第三人）的清偿能力，即仅对买方无力支付货款负责，至于合同的履行，代理人是不负责任的。因此，如果由于被代理人没有如约履行合同，致使买方拒付货款，则代理人不负责任。根据英国的判例，这种信用担保代理合同不一定需要以书面方式作成。

第二次世界大战前，信用担保代理人在国际贸易中曾起过十分重要和积极的作用，但现在许多国家已经设立了由政府经营的出口信贷保险机构，专门办理承担国外买主无清偿能力的保险业务，信用担保代理人的作用已由这种保险机构逐步取代。

二、对第三人承担特别责任的代理人

在资本主义市场上，有些代理人根据法律、惯例或合同规定，须对第三人承担特别责任，其中，同国际贸易有密切关系的主要有以下四种。

1. 保付代理人

在国际贸易中起着重要作用的保付代理人（confirming agent）是承担特别责任的代理人的范例，通常由出口商担任。保付代理人的业务通常是代理国外的被代理人（买方）向本国的第三人（卖方）订货，并在订单上加上保付代理人的保证，担保被代理人将履行合同，如果国外的被代理人不履行合同或者拒绝支付货款，将由保付代理人向本国的卖方，即第三人支付货款。

保付代理的经济目的是减少国际货物买卖中供货人在出口货物中的潜在风险，本国卖方不必顾虑外国买方的资信能力而接受订单。保付代理人通过将国际贸易转换为国内贸易，可

以确保本国卖方在国际贸易中不会因为国外买方的信用缺陷而蒙受损失,有利于促进本国的出口。例如,A国的甲希望向B国的乙订购一批电脑,乙接受了订单但他作出承诺的前提条件是得到B国保付行的保付。于是,甲请求B国的保付代理人丙保付向乙发出的订单,丙同意保付。这时保付的典型特征是丙与乙的营业地位于同一国家,保付代理把国际交易转化为国内交易,使交易在乙所在国支付货款和履行,解除了乙对于甲的资信财政状况要进行的调查。

在保付代理中通常存在两方面的法律关系:一是保付代理人与买方之间的普通代理关系,例如上例即是甲与丙之间的普通代理关系,其中,甲是被代理人,丙是代甲付款的代理人;二是保付代理人与卖方之间的担保关系,即上例中乙与丙的关系,乙是第三人,丙是买方的保付代理人,如买方即被代理人不付款或无力支付,由保付代理人承担支付货款的义务。如果在合同履行前,买方无故取消订单,保付代理人仍要对第三人即卖方支付货款。在这种情况下,保付代理人在付清货款后,有权要求被代理人偿还其所付的货款,并可以要求赔偿损失。

保付代理人同前面介绍的信用担保代理人,既有相同之处也有不同的地方。相同之处是,在两种情况下,代理人都要承担个人责任;不同之处在于保付商行是对第三人承担责任,而信用担保代理人则对被代理人承担责任。

2. 保兑银行

在当今国际贸易中,使用跟单信用证(letter of credit)已成为支付货款的主要方式之一,对商业跟单信用证进行保兑的保兑银行(confirming bank)也是一种对第三人承担特别责任的代理人。

在国际贸易中,卖方对不熟悉的客户往往要求其在约定的时间内通过开证行开立以卖方为受益人的、有银行保兑的不可撤销信用证并送达卖方。一般的程序是国外的买方通过银行开立保兑的、以卖方为受益人的不可撤销信用证,委托卖方所在地的代理行对此信用证加以保兑,即在信用证上加上“保兑”字样,然后通知卖方;卖方一旦提交符合信用证要求的单据,就可以要求所在地的保兑银行支付货款。

根据国际商会《跟单信用证统一惯例》第10条的规定,当开证银行授权另一银行对其开出的不可撤销信用证加以保兑,而后者根据开证银行的授权予以保兑时,此项保兑就构成保兑银行的一项确定的担保,即他对该信用证的受益人承担按信用证规定的条件付款或承兑信用证项下的汇票并于到期时付款的义务。在这种保兑关系中,开证行是被代理人,保兑银行是代理人,卖方是第三人,保兑银行根据开证行的授权在信用证上保兑时,此项保兑就构成了保兑银行的一项确定付款的担保,只要卖方提交的单据符合信用证上的规定,保兑银行就承担付款的责任,且这一责任是第一位的。

3. 运输代理人

运输代理人(forwarding agent)是接受客户委托,代客户向运输公司预订航位的代理人。运输代理人在国际贸易中起着重要的作用,这些代理人精通海、陆、空运输的复杂知识,特别是了解经常变化的国内外海关手续,运费和运费回扣,海港和机场的习惯、惯例和业务做法,海空货物集装箱运输的组织以及出口货物的包装和装卸等。

在这种代理关系中,客户是被代理人,运输公司为第三人。根据有些国家运输行业的惯例,如果运输代理人受客户的委托,向轮船公司预订舱位,他们自己须向轮船公司负责。如果客户届时未装运货物,使轮船空舱航行,代理人须支付空舱费。在这种情况下,代理人可要求客户给予赔偿。如果客户拖欠代理人的佣金、手续费或其他报酬,代理人对在其占有下的客户的货物有留置权,直到客户付清各项费用为止。

4. 保险代理人

保险代理人(insurance broker),有时也称保险经纪人,是指基于投保人的利益,为投保人和保险人提供中介服务,并依法收取佣金的人。保险经纪人的具体业务是代投保人向保险人洽定保险合同,办理投保手续,代交保险费或者代为索赔。在这种代理关系中,投保人是被代理人,保险人为第三人。

在国际贸易中,进出口商在为货物投保运输保险时,一般不能直接与保险人订立合同,而必须委托保险经纪人代为办理。例如,根据英国海上保险法的规定,凡海上保险合同由保险经纪人替投保人订立时,经纪人就保险费须对保险人直接负责。如果投保人不缴纳保险费,保险经纪人应向保险人缴纳保险费。保险标的物在承保的风险范围内发生损失的,由保险人直接赔付被保险人。

与其他行业的代理人不同,保险经纪人的报酬通常由保险人支付,而不是由他们的委托人,即被代理人支付。

第五节　我国代理法与外贸代理制
3.5　Agency Law of China

一、我国的代理法律制度(Legal Systems of Agency in China)

《中华人民共和国民法典》第一编总则第七章对代理制度作了规定。按照《民法典》第161条的规定,民事主体可以通过代理人实施民事法律行为。代理人在代理权限内,以被代理人的名义实施民事法律行为,被代理人对其代理人的代理行为应承担民事责任。即如果被代理人委托代理人代其签订合同,只要代理人是在代理权限内,以被代理人名义同第三人签订了该项合同,该合同的权利与义务均应归属于被代理人,应由被代理人对该合同承担责任,代理人对该合同可不承担责任。从法理上讲,这种代理制度是属于直接代理,其特点是代理人必须以被代理人的名义行事,从而才能使代理行为所产生的效力直接归属于被代理人。

《民法典》对代理权的产生、无权代理、代理人与第三人的责任以及代理的终止等,都作了规定。根据《民法典》第171条规定,没有代理权、超越代理权或者代理权终止后的行为,只有经过被代理人的追认,被代理人才承担民事责任;未经追认的行为,由行为人承担民事责任。但被代理人知道他人以被代理人名义实施民事行为而不作否认表示的,视为同意。代理人不履行职责,给被代理人造成损害的,应由代理人承担民事责任。如代理人与第三人串通,损害被代理人的利益的,应由代理人和第三人负连带责任,如果第三人知道行为人没有代理权、超越代理权或者代理权已终止还与行为人实施民事行为给他人造成损害的,第三人和行为人负连带责任。《民法典》第167条规定,代理人知道被委托代理的事项违法而仍然进行代理活动的,或者被代理人知道代理人的代理行为违法而不表示反对的,由被代理人与代理人负连带责任。《民法典》第135条规定,民事法律行为可以采用书面形式、口头形式或者其他形式;法律、行政法规规定或者当事人约定采用特定形式的,应当采用特定形式。这些规定确立了我国处理代理关系的基本原则。

Chapter VII Agency of the Civil Code of China

Section 1 General Rules

Article 161 The parties to civil legal relations may conduct juridical acts through agents.

A juridical act that shall be performed in person in accordance with the provisions of laws, an agreement between the parties, or the nature of the juridical act shall not be performed by an agent.

Article 162 A juridical act performed by an agent in the name of the principal within the power conferred on the agent shall be binding on the principal.

Article 163 Agency includes agency by mandate and statutory agency.

An agent under a mandate shall exercise the power conferred by the principal. A statutory agent shall exercise the power conferred by laws.

Article 164 Where an agent fails to perform or fully perform its duties, causing damage to the principal, the agent shall assume civil liability.

Where an agent and the opposite party in malicious collusion damages the principal's lawful rights and interests, the agent and the opposite party shall be jointly and severally liable.

Section 2 Agency by Mandate

Article 165 Where the power is conferred by a mandate in a written form, the power of attorney shall clearly state the agent's name and the object of, power conferred by, and term of the mandate, to which the signature or seal of the principal shall be affixed.

Article 166 Where the object of a mandate is to be performed by several agents, they shall jointly exercise the power conferred, except as otherwise agreed upon by the parties. Article 167 Where an agent knows or should have known that the object of the mandate is illegal but still performs it, or the principal knows or should have known that an agent's performance is illegal but fails to raise any objection, the principal and the agent shall be jointly and severally liable.

Article 168 An agent shall not perform any juridical act with itself in the name of the principal, unless it is consented to or ratified by the principal.

An agent shall not perform any juridical act in the name of one principal with any other principal represented by it at the same time, unless it is consented to or ratified by both principals.

Article 169 Where an agent needs to appoint a third party to perform the object of the mandate in its place, the agent shall obtain the consent or ratification of the principal.

With the principal's consent to or ratification of the appointment, the principal may directly instruct the third party appointed by the agent regarding the object of the mandate, and the agent shall only be liable for the selection of the third party and its instructions to the third party.

Without the principal's consent to or ratification of the appointment, the agent shall be liable for the acts of the third party appointed by the agent, unless it is necessary for the agent to appoint the third party in case of emergency to safeguard the interests of the principal.

Article 170 Where a person who performs tasks for a legal person or an unincorporated organization conducts juridical acts related to matters within his or her scope of powers in the name of the legal person or the unincorporated organization, such acts shall have binding force on the legal person or unincorporated organization.

Any restrictions imposed by a legal person or an unincorporated organization on the scope of powers of the person performing tasks for the legal person or unincorporated organization shall not be set up against bona fide opposite parties.

Article 171 Where an actor still performs an act of agency without a power of attorney, beyond his or her power of attorney, or after his or her power of attorney terminates, the act shall not be binding on the principal without the principal's ratification.

The opposite party may, by a notice, urge the principal to ratify within 30 days from the date of receipt of the notice. If the principal fails to respond, ratification shall be deemed denied. Before the ratification of the act, the bona fide opposite party shall be entitled to revoke the act. The revocation shall be made by a notice.

Where ratification of the act is denied, the bona fide opposite party shall be entitled to request that the actor perform obligations or compensate it for any injury suffered by it, but such compensation shall not exceed the interest that could have been obtained by the opposite party if the act were ratified by the principal.

Where the opposite party knows or should have known that the actor has no power of attorney, the opposite party and the actor shall assume liability according to their respective faults.

Article 172 Where an actor still performs an act of agency without a power of agency, beyond his or her power of attorney, or after his or her power of attorney terminates, the act shall be valid if the opposite party has reason to believe that the actor has the power of attorney.

Section 3 Termination of Agency

Article 173 Agency by mandate shall terminate under any of the following circumstances:

(1) The term of agency expires or the object of the mandate is fulfilled.

(2) The principal cancels the mandate or the agent surrenders the mandate.

(3) The agent loses capacity for civil conduct.

(4) The agent or the principal dies.

(5) The legal person or unincorporated organization as the agent or the principal is terminated.

Article 174 After the principal dies, the acts of agency performed by an agent under a mandate shall be valid under any of the following circumstances:

(1) The agent does not know and should not have known that the principal died.

(2) The successors of the principal recognize such acts.

(3) The power of attorney expressly states that the power of agency shall terminate upon fulfillment of the object of the mandate.

(4) Such acts have been conducted before the principal dies and continue for the benefits of the principal's successors.

The provision of the preceding paragraph shall apply, mutatis mutandis, where a legal person or an unincorporated organization as the principal is terminated.

Article 175 Statutory agency shall terminate under any of the following circumstances:

(1) The principal obtains or regains full capacity for civil conduct.

(2) The agent loses capacity for civil conduct.

(3) The agent or the principal dies.

(4) Any other circumstance specified by laws.

二、我国的外贸代理制(Agency in Foreign Trade in China)

应当注意的是,《民法典》总则编有关代理的规定不能完全适用于我国的外贸代理制。《民法典》总则编所规定的代理,基本上是属于直接代理,即由代理人以委托人的名义实施法律行为,这种代理行为所产生的结果,应由委托人负责。而在我国外贸代理制中,大量存在外贸公司接受国内企业的委托,以外贸公司自己的名义作为买卖合同的一方同外商签订进出口合同。针对此种特殊情况,《民法典》合同编作出了新的规定。

《民法典》第925条规定:"受托人以自己的名义,在委托人的授权范围内与第三人订立的合同,第三人在订立合同时知道受托人与委托人之间的代理关系的,该合同直接约束委托人和第三人;但是,有确切证据证明该合同只约束受托人和第三人的除外。"

Article 925, the Civil Code of China

Where an agent, acting within the scope of authority granted by the principal, concludes a contract with a third person in his own name, if the third person is aware of the agency relationship between the agent and the principal, the said contract shall directly bind the principal and the third person, unless there is definite evidence establishing that the said contract binds only the agent and the third person.

该条款适用于外贸企业接受委托后必须以自己的名义而不能以被代理人的名义与外商(即第三人)签订进出口合同;虽然被代理人与外商之间无直接合同关系,但因被代理人与外贸企业之间存在法律上的特殊代理关系,即外贸企业与外商签约是基于被代理人的委托而发生的,且完全是为了被代理人的利益,故进出口合同中外贸企业的权利、义务及责任最终由被代理人享有和承担;外商本来就知道或是在订立合同时知道受托人与被代理人之间的代理关系。受托人为自己的利益与外商签订合同,即自营进出口情况,不适用本条规定。

在外贸代理实践中通常的做法是:外贸企业接受国内企业的委托自行寻找外商,联系客户,或是国内的委托企业与外方当事人先谈判合同的条件,然后再找到外贸企业,委托外贸企业对外签订进出口合同。外贸企业以自己的名义与外商签约,并主动告诉外商其仅是代理人,外贸企业不会将被代理人的名字、身份告诉外商,其目的往往是防止被代理人与外商越过外贸企业直接接触,以免泄露外贸企业所获代理费数额、进出口货物的产地及销售地区等情况。

根据《民法典》第925规定,委托人或第三人一般应直接进行协商或提起诉讼、仲裁,外贸公司则可以以此作为抗辩理由,不再承担合同责任。

《民法典》第926条主要是针对公开委托人身份的代理设定的。该条第1款规定:"受托人以自己的名义与第三人订立合同时,第三人不知道受托人与委托人之间的代理关系的,受托人因第三人的原因对委托人不履行义务,受托人应当向委托人披露第三人。委托人因此所以行使受托人对第三人的权利。但是,第三人与受托人订立合同时如果知道该委托人就不会订立合同的除外。"

　　在外贸代理实践中,常常会遇到这样的情况,外贸企业联系外商,并以自己的名义与外商签订进出口的合同,而外商并不知道该企业为代理商。如果因为外商履行合同过程中存在瑕疵,造成外贸企业不能与国内委托人如期履约,则外贸企业将外商的情况告知国内企业。委托人可直接介入进出口合同,直接向外商主张权利,但委托人行使介入权是有条件限制的,即在外贸企业与外商订立合同时,如果外商知道该委托人就不会订立合同的话,则委托人不得直接对外商行使权利。

　　《民法典》第926条第2款规定:"受托人因委托人的原因对第三人不履行义务,受托人应当向第三人披露委托人,第三人因此可以选择受托人或者委托人作为相对人主张其权利,但是第三人不得变更选定的相对人。"此款规定采纳了英美法系中关于第三人选择权的规则。在实践中,如国内委托人委托外贸公司为其寻找外商做出口业务,外贸企业为其寻找了客户并以自己的名义与外商签订合同,在合同履行中,因国内委托人出现交货瑕疵,造成外贸企业不能按时与外商履行合同时,外贸公司可将国内委托人的情况告知外商。这时外商可依据《民法典》第926条第2款之规定行使选择权,既可以请求委托人承担违约责任,也可以请求由受托人的承担违约责任,但外商只能选择其一,并且选定后不能变更。

　　《民法典》第926条第3款规定:"委托人行使受托人对第三人的权利的,第三人可以向委托人主张其对受托人的抗辩;第三人选定委托人作为其相对人的,委托人可以向第三人主张其对受托人的抗辩以及受托人对第三人的抗辩。"抗辩权,是指根据法律规定,对抗对方要求的权利。在我国外贸代理制中,当委托人直接向外商主张权利时,外商可以以其对抗外贸企业的理由用以抗辩;而在外商直接向委托人主张权利的情况下,委托人除可以以其对抗外贸企业的理由用以抗辩外,还可以将外贸企业对外商的抗辩理由用作自己的抗辩理由。

Article 926, the Civil Code of China

Where a contract is concluded by an agent in his own name with a third person who is not aware of the agency relationship between the agent and the principal, if the agent fails to perform his obligations owed to the principal because of the third person, the agent shall disclose the third person to the principal, and the principal may then exercise the right of the agent against the third person, unless the third person would not have concluded the contract if he has been aware of the existence of the principal at the time of concluding the contract.

Where an agent fails to perform his obligations owed to a third person because of the principal, the agent shall disclose the principal to the third person, and the third person may then claim his rights against either the agent or the principal as a counterparty, except that he may not change the counterparty once he has made the selection.

Where a principal exercises the right of the agent against the third person, the third person may claim the defense he has against the agent against the principal.

Where the third person elects the principal as the counterparty, the principal may claim against the third person the defense he has against the agent, as well as the agent's defense against the third person.

【案例分析】

案例 3-1

1. 王某为某经贸公司采购员,长期负责采购某种商品。后因经济问题,公司开除了王某,但没有告知其客户。王某继续以该公司采购员的身份从事商品采购业务。面对客户的履行合同的主张,该公司以王某无权代理为由加以拒绝。客户向法院提起诉讼。

请问:你认为本案应当如何处理? 依据是什么?

2. 1988 年香港 A 公司在巴西购买了 545 吨高压聚乙烯,同年 8 月运抵上海,委托上海的 B 公司代为提货并存放于保税区仓库中。1989 年 5 月 22 日至 6 月 2 日,A 公司先后书面通知 B 公司,其已经签发发货信给其客户 C 公司,如该客户前去提货,须付清货款或者由 A 公司再次书面确认方可放货。6 月 6 日,该客户前来提货,在出示了保证付款的保函、进出口合同副本和要求提货的介绍信后,B 公司擅自放货。事后,该客户未付清货款,而货物的正本提单仍然在 A 公司处。经要求 B 公司偿付未果,A 公司向法院提起诉讼。

请问:(1)B 公司和 A 公司之间是何种法律关系? 在这种法律关系中,B 公司应当承担何种责任? (2)你认为本案应当如何处理?

Case 3-2①   Willis v. Champlain Cable Corp.
748 P. 2d 621 (Sup. Ct. Wash. 1998)

Background and Facts

Willis was employed to find buyers for Haveg Industries' wire products. His agency contract permitted either party to terminate the agreement on 30 days' notice. In the event of such a termination, the agreement entitled Willis to commissions only on orders accepted by Haveg up to and including the termination date. During his employment, Willis convinced Boeing Company to choose Haveg's product as its general-purpose wire. However, before Boeing made any orders, Haveg terminated Willis' contract. Boeing's first major order did not occur until more than a year and a half after this termination and the company continued to make major purchases during the next five years. Willis argued that Haveg terminated him in bad faith in order to avoid paying his commissions on the Boeing orders. He sued Haveg to recover his commissions on all purchases made by Boeing during the five years following his termination.

Issue

Is Willis entitled to the commissions as the procuring cause of the orders?

Decision

No. The right to commissions is dependent on the terms of the contract. Here, the contract between Haveg and Willis is clear and unambiguous regarding the payment of commissions. While the procuring cause rule has been construed to permit terminated agents to recover commissions for service that have been already performed, it should not override a written contract that provides the manner by which termination can be effected as well as how commissions will be awarded after termination.

---

① A. James Barnes, Terry Morehead Dworkin, and Eric L. Richards, Law for Business, Irwin Chicago 1997, p. 346. Also refer to Internet Archive, available at < http://bulk. resource. org > , last visited on July 28, 2008.

第四章　国际商事合同法
Chapter Four　International Contract Law

【本章要点】

- 合同的订立
- 合同生效的必要条件
- 合同的履行
- 合同的变更和转让
- 合同的消灭
- 违约形式和救济方法

Key Terms

A Contract is an agreement between natural persons, legal persons or other organizations with equal standing, for the purpose of establishing, altering, or discharging a relationship of civil rights and obligations.

An Offer is a proposal for concluding a contract addressed to one or more specific persons constitutes an offer if it is sufficiently definite and indicates the intention of the offeror to be bound in case of acceptance.

An Acceptance is a statement or conduct by the offeree indicating assent that if communicated to the offeror.

Remedy is the manner in which a right is enforced or satisfied by law when some harm or injury, recognized by society as a wrongful act, is inflicted upon an individual.

第一节　概　述
4.1　Introduction to International Contract Law

合同是人们从事民事交往、商事交易活动的主要法律工具。但是,大陆法系和英美法系在合同的定义和制度上都存在巨大差异,需要进行比较和研究,以促进跨国商事交易有序开展、防范国际商事合同交易风险。

Contract is an integral part of our everyday life, and contract law is a very important branch of the law for everyone all over the world. But, in different legal system, contract has different nature.

Under the Common Law, contract means a promise or set of promises, for breach of which the law gives a remedy. In the US, the Restatement (Second) of Contracts §1 defines a contract as "a promise or a set of promises for the breach of which the law gives a remedy, or the performance of which the law in some way recognizes as a duty."

Under the Civil Law, contract is a "mutual assent" or "meeting of minds". French Civil Code Article 1101 states that a contract is an agreement by which one or several persons bind themselves, towards one or several others, to transfer, to do or not to do something. German Civil Code Section 305 states that for the creation of an obligation by legal transaction, and for any modification of the substance of an obligation, a contract between the parties is necessary, unless otherwise provided by law.

Similarly, the General Principles of the Civil of China states that a contract is an agreement between natural persons, legal persons or other organizations with equal standing, for the purpose of establishing, altering, or discharging a relationship of civil rights and obligations.

一、合同的概念(Concepts of Contract)

在大陆法系国家,合同一般被看做是一种协议,其本质是双方的一种合意,即合同双方的意思表示一致。德国民法典把合同归入法律行为的范畴,根据《德国民法典》第305条规定:"依法律行为设定债务关系或变更法律关系的内容者,除法律另有规定外,应依当事人之间的合同。"这就是说合同是产生、变化债的关系的法律行为。其中,意思表示是法律行为的基本要素。意思表示又包含两方面的内容:一是当事人的内在的意思;二是表达这种意思的行为。法国民法典运用"合意"(consensus)这个比较具体的概念。根据,《法国民法典》第1101条规定:"合同是一人或数人对另一人或数人承担给付某物,作或不作某事的义务的一种合意。(Contract is a mutual assent which one person or more is obligated to give a thing, to do or not to do a thing to one person or more persons.)"这里的"合意"是指当事人之间的意思表示一致,即只有当事人的意思表示一致,合同才能有效成立。此外,大陆法系普遍认为当事人之间可以达成无利益交换的协议,如赠与协议。

在英美法系国家,合同在实质上被认为是当事人所作的一种"许诺"或"允诺"(promise),而不仅仅是达成协议的事实。当诺言有了对价时,诺言与对价成为交易的对象,诺言才有了被强制执行的效力,受诺人可以通过法院强制诺言人履行其诺言,此时诺言成为合同。《美国合同法重述》对合同所做的定义是:"合同是一个许诺或一系列的许诺,对于违反这种许诺,法律给予救济,或者法律以某种方式承认履行这种许诺乃是一项义务。(A promise or a set of promises for the breach of which the law gives a remedy, or the performance of which the law in some way recognized as a duty.)"根据英美法的理论,合同的要素是当事人所表示的许诺,但并不是一切许诺都可以成为合同,而是只有法律上认为有约束力的、在法律上能够强制执行的许诺,才能成为合同。

英美法认为,法律上强制执行的是当事人所做的许诺,而大陆法则认为,法律上强制执行的是当事人之间的协议或合意。尽管两大法律体系对合同的概念在理论上存在比较大的分歧,但是实际上无论是英美法国家还是大陆法国家都把双方当事人的意思表示一致作为合同成立的要件,即如果双方当事人不能达成协议,就不存在合同。在这一点上双方是没有实质性分歧的。

我国法律认为合同在本质上是一种协议。我国《民法典》第 464 条规定:"合同是民事主体之间设立、变更、终止、民事关系的协议。"

Article 464 of the Civil Code of China

A contract is an agreement on the establishment, modification, or termination of a civil juristic relationship between persons of the civil law.

An agreement on establishing a marriage, adoption, guardianship, or the like personal relationships shall be governed by the provisions of laws providing for such personal relationships; in the absence of such provisions, the provisions of this Book may be applied mutatis mutandis according to the nature of such agreements.

二、合同法及其立法体系(Contract Law and Legislative System)

合同法(Contract Law),是关于调整各种合同关系的法律规范,是民商法中非常重要的组成部分。当今世界各国都十分重视合同法,但两大法系在合同法的形式及某些具体的法律原则方面,都存在一定差异。

(一) 两大法系合同法的差异

在大陆法国家,合同法是以成文法的形式出现的,一般包含在民法典或债务法典之中。大陆法国家的民法理论把合同作为产生"债"的原因之一,将有关合同的法律规范与产生债的其他原因,如侵权行为等法律规范并列在一起,作为民法的一编,称为债务关系法或债编。

在英美法国家,合同法原则主要体现在判例法中,没有统一的成文法典。虽然英、美等国也制定了一些有关具体合同的成文法,如英国《货物买卖法》、美国《统一商法典》等,但合同法的许多基本原则,仍需依据判例法所确立的法律原则行事。所以,英美法系的合同法主要是判例法、不成文法。

(二) 国际合同法的统一化运动

合同法不仅在英美法系和大陆法系各国存在较大差别,而且即使在同一法系内部,不同国家之间在某些具体规定上,也存在着不少差别。这种现象,势必对国际商事贸易活动带来不便和纠纷。为了避免或减少这种不便和纠纷,就产生了订立国际公约、统一国际合同法的迫切需要。

为此,国际统一私法协会 1930 年 4 月形成决议,设立了"国际货物买卖统一法起草委员会",负责起草有关国际货物买卖统一法的草案,经过 30 多年的准备工作,终于在 1964 年 4 月 25 日海牙外交会议上通过了有关国际买卖统一法的两个文件草案:《国际货物销售统一法》(The Uniform Law on International Sale of Goods, ULIS)和《国际货物销售合同成立统一法》(The Uniform Law on the Formation of Contract for International Sale of Goods, ULF)。由于公约主要反映了欧洲国家的贸易实践和大陆法的传统,所以基本上只得到欧洲少数资本主义国家的批准生效。因此,这两个公约的国际性是很有限的。

基于 ULIS 和 ULF 的局限性,联合国国际贸易法委员会从 1969 年开始,开展了对这两个文件的修改、补充、删减和合并工作,试图确立一个能被普遍接受的统一的法律规则。1980 年 4 月 11 日,经联合国大会认真讨论,正式通过《联合国国际货物销售合同公约》(United Nations Contract for International Sale of Goods, CISG)。CISG 包含了合同法和买卖法内容,对统一不同社会制度、不同法系、不同国家在货物买卖领域的法律原则有重大贡献,受到不同类型国家的普遍欢迎。

然而,由于 CISG 对合同的有效性等当时难于统一的一些重大问题取回避态度,在合同的效力等一些问题上存在较大的局限性。1980 年,国际统一私法协会成立了专家工作组,起草范围更广泛的统一的国际商事合同法。1994 年 5 月《国际商事合同通则》(Principles of International Commercial Contracts,PICC)获得通过。PICC 在继承 CISG 合理内容的基础上,进一步全面地确立了国际商事合同领域的各项法律原则,推动了国际合同法的统一化趋势。

（三）中国合同法的演进与体系

在中国,形式意义上的合同法,是指以法律的形式所表现的合同法,原来主要指《中华人民共和国合同法》,现在主要指《中华人民共和国民法典》合同编;而实质意义上的合同法,是指所有调整合同关系的法律规范的总称主要包括 1987 年 1 月 1 日《民法通则》、1999 年 10 月 1 日《合同法》、最高人民法院 1988 年 1 月 26 日《关于贯彻执行〈中华人民共和国民法通则〉若干问题的意见(试行)》、1999 年 12 月 29 日《关于适用〈中华人民共和国合同法〉若干问题的解释(一)》、2003 年 6 月 1 日 1《关于审理商品房买卖合同纠纷案件适用法律若干问题的解释》,于 2005 年 1 月 1 日《关于审理技术合同纠纷案件适用法律若干问题的解释》、2009 年 5 月 13 日《关于适用〈中华人民共和国合同法〉若干问题的解释(二)》、2021 年 1 月 1 日生效实施的《中华人民共和国民法典》合同编等。

第二节　合同的订立
4.2　Formation of Contract

合同的订立,是合同各方当事人对合同的内容进行协商、达成一致的过程。一般情况下,当事人通过要约和承诺这两个阶段使得各方的意思表示达成一致。

因此,合同是当事人之间意思表示一致的结果。意思表示一致是指双方当事人就同一标的交换各自的意思,从而达成一致的协议。意思表示一致可以是明示的,也可以是默示的,即可以通过行为来表示。法律上,把双方当事人订立合同的意思表示,分别称为要约和承诺,即如果一方当事人向对方提出一项要约,而对方对该要约表示承诺,即在双方当事人之间达成了一项具有法律约束力的合同。

一、要约(Offer)

1. 要约的定义

要约,在外贸业务中又称为发盘或发价,它是一方当事人向对方提出愿意根据一定的条件与对方订立合同,并且包含了一旦该要约被对方承诺时就对提出要约的一方产生约束力的意思表示。其中,提出要约的一方被称为要约人(offeror),其相对的一方被称为受要约人(offeree)。要约可以采用书面的形式作出,也可以以口头或行为作出。

An offer is a proposal by one person to another indicating an intention to enter into a contract under specified terms and indicates the intention of the offeror to be bound in case of acceptance.

2. 要约的有效要件

(1) 要约必须是特定人的意思表示。要约的提出旨在与他人订立合同,并唤起相对人承诺,所以要约人必须是订立合同的一方当事人。如对订立买卖合同来说,他即可以是买受人也可以是出卖人,但必须是准备订立合同买卖当事人或者是订约当事人的代理人(代理须本人授权),任何人在没有经过他人授权的情况下擅自代替他人发出要约,对他人不能发生约束力。

(2) 要约必须表明要约人愿意按照要约所提条件订立合同的意向。要约人发出要约的目的在于订立合同,而这种定约的意图一定要由要约人通过其发出的要约充分表达出来,才能在受要约承诺的情况下产生要约。要约的目的在于订立合同,其特点是一经受要约人的承诺,合同即告成立,无须再征求要约人的同意或者经其确认。换言之,只要受要约人对要约予以承诺,要约人就必须受其约束,不得否认合同的成立。否则,就不能认为是一项真正的要约。我国《民法典》第 472 条规定:"要约是希望与他人订立合同的意思表示,该意思表示应当符合下列条件:(一)内容具体确定;(二)表明经受要约人承诺,要约人即受该意思表示约束。"

但如果那种意思表示不具体、不确定且不期望自己受到该种意思表达约束的话,就不是要约,而是要约邀请(invitation to treat)。因此,在法律上有必要把要约与要约邀请加以区别。

要约邀请,又称为要约引诱,其目的虽然也是为了订立合同,但是它本身不是一项要约,而只是为了邀请对方向自己发出要约。例如,在商业活动中,有些公司经常向交易对方寄送报价单(quotation)、价目表(price list)与商品目录(catalogue)等,其内容可能包括价格、品质、规格与数量等,但是这些都不是要约,而属于要约邀请,其目的是吸引对方向自己提出订货单(order),只有当对方收到上述报价单或价目表后,寄出订货单,该订货单才是一项真正的要约。它必须经过寄送报价单或价目表的一方表示承诺之后,合同才能成立。如果寄送报价单或价目表的一方不予以承诺或接受,那么,即使订货单的内容与报价单或价目表相符,合同也不能成立,寄送报价单或价目表的一方也不受其约束。

由此可见,要约与要约邀请的主要区别在于:如果是要约,它一经对方承诺,合同即告成立,要约人则必须受其约束;如果是要约邀请,即使对方完全同意或接受该要约邀请提出的条件,发出该项要约邀请的一方仍然不受其约束,除非他对此表示承诺或确认,否则合同仍然不能成立。《民法典》第 473 条规定:"要约邀请是希望他人向自己发出要约的意思表示。拍卖公告、招标公告、招股说明书、债券募集办法、基金招募说明书、商业广告和宣传、寄送的价目表等为要约邀请。商业广告和宣传的内容符合要约条件的,构成要约。"

Article 473 of the Civil Code of China

An invitation for offer is an expression of an intent to invite other parties to make offers thereto. Mailed price lists, public notices of auction and tender, prospectuses and commercial advertisements, etc. are invitations for offer.

Where the contents of a commercial advertisement meet the requirements for an offer, it shall be regarded as an offer.

（3）要约的内容必须确定和完整。"确定"，是指要约人对要约内容必须作出清楚明白表述，不能含糊不清；"完整"，是指要约首先需要具备一些内容，即合同成立所必须条款，也就是说，要约的内容需达到一旦被受要约人全盘接受即承诺合同就告成成立的程度。要约不必载明合同全部细节，只要达到足以确定合同的程度即可。在这一点上，大陆法与英美法的要求基本是一致的。

根据《美国统一商法典》第2—204条的规定，只要当事人具有订立合同的意图，其要约具备了货物的名称和数量，就可以视为一项有效的要约，而价格并不是必不可少的条款。该规定是为了适应现代商事交易快节奏的要求，尽可能使要约不致由于缺少部分条款而无法成立。

按照CISG第14条第1款的规定：要约中若写明货物明示或暗示地规定数量、价格或规定如何确定数量和价格，即为十分确定。按照中国的外贸实践，一项货物销售要约的内容至少应包括商品的名称、价格、数量、品质或规格、交货期和地点以及付款的方式等。也就是说，要约人无须在要约中详细载明合同的全部条款，只要达到足以确定合同的内容的程度即可。

Article 14（1）of the CISG

A proposal is sufficiently definite if it indicates the goods and expressly or implicitly fixes or makes provision for determining the quantity and the price.

（4）要约需向受要约人发出。受要约人原则上应是特定的人（specific persons），也就是说要约人原则上应该指明受要约人的姓名或公司名称。法律上强调所谓的特定人的价值在于，如果针对的是特定人，那么收到该要约的受要约人就有权按照要约规定的条件与要约人订立合同；相反，非特定人则无权。一般的观点都认为，要约须向一个或数个特定的人发出。因为只有特定才能明确承诺人，即要约人对谁有资格成为承诺人作出了意思选择，否则该提议不过是为了唤起不特定的人发出要约，本身并非要约。大陆法系国家立法一般遵循这一原则。

CISG及PICC也都规定要约应向一个或一个以上特定的人发出，否则仅应视为邀请要约。如果是向不特定的人发出订立合同的建议，按照CISG第14条第2款的规定：除发出建议者另有相反表示，只能视为"邀请作出发价"。

Article 14（2）of the CISG

A proposal other than one addressed to one or more specific persons is to be considered merely as an invitation to make offers, unless the contrary is clearly indicated by the person making the proposal.

这项规定的目的是把当事人刊登普通商业广告以及向广大公众散发商品目录、价目表等行为与要约区别开来。前者是向广大公众发出的，其对象是广大公众，而不是特定的人，所以，它不是一项要约。除发出广告者明确表示他愿承受广告内容的约束或明示他的广告是作为一项要约提出来的以外，否则，该广告就将被视为一项要约邀请。

至于能否向非特定人发出的问题，各国法律规定有所差异。英美法的一些判例认为，要约既可以向某一个人发出，也可以向某一群人发出，甚至可以向全世界发出。以广告为例，一般大陆法将之视为要约邀请，但英美法认为只要广告文字明确、肯定，足以构成一项许诺，也可视为要约。不过英美法还规定，如果要约人向不特定的人发出要约，其后果应由其自身承担。

我国《民法典》第473条"商业广告和宣传的内容符合要约条件的，构成要约"。如广告列明了必要的合同条款明示或默示一经承诺即成立合同的订约意图,就可以构成要约,换言之,商业广告尽管是向不特定人发出的,也可以构成要约。

(5) 要约只有传达到受约人处方为有效。CISG 第 15 条第 1 款规定:"发价于送达被发价人时生效"。

Article 15 (1) of the CISG

An offer becomes effective when it reaches the offeree.

我国《民法典》合同编也规定,要约到达受要约人时生效。因为要约是要约人的一种意思表示,受要约人必须在收到要约之后才能决定是否予以承诺。因此,如果一方仅凭以往的交易经验或经由其他途径,预计对方有可能向他发出要约,而在收到要约之前即主动向对方作出了"承诺",那么,即使此项"承诺"的内容与对方提出的要约的内容完全巧合,也不能认为合同有效成立。因为上述那种所谓的"承诺"是在无要约或要约尚未生效的情况下作出的,故此,不是真正的承诺,而是一项"交叉要约"(cross offer),它只有得到对方的承诺后,合同才告成立。

只有具备上述五个要件,才能构成有效的要约,并使要约发出后产生应有的约束力。

3. 要约的约束力

这是指要约一旦生效后,对双方当事人的强制力。要约的约束力包括两个方面的含义:一是指对要约人的约束力;二是指对受要约人的约束力。

(1) 要约对受要约人的约束力。一般而言,要约对受要约人并没有约束力的。受要约人接到要约,只是在法律上取得了承诺的权利,但不受要约的约束,并不因此而承担了必须承诺的义务。不仅如此,在通常情况下,受要约人即使不予以承诺,也没有通知要约人的义务。大多数国家和《销售合同公约》都规定:受要约人的沉默不等于承诺。但是某些国家的法律规定,在商业交易中,在某些例外的情况下,受要约人无论承诺与否,均应通知要约人。例如,德国商法典与日本商法典均规定,商人对于平日经常来往的客户,在其营业范围内,在接到要约时,应立即发出承诺与否的通知,如果怠于通知时,则视为承诺。一般而言,缄默不等于承诺。

中国《民法典》对此规定不太明确,它一方面规定承诺应以明示的方式作出,另一方面又允许受要约人可以依交易习惯不采取明示的方式承诺,也就是说依照某些交易习惯,受要约人对要约的缄默和不作为也将视为承诺。

(2) 要约对要约人的约束力。所谓要约对要约人的约束力,是指要约人发出要约之后在对方承诺之前是否能反悔,是否能把要约的内容予以变更,或把要约撤回或撤销的问题。

所谓要约的撤回(withdrawal),是指要约人在发出要约后,而在要约尚未生效前,要约人将要约取消,阻止其生效。对于要约的撤回,各国法律的规定与《销售合同公约》的规定基本一致,由于要约尚未发生效力,要约人当然有权把要约撤回或更改要约的内容。即使一项要约是不可撤销的,也可以撤回,但撤回要约的通知必须于要约到达受要约人之前或与该要约同时送达受要约人。例如,以平邮寄出的要约,在其寄达受要约人之前,要约人可以用电报或空邮等更为快捷的通讯方式把该项要约撤回或更改其内容。否则,则不能阻止要约生效。一旦要约生效,要取消要约则属于要约撤销的问题。

所谓要约的撤销(revocability),则是指要约生效后,要约人将要约取消,从而使要约的效力丧失。对撤销要约的有关规定,两大法系存在较大的差别。

英美法系认为:英美法认为,要约原则上对要约人没有约束力,要约人在受要约人对要约作出承诺之前,随时可以撤销要约或更改其内容。即使要约人在要约中规定了有效期限,他在法律上仍可以在期限届满以前随时将要约撤销。英美法认为,一个人所作出的允诺,其之所以具有法律上的约束力,是由于取得了对方的某种"对价"(consideration),或者是由于允诺人(promisor)在作出允诺行为时,采取了法律所要求的某种特殊的形式,例如,在允诺的书面文件上签字蜡封(signed and sealed),如果允诺欠缺上述条件中的任何一项,该允诺对允诺人就不具有约束力。英美法把要约视为要约人所作的一项允诺,因此,除非要约人采用签字蜡封式的要约(offer under seal),或者该要约有对价的支持,否则要约人就不受要约的约束。

由于这种规定对受要约人缺乏应有的保障,很不适应现代国际贸易的发展,所以,在《美国统一商法典》明确地规定,在货物买卖中,在一定条件下可以承认无"对价"的"确定的要约",即要约人在要约确定的期限内不得撤销的要约。其条件是:①要约人必须是商人(merchant);②要约已经规定了期限,或者如果没有规定期限,则在合理的期限内撤销,但是无论如何不能超过3个月;③要约必须以书面形式作成,并由要约人签字。如果符合上述条件,即使该要约没有对价支持,要约人仍须受其要约的约束,在要约规定的期限内或在合理的时间内不得撤销要约。

大陆法系原则上认为要约对要约人具有约束力。德国法认为,除非要约人在要约中注明了不受约束的词句,要约人必须受其要约的约束;如果在要约中规定了有效期,则在有效期内不得撤回或修改其要约;如果在要约中没有规定有效期,则根据通常情况在要约得到答复以前,不得撤销或修改其要约。瑞士、希腊与巴西等国家均采取这项原则。

由于两大法律体系在要约的法律规则方面存在重大的分歧,这给国际贸易带来了很大的不便。为了适应国际贸易发展的需要,CISG把世界各国,特别是英美法国家与大陆法国家之间在要约的法律规则方面的分歧加以调和折中。根据该公约的规定,要约在其被受要约人承诺之前,原则上可以撤销,但是有下列情况之一者就不能撤销:①要约写明承诺的期限,或以其他方式表示要约是不可撤销的;②受要约人有理由信赖该项要约是不可撤销的,并已本着对该项要约的信赖行事。

Article 16(2) of the CISG

However, an offer cannot be revoked:(a) if it indicates, whether by stating a fixed time for acceptance or otherwise, that it is irrevocable; or (b) if it was reasonable for the offeree to rely on the offer as being irrevocable and the offeree has acted in reliance on the offer.

4. 要约的终止

要约的终止是指要约失去效力,无论是要约人或受要约人不再受要约的约束。要约终止或失效主要有三个方面的原因。

(1) 要约因期限已过而失效。如果要约规定了承诺的期限,则在该期限终了时自行失效。此后,即使受要约人作出承诺,也不能成立合同,而只能算作一项新的要约,须经原要约人表示承诺,双方才能成立合同关系。如果要约人在要约中没有规定承诺的期限,则有两种情况:第一种情况是,如果当事人之间以对话的方式进行交易磋商,对于此种对话要约必须立即予以承诺,如果不立即承诺,要约就失去约束力。第二种情况是,如果当事人之间分处异地,以函电等非对话的方式发出要约,则在合理期限内未被受要约人承诺,要约也失效。所谓合理期限则属于事实问题,应由法院根据两地相隔的远近,以及要约与承诺所采取的传递方式决定。

（2）要约因由要约人撤回或撤销而失效。要约一旦被撤回或撤销即告消灭。

（3）要约因被受要约人的拒绝而失效。拒绝要约,是指受要约人将拒绝要约的意思表示通知要约人的行为。这种表示可以是明示的,也可以是暗示的。要约在拒绝通知送达要约人时即告失效。此后,受要约人就不能改变主意再对该项要约表示承诺。

（4）要约因实质性变更而失效。所谓实质性变更要约,是指受要约人更改了要约的重要条件。如果受要约人在承诺中对要约的条款作了扩充、限制或变更,其效果也视同对要约的拒绝,在法律上等于受要约人向要约人发出的一项反要约（counter offer）,须经原要约人承诺后,合同才能成立。

二、承诺（Acceptance）

1. 承诺的定义

承诺,是指受要约人根据要约规定的方式,对要约的内容加以同意的一种意思表示。

The acceptance is the offeree's manifestation of the intention to be bound to the terms of the offer.

承诺的实质是对要约表示同意。这种同意的意思表示可以采取向要约人发出声明的方式,也可以用其他行为来表示同意。要约一经承诺,合同即告成立。一项有效的承诺必须具备以下四个条件:

（1）承诺必须由受要约人作出。受要约人包括其本人以及其代理人。任何第三人对要约做出同意都不能构成有效的承诺。按照 CISG 规定:缄默或不行为不是承诺。

Article 18（1）of the CISG

Silence or inactivity does not in itself amount to acceptance.

（2）承诺必须在要约的有效期内作出。如果要约中规定了有效期,就必须在有效期内做出承诺。如果要约未规定有效期,则必须在"依照常情可期待得到承诺的期间内"（大陆法）,或在"合理的时间内"（英美法）作出承诺。如果承诺的时间迟于要约的有效期,这就称为"迟到的承诺"（Late Acceptance）,迟到的承诺原则上不是有效的承诺,而是一项新的要约。不过CISG 在上述规定的同时,还规定了一个灵活处理的方法,即:逾期的承诺如果得到要约人认可并及时通知承诺人,则该项承诺仍然有效;如果载有逾期承诺的信件或其他书面文件表明,它是在传递正常就能及时送达要约人的情况下寄发的,则该项承诺仍然有效,除非要约人毫不迟延地将相反意见通知受要约人。

Article 21 of the CISG

A late acceptance is nevertheless effective as an acceptance if without delay the offeror orally so informs the offeree or dispatches a notice to that effect.

If a letter or other writing containing a late acceptance shows that it has been sent in such circumstances that if its transmission had been normal it would have reached the offeror in due time, the late acceptance is effective as an acceptance unless, without delay, the offeror orally informs the offeree that he considers his offer as having lapsed or dispatches a notice to that effect.

这两项规定的区别在于:前项规定是指由于受要约人发出承诺的时间太迟而造成的,所以其逾期的承诺必须经过要约人再次确认,合同方告有效成立,如果要约人不及时地向受要约人作出表示接受其逾期承诺的通知,则该项迟到的承诺就不具有承诺的效力,而只能视为新要约。在后项情况下,则是指由于邮递延误所造成的承诺逾期,其本身不能归咎于受要约人,所以,要约人若不接受该项逾期的承诺,他就必须毫不延迟地向承诺人发出拒绝该项逾期承诺的通知,否则,该项由邮递延误所造成的逾期承诺仍然有效。同时,要约中若没有清楚规定承诺期限的计算方法时,则按照要约人在电报或信件内规定的承诺期间以该电报要约拍发或信件要约中所载明的时间起算,若信件要约中未载明发信日期则以发送该要约的邮戳日期起算;要约人以电话、电传或其他快速通讯方法规定的承诺期间,则从要约送达受要约人时起算。在计算承诺期间时,承诺期间内的正式节假日或非营业日应计算在内,但如果承诺的最后期限是要约人营业地的正式节假日或非营业日,则承诺的期限应顺延至下一个营业日。

(3)承诺必须与要约的内容一致。承诺是受要约人愿意根据要约的内容与要约人订立合同的一种意思表示,因此,承诺的内容应当与要约的内容相一致。如果受要约人在承诺中将要约的内容加以扩充、限制或变更,从原则上说这就不是承诺而是一项反要约,它是对原要约的拒绝,不能发生承诺的效力,并且构成一项反要约。但是,为了避免由于承诺的内容与要约稍有出入,而影响到整个合同的成立,CISG 在第 19 条第 2 款中有明确规定:对要约表示承诺,但载有添加或不同条件的答复,如果所载的添加或不同条件在实质上并不变更该项要约的条件,则除要约人在不过分延迟的期间内以口头或书面方式提出异议外,仍可作为承诺,合同仍可有效成立。除非,要约人对受要约人的非实质性更改要约内容的行为提出反对,合同履行时,以要约所提出的条件以及承诺中所附加或变更的条件为准。所谓实质性条件即是指:有关货物价格、付款、质量、数量和履行时间、地点以及赔偿责任范围和解决争端的方法等。按照我国《民法典》第 480 条的规定:"承诺的内容应当与要约的内容一致。受要约人对要约的内容作出实质性变更的,为新要约。有关合同标的、数量、质量、价款或者报酬、履行期限、履行地点和方式、违约责任和解决争议方法等的变更,是对要约内容的实质性变更。"根据《美国统一商法典》第二篇第 2—207 条的规定,在商人之间,如果受要约人在承诺中附加了某些条款,承诺仍然有效,这些附加条款必须视为合同的一个组成部分,除非:要约中已明确地规定承诺时不得附加任何条件;这些附加条款对要约作了重大的修改;要约人在接到承诺后已在合理的时限内作出拒绝这些附加条件的通知。这些规定与英美法的镜像原则(Mirror Image Rule)不同。

Article 19 (2) of the CISG

However, a reply to an offer which purports to be an acceptance but contains additional or different terms which do not materially alter the terms of the offer constitutes an acceptance, unless the offeror, without undue delay, objects orally to the discrepancy or dispatches a notice to that effect. If he does not so object, the terms of the contract are the terms of the offer with the modifications contained in the acceptance.

(4)承诺的传递方式必须符合要约所提出的要求。要约人在要约中可以对承诺的传递方式作出具体的规定受要约人就须按照要约中的规定传递承诺,例如,指定必须以电报或电传作出承诺,受要约人在承诺时就必须根据规定的传递方式办理,如果擅自改用平信或空邮的方式传递,承诺就不能成立。如果要约人在要约中对承诺的传递方式没有作出具体的规定,那么,承诺人在发出承诺通知时,一般应根据要约所采用的传递方式办理。如果要约采用的是电报,则承诺时也应采用电报。如果要约采用的是空邮,则承诺时也应采用空邮。受要约人也可以采用比要约所指定的或要约所采用的传递方式更加快捷的通讯方式作出承诺。

2. 承诺生效的时间

这是合同法中的一个十分重要的问题,因为承诺一旦生效,合同即告成立,双方当事人就承受了由合同所产生的权利与义务。但在承诺何时生效的问题上,各国的规定存在着很大的差别,主要有两种不同的主张,即"投邮主义"(Mail-box Rule)和"到达主义"(Receipt Rule)。

(1)投邮主义。这是英美法的主张,指的是以书信或电报作出承诺时,承诺一经投邮,立即生效,合同即告成立。换句话说,即使表示承诺的函件在传递的过程中丢失,只要受要约人能证明确已对函件付了邮资,写妥地址交到邮局,合同仍可以成立。其理由是,要约人默示地指定由邮局作为他接受承诺的代理人,所以,一旦受要约人把承诺交到邮局,就等于交给要约人一样,承诺即时发生效力,即使由于邮局的疏忽把表示承诺的信件丢失了,也应当由要约人负责,与受要约人无关,不得因此影响合同的成立。由于英美法固守"对价"原则,认为要约人可以不受要约的约束,在其要约被承诺以前,随时都可以把要约撤销。即使要约规定了承诺期限;也可以在该期限届满之前将其撤销。这项原则对受要约人不利。为了保护受要约人的权利,英美法系国家对承诺采取"投邮主义"的原则,从而缩短要约人能够撤销要约的时间,以此来调和要约人与受要约人之间的利益冲突。

(2)到达主义。到达主义是以德国为主的大多数大陆法系国家法律的规定,指的是:凡承诺的函电只要送达要约人的支配范围就即告生效,而不管要约人是否已知悉其承诺的内容。从函电送达要约人的支配范围时起,其一切风险就由要约人承担,即使要约人没有及时拆阅,不了解其内容,承诺也于到达时生效。也就是说,如果载有承诺内容的函电在传递过程中遗失,承诺不生效,合同不能成立。并且,承诺在传递过程中的延误之责,原则上也由受要约人承担。该项原则被《销售合同公约》所接受。根据 CISG 规定:承诺的生效时间是:凡以函电承诺的形式,则以承诺的函电实际到达要约人时生效;以行为承诺某一项要约时,承诺则于该行为作出时生效,并且无须另行向要约人发出承诺通知。但是,不管采用何种承诺的方式,承诺必须是明示的,且必须在要约所规定的有效期内作出,若要约中未规定期限则必须在合理期限内作出。《民法典》对承诺生效的时间规定也是采用到达主义。

3. 承诺的撤回

撤回承诺是承诺人阻止承诺发生效力的一种意思表示。承诺必须在其生效之前才能撤回,其一旦生效,合同即告成立,承诺人就不得撤回其承诺。由于各国的法律对承诺生效的时间有不同的规定,所以,在承诺是否可以撤回的问题上也有相应的不同规定。根据英美法的有关判例,由于其认为承诺的函电一经投邮就立即生效,合同即告成立,因此,受要约人在发出承诺通知后就不能撤回其承诺。根据德国法,由于其认为承诺的通知必须送达要约人才能生效,因此,受要约人在发出承诺通知后,原则上仍然可以撤回承诺,只要撤回的通知必须与承诺的通知同时或提前到达要约人,就可以把承诺撤回。CISG 第 22 条和《民法典》第 485 条对承诺的撤回作了类似的规定。

Article 22 of the CISG

An acceptance may be withdrawn if the withdrawal reaches the offeror before or at the same time as the acceptance would have become effective.

4. 合同成立的时间与地点

按照多数国家的法律规定以及 CISG 第 23 条规定,合同成立的时间与地点与承诺的生效时间与地点是一致的。

Article 23 of the CISG

A contract is concluded at the moment when an acceptance of an offer becomes effective in accordance with the provisions of this Convention.

三、对价与约因(Consideration and Cause)

许多国家的法律要求,一项在法律上有效的合同,除了当事人之间意思表示一致外,还必须具备另一项要件,对价(consideration)或约因(cause)。

1. 对价

在英美法中,对价的定义晦涩难懂。根据 1875 年英国高等法院在"卡利埃诉米萨案"①的判决中所下的定义,所谓对价,是指"合同一方得到的某种权利、利益、利润或好处,或者是他方当事人克制自己不行使某项权利或遭受某项损失或承担某项义务"(some right, interest, profit or benefit accruing to one party, or some forbearance, detriment, loss or responsibility given, suffered or undertaken by the other)。这种相互给付的关系就是对价。

英美法把合同分为两种类型:一种类型是签字蜡封合同(signed and sealed contract),这种合同是由当事人签字与加盖印鉴并把它交给对方而做成的,其有效性完全是由于它所采用的形式,不要求任何对价;另一种类型是简式合同(simple contract),它包括口头合同及并非以签字蜡封式做成的一般的书面合同,这类合同必须有对价,否则就没有约束力。

可见,英美法中除了签字蜡封合同外,对价是合同成立的要件之一。根据英美法的解释,一项有效的对价必须具备以下五个条件:

(1)对价必须来自受允诺人(promisee)。

(2)对价必须是合法的。

(3)对价必须具有某种价值,但不要求充足。

(4)对价必须是待履行的对价或已经履行的对价,而不是过去的对价。

(5)法律或职责上的义务不能作为对价。

为了防止某些情况下由于缺少对价而产生不公平的结果,作为对"对价"原则的限制,在法律上形成了"不得自食其言"原则(promissory estoppel)。例如,美国《第二次合同法重述》第 90 条规定:"如果允诺人有理由预见其诺言会诱使受诺人或某一第三人实施行为或限制行为,同时,该诺言在事实上诱发了此种行为或限制行为,那么,如果只有通过强制执行该诺言,才能使不公正得到避免,该诺言就是有约束力的。就违背诺言而准许的补救仅限于为维护正义而要求的范围。"

Consideration

Consideration is a controversial requirement for contracts under common law. The idea is that both parties to a contract must bring something to the bargain. Common law did not want to allow

---

① Currie v. Misa (1875) L. R. 10 Ex 153.

gratuitous offers, those made without anything offered in exchange (such as gifts), to be given the protection of contract law. So they added the criteria of consideration.

Consideration is not required in contracts made in civil law systems and civil law systems take the approach that an exchange of promises, or a concurrence of wills alone. Moreover, many common law states have adopted laws which remove consideration as a prerequisite of a valid contract.

1. Definition of Consideration

The classic definition was expressed in Currie v. Misa (1875) L. R. 10 Ex 153 in the following terms: "a valuable consideration, in the sense of the law, may consist either in some right, interest, profit or benefit accruing to one party, or some forbearance, detriment, loss, or responsibility given, suffered or undertaken by the other."

At English law, a contract must be "met with" or "supported by" consideration to be enforceable; also, only a person who has provided consideration can enforce a contract. In other words, if an arrangement consists of a promise which is not supported by consideration, then the arrangement is not a legally enforceable contract.

2. Rules of Consideration

(1) Consideration must be given.

(2) Consideration must be referable to the promise.

(3) Consideration must be sufficient, but need not be adequate.

(4) Consideration must move from the promisee.

(5) Consideration must not be from the past.

(6) Performance of an existing contractual duty to the promisor is not consideration.

(7) Part payment of a debt is not good consideration.

(8) Performance of a public law duty is not good consideration.

3. Exceptions to Requirement of Consideration

(1) Sealed and written instruments.

(2) Under the Uniform Commercial Code, consideration is not required for (a) a merchant's written, firm offer for goods stated to be irrevocable; (b) a written discharge of a claim for an alleged breach of a commercial contract; or (c) an agreement to modify a contract for the sale of goods.[①]

(3) Promissory estoppel. The doctrine of promissory estoppel prevents one party from withdrawing a promise made to a second party if the latter has reasonably relied on that promise and acted upon it to his detriment.

Promissory estoppel requires:

(a) a promise or a representation as to future conduct which is intended to affect the legal relations between the parties and which indicates that the promisor will not insist on his strict legal rights against the promisee,

---

① UCC § 2-209(1).

(b) a clear and unequivocal promise by words or conduct,

(c) evidence that there is a change in position of the promisee as a result of the promise (reliance but not necessarily to their detriment),

(d) inequity if the promisor were to go back on the promise.

In general, estoppel is "a shield not a sword" — it cannot be used as the basis of an action on its own. In the many jurisdictions of the United States, promissory estoppel is generally an alternative to consideration as a basis for enforcing a promise. It is also sometimes referred to as detrimental reliance. The American Law Institute in 1932 included the principle of estoppel into § 90 of the Restatement (Second) of Contract: "A promise which the promisor should reasonably expect to induce action or forbearance on the part of the promisee or a third person and which does induce such action or forbearance is binding if injustice can be avoided only by enforcement of the promise. The remedy granted for breach may be limited as justice requires."

2. 约因(cause)

约因是罗马法的概念,后被法国等大陆法系国家沿用。据法国法的解释,债的约因是指订约当事人产生该项债务所追求的最接近与最直接的目的,即订立合同的原因和目的。法国法强调把约因与当事人的动机区别开来。以买卖合同为例,卖主订立合同的约因是要获取价金,买主订立合同的约因就是要获取标的物。法国法把约因作为合同有效成立的要件之一。根据法国民法典第1131条的规定:"凡属无约因的债,基于错误约因或不法约因的债,都不发生任何效力"。这里所谓的债(obligation),包括债权与债务,是指广义的债,不仅仅是指狭义的金钱债务。根据法国法的解释,任何债的产生都必须有约因,否则就不发生任何效力。如果约因为法律所禁止,或约因违反善良风俗或公共秩序,此种约因即属于不法的约因,也不发生任何效力。

德国法不以约因作为合同有效成立的必要条件,但法律上有所谓"不当得利"的制度,这是指没有法律上的任何原因而取得他人财产或其他利益。在这种情况下,由于缺乏法律上的原因,取得他人财产。或者虽然有法律上的原因,但是后来该原因已经消灭,或依法律行为的内容未发生给付目的所预期的结果者,亦有返还已得利益的义务。

Cause

In civil law a contract cannot exist without a lawful cause. French Civil Code Article 1131 provides that an obligation without cause or with a false cause, or with an unlawful cause, may not have any effect.

Cause is the reason why a party enters a contract and undertakes to perform contractual obligations. Cause is different from consideration as the reason why a party binds himself need not be to obtain something in return. For example, a party may enter a gratuitous contract which may bind him to perform an obligation for the benefit of the other party without obtaining any benefit in return.

第三节 合同的效力
4.3　Effectiveness of Contract

合同的效力是指已经成立的合同是否发生法律效力的问题。合同生效,即指合同在当事人之间产生了一定的法律效力。

合同成立与合同生效是两个完全不同的概念,前者是指当事人意思表示一致,不管当事人是签字盖章还是签订确认书,其核心都是当事人意思表示的一致。因此,合同成立的要件很简单:其一,要有两个或两个以上的当事人;其二,当事人的意思表示一致。而合同的生效则不同,它是指已经成立的合同在当事人之间产生了一定的法律拘束力。合同成立后,能否发生法律效力,能否产生当事人所预期的法律后果,非合同当事人意志所能完全决定,只有符合生效条件的合同,才能受到法律的保护。

合同生效,有着与合同成立完全不同的法律要件。根据各国合同法,合同生效的要件大多包括以下几方面:

(1) 合同当事人具有相应的民事行为能力;

(2) 当事人之间通过要约和承诺达成协议;

(3) 合同有对价或合法的约因;

(4) 当事人意思表示真实;

(5) 合同的内容合法。

A contract is a binding agreement between two parties. Parties to a contract must have the capacity to make a contract and also have real consentation to the contract which refers to the validity of contract. Here, the elements of contractual capacity of the parties and the genuineness of assent will be demonstrated.

一、合同当事人具有相应的民事行为能力(Parties to a Contract Must Have the Capacity)

合同当事人具有相应的民事行为能力,是指合同主体可以独立订立合同并独立承担合同义务的主体资格。合同是当事人以设立、变更、终止民事权利和民事义务为目的,有意识地追求特定法律后果的行为。它直接关系到当事人的利害得失,因此要求当事人必须能够认识和辨认自己的行为,判断自己行为的法律后果,即必须具有相应的订立合同的能力。世界各国法律对于具有订立合同的行为能力人和没有订立合同的行为能力人,都有具体的规定。

1. 自然人的民事行为能力

法国法没有无行为能力与限制行为能力之区分。《法国民法典》第 1124 条规定无订立合同能力的人包括:①未解除亲权的未成年人;②受法律保护的成年人,包括功能衰退者和因挥霍浪费、游手好闲以至于陷入贫困者。这些人订立合同必须取得其监护人或管理人的同意,否则合同无效,但须经过法院宣告。德国法区分无行为能力、限制行为能力两种情况。依《德国民法典》的规定:无行为能力人是指未满 7 周岁的儿童,处于精神错乱状态、不能自由决定意志而且按其性质此种状态并非暂时者,因患精神病被宣告为禁治产者,他们所订立的合同不发生任何效力。限制行为能力,是指年满 7 周岁未满 18 周岁的未成年人。他们所做的意思表示,须取得其法定代理人的同意或者经其法定代理人事后追认,才能生效。

英美法认为,无缔约能力的自然人包括未成年人、有精神缺陷的人和酗酒的人。未成年人原则上没有订立合同的能力。精神病人在其被宣告精神错乱以后所订立的合同,一律无效;至于在宣告精神错乱以前所签订的合同,则可要求予以撤销。

中国《民法典》总则编第 143 条明确规定民事法律行为的行为人应具有相应的民事行为能力。《民法典》将公民的行为能力分为完全、限制和无行为能力三种。根据《民法典》规定,不满八周岁的未成年人和不能辨认自己行为的成年人是无行为能力人。无行为能力人不能独立进行民事活动,他们签订的合同是无效的。八周岁以上的未成年人和不能完全辨认自己的行为的成年人是限制民事行为能力人,他们不能实施有效的法律行为,纯获利的合同除外。《民法典》第 145 条规定,限制民事行为能力人实施的纯获利益的民事法律行为或者与其年龄、智力、精神健康状况相适应的民事法律行为有效;实施的其他民事法律行为经法定代理人同意或者追认后有效。相对人可以催告法定代理人自收到通知之日起三十日内予以追认。法定代理人未作表示的,视为拒绝追认。民事法律行为被追认前,善意相对人有撤销的权利。撤销应当以通知的方式作出。

2. 法人的民事行为能力

根据各国法律规定,公司必须通过它授权的代理人才能订立合同,而且其经营范围不得超过公司章程的规定,否则就属于越权行为,该行为的责任由行为人承担。如果,法人代表的越权行为未被相对人知晓,其代表的行为对外是有效的,该法人必须对相对人承担责任。

二、当事人意思表示真实(Genuineness of Assent of the Parties)

合同是双方当事人意思表示一致的结果,如果当事人意思表示的内容有错误或意思与表示不一致,或者是在受欺诈或胁迫的情况下订立了合同,这时,双方当事人虽然达成了协议,但是这种合意是不真实的,这在法律上称为意思表示瑕疵(insufficiency of will)。对于这种合同应当如何处理,作出错误的意思表示的一方或者受欺诈或胁迫的一方当事人是否能以此为理由主张该合同无效,或要求撤销该合同,这是合同法上的一个十分重要的问题。

1. 错误(mistake)

错误,是指当事人的认识与事实不相一致的行为。各国都认为,为了保障交易的安全,并非任何意思表示的错误,都足以使表意入主张合同无效或撤销合同。对何种情况下有错误一方可以要求撤销合同或主张合同无效,而什么情况下则不可以,各国法律有不同的规定和要求。

《法国民法典》第 1110 条第 1 款规定:"错误仅在涉及合同标的物的本质时,始构成无效的原因。如果错误仅涉及当事人一方愿意与之订约的另一方当事人时,不能成为无效的原因,但另一方当事人个人被认为是合同的主要原因者,不在此限。"根据法国法,以下两种错误可以构成合同无效的原因:①关于标的物的性质方面的错误;②关于涉及与其订立合同的双方当事人所产生的错误。根据《法国民法典》第 1117 条的规定:"因错误、胁迫或欺诈而缔结的契约并非依法当然无效,而是发生请求宣告无效或撤销契约的诉权。"依此规定,因错误而订立的合同属相对无效的合同,即可撤销的合同。法国法还认为动机上的错误不能构成合同无效的原因,除非当事人将动机通过合同条款明确地表达出来。

《德国民法典》第 119 条规定:"在进行意思表示时,对意思表示的内容发生错误或根本不要进行该内容的表示的人,在可以认为其知悉情事并理智评价情况即不进行此表示时,可以撤销表示。关于人或物的性质的错误,以性质在交易上具有实质性为限,也视为表示内容的错误。"

德国法认为下列两种错误都可以产生撤销合同的后果:①关于意思表示内同的错误;②关于意思表示形式上的错误。

英国普通法认为,订约当事人一方的错误,原则上不能影响合同的有效性。只有当该项错误导致当事人之间根本没有达成真正的协议,或者虽然已经达成协议,但是双方当事人在合同的某些重大问题上都存在同样的错误时,才能使合同无效。根据普通法,错误会导致合同自始无效;而根据衡平法,错误通常只是导致一方撤销合同。按照英国的判例法,下列错误可导致合同无效:①合同性质上发生错误;②认定当事人发生错误;③对合同的标的物的认定,双方当事人都存在错误;④在合同的标的物存在与否或在合同的重大问题上,双方当事人发生共同的错误;⑤许诺一方已经知道对方有所误会。

美国法认为,单方面的错误原则上不能要求撤销合同,至于双方当事人彼此都有错误时,仅在该项错误涉及合同的重要条款、认定合同当事人或合同标的物的存在、性质、数量或有关交易的其他重大事项时,才可以主张合同无效或者要求撤销合同。

《合同通则》把"错误"定义为:"错误是合同订立时所作的关于既存的事实或法律的不正确的假定。"关于错误的后果,《合同通则》规定:"①一方可以因错误而撤销合同,如果在合同订立时错误如此的重大,以至一个处于与错误方同等地位的合理人本想基于有重大不同的条件订立该合同,或者,如果知道情况的真相本不会订立该合同,同时,(a)另一方有同样的错误,或导致了该错误,或者知道或应当知道该错误,并且,让错误方陷于错误的状态有违公平交易的商业准则;或者(b)另一方在合同被撤销时尚未基于对合同的依赖而行事。②然而,在以下情况下,一方不能撤销合同:(a)该方的错误由重大过失所致;或者,(b)该错误涉及这样的事项:有关该事项,发生错误的风险已由错误方承担,或者,考虑到相关情况,应当让错误方承担。"

Article 3.4 of the Unidroit PICC

Mistake is an erroneous assumption relating to facts or to law existing when the contract was concluded.

Article 3.5 of the Unidroit PICC

(1) A party may only avoid the contract for mistake if, when the contract was concluded, the mistake was of such importance that a reasonable person in the same situation as the party in error would only have concluded the contract on materially different terms or would not have concluded it at all if the true state of affairs had been known, and (a) the other party made the same mistake, or caused the mistake, or knew or ought to have known of the mistake and it was contrary to reasonable commercial standards of fair dealing to leave the mistaken party in error; or (b) the other party had not at the time of avoidance reasonably acted in reliance on the contract.

(2) However, a party may not avoid the contract if (a) it was grossly negligent in committing the mistake; or (b) the mistake relates to a matter in regard to which the risk of mistake was assumed or, having regard to the circumstances, should be borne by the mistaken party.

我国《民法典》第147条规定,基于重大误解实施的民事法律行为,行为人有权请求人民法院或者仲裁机关予以撤销。重大误解是指误解人作出意思表示时,对涉及合同法律效果的重要事项存在着认识上的显著缺陷,其后果是使误解人受到较大损失,以至于根本达不到缔约目的。误解既可以是单方面的,也可以是双方面的。对重大误解的具体确定,应分别误解人所误解的不同情况,考虑当事人的状况、活动性质、交易习惯等各方面的因素。

Article 147 of the Civil Code of China

Where a civil juristic act is performed based on serious misunderstanding, the person who performs the act has the right to request the people's court or an arbitration institution to revoke the act.

2. 欺诈(fraud)

欺诈,是指一方当事人故意制造假象或隐瞒真相致使对方陷入误解或发生错误行为。各国法律都认为,凡是因受欺诈而订立的合同,蒙受欺骗的一方可以撤销合同或主张合同无效。

大陆法规定,影响合同生效的欺诈必须符合一定的要件:必须有欺诈行为的存在;欺诈人主观上必须是故意的;欺诈行为与表意人所陷入的错误以及因此所作的意思表示有因果关系;欺诈行为必须达到有悖诚实信用的程度。法国法和德国法对欺诈的处理有不同的原则。按照《法国民法典》第1116条的规定:"如当事人一方不实行欺诈手段,他方当事人决不签订合同者,此种欺诈是构成合同无效的原因。欺诈不得推定,而应加以证明。"即欺诈的结果将导致合同的无效。《德国民法典》第123条则规定:"因被欺诈或不法胁迫而为意思表示者,表意人得撤销其意思表示。"据此,欺诈的结果是导致合同被撤销。

英美法把欺诈称为"欺骗性的不正确说明"(fraudulent misrepresentation)。1976年《英国不正确说明法》(Misrepresentation Act,1976)把不正确说明分为两种:一种称为"非故意的不正确说明";另一种称为"欺骗性的不正确说明"。所谓"不正确说明",是指一方在订立合同之前,为了吸引对方订立合同而对重要事实所做的一种虚假的说明。如果作出不正确说明的人是出于诚实地相信有其事而作出的,就属于非故意的不正确说明;如果作出不正确说明的人并非出于诚实地相信有其事而作出的,则属于欺骗性的不正确说明。对于欺骗性的不正确说明,蒙受欺诈的一方可以要求赔偿损失,并可以撤销合同或拒绝履行其合同义务。关于非故意的不正确说明,英国法区别两种情况:一种情况是非故意但有疏忽的不正确说明;另一种情况是非故意而且没有疏忽的不正确说明。在前一种情况下,蒙受欺骗的一方有权请求损害赔偿,并可以撤销合同,并由法官或仲裁员行使自由裁量权。在后一种情况下,蒙受欺骗的一方无权主动要求损害赔偿,而只能由法官或仲裁员根据具体的情况酌定是否可以损害赔偿代替撤销合同。

美国法将欺诈与不正确表述作了区分。欺诈的构成要件包括:①一方当事人故意给予对方虚假信息或对信息的真实性漠不关心;②对方当事人基于对信息的信赖采取了行动;③对方因此受到了损害。根据《美国合同法重述》第477条的规定,基于欺诈订立的合同,由于双方之间没有真正的合意存在,所以受到欺骗的一方可以撤销合同。

《合同通则》规定,一方当事人可宣告合同无效,如果合同的订立是基于对方当事人欺诈性的陈述,包括欺诈性的语言、做法,或依据公平交易的合理性标准,该对方当事人对应予披露的欺诈性情况未予以披露。

Article 3.8 of the Unidrolt PICC

A party may avoid the contract when it has been led to conclude the contract by the other party is fraudulent representation, including language or practices, or fraudulent non-disclosure of circumstances which, according to reasonable commercial standards of fair dealing, the latter party should have disclosed.

中国《民法典》第 148 条规定,一方以欺诈手段,使对方在违背真实意思的情况下实施的民事法律行为,受欺诈方有权请求人民法院或者仲裁机构予以撤销。

3. 胁迫(duress)

胁迫,是指使用暴力或以暴力手段相威胁,使人发生恐怖为目的的一种故意行为。各国的法律都一致认为,凡是在胁迫之下订立的合同,受胁迫的一方可以主张合同无效或撤销合同。

《法国民法典》规定:如行为的性质足以使正常人产生印象并使其担心自己的身体或财产面临重大且现实的危害者,即为胁迫。对订立契约承担任务的人进行胁迫,是构成无效的原因,即使胁迫由为其利益订立契约的人以外的第三人所为时,也构成无效。

德国法将胁迫与乘人之危等情况相区别,因胁迫而为意思表示者,表意人得撤销其意思表示,而法律行为系乘人之危或属显失公平,则该行为无效。

英美法认为,胁迫是指对人身施加威吓或施加暴力或监禁。英国法一般认为,蒙受胁迫的一方可以撤销合同。受胁迫者不仅包括订约者本人,也包括其配偶及近亲属;如果对后者施加威胁,迫使当事人不得不同意订立合同,也构成胁迫,当事人可以撤销合同。对于来自合同当事人之外的第三者的胁迫,英美法主张第三者的胁迫事情时,受胁迫的一方才能撤销合同。

《合同通则》规定:"一方当事人可宣布合同无效,如果其合同的订立足因另一方当事人不正当的胁迫,而且在适当考虑到各种情况下,该胁迫如此急迫、严重到足以使该方当事人无其他合理选择。当使一方当事人受到胁迫的行为或行为本身非法,或者其作为手段获取合同的订立是非法时,均为不正当的胁迫。"

Article 3.9 of the Unidrolt PICC

A party may avoid the contract when it has been led to conclude the contract by the other party is unjustified threat which, having regard to the circumstances, is so imminent and serious as to leave the first party no reasonable alternative. In particular, a threat is unjustified if the act or omission with which a party has been threatened is wrongful in itself, or it is wrongful to use it as a means to obtain the conclusion of the contract.

中国《民法典》第 150 条规定,一方或者第三人以胁迫手段,使对方在违背真实意思的情况下实施的民事法律行为,受胁迫方有权请求人民法院或者仲裁机构予以撤销。

4. 显失公平(grossly unfair)

现代各国法律及判例均规定,在显失公平情况下订立的合同,准许遭受不利的一方请求撤销或予以变更。

《德国民法典》第 138 条规定,显失公平的行为就是乘他人穷困、无经验、缺乏判断力或意志薄弱而实施的法律行为,基于这种情形订立的合同,不利方得主张撤销合同。

按照英美衡平法的规定:凡一方利用其优越地位、意志、思想和品格,以左右他方意志的行为,即为显失公平。英美法国家特别强调对"显失公平"合同中的受害人的保护。《美国统一商法典》明确规定:如果法院发现合同或合同的任何条款在制订时显失公平,法院可以拒绝强制执行,或仅执行显失公平部分以外的其他条款,或限制显失公平条款的适用,以避免显失公平的后果。

《合同通则》在第 3.10 条专门对"重大失衡"(gross disparity)作出规定。它是指在订立合同时,合同或个别条款不合理地使另一方当事人过分有利(unjustifiably gives the other party an excessive advantage），包括另一方当事人利用对方的依赖、经济困境、紧急需要、缺乏远见、无知、无经验或缺乏谈判技巧等事实。在发生上述情形时，同时考虑到该合同的性质和目的，法庭可依据有权宣告合同无效一方当事人的请求，修改该合同或其条款。

Article 3. 10 of the Unidrolt PICC

（1）A party may avoid the contract or an individual term of it if, at the time of the conclusion of the contract, the contract or term unjustifiably gave the other party an excessive advantage. Regard is to be had, among other factors, to

（a）the fact that the other party has taken unfair advantage of the first party is dependence, economic distress or urgent needs, or of its improvidence, ignorance, inexperience or lack of bargaining skill, and

（b）the nature and purpose of the contract.

（2）Upon the request of the party entitled to avoidance, a court may adapt the contract or term in order to make it accord with reasonable commercial standards of fair dealing.

（3）A court may also adapt the contract or term upon the request of the party receiving notice of avoidance, provided that party informs the other party of its request promptly after receiving such notice and before the other party has reasonably acted in reliance on it. The provisions of Article 3. 13（2）apply accordingly.

中国《民法典》第 151 条规定，一方利用对方处于危困状态、缺乏判断能力等情形，致使民事法律行为成立时显失公平的，受损害方有权请求人民法院或者仲裁机构予以撤销。

三、合同的内容必须合法（Legality of Contract）

世界各国法律均要求合同内容必须合法，且不得违反善良风俗与社会公共利益，否则就会导致合同无效。

《法国民法典》第 6 条规定：当事人不得以特别约定违反有关公共秩序和善良风俗的法律。根据法国法，构成合同非法主要有两种情况：一种情况是交易的标的物是法律不允许进行交易的物品；另一种情况是合同的约因不合法，即合同所追求的目的不合法。

德国法不具体规定是合同的标的违法还是合同的约因违法，而是着重于法律行为与整个合同的内容是否有违法的情况。《德国民法典》第 138 条规定：违反善良风俗的法律行为无效；特别是某人以法律行为利用他人急迫情况、无经验、缺乏判断能力或意志薄弱，使其向自己或第三人对一项给付做约定或给予财产利益，而此种财产利益与给付明显不成比例的，该法律行为无效。

英美法认为，一项有效的合同必须具有合法的目标或目的。凡是没有合法目标的合同就是非法的，因而是无效的。根据英美法某些单行法规的规定与判例法所确立的原则，认为以下几种合同是违法的。

第一，违反公共政策的合同。所谓违反公共政策的合同，是指损害公众利益，违背某些成文法所规定的政策或目标，或旨在妨碍公众健康、安全、道德以及一般社会福利的合同。

第二，不道德的合同。所谓不道德的合同，是指那些违反社会公认的道德标准，如果法院予以承认将会引起正常人愤慨的合同。

第三,触犯刑律或民事侵权的合同,以及没有执照就从事法律要求必须持有执照的业务活动所签订的合同。

中国《民法典》第 153 条规定,违反法律、行政法规的强制性规定的民事法律行为无效。但是,该强制性规定不导致该民事法律行为无效的除外。违背公序良俗的民事法律行为无效。

第四节 合同的履行
4.4 Performance of Contract

合同的履行是指合同的一方当事人通过全面、适当地完成其合同任务,使对方的合同权利得以实现。对合同履行的规定主要包括以下几方面的内容。

一、全面履行

全面履行是指合同当事人应按照合同约定,全面、适当地履行合同义务。大陆法认为,对履行合同义务的全面性、适当性加以约定,即使某些事项合同条款未必载明,当事人也应适当履行。英美法认为,当事人在订立合同后,必须严格根据合同的条款履行合同。PICC 规定,当履行到期时,债权人有权拒绝任何部分履行的请求,无论该请求是否附有对未履行部分的担保,除非债权人这样做无合法利益;因部分履行给债权人带来的额外费用应由债务人承担,并且不得损害任何其他救济方法。

二、诚实信用履行

诚实信用履行是指合同当事人在履行合同过程中应当诚实,与对方进行必要的客观信息交换,同时为对方提供必要的协助,讲究信用,不违背承诺。

《德同民法典》规定:债务人应依诚实和信用,并参照交易上的习惯,履行给付。《美国统一商法典》规定:任何合同或义务都使当事人承担了履行或执行该合同或义务的过程中善意行事的义务。中国《民法典》第 7 条规定,民事主体从事民事活动,应当遵循诚信原则,秉持诚实,恪守承诺。我国原《合同法》第 60 条曾规定:当事人应当遵循诚实信用原则的性质、目的和交易习惯履行通知、协助、保密等义务。

三、法定补充履行

英国《货物买卖法》规定:①交货地点一般应当在卖方的营业地点交货。如果买卖合同的标的物是特定物,而且买卖双方在订约时已经知道该特定物在其他地方,则应在该特定物的所在地交货;②如果合同没有规定交货时间,则卖方应在合理的时间内交货等。

PICC 对于合同的履行规定如下:

(1)关于质量标准。如果合同中既未约定而且也无法根据合同确定履行的质量,则一方当事人有义务使其履行质量达到合理的标准,并且不得低于此情况下的平均水平。该平均水平根据履约时有关市场的情况及其他有关因素而定。

(2)关于价格的确定。如果合同未规定价格,也无如何确定价格的规定,在没有任何相反规定的情况下,应视为当事人各方引用在订立合同时可以比较的相关贸易中进行此类履行时一般应收取的价格;或者,如无此价格,则应为一个合理的价格。如果合同的价格应由一方当事人确定,而此定价又明显地不合理,则不管合同中是否有任何条款的相反规定,均应以一个合理的价格予以代替。如果价格应由一个第三人来确定,而该第三人不能或不愿确定价格,则应采用一个合理的价格。如果确定价格需要参照的因素不存在,或已不再存在,或已不可获得,则应取最近似的因素作为替代。

(3)关于履约期限。当事人履约应在订立合同后的一段合理时间内进行。对于有期限的合同,任何当事人可通过在事先一段合理时间内发出通知,终止该合同。

(4)关于履行地。如果合同中既未明确规定履行地,依据合同也无法确定履行地的:金钱债务在债权人的营业地;任何其他义务在债务人自己的营业地。当事人应承担在合同订立后因其营业地的改变而给履行增加的费用。

(5)关于履行费用。每一方当事人应承担其履行义务时所发生的费用。

中国《民法典》第511条对合同约定不明确时的履行,作出了明确规定,即:当事人就有关合同内容约定不明确,依据前条规定仍不能确定的,适用下列规定:

(1)质量要求不明确的,按照强制性国家标准履行;没有强制性国家标准的,按照推荐性国家标准履行;没有推荐性国家标准的,按照行业标准履行;没有国家标准、行业标准的,按照通常标准或者符合合同目的的特定标准履行。

(2)价款或者报酬不明确的,按照订立合同时履行地的市场价格履行;依法应当执行政府定价或者政府指导价的,依照规定履行。

(3)履行地点不明确,给付货币的,在接受货币一方所在地履行;交付不动产的,在不动产所在地履行;其他标的,在履行义务一方所在地履行。

(4)履行期限不明确的,债务人可以随时履行,债权人也可以随时请求履行,但是应当给对方必要的准备时间。

(5)履行方式不明确的,按照有利于实现合同目的的方式履行。

(6)履行费用的负担不明确的,由履行义务一方负担;因债权人原因增加的履行费用,由债权人负担。

第五节　合同的变更与转让
4.5　Modification and Assignment of Contract

一、合同的变更(Modification of Contract)

合同变更有狭义和广义之分,前者是指在不改变主体的情况下,双方当事人就原合同的内容进行修改或补充而形成新的权利和义务关系。后者是指合同的主体发生变化,即合同当事人向第三人全部或部分转让其合同权利或合同义务,通常称为合同的转让。

这里所指的合同的变更,是指在合同成立之后,尚未履行完毕之前,当事人就合同的内容进行修订和补充。合同变更有以下特征:①合同的主体不改变;②合同的变更须经当事人协商一致;③合同的变更是对合同内容的部分变更。

根据合同法的传统规则,一般不允许当事人随意变更合同。但是在合同订立后,如果客观情况发生了变化,不修改合同原合同很难得到履行,或是履行原合同反而变得不公平,当事人对合同作出一定的修改,或者是某些情况发生了变化、依据当事人之间的协议作出修改,均为各国法律所认可。法律规定的允许一方当事人变更合同的事由主要包括不可抗力、情势变迁等。

合同的变更原则上必须经双方当事人协商一致达成新的合意,但在特殊情况下,一方当事人也可不经对方同意,直接请求法院或仲裁机构予以变更。合同的变更,既可以用新的合同完全取代旧的合同,也可以在保持旧的合同效力的基础上,就某些条款进行修改和补充,原合同和补充条款一并生效。经双方当事人协商一致或是依法定的程序变更后的合同,对双方当事人具有法律约束力。双方当事人应依变更后的合同履行各自义务,违反变更后的合同,同样要承担违约责任。合同的变更一般不溯既往,对已履行的合同部分不产生效力。

二、合同的转让(Assignment of Contract)

合同的转让(assignment),又称为合同的让与,是指由一方当事人将其合同的权利和义务全部或部分转让给第三人。在合同的转让中,合同的主体发生变更,即由新的合同当事人代替原当事人,但合同的客体,即合同的内容仍保持不变。合同的转让有三种情形:①合同权利的转让;②合同义务的转让;③合同权利和义务的概括转让。

1. 合同权利的转让

合同权利的转让是指合同债权人将合同的权利全部或部分转让给第三人,后者基于债权的转让成为新的债权人。从各国实践来看,绝大多数合同的权利都是可以转让的,但是对于下列三种合同权利,许多国家的法律一般都不允许任意转让:一是根据合同权利的性质不能转让的权利;二是法律禁止转让的权利;三是合同当事人约定不得转让的权利。

关于合同权利的转让是否须经债务人同意,各国立法作出如下两种不同的规定。

(1)债权转让无须征得债务人的同意。此主张认为,债权人转让其合同权利仅依据原债权人与新债权人之间的合同即可成立;不必征得债务人的同意,也不必通知债务人。采取此种法律主张的国家有德国、美国等。《德国民法典》第398条规定:"债权得依债权人与第三人的合同而转移于第三人,新债权人依合同的成立取得债权人的地位。"如果未通知债务人,而债务人仍旧向原债权人作出清偿,则债务人已清偿的债务可告解除;如果债务人被通知或知悉合同权利的转让,则不论其是从何处得悉该转让的,都不应向原债权人履行义务,否则不能解除其义务。美国法也认为债权人可以自由转让其权利,只要这些合同权利不是某种具有个人特色的权利,例如提供个人劳务、技能或判断力的合同外,均可以转让。

(2)转让合同权利必须通知债务人。此主张认为。债权人转让其债权虽不必征得债务人的同意,但必须将债权转让的事实及时通知债务人,只有在债务人接到债权转让的通知或者对债权转让作出承诺后,债权转让才对其发生效力,债权受让方才能享有受让的权利。采取此种法律主张的有法国、日本等国家。

中国《民法典》第545条至第550条对债权转让作出了详细规定:

债权人可以将债权的全部或者部分转让给第三人,但是有下列情形之一的除外:①根据债权性质不得转让;②按照当事人约定不得转让;③依照法律规定不得转让。当事人约定非金钱债权不得转让的,不得对抗善意第三人。当事人约定金钱债权不得转让的,不得对抗第三人。

债权人转让债权,未通知债务人的,该转让对债务人不发生效力。债权转让的通知不得撤销,但是经受让人同意的除外。

债权人转让债权的,受让人取得与债权有关的从权利,但是该从权利专属于债权人自身的除外。受让人取得从权利不因该从权利未办理转移登记手续或者未转移占有而受到影响。

债务人接到债权转让通知后,债务人对让与人的抗辩,可以向受让人主张。

有下列情形之一的,债务人可以向受让人主张抵销:①债务人接到债权转让通知时,债务人对让与人享有债权,且债务人的债权先于转让的债权到期或者同时到期;②债务人的债权与转让的债权是基于同一合同产生。

因债权转让增加的履行费用,由让与人负担。

2. 合同义务的转让

合同义务的转让,是指债权人或债务人与第三人之间达成转让债务的协议,由第三人取代原债务人承担债务。由于义务是合同义务人必须作出的行为或不行为,且义务的履行直接关系到权利人权利的实现,具有不同的履约能力或信用的义务人会对合同履行的程度和质量产生直接的影响。因此,对于债务人与第三人达成的转让债务协议,一般都要求经过债权人的同意。债务人与第三人达成转让债务协议,一经债权人的同意即发生效力;如果债权人拒绝同意,则债务人与第三人订立的转让债务协议无效。《法国民法典》第1271条规定:"债权人得解除旧债务人的债务而由新债务人代替之。"英国普通法也认为,非经债权人的同意,合同的债务不得转移。

中国法律也承认合同义务的移转,但要求必须征得债权人的同意。《民法典》第551条规定:"债务人将债务的全部或者部分转移给第三人的,应当经债权人同意。债务人或者第三人可以催告债权人在合理期限内予以同意,债权人未作表示的,视为不同意。"

3. 合同权利和义务的概括转让

合同权利和义务的概括转让,是指由原合同一方当事人将其在合同中的权利和义务一并转让给第三人,由第三人概括地继受这些债权和债务。对此,各国法律基本上都要求须经另一方当事人的同意方可成立生效。在取得合同另一方的同意后,受让方将完全代替原合同当事人一方的地位,原合同当事人一方将完全退出合同关系。

第六节　合同的消灭
4.6　Discharge of Contract

一、大陆法各国对合同的消灭的有关规定

大陆法系各国家对于合同消灭(discharge of contract)的规定基本相同,大体包括清偿、抵销、提存、免除、混同等。

（一）清偿（payment）

清偿，是即指按合同的约定实现债权目的的行为。各国法律一致认为，清偿是债的消灭的主要原因，当债权人接受债务人的清偿时，债的关系即告消灭。

清偿一般是指由债务人向债权人履行合同的行为。但是，各国法律一般都承认代为清偿制度，即由债务人以外的第三人向债权人进行清偿。此外，还规定了代位权制度，即对债务履行有利害关系的第三人，在为债务人向债权人清偿了债务后，在法律上即取得了债权人的债权，使自己处在债权人的地位。

关于清偿费用，如当事人无特殊约定，一般应由债务人负担。但是若由于债权人的原因，导致清偿费用增加的部分，应由债权人承担。

关于清偿地点，如果合同对履行地已有明确规定，按照规定的地点履行；如果合同对此没有作出规定，则根据标的物的不同性质而有两种不同的选择：其一，如属特定物的债务，应于订约当时该特定物之所在地交付；其二，如果是属于其他债务，究竟应当在债权人的住所地还是在债务人的住所地交付，各国法律分别采取两种不同的办法。第一种办法被称为往取债务，即以债务成立时债务人的住所为清偿地，法国、瑞士采取这种办法；第二种办法被称为赴偿债务，即以债权人现时的住所地为清偿地，日本采取这种办法。前者着重于维护债务人的利益，后者着重于维护债权人的利益。

关于清偿期间：如果合同已有规定，按照合同规定；如合同没有规定，债权人在合同成立以后，随时可以向债务人要求清偿，当然必须给对方一定的准备期限，债务人也可以随时向债权人清偿。

（二）抵销（set-off）

抵销，是指双方互负债务时，各以其债权充当债务之清偿，而使其债务与对方的债务在对等额内相互消灭。抵销依其产生根据不同，可分为三种：一是法定抵销。这是法国民法典规定的抵销方法。《法国民法典》第290条规定，当双方互负债务时，"债务人双方虽均无所知，依法律的效力仍然可以发生抵销"。法国法称之为当然抵销。二是以当事人单方面的意思表示抵销。德国、日本民法典与瑞士债务法典均认为，双方在互负债务时，任何一方当事人均可以意思表示通知对方进行抵销。三是约定抵销。各国的法律都允许互负债务的双方根据合同的约定，将各自的债务进行抵销。

（三）提存（deposit）

提存，是指由于债权人的原因而无法向其交付合同标的物时，债务人将该标的物交给提存部门而消灭合同的制度。按大陆法规定，提存原因包括以下几项：①债权人无正当理由拒绝受领；②债权人下落不明；③债权人死亡未确定继承人或者丧失行为能力未确定监护人。

提存的效力主要有以下三个方面：①免除债务人责任。债务人一旦把应给付的物品寄存在提存所后，债权人只能向提存所收取提存物，不能再向债务人请求清偿。②提存物风险转移。提存物寄存在提存所后，其风险就由债权人承担，如果发生损坏或灭失，则债务人概不负责。③费用负担转移。提存物寄存在提存所期间所产生的一切费用均由债权人负担。

债务人在提存后，除非由于实际困难不能通知债权人，必须立即将有关情况通知债权人。如果债务人没有及时发出通知，致使债权人蒙受损失，则债务人必须负赔偿责任。但是，如果由于实际情况有困难不能通知时，则无须通知。

（四）免除（release）

免除，是指债权人免除债务人的债务，亦即债权人放弃其债权，从而消灭合同关系及其他债之关系的单方面行为。免除是否需要债务人的同意才能生效，各国的法律有不同的规定。法国法与德国法认为，免除是双方的法律行为，必须经债务人的同意才能成立，德国法还认为，免除是抽象的法律行为，与其原因相互独立；日本民法典则认为，免除是单独行为，只要债权人有免除债务的意思表示，无须经债务人的同意，债的关系亦可归于消灭。

（五）混同（merger）

混同，是指债权与债务同属于一个人，即同一个人既是债权人同时又是债务人。在这种情况下，债的关系已经没有存在的必要，应当归于消灭。

混同的原因主要有以下三种：①民法上的继受。在自然人死亡时，如果该死者是债权人或债务人，而由其债务人或债权人继承其债权或债务，在这种情况下，其债权或债务即因混同而消灭；②商法上的继受。作为债权人的公司与作为债务人的公司进行合并时，公司的债权、债务也可能因混同而消灭。以上两种情况称为概括继受；③特定继受。如果因为债权转让或债务承担而使债权、债务集中于一个人身上时，则也可以发生混同，从而使债的关系归于消灭。

二、英美法关于合同消灭的法律规定（Discharge of Contract under Common Laws）

（一）合同因双方当事人的协议而消灭

英美法认为，合同是根据双方当事人的协议成立的，所以它也可以根据双方当事人之间的协议而解除。以协议的方式来解除合同的做法有以下几种：①以新的合同代替原合同。如果双方当事人约定以一个新的合同代替其原来的合同，则新合同成立时原来合同的权利和义务即告终止；②变更原合同的实质性内容。如果双方当事人以协议修改或增减原合同的实质性内容，那么原来所规定的相关权利与义务亦告终止；③依合同自身规定的条件而终止合同。如果双方当事人在订立合同时约定，若遇到某种情况，合同即告解除。当该种情况发生时，合同即告消灭；④弃权。所谓弃权，是指一方当事人自愿放弃其依据合同所享有的权利，从而解除另一方当事人的义务。如果买方对卖方所交的货物有异议，而在合理时间内没有通知对方，也将视同弃权。

（二）合同因依约履行而消灭

履行是合同消灭的主要原因。所谓合同的履行，就是合同的当事人双方根据合同的明示条款和默示条款的规定，完成各自所承担的义务。合同一经履行，当事人之间的债权债务关系即告消灭，双方的合同关系也告终止。

（三）合同因当事人违约而消灭

根据英美法的解释，如果一方当事人完全不履行合同义务、拒绝继续履行合同义务和不完全履行合同义务已构成违反条件或重大违约的程度，另一方就可以依法解除合同。

（四）合同被依法消灭

在英美法中，有一些法律规定可以使合同的权利义务在某些情况下消灭，主要有以下几种情况：①合并。合并有两种情况。一种与大陆法的混合相似，即合同的权利义务同归一人；另一种是以安全性更强的合同代替原合同，后者因合并入前者而消灭。②破产。破产人宣布破产后,经过破产清理程序,取得了法院的解除命令,即可解除一切债务及责任。③擅自修改书面合同。如果一方当事人擅自对书面合同作了修改,对方即可解除合同。④合同落空。在合同落空的场合下,对于未履行的合同义务,当事人可以免除责任。⑤无效合同和违法合同。

三、我国的规定(Discharge of Contract under China Law)

中国《民法典》第 557 条规定:有下列情形之一的,债权债务终止:①债务已经履行;②债务相互抵销;③债务人依法将标的物提存;④债权人免除债务;⑤债权债务同归于一人;⑥法律规定或者当事人约定终止的其他情形。合同解除的,该合同的权利义务关系终止。

中国将合同解除列为合同消灭的法定事由之一。《民法典》第 562 条至第 566 条对合同解除作了规定:

当事人协商一致,可以解除合同。当事人可以约定一方解除合同的事由。解除合同的事由发生时,解除权人可以解除合同。

有下列情形之一的,当事人可以解除合同:①因不可抗力致使不能实现合同目的;②在履行期限届满前,当事人一方明确表示或者以自己的行为表明不履行主要债务;③当事人一方迟延履行主要债务,经催告后在合理期限内仍未履行;④当事人一方迟延履行债务或者有其他违约行为致使不能实现合同目的;⑤法律规定的其他情形。以持续履行的债务为内容的不定期合同,当事人可以随时解除合同,但是应当在合理期限之前通知对方。

法律规定或者当事人约定解除权行使期限,期限届满当事人不行使的,该权利消灭。法律没有规定或者当事人没有约定解除权行使期限,自解除权人知道或者应当知道解除事由之日起一年内不行使,或者经对方催告后在合理期限内不行使的,该权利消灭。

当事人一方依法主张解除合同的,应当通知对方。合同自通知到达对方时解除;通知载明债务人在一定期限内不履行债务则合同自动解除,债务人在该期限内未履行债务的,合同自通知载明的期限届满时解除。对方对解除合同有异议的,任何一方当事人均可以请求人民法院或者仲裁机构确认解除行为的效力。当事人一方未通知对方,直接以提起诉讼或者申请仲裁的方式依法主张解除合同,人民法院或者仲裁机构确认该主张的,合同自起诉状副本或者仲裁申请书副本送达对方时解除。

合同解除后,尚未履行的,终止履行;已经履行的,根据履行情况和合同性质,当事人可以请求恢复原状或者采取其他补救措施,并有权请求赔偿损失。合同因违约解除的,解除权人可以请求违约方承担违约责任,但是当事人另有约定的除外。主合同解除后,担保人对债务人应当承担的民事责任仍应当承担担保责任,但是担保合同另有约定的除外。

第七节　违约责任与救济方法
4.7　Breach and Damages

一、违约的概念及条件

违约(breach of contract),是指合同依法或成立后,合同当事人由于某种原因不履行或者不完全履行合同义务的行为。对于违约责任作出规定,是用法律手段促使合同当事人认真履行合同义务的有力保证,也是解决合同纠纷的重要依据。

确定合同当事人承担违约责任,通常须具备一定条件,但是就如何构成违约这个问题上,两大法系还存在着很大的分歧。

1. 行为人有过错

大陆法系各国是以过错责任作为民事责任的一项基本原则。所谓行为人要有过错,是指当事人不履行或不完全履行合同义务是出于其故意或过失。所谓故意,是指当事人预见到自己的行为可能发生不良后果,但有意使这种结果发生。所谓过失,是指当事人应当预见,但由于疏忽大意或者由于行为上的失误,以致发生不良后果。大陆法认为,合同债务人只有当存在可以归责于他的故意或过失时,才承担违约的责任。换言之,如果仅仅证明债务人没有履行其合同的义务,还不足以构成违约,而必须同时证明或推定债务人的上述行为有某种可以归责于他的故意或过失,才能使其承担违约的责任。《德国民法典》第276条规定,债务人除另有规定外,对故意或过失应负责任;债务人基于故意的责任,不得预先免除。《法国民法典》第1147条规定,凡是不履行合同是由于不能归责于债务人的外来原因造成的,债务人就可以免除损害赔偿的责任。

与此相反,英美法系国家则采取无过错责任的归责原则,即只要允诺人没有履行其合同义务,即使他没有任何过失,也构成违约,必须承担违约的后果。英美法认为,一切合同都是"担保",只要债务人不能达到担保的结果,就构成违约,应负损害赔偿的责任。美国《合同法重述》第314条对违约作出了以下定义:"凡是没有正当理由的不履行合同中的全部或部分允诺,构成违约。"英美法不以允诺人有无过失作为构成违约的必要条件。

2. 不履行或不完全履行合同义务

所谓不履行,就是指当事人对合同义务全部没有履行;不完全履行,就是指没有按义务全部履行,在对于不完全履行合同义务的行为中的某些规定,两大法系也存在着一些分歧。尤其是,对于合同中没有明确规定履行日期的情况下,债务人应于何时承担延迟履行责任的问题,两大法系的规定就存在着很大的差别。按照大陆法系国家的规定,在上述情况下,债权人必须首先向债务人发出催告,然后才能使债务人承担延迟履约的责任;而英美法则没有催告制度,按照英美法系各国的规定,若合同中没有明确规定履行日期,债务人就应在合理期间内履行合同义务,否则就构成延迟履约的责任。

所谓催告,是指债权人向债务人请求履行合同的一种通知。催告是大陆法的一种制度,在合同没有明确规定确定的履行日期的情况下,债权人必须首先向债务人作出催告,然后才能使债务人承担延迟履约的责任。根据大陆法的解释,催告的作用主要有以下三个方面:①从催告之日起,不履约的风险完全由违约的一方承担;②债权人有权就不履行合同请求法律上的救济;③从送达催告之日起,开始计算损害赔偿及其利息。

如果债权人在清偿期届满后,不向债务人作出催告,就表示他不打算追究债务人延迟履约的责任。但是,如果合同已经明确地规定了履行的日期,或者债务人已经明白地表示不打算按期履行合同的义务,则债权人可以不作上述催告。

英美法没有催告这个概念。英美法认为,如果合同规定了履行期限,则债务人必须根据合同规定的期限履行合同;如果合同没有规定履行期限,则应于合理的期间内履行合同,否则即构成违约,债权人无须催告即可请求债务人赔偿由于延迟履约所造成的损失。

3. 有财产上的损害事实

所谓损害,是指由于当事人不履行或不完全履行合同义务所造成的直接损失和间接损失。根据大陆法系各国及中国法的规定,如果当事人不履行或不完全履行合同义务根本没有造成损害的结果就不存在赔偿的问题,因此也谈不上承担违约责任的问题。但若根据英美法系各国的规定,如果不履行或不完全履行合同义务的结果即使未造成损害,债权人虽无权要求实质性的损害赔偿,但他可以请求名义上的损害赔偿。

4. 违约行为与损害结果之间必须有因果关系

二、违约的形式(Forms of Breach of Contract)

违约有各种不同的情况,有的是不履行或部分不履行,有的是不能履行,有些则是履行延迟等。各国法律一般均根据违约的不同情况,将违约分成不同形式,然后根据违约的不同形式,规定相应的救济措施。由于违约情况的不同,违约一方应当承担的违约责任也有所不同。

(一) 大陆法系

德国民法典把违约分为两类:给付不能和给付延迟。

1. 给付不能(supervening impossibility of performance)

这是指债务人由于种种原因不可能履行其合同义务,而不是指有可能履行合同而不去履行。《德国民法典》把给付不能分为自始给付不能与嗣后给付不能两种不同的情况。

所谓自始给付不能,是指在合同成立时,该合同就不可能履行。对此,如果属于双方共同错误,则合同无效;但如果一方当事人在订约时已经知道或应该知道该合同履行不可能,则应对无过错的一方负赔偿责任。嗣后给付不能,是指合同成立时,该合同是可以履行的,但合同成立后至履行前,由于发生了阻碍合同履行的原因,造成合同不能履行。

根据区别是否有可以归责于债务人的事由,嗣后给付不能有以下不同的处理办法:①如果给付不能不是由于债务人的过失造成的,债务人不承担不履行合同的责任。例如,在合同成立之后,由于出现了不可抗力事故,以至于合同不可能履行,在这种情况下,债务人可以免除履行合同的义务;②如果由于债务人的过失造成给付不能,债务人就应当承担损害赔偿责任;③如果合同双方当事人因不可归责于双方当事人的事由,致使自己不能履行应履行的给付者,双方均可以免除其义务。

2. 给付延迟(delay in performance)

这是指债务已届履行期,而且是可能履行的,但是债务人没有按期履行其合同的义务。这里同样包含两种不同的情况:一种情况是债务人没有过失的履行延迟;另一种情况是债务人有过失的履行延迟。

在给付延迟的情况下,非由于债务人的过失而未为给付者,债务人不负迟延给付责任。在履行期届满前,由于发生了不可抗力事故,致使债务人无法按期履行债务,对此债务人可以免除迟延给付责任。但是,凡在履行期满后,经债权人催告仍不给付者,债务人自受催告时起负迟延给付责任。这时,债务人不但要对延迟履行期间由于他的过错所造成的一切损失负责,而且还需对他的非过错(如不可抗力事故)所造成的损失负责。

此外,根据德国民法典的规定,债权人必须向债务人提出催告,才能使债务人承担延迟履行的责任。除了合同另有规定外,催告是债权人就履行延迟请求损害赔偿的必要条件。根据大陆法系许多国家的规定:如果在合同中没有明确规定履行日期,债权人必须首先向债务人作出催告,然后才能使债务人承担延迟履行的责任。否则,如果债权人不向债务人作出催告,则表示债权人不拟追究债务人延迟履约的责任。

(二)英美法系

1. 英国法

英国法把合同条款分为条件(condition)与担保(warranty),把违约的情形也区分为违反条件与违反担保这两种主要形式。

(1)违反条件(breach of condition)。即是指违反合同的重要条款。双方当事人在合同中往往订有各种各样的条款,其中有些是重要的,带根本性的(vital or ressential);有的则是次要的(minnor),是从属于(subsidiary or collateral)合同的主要目的的。根据英国法的解释,如果一方当事人违反了"条件",即违反了合同的主要条件,对方有权解除合同,并可以要求赔偿损失。具体来讲,在买卖合同中,关于履约的时间与地点、货物的品质及数量、支付的工具及方式等项条款,均属于合同的条件。如果卖方不能按时、按质、按量将货物交到合同所规定的地点,买方就有权拒收货物,并可以请求损害赔偿,或者不解除合同,只请求损害赔偿。如果一方明确地表示,他认为某有关事项是极为重要的,因而除非对方按照该有关事项办理,否则他将不订立合同,这时,该有关事项即使不是主要条款也可以构成条件。至于哪些合同规定的事项构成"条件",哪些不是合同的"条件",这是一个法律问题,应由法官根据合同的内容与当事人的意思作出决定。

(2)违反担保(breach of warranty)。即指违反合同的次要条款或随附条款。所谓次要条款是相对主要条款而言的,也就是指在合同中除了主要条款外,其他条款均属次要条款。违反担保的法律后果与违反条件有所不同。在违反担保的情况下,无过错的一方不能解除合同,只能向违约的一方请求损害赔偿。换言之,当一方违反担保时,对方不能以此为理由拒绝履行其合同的义务,而仍然必须继续履行他所应承担的合同义务,但是他有权以违反担保为理由请求损害赔偿。

2. 美国法

美国法把违约分为两类:轻微违约(minor breach)和重大违约(material breach)。所谓轻微违约,是指当事人一方在履约中,尽管存在一些违约行为,但另一方已经从中得到该项交易的主要利益的违约。在轻微违约的情况下,无过错的一方只能请求损害赔偿,但不能拒绝履行自己的合同义务。例如,履行的时间略有延迟,交付的数量与质量略有出入等,都属于轻微违约。所谓重大违约,是指由于债务人没有履行合同或履行合同有缺陷致使债权人不能得到该项交易的主要利益的违约。在重大违约的情况下,受损害的一方可以解除合同,即解除自己对合同履行的义务,同时可以要求赔偿全部损失。美国法对违约行为所作的这种区分,与英国法中的违反条件与违反担保,从法律后果看,基本上是一致的,即美国法中的轻微违约相当于英国法中的违反担保,重大违约相当于违反条件,两者并无实质上的差别。

3. 在英美法系各国的法律中除上述主要违约形式以外,还有两种违约形式,预期违约和履行不可能

(1)预期违约(anticipatory breach of contract)。即指一方当事人在合同规定的履行期到

来之前,就明确表示或以自己的行为表示履行期限届满时将不履行合同的行为。当一方当事人预期违约时,对方可以解除自己的合同义务,并可以立即要求损害赔偿,不必等到合同规定的履行期届满时才采取行动。但是,受损害一方也可以拒绝接受对方预期违约的表示,坚持认为合同仍然存在,等到合同规定的履行期届满时,再决定采取何种法律上的救济办法。在这种情况下,他就必须承担在这段时间内情况变化的风险。

（2）履行不可能(impossibility of performance)。有两种情况:一是在订立合同时,该合同就不可能履行;二是在订立合同之后,发生了使合同不可能履行的情况。

第一,订约时合同就不可能履行。例如,在订立合同时,双方当事人认为合同的标的物是存在的,但是实际上该标的物已经灭失,在这种情况下,合同属于无效,因为这是属于双方当事人的“共同错误”。

第二,发生在合同成立之后的履行不可能,是指在任何一方都没有过错的情况下,由于发生了某种意外事故,致使整个合同的履行实际上已经成为不可能。在这种情况下,一般认为该类合同可以解除。

（三）CISG

CISG 把违约主要区别为三种:非根本违约、根本违约和提前违约。

（1）根本违约(fundamental breach of contract)。CISG 第 25 条对何谓根本违反合同所作的定义是:“一方当事人违反合同的结果,如使另一方当事人蒙受损失,以至于实际上剥夺了他根据合同有权期待得到的东西,即为根本违反合同,除非违反合同的一方并不预知而且同样一个通情达理的人处于相同情况中也没有理由预知会发生这种结果。”

Article 25 of the CISG

A breach of contract committed by one of the parties is fundamental if it results in such detriment to the other party as substantially to deprive him of what he is entitled to expect under the contract, unless the party in breach did not foresee and a reasonable person of the same kind in the same circumstances would not have foreseen such a result.

根据 CISG 规定,构成根本违约主要有下列情况:第一,当事人一方完全不履行其在合同中的任何义务,构成根本违约;第二,当事人一方不完全履行其在合同中的义务,致使另一方遭受重大损失时,构成根本违约;第三,一方未在或拒绝在另一方给予的合理的宽限期内履行义务,致使另一方遭受重大损失时,构成根本违约; 第四,在分批交付合同中,如果各批货物是互相依存不可分割的,只要当事人不履行其中任何一批货物的义务,就构成对整个合同的根本违约。

公约对根本违约规定了相应的救济办法,包括交付替代物、解除合同、损害赔偿等。

（2）非根本违约(non-fundamental breach of contract)。非根本违约,是指在合同履行中,凡不具备构成根本违约的轻微违约。在非根本违约的情况下,受损害方不能要求解除合同。

（3）提前违约。公约对预期违约也作出了明确的规定,主要有以下两种情况:其一,在订立合同之后,一方当事人鉴于对方履行合同的能力或信用有严重的缺陷,或者从对方在准备履行合同或履行合同的行为中看出对方显然将不履行其大部分重要的义务时,一方当事人可以中止履行其义务;其二,如果在履行合同日期之前,显然看出一方当事人将根本违反合同,另一方当事人可以撤销合同。

（四）中国法

对于违约形态的分类,中国合同立法采用了两分法,即不履行和不适当履行。中国《民法典》合同编中的违约制度主要包括:因合同主体的原因、合同规定的履行期限不明确、合同缺乏可行性而使合同不能履行、因自然灾害等不可抗力的事件而导致合同不能履行、因发生情势变更而导致的违约等。《民法典》第577条规定,当事人一方不履行合同义务或者履行合同义务不符合约定的,应当承担继续履行、采取补救措施或者赔偿损失等违约责任。

三、违约的救济（Remedies for Breach of Contract）方法

所谓违约的救济方法,是指合同的一方当事人的合法权利被他方侵害时,法律上给予受损害一方的补偿方法。各国法律对于不同的违约行为,都规定了相应的救济办法,但在具体规定上,各国法律的规定并不完全相同。

1. 实际履行（specific performance）

实际履行,又称为具体履行或依约履行,是指债权人要求债务人按合同的规定履行合同;或者由债权人向法院提起实际履行之诉,由执行机关运用国家的强制力,使债务人按照合同的规定履行合同。

（1）大陆法系国家原则上采取以实际履行作为不履行的主要救济办法。凡是债务人不履行合同时,债权人都有权要求债务人实际履行。法院在债权人有此请求,且履行合同尚属可能的情况下,原则上也应作出实际履行的判决,除非属于作为或不作为的债务。《德国民法典》第241条规定:"债权人根据债务关系,有向债务人请求履行债务的权利。"但是法院只确定在债务人履行合同尚属可能时,才会作出实际履行的判决,如果属于履行不可能的情况,就不能作出实际履行的判决。《法国民法典》第1184条规定,契约双方当事人的一方在不履行其债务时,债权人有选择之权,即或者在合同的履行尚属可能时,请求他方当事人履行合同,或者解除合同并请求损害赔偿。根据法国法的解释,实际履行是一种可供选择的救济方法,即在债务人不履行合同的情况下,债权人可以在请求实际履行或请求解除合同并要求损害赔偿两者之中任择其一。但是,债权人提起实际履行之诉的前提条件是债务人履行合同尚属可能。

（2）英美法对待实际履行的态度与大陆法有所不同。英美法系中各国普通法没有实际履行这一救济方法。因为英美法的普通法是没有实际履行这种补救办法,所以如果一方当事人不履行其合同的义务,对方的唯一权利是提起违约之诉,要求损害赔偿。衡平法虽有实际履行这一救济方法,但也是作为一种例外的补救方法,并且赋予法院较大的自由裁量权。在英美法系各国的衡平法中,支配实际履行这一救济方法的两个主要原则是:第一,只有在损害赔偿不足以救济时;第二,只有在法院认为实际履行完全可以执行时。根据英国和美国法院的审判实践,在下列情况下法院将不予以作出实际履行的判决:①金钱损害赔偿可以作为充分的救济方法者,即不得请求实际履行;②凡是属于提供个人劳务的合同,法院将拒绝作出实际履行的判决;③凡是法院不能监督其履行的合同,例如,建筑合同等,法院也不会作出实际履行的判决;④对一方当事人为未成年人的合同,法院不判决强制执行;⑤如果实际履行对被告会造成过分苛刻的负担,法院也不会作出这种判决。

（3）CISG对实际履行这一救济方法,一方面允许当事人按公约规定,要求违约方实际履行合同义务;另一方面,在司法救济上又允许法院依据其国内法进行裁决。《销售合同公约》

第28条规定:"如果按照公约的规定,当事人一方有权要求他方履行某项义务,法院没有义务作出判决,要求实际履行此项义务,除非法院依照其本身的法律对不受本公约支配的类似买卖合同可以这样做。"

Article 28 of the CISG

If, in accordance with the provisions of this Convention, one party is entitled to require performance of any obligation by the other party, a court is not bound to enter a judgement for specific performance unless the court would do so under its own law in respect of similar contracts of sale not governed by this Convention.

(4) 我国《民法典》第577条原则性地将实际继续履行列为违约的救济方式之一,并在第579条和第580条分别对金钱债务和非金钱债务作了规定。第579条规定:"当事人一方未支付价款、报酬、租金、利息,或者不履行其他金钱债务的,对方可以请求其支付。"第580条规定:"当事人一方不履行非金钱债务或者履行非金钱债务不符合约定的,对方可以请求履行,但是有下列情形之一的除外:①法律上或者事实上不能履行;②债务的标的不适于强制履行或者履行费用过高;③债权人在合理期限内未请求履行。有前款规定的除外情形之一,致使不能实现合同目的的,人民法院或者仲裁机构可以根据当事人的请求终止合同权利义务关系,但是不影响违约责任的承担。"

2. 损害赔偿(damages)

损害赔偿是指违约方因不履行或不完全履行合同义务而给对方造成损失,依法律或依合同约定而应当承担的责任。当合同的一方发生违约,另一方当事人除采用上述请求实际履行的救济方法之外,还可以请求损害赔偿等。各国的法律都认为,损害赔偿是对违约的一种救济方法。但是各国的法律对损害赔偿责任的成立、损害赔偿的方法以及损害赔偿的计算,各有不同的规定与要求。

(1) 损害赔偿责任的成立。大陆法在确定民事责任时沿袭了罗马法的传统,采取过错责任原则。凡不履行或不完全履行或延迟履行合同义务的一方当事人只有在有过错时才构成违约,也只有当债务人有过错并给债权人造成损害时债权人才能向其请求损害赔偿。大陆法认为,损害赔偿责任的成立,必须具备以下三个条件:其一,必须有损害的事实。对于发生损害的事实,一般必须由请求损害赔偿的一方予以证明。其二,必须有归责于债务人的原因。原则上,债务人仅对其故意或过失所造成的损失负责。但是,在某些情况下,即使债务人没有过失也应负责。例如,德国民法典规定,旅店的主人对旅客所携带的物品,如果发生灭失或毁损,虽然店主没有过失,则亦应负责赔偿。其三,损害发生的原因与损害之间必须有因果关系,即损害是由于债务人应予以负责的原因所造成的。

英美法不同于大陆法。英美法则强调合同的一切义务都是当事人所作的允诺,因此,不采取过错责任原则,只要当事人没有全部履行合同,即构成违约。根据英美法的解释,只要一方当事人违反合同,对方就可以提起损害赔偿之诉,而不以违约一方有无过失为条件,也不以是否发生实际损害为前提。如果违约的结果没有造成损害,债权人虽然无权要求实质性的损害赔偿,但是他可以请求名义上的损害赔偿,即在法律上承认他的合法权利受到了侵犯。此外,英美法还规定,当一方违约时,受损害的一方有义务采取一切合理的措施以减轻由于违约所造成的损失。如果由于受损失一方的疏忽而造成的本来可以合理避免的损失,不能要求给予赔偿。

CISG 在此问题上没有采取大陆法的过错原则。根据 CISG 第 45 条和第 61 条的规定:只要合同的一方没有履行其在合同和本公约中规定的任何义务,他方当事人就可以请求损害赔偿,而无须证明对方的违约是否出于过失。

我国《民法典》第 577 条规定:"当事人一方不履行合同义务或者履行合同义务不符合约定的,应当承担继续履行、采取补救措施或者赔偿损失等违约责任。"

(2)损害赔偿的方法。有恢复原状与金钱赔偿两种。所谓恢复原状,是指恢复到损害发生之前的原状。这种方法可以完全达到损害赔偿的目的,但是实行可能有一定困难。例如在特定物的买卖中,特定物灭失后无法找到与其完全相同的物品作为替代,而造成回复原状的实行的困难。所谓金钱赔偿,是指以支付金钱弥补对方所受到的损害。这种方法便于实行,但是有时不能完全满足损害赔偿的本旨。因此,各国的法律对这两种方法一般都予以考虑。德国法对损害赔偿以恢复原状为原则,以金钱赔偿为例;法国法以金钱赔偿为原则,以恢复原状为例外。而英美法对损害赔偿采取金钱赔偿的方法。

(3)损害赔偿的范围。关于损害赔偿的范围,各国法律的规定基本相同,即应该包括违约所造成的实际损失(specific damages)和间接损失(consequential damages)。所谓实际损失,指合同规定的合法利益,由于可归责于债务人的事由而遭受损害。例如,应交货而未交货或少交货,应交付优质商品而交付劣质商品等情况。所谓间接损失,是指如果债务人不违反合同,债权人本应能够取得的,但是因为债务人的违约而丧失了的利益。例如,某房东已将装修中的新屋出租给他人,但是装修公司没有根据合同计划的日期完成装修任务,以致房东不能出租新房取得租金,则此项租金可以作为间接损失。

此外,当一方违约时,受损害的一方有义务采取一切合理的措施以减轻由于违约造成的损失。如果由于受损害的一方的疏忽,没有采取合理的措施减轻损失,则受损害的一方对于违约发生之后本来可以合理避免的损失,不能要求给予赔偿。CISG 第 74-77 条规定损害赔偿的范围包括实际损失和间接损失。

Articles 74-77 of the CISG

Article 74 Damages for breach of contract by one party consist of a sum equal to the loss, including loss of profit, suffered by the other party as a consequence of the breach. Such damages may not exceed the loss which the party in breach foresaw or ought to have foreseen at the time of the conclusion of the contract, in the light of the facts and matters of which he then knew or ought to have known, as a possible consequence of the breach of contract.

Article 75 If the contract is avoided and if, in a reasonable manner and within a reasonable time after avoidance, the buyer has bought goods in replacement or the seller has resold the goods, the party claiming damages may recover the difference between the contract price and the price in the substitute transaction as well as any further damages recoverable under article 74.

Article 76 (1) If the contract is avoided and there is a current price for the goods, the party claiming damages may, if he has not made a purchase or resale under article 75, recover the difference between the price fixed by the contract and the current price at the time of avoidance as well as any further damages recoverable under article 74. If, however, the party claiming damages has avoided the contract after taking over the goods, the current price at the time of such taking over shall be applied instead of the current price at the time of avoidance. (2) For the purposes of the preceding paragraph, the current price is the price prevailing at the place where delivery of the goods should have been made or, if there is no current price at that place, the price at such other place as serves as a reasonable substitute, making due allowance for differences in the cost of transporting the goods.

Article 77 A party who relies on a breach of contract must take such measures as are reasonable in the circumstances to mitigate the loss, including loss of profit, resulting from the breach. If he fails to take such measures, the party in breach may claim a reduction in the damages in the amount by which the loss should have been mitigated.

中国法对于赔偿的方式,是以金钱赔偿为主。对于损害赔偿的范围,也是包括实际损失和可得利益。《民法典》第584条规定:"当事人一方不履行合同义务或者履行合同义务不符合约定,造成对方损失的,损失赔偿额应当相当于因违约所造成的损失,包括合同履行后可以获得的利益;但是,不得超过违约一方订立合同时预见到或者应当预见到的因违约可能造成的损失。"

3. 解除合同(rescission)

解除合同是指合同当事人依约或者依法行使解除权终止合同的权利和义务的行为。关于解除合同的条件及后果,各国法律的规定存在着较大的分歧。

根据《法国民法典》第1184条的规定,双务合同的一方当事人不履行其所订定的债务时,应视为有解除条件的约定。即在双务合同中,当一方当事人不履行债务时,另一方当事人可宣告解除合同,但合同并不因此当然解除,债权人要求解除合同的应向法院提出,法院得根据情况给予被告一定期限。同时,法国法还认为解除合同具有溯及既往的效力,不但未履行的义务不再履行,即使已履行的义务也要恢复原状。债权人在行使解除合同的权利时,不妨碍损害赔偿的请求。

德国法也认为,在债务人不履行合同时,债权人有权解除合同。《德国民法典》第325条与第326条明文规定,在一方当事人履行不可能或履行延迟的情况下,双方有权解除合同。在行使解除权时,主张解除合同的一方当事人只需把解除合同的意思通知对方就可以了,不必一定得经过法院的判决。根据德国法,债权人只能在解除权与损害赔偿请求权二者间任择其一,而不能同时享有两种权利;也就是说,如果债权人要求损害赔偿,就不能解除自己应承担的合同义务,反之,如果要求解除合同,债权人就不能要求损害赔偿。

英美法与大陆法有所不同。英国法把违约分为违反条件与违反担保两种不同的情况,只有当一方当事人违反条件时,对方才可以要求解除合同;如果一方当事人仅仅是违反担保,则对方只能请求损害赔偿,不能要求解除合同。而且,解除合同不使合同自始无效,只意味着在解除合同时,双方不再履行尚未履行的合同义务,至于已履行的义务原则上不涉及返还的问题。

美国法把违约分为重大违约与轻微违约,只有当一方当事人的违约构成重大违约时,对方才可以要求解除合同,如果只是属于轻微的违约行为,就只能请求损害赔偿,不能解除合同。但在解除合同的后果上却与大陆法基本相似,即解除合同要导致恢复原状的效果,双方当事人均应把从对方处取得的东西尽可能复原并返还给对方。

CISG 对解除合同规定得十分详细和具体①，按照 CISG 的规定：①一方只有在对方根本违反合同时，才能行使解除合同的权利；②宣告合同无效的声明，只有在向对方发出通知时才产生效力；③解除合同与请求损害赔偿这两种救济方法可以同时行使；④解除合同要导致恢复原状的效果，双方当事人均应把从对方处取得的标的尽可能复原并返还给对方。

中国《民法典》第 562－566 条均是有关合同解除的规定：第一，当事人协商一致，可以解除合同。第二，当事人可以在对方有下列情形之一时解除合同，即：①因不可抗力致使不能实现合同目的；②在履行期届满之前，当事人一方明确表示或者以自己的行为表明不履行主要债务；③当事人一方迟延履行主要债务，经催告后在合理期限内仍未履行；④当事人一方迟延履行债务或者有其他违约行为致使不能实现合同目的；⑤法律规定的其他情形。第三，当事人在行使合同解除权时，应当通知对方，对合同解除存有异议的可请求法定机构裁定。但法律、法规规定解除合同应当办理批准、登记手续的，应当遵守其规定。第四，合同自解除通知到达对方当事人时解除。第五，合同解除后，尚未履行的义务，终止履行；已经履行的义务，根据履行情况和合同的性质，当事人可以要求恢复原状、采取其他补救措施。第六，当事人可以同时行使解除合同权和损害赔偿请求权。

4. 违约金(liquidated damages)

违约金，是指以保证合同履行为目的，由双方当事人事先约定当债务人违反合同时，应向债权人支付的金钱。对于违约金的性质的认定，各国法律有不同的规定。

就违约金的性质而言，大陆法规定了两种不同的违约金：具有惩罚性质的违约金和作为预定损害赔偿总额的违约金。

德国法认为，违约金是对债务人不履行合同的一种制裁，具有惩罚的性质。《德国民法典》第 339 条规定："债务人对债权人约定在不履行债务或不以适当方法履行债务时，应支付一定金额作为违约金者，于债务人延迟时，罚其支付违约金。"由于德国法认为违约金具有惩罚的性质，因此，当债务人不履行债务时，债权人除了请求违约金外，还可以请求由于违约造成的损害赔偿。但在违约金过分高于或低于违约所造成的损失时，允许法院对违约金予以减少或增加。

法国法认为，违约金的性质属于预先约定的损害赔偿金额，双方当事人事先约定，如果债务人违约，就应付给债权人一定的金额作为损害赔偿。《法国民法典》第 1229 条规定："违约金是对债权人因主债务不履行所受损害的赔偿。"法国法原则上不允许债权人在请求违约金的同时，要求债务人履行主债务或另行提出不履行债务的损害赔偿。法国民法典规定，债权人对于主债务及违约金，只能选择其一，不能并行请求。当违约金过分高于或低于违约所造成的损失时，当事人可以请求法院或仲裁机构予以适当减少或增加。

英美法认为，对于违约只能要求赔偿，不能予以惩罚，认为违约金只能相当于违约所造成的损失方才有效。因此，在涉及合同中有关违约金条款时，首先要区别这一金额是作为罚金，

---

① 第 25 条规定了根本违约的概念；第 26 条规定了解除合同只有在向对方发出通知后才产生效力；第 49 条规定了买方宣告解除合同的条件；第 64 条相应地对卖方宣告解除合同的条件作了规定；第 72 条对在提前违约的情况下，另一方宣告解除合同的条件作了规定；第 73 条则规定了在分批交货合同下受损害一方宣告解除合同的条件；第 75、76 条及第 81—84 条均是对解除合同的后果的具体规定。

还是作为预先约定的损害赔偿金额。如果双方当事人约定的金额过高,大大地超出违约所能引起的损失,或者带有威胁的性质,目的在于对违约的一方施加惩罚,法院将认为这是罚金,不予承认。当一方违约时,对方不能得到这笔余额,只能索取他所遭受的实际损失的损害赔偿。如果这一金额是双方当事人在订约时考虑到作为违约可能引起的损失,法院将认为这是真正的预先约定的损害赔偿金额,当一方违约时,对方即有权取得这一约定的金额。

PICC 规定,如果合同规定不履行的一方应就该不履行而向受损害方支付一定的金额,受损害方有权获得这一金额,不论实际损害如何;但金额显然过高,可将其减少至一个合理的数额,无论有无与之相反的约定。在违约金这个问题上,中国《民法典》第 585 条作出了与 PICC 相一致的规定。中国《民法典》也认为,违约金是预先约定的损害赔偿金。即当一方违约时,对方可取得此项约定的金额,但当违约金过分高于或低于违约所造成的损失时,当事人可以请求法院或仲裁机构予以适当减少或增加。

由于各国的法律对违约金条款的态度与处理方式存在很大的分歧,因而使得这种条款的作用与有效性往往处于不确定的状态,成为国际贸易交往的一种障碍。为了解决这个问题,联合国国际贸易法委员会制定了适用于违约金条款的法律规则《关于在不履行合同时支付约定金额的合同条款的统一规则》(Uniform Rules on Contract Clause for an Agreed Sum Upon Failure of Performance)(以下简称《统一规则》),供各国采用。《统一规则》规定:当事人一方不履行合同应承担违约责任时,另一方当事人有权取得约定的金额,不论该项约定金额是作为赔偿金还是作为罚金。如果合同规定,当出现延迟履行以外的不履约情况时,债权人有权取得约定的金额,则债权人有权要求履行合同,或者要求支付约定的金额,但是,如果约定的金额不能合理地补偿不履约造成的损失,则债权人有权在要求履行合同的同时,要求支付约定的金额。如果债权人有权取得约定的金额,则在该项约定金额所能抵偿的范围内的损失,债权人不得请求损害赔偿,但是,如果损失大大地超过约定的金额,则对于约定的金额不能抵偿的部分,债权人仍可以请求损害赔偿。此外,除非约定的金额与债权人所遭受的损失很不相称,法院或仲裁法庭均不得减少或增加合同约定的金额。

四、情势变更、合同落空和不可抗力(Changes of Circumstances, Frustration of Contract and Force Majeure)

一般而言,在订立合同之后,如果一方当事人不履行合同或者不适当地履行合同,都要承担违约的责任。但是,如果在合同成立之后发生了当事人无法预料的事情,导致合同无法履行,或虽然可履行但将大大增加当事人一方的义务,产生不公平的结果。对于这种情况,则应当作为例外情况处理,由此而形成情势变更、合同落空和不可抗力制度。

1. 情势变更(changes of circumstances)

亦称情势变迁,是指合同成立后,作为合同关系基础的情事,由于不可归责于当事人的原因,发生了非缔约当初所能预料得到的变化,如仍坚持原来的法律效力,将会产生显失公平的结果,有悖于诚实信用原则,因此应将合同作相应变更或解除的制度。

情势变更是大陆法中的一项重要制度,虽然在民法中对于情势变更的效力没有作出明确的规定,但是各国均认可该项制度,并在司法实践中予以应用。

2. 合同落空(frustration of contract)

这是英美法的术语,与大陆法中的情势变更原则类似。合同落空是指在合同成立之后,非由于当事人自身的过失,而是因某种意外事件致使当事人在缔约时所谋求的商业目标受到挫折。在这种情况下,对于尚未履行的合同义务,当事人可免除履行的责任。

英国法中导致合同落空的情事大体有标的物灭失;合同因法律修改而变为非法;情况发生根本性变化;政府实行封锁禁运或进出口许可证制度等。

美国《合同法重述》第288条规定:"凡以任何一方应取得某种预定的目标或效力的假设的可能性作为双方订立合同的基础时,如这种目标或效力已落空或肯定会落空,对于这种落空没有过失或受落空损害的一方,得解除履行合同的责任,除非发现当事人另有相反的意思表示。"

3. 不可抗力(force majeure)

由于情势变迁和合同落空在国际上没有统一的认定标准,因而在国际商事交往中往往约定不可抗力,以此作为违约的免责条件。不可抗力是指当事人在缔结合同时不能预见、不能避免并不能克服的客观情况。不可抗力事故包括两种情况:第一,由自然原因引起的,包括地震、暴风、火灾、洪水等;第二,由社会原因引起的,包括战争、罢工、政府禁运等。

不可抗力事件可引起全部免责、部分免责和延迟履行合同三种法律后果:但是,因不可抗力而不能履行或不能完全履行合同的一方当事人,应及时通知对方以减轻其损失,并在合理期限内提供相关证明。

CISG第79条第5款的规定:当事人因不可抗力原因不履行义务时仅得以免除损害赔偿责任,而任何一方行使其他救济方法的权利不受妨碍。

此外,由于各国法律关于不可抗力或类似问题的法律规定不尽相同,往往会导致纠纷。为此,《合同通则》第7.1.7条对不可抗力专门作出下述四点规范:

(1)不可抗力是一方当事人不履行的抗辩。构成不可抗力需具备四个条件:①非该方当事人所能控制的障碍所致;②无法合理地预见;③无法合理地避免;④无法克服该障碍及其影响。这四个条件须同时具备,缺一不可。如果一方当事人能证明上述事宜,则应免除其责任。

(2)若上述障碍所造成的不可抗力只是暂时的,免责只在一个合理的期限内具有效力。

(3)主张不可抗力而免除履行的一方当事人,必须将障碍及对其履约能力的影响通知另一方当事人。若另一方当事人在合理时间内未收到前述通知,则由此而导致的损害应由一方当事人负赔偿责任。

(4)不可抗力规定并不妨碍一方当事人行使终止合同、拒绝履行或对到期应付款项要求支付利息的权利。

Article 7.1.7 of the Unidroit PICC

(1) Non-performance by a party is excused if that party proves that the nonperformance was due to an impediment beyond its control and that it could not reasonably be expected to have taken the impediment into account at the time of the conclusion of the contract or to have avoided or overcome it or its consequences.

(2) When the impediment is only temporary, the excuse shall have effect for such period as is reasonable having regard to the effect of the impediment on the performance of the contract.

(3) The party who fails to perform must give notice to the other party of the impediment and its effect on its ability to perform. If the notice is not received by the other party within a reasonable

time after the party who fails to perform knew or ought to have known of the impediment, it is liable for damages resulting from such non-receipt.

(4) Nothing in this article prevents a party from exercising a right to terminate the contract or to withhold performance or request interest on money due.

【案例分析】

案例 4-1

某公司向美国某贸易商出口工艺品一批,我方于周一上午 10 时以自动电传向美商发盘,公司原定价为每单位 500 美元 CIF 纽约,但我方工作人员由于疏忽而误报为每单位 500 元人民币 CIF 纽约,问在下述三种情况下应如何处理较为妥当:

(1) 如果是在当天下午发现问题,应如何处理?

(2) 如在第二天上午 9 点发现,客户尚未接受,应如何处理?

(3) 如在第二天上午 9 点发现,客户已经接受,应如何处理?

案例 4-2

3 月 10 日,我国陕西某进出口公司(以下简称"我方")应荷兰某客商(以下简称"对方")的请求,报出某初级产品的实盘:数量 100 公吨,每公吨 CIF 鹿特丹人民币 2 000 元,麻袋装,即期装运,不可撤销即期信用证。

3 月 13 日,对方接到我方报盘后发来回电,没有表示接受,而再三请求我方增加数量,降低价格,并延长装运期。3 月 20 日,我方回电,同意将数量增至 200 公吨,价格减至每公吨 CIF 鹿特丹人民币 1 900 元,装运期延长到 5 月底。3 月 22 日对方回电,仍然没有表示接受,要求再降低价格,并延长装运期。3 月 28 日,我方回电表示价格不能再降,但装运期可延长到 6 月 20 日,并声明 4 月 28 日复到有效。对方没有立即回电。直到 4 月 20 日,对方来电接受我方 3 月 28 日的发盘,但附加了包装条件为"需提供良好适合海洋运输的包装"。

我方在接到对方接受电报时,发现该产品主产国因遭受自然灾害而影响了该商品的产量,导致该产品的国际市场价格已猛涨,于是我方拒绝成交,并复电称:"由于世界市场的变化,货物在接到贵方接受电报前已售出。"

但对方不同意这一说法,认为接受是在要约有效期内做出的,因而是有效的,坚持要求我方按要约的条件履行合同。并提出,要么执行合同,要么赔偿对方差价损失 20 万余元人民币,否则提交仲裁机构解决。

我方公司回电,提出我方的发盘未注明"Firm Offer"(实盘)字样,并强调中国的习惯做法是:"凡国外的订单都需要以我方最后确认为准",所以合同无效。此案件该如何处理?

Case 4-3　　　　Is There Any Contract Between the Parties

Company X sent Company Y a letter as an offer to sell 10 tons cotton for US $20000. After receiving the letter, Company Y immediately sent a telegram to Company X purporting to accept the offer. However, the telegram company erroneously delivered the telegram to Company Z. Five days later, the market price of cotton increased a lot. Company X mailed a letter to Company Y to revoke the original offer. The letter of revocation was received by Company Y.

Question

Is there any contract between Company X and Company Y?

Answer and Analysis

It depends on whether postal rule or receipt rule would apply here.

If postal rule applied, the acceptance was effective because the telegram had been sent. Therefore, the contract was made between Company X and Company Y.

If receipt rule applied here, the telegram delivered could not be an effective acceptance because it had been erroneously delivered to Company Z. Moreover, the revocation of acceptance was received by Company Y before it received the telegram, therefore, there was no contract between Company X and Company Y.

第五章 国际货物买卖法
Chapter Five Law of International Sale of Goods

【本章要点】

- 国际货物买卖法的渊源
- 国际货物买卖合同的成立
- 买卖双方的义务
- 违约及其救济方法
- 货物所有权与风险的转移

Key Terms

CISG is the United Nations Convention on Contracts for the International Sale of Goods, which providing legal rules governing sales contracts for goods (not services or warranty work) between businesses from two different signatory nations, unless the parties' contract excludes CISG provisions.

Incoterms 2000 is a set of uniform rules for the interpretation of international commercial terms defining the costs, risks, and obligations of buyers and sellers in international transactions. Developed by the International Chamber of Commerce (ICC), and first published in 1936, these rules have been periodically revised to account for changing modes of transport and document delivery. The current version is Incoterms2000.

Offer is a proposal for concluding a contract addressed to one or more specific persons constitutes an offer if it is sufficiently definite and indicates the intention of the offeror to be bound in case of acceptance.

Acceptance is a statement or conduct by the offeree indicating assent that if communicated to the offeror.

Breach of Contract is committed when a party without lawful excuse fails or refuses to perform what is due from him under the contract, or performs defectively or incapacitates himself from performing.

Remedy is the manner in which a right is enforced or satisfied by law when some harm or injury, recognized by society as a wrongful act, is inflicted upon an individual.

第一节　概　述

5.1　Introduction to Law of International Sale of Goods

国际货物买卖法作为国际贸易法的重要组成部分,是所有调整国际货物买卖关系的法律规范的总称。从法律渊源角度,它包括调整国际货物买卖的国内法、国际公约、国际贸易惯例等三个部分的法律规范。

国际货物买卖是传统和古老的国际贸易方式,其中"货物"一般指有形的和可以移动的物,其范围非常广泛,只要相关国内法不禁止即可以作为买卖的标的。"国际性"可以有很多标准,如以当事人营业地为标准、以行为发生地为标准、以货物跨越国境为标准,或以当事人国籍为标准,等等。CISG 以当事人的营业地为标准,规定国际货物买卖合同是指营业地分处于不同国家的当事人之间订立的合同。

一、国际货物买卖法的渊源

国际货物买卖法的渊源是指国际货物买卖法的表现形式,包括国内法、国际公约和国际贸易惯例三部分。

（一）国内立法

1. 大陆法系的国内立法

国际货物买卖法属于商法范畴,大陆法系有民商合一和民商分立两种立法模式。在实行民商分立立法模式的国家,除民法典外,还制定单独的商法典,民法的规定适用于商法,商法典作为民法的特别法,对商事行为补充规定。例如,《法国民法典》、《法国商法典》、《日本民法》、《日本商法》等。《日本民法》在第三篇"债权"第二节契约中,就契约的成立、契约的效力、契约的解除作了规定,第三节"买卖"对总则、买卖的效力、买回作了规定。《日本商法》第三篇"商行为"就对属于商行为的买卖所涉及的特殊问题作了规定。在大陆法系的实行民商合一立法模式的国家,买卖法通常是作为民法典的一部分,在债篇中加以规定,如《瑞士债务法典》、《意大利民法典》、《土耳其民法典》、《泰国民法典》等。

2. 英美法系国内立法

这包括判例法和制定法两部分。英美法系没有民法和商法的划分,除了以法院判例形成的普通法原则外,还通过颁布单行法规的形式制定了货物买卖法。典型的制定法如《1893 年英国货物买卖法》(Sale of Goods Act 1893)、《美国统一商法典》(Uniform Commercial Code, UCC)等。

《1893 年英国货物买卖法》是资本主义国家最早的货物买卖法之一,是对英国法院数百年来判例的整理编撰,该法为英美法系各国制定各自的买卖法提供了一个样板。曾被美国 36 个州采用的 1906 年《美国统一货物买卖法》(Uniform Sale of Goods Act),就是以 1893 年英国货物买卖法为蓝本制定的。《1893 年英国货物买卖法》经过多次修改补充,在英美法系国家的买卖法中至今仍具有重大影响。现行的是 1995 年 1 月 3 日生效的《1979 年货物买卖法》的 1995 年修订本。该法包括契约的成立、契约的效力、契约的履行、未收货款的卖方对货物的权利、对违约的诉讼、补充共有 6 个部分 62 条,涵盖货物买卖法的主要内容。

UCC 由美国统一州法全国委员会与美国法学会从 1942 年起联合起草,1952 年正式公布后多次修改。但是,该法典不同于大陆法国家的商法典,它不是由美国国会通过的法律,而只是由一些法律团体起草,供各州自由采用的一部样板法。因为美国是联邦制国家,根据美国宪法的规定,有关贸易方面的立法权原则上属于各州,联邦只对涉及州际之间的贸易与国际贸易的事项享有立法权。所以,各州有权自主决定是否采用 UCC。现在美国 50 个州中,除保持大陆法传统的路易斯安那州外,其他各州均采用美国统一商法典。

买卖法是 UCC 第二篇,它是该法典 10 篇条文的中心与重点。该篇共分 7 章,包含 104 条规定,是 UCC 各篇中篇幅最长的一篇,内容相当丰富。"买卖"篇的一个重要特点是,从过去的统一货物买卖法强调所有权,转向强调债权。该篇主要是规范以商品买卖为目的的合同所产生的买卖双方权利与义务的法律制度,该篇同时集中概括了美国合同法的主要规定,包含了许多合同法的内容,对买卖合同的成立、履行、变更与解释等一系列重要问题作出了具体规定。

该法典是世界上最著名的法典之一。著名国际贸易法学家施米托付称赞 UCC"成为西方世界最先进的商法,尽可能地接近商业现实"。该法典对 1980 年《联合国国际货物买卖合同公约》(CISG)影响很大。有西方学者甚至认为,任何一个对 UCC 体例和内容较为熟悉的律师,都会发现 CISG 中几乎没有什么新东西①。

3. 中国国内立法

我国没有制定专门的商法典,现行有关货物买卖的法律规范主要规定在《中华人民共和国民法典》中。1988 年,我国加入了 CISG。我国的公司、企业或其他经济组织在对外签订货物买卖合同时,可以选择 CISG 作为该合同适用的法律。对于公约的未尽事项,仍要适用我国《民法典》的有关规定。

中国是批准 CISG 的最早成员国之一。中国政府曾派代表参加了 1980 年召开的维也纳会议,并于 1986 年 12 月向联合国秘书长递交了关于 CISG 的核准书,成为 CISG 缔约国。值得注意的是,中国在核准该公约时,根据 CISG 第 95 条与第 96 条,对该公约提出了两项重要的保留:

第一,关于合同书面形式的保留。中国曾经坚持认为,订立国际货物买卖合同必须采取书面形式。根据 CISG 第 11 条的规定,国际货物买卖合同不一定以书面形式订立或以书面证明,在形式方面不受任何其他条件的限制。可见,公约对国际货物买卖合同没有提出任何特定的形式要求。无论采取口头形式或采取书面形式订立合同都是有效的。公约的这些规定,与当时中国涉外经济合同法关于涉外经济合同,包括国际货物买卖合同在内,必须采用书面形式订立的规定是不一致的。因此,公约的上述规定对中国不适用。但是,中国 1999 年新《合同法》第 10 条已经不再对合同要求必须采用书面形式,已经与公约第 11 条的规定一致。我国《民法典》第 469 条明确规定:当事人订立合同,可以采用书面形式、口头形式或者其他形式。法律、行政法规规定采用书面形式的,应当采用书面形式。当事人约定采用书面形式的,应当采用书面形式。但法律、行政法规规定或当事人约定采用书面形式,而当事人未采用书面形式但一方已履行其主要义务,对方接受的,合同成立。因此,我国的上述保留已经失去意义,2013 年 1 月中国政府正式通知联合国秘书长撤回了上述保留声明。

第二,关于公约适用范围的保留。中国认为 CISG 的适用范围仅限于双方的营业地分处

---

① Michael Bridge, 1999, *the International Sale of Goods - Law and Practice*, Oxford University Press, p. 51.

于不同缔约国的当事人之间所订立的货物买卖合同。根据 CISG 第 1 条第 1 款(a)项的规定,如果合同双方当事人的营业地处于不同的国家,而且这些国家都是该公约的缔约国,该公约就适用于他们之间订立的货物买卖合同。对于这一点,中国是赞同的,没有任何异议。但是,该款中的(b)项又规定,只要双方当事人的营业地处于不同的国家,即使他们的营业地所在国不是公约的缔约国,但是如果根据国际私法的规则导致适用某一缔约国的法律,则该公约亦将适用于这些当事人之间订立的国际货物买卖合同。对此,中国在核准该公约时也提出了保留。

Declarations and Reservations

Upon approving the CISG Convention, the People's Republic of China declared that it did not consider itself bound by sub-paragraph (b) of paragraph (1) of article 1 and article 11, nor the provisions in the Convention relating to the content of article 11. China has filed an Article 95 declaration and a declaration on the general subject of Article 96.

"The People's Republic of China does not consider itself to be bound by subparagraph (b) of paragraph 1 of article 1." This is an authorized Article 95 declaration. It restricts the role of private international law in determining the applicability of the CISG when both contracting parties do not have their relevant places of business in Contracting States.

"The People's Republic of China does not consider itself bound by article 11 as well as the provision of the Convention relating to the content of article 11." This declaration by China is a requirements-as-to-form declaration that is like the Article 96 declarations taken by various other countries. The declaration means that in China only written form contract is recognized.

No Written Form Restriction

Generally, according to Article 10 of China Contract Law, parties may conclude a contract in written, oral or any other form. The work left is purely technical. It has not been clear yet whether MOFTEC or the Ministry of Foreign Affairs will declare China's withdrawal of the former reservation to the depository of the CISG.

The strict restriction of contract form encountered more and more challenges in practice when people can use more advanced communication channels. Parties may try alternative ways to negotiate with each other. If the courts ignore the unauthorized routines, then the context of contract may not reflect the parties' real intention. It was said that in practice, if the parties did not argue the validity of their contract form, and one party had performed most of his obligations, even if part of the contract was oral, courts would not query the validity of contractual form. As a matter of fact, academics have already observed the trend of "non-strict contractual form" doctrine in other countries' legislation and international treaties, e. g. the CISG. The new contract law finally follows up the actual changes in practice. Meanwhile some kinds of foreign economic contracts or valuable contracts are still limited to the written form, e. g., joint venture contracts, in order to guarantee the safety of the transaction and to coordinate it with other specific statutes of China, such as the Insurance Law adopted in 1995. [1]

---

[1] Ding Ding, *China and CISG*, CISG and China: Theory and Practice, Michael R. Will ed., Faculté de droit, Université de Genève (1999).

（二）国际公约

国际上很早就产生了有关货物买卖的公约,但有关国际货物买卖的国际公约都属于任意性法律规定,没有强制力,由货物买卖双方当事人自由选择是否采用。

目前,国际上有 3 项关于国际货物买卖的国际公约。它们是 1964 年《国际货物买卖统一法公约》(ULIS)、《国际货物买卖合同成立统一法公约》(ULS)以及 1980 年《联合国国际货物买卖合同公约》(CISG)。由于种种原因,前两项公约没有能够被广泛接受。1980 年 CISG 是迄今为止关于国际货物买卖的一个最重要的国际公约。其宗旨是:以建立新的国际经济秩序为目标,在平等互利的基础上发展国际贸易,促进各国间的友好关系。该公约于 1980 年 3 月在维也纳获得通过,1988 年 1 月 1 日起生效。由于核准或参加这一公约的国家越来越多,它对国际贸易的影响也会越来越大。

1. 1980 年 CISG 的缔约方

截至 2022 年 6 月底,核准和参加该公约的国家共有 95 个。[①]

State	Notes	Signature	Ratification, Accession (*), Approval (＋), Acceptance (╪) or Succession(§)	Entry into force
Albania			13/05/2009(*)	01/06/2010
Argentina	(a)		19/07/1983(*)	01/01/1988
Armenia	(a),(b)		02/12/2008(*)	01/01/2010
Australia			17/03/1988(*)	01/04/1989
Austria		11/04/1980	29/12/1987	01/01/1989
Azerbaijan			03/05/2016(*)	01/06/2017
Bahrain			25/09/2013(*)	01/10/2014
Belarus	(a)		09/10/1989(*)	01/11/1990
Belgium			31/10/1996(*)	01/11/1997
Benin			29/07/2011(*)	01/08/2012
Bosnia and Herzegovina			12/01/1994(§)	06/03/1992
Brazil			04/03/2013(*)	01/04/2014
Bulgaria			09/07/1990(*)	01/08/1991
Burundi			04/09/1998(*)	01/10/1999
Cameroon			11/10/2017(*)	01/11/2018
Canada	(c)		23/04/1991(*)	01/05/1992
Chile	(a)	11/04/1980	07/02/1990	01/03/1991
China	(b)	30/09/1981	11/12/1986(＋)	01/01/1988
Colombia			10/07/2001(*)	01/08/2002

[①]　The status of signatories is listed at ＜ www. uncitral. org ＞ at July 2022 and is updated whenever the UNCITRAL Secretariat is informed of changes in status of the Convention.

Conitued

State	Notes	Signature	Ratification，Accession（*），Approval（+），Acceptance（∓) or Succession(§)	Entry into force
Congo			11/06/2014(*)	01/07/2015
Costa Rica			12/07/2017(*)	01/08/2018
Croatia			08/06/1998(§)	08/10/1991
Cuba			02/11/1994(*)	01/12/1995
Cyprus			07/03/2005(*)	01/04/2006
Czechia			30/09/1993(§)	01/01/1993
Democratic People's Republic of Korea	(a)		27/03/2019(*)	01/04/2020
Denmark	(d)	26/05/1981	14/02/1989	01/03/1990
Dominican Republic			07/06/2010(*)	01/07/2011
Ecuador			27/01/1992(*)	01/02/1993
Egypt			06/12/1982(*)	01/01/1988
El Salvador			27/11/2006(*)	01/12/2007
Estonia			20/09/1993(*)	01/10/1994
Fiji			07/06/2017	01/07/2018
Finland	(d)	26/05/1981	15/12/1987	01/01/1989
France		27/08/1981	06/08/1982(+)	01/01/1988
Gabon			15/12/2004(*)	01/01/2006
Georgia			16/08/1994(*)	01/09/1995
Germany	(e)	26/05/1981	21/12/1989	01/01/1991
Ghana		11/04/1980		
Greece			12/01/1998(*)	01/02/1999
Guatemala			11/12/2019(*)	01/01/2021
Guinea			23/01/1991(*)	01/02/1999
Guyana			25/09/2014(*)	01/10/2015
Honduras			10/10/2002(*)	01/11/2003
Hungary		11/04/1980	16/06/1983	01/01/1988
Iceland	(d)		10/05/2001(*)	01/06/2002
Iraq			05/03/1990(*)	01/04/1991
Israel			22/01/2002(*)	01/02/2003
Italy		30/09/1981	11/12/1986	01/01/1988
Japan			01/07/2008(*)	01/08/2009

Conitued

State	Notes	Signature	Ratification, Accession（*）, Approval（十）, Acceptance（丰）or Succession（§）	Entry into force
Kyrgyzstan			11/05/1999（*）	01/06/2000
Latvia			31/07/1997（*）	01/08/1998
Lao People's Democratic Republic	（b）		24/09/2019（*）	01/10/2020
Lebanon			21/11/2008（*）	01/12/2009
Lesotho		18/06/1981	18/06/1981	01/01/1988
Liberia			16/09/2005（*）	01/10/2006
Liechtenstein			30/04/2019（*）	01/05/2020
Lithuania			18/01/1995（*）	01/02/1996
Luxembourg			30/01/1997（*）	01/02/1998
Madagascar			24/09/2014（*）	01/10/2015
Mauritania			20/08/1999（*）	01/09/2000
Mexico			29/12/1987（*）	01/01/1989
Mongolia			31/12/1997（*）	01/01/1999
Montenegro			23/10/2006（§）	03/06/2006
Netherlands		29/05/1981	13/12/1990（丰）	01/01/1992
New Zealand			22/09/1994（*）	01/10/1995
North Macedonia			22/11 – 2006（§）	17/11/1991
Norway	（d）	26/05/1981	20/07/1988	01/08/1989
Paraguay	（a）		13/01/2006（*）	01/02/2007
Peru			25/03/1999（*）	01/04/2000
Poland		28/09/1981	19/05/1995	01/06/1996
Portugal			23/09/2020（*）	01/10/2021
Republic of Korea			17/02/2004（*）	01/03/2005
Republic of Moldova			13/10/1994（*）	01/11/1995
Romania			22/05/1991（*）	01/06/1992
Russian Federation	（a）		16/08/1990（*）	01/09/1991
Saint Vincent and the Grenadines	（b）		12/09/2000（*）	01/10/2001
San Marino			22/02/2012（*）	01/03/2013
Serbia			12/03/2001（§）	27/04/1992
Singapore	（b）	11/04/1980	16/02/1995	01/03/1996
Slovakia	（b）		28/05/1993（§）	01/01/1993
Slovenia			07/01/1994（§）	25/06/1991

Conitued

State	Notes	Signature	Ratification, Accession (＊), Approval (＋), Acceptance (≠) or Succession(§)	Entry into force
Spain			24/07/1990(＊)	01/08/1991
State of Palestine			29/12/2017(＊)	01/01/2019
Sweden	(d)	26/05/1981	15/12/1987	01/01/1989
Switzerland			21/02/1990(＊)	01/03/1991
Syrian Arab Republic			19/10/1982(＊)	01/01/1988
Türkiye			07/07/2010(＊)	01/08/2011
Turkmenistan			04/05/2022(＊)	01/06/2023
Uganda			12/02/1992(＊)	01/03/1993
Ukraine	(a)		03/01/1990(＊)	01/02/1991
United States of America	(b)	31/08/1981	11/12/1986	01/01/1988
Uruguay			25/01/1999(＊)	01/02/2000
Uzbekistan			27/11/1996(＊)	01/12/1997
Venezuela(Bolivarian Republic of)		28/09/1981		
Vietnam	(a)		18/12/2015(＊)	01/01/2017
Zambia			06/06/1986(＊)	01/01/1988

Parties: 95

Notes

(a) This State declared, in accordance with articles 12 and 96 of the Convention, that any provision of article 11, article 29 or Part II of the Convention that allowed a contract of sale or its modification or termination by agreement or any offer, acceptance or other indication of intention to be made in any form other than in writing, would not apply where any party had his place of business in its territory.

(b) This State declared that it would not be bound by paragraph 1 (b) of article 1.

(c) Upon accession, Canada declared that, in accordance with article 93 of the Convention, the Convention would extend to Alberta, British Columbia, Manitoba, New Brunswick, Newfoundland and Labrador, Nova Scotia, Ontario, Prince Edward Island and the Northwest Territories. In a declaration received on 9 April 1992, Canada extended the application of the Convention to Quebec and Saskatchewan. In a notification received on 29 June 1992, Canada extended the application of the Convention to the Yukon Territory. In a notification received on 18 June 2003, Canada extended the application of the Convention to the Territory of Nunavut.

(d) Denmark, Finland, Iceland, Norway and Sweden declared that the Convention would not apply to contracts of sale or to their formation where the parties have their places of business in Denmark, Finland, Iceland, Norway or Sweden.

(e) Upon ratifying the Convention, Germany declared that it would not apply article 1, paragraph 1 (b) in respect of any State that had made a declaration that that State would not apply article 1, paragraph 1 (b).

2. CISG 的适用范围

该公约分为四个部分:①适用范围;②合同的成立;③货物买卖;④最后条款。全文共有 101 条。按其规定,公约适用范围如下。

(1)缔约国中营业地分处不同国家的当事人之间的货物买卖;或

(2)由国际私法规则导致适用某一缔约国法律。这项规定的目的是扩大公约的适用范围,使该公约不仅适用于营业地处在缔约国的当事人之间所订立的买卖合同,而且还有可能适用营业地处于非缔约国的当事人之间所订立的买卖合同。只要根据国际私法的规则导致该合同适用任何一个缔约国的法律,例如,根据合同的订立地或履行地法导致适用某一缔约国的法律即可。

(3)货物买卖。公约没有对货物、买卖,也没有对买卖合同作出定义,有些问题有待探讨①。所谓货物,各国法律有不同规定,通常指有形动产,包括尚待生产与制造的货物。公约用排除法,列举了不适用公约的货物买卖:①股票、债券、票据、货币和其他投资证券的交易;②船舶、飞机、气垫船的买卖;③电力的买卖;以及④卖方的主要义务在于提供劳务或其他服务的买卖。

此外,公约不适用以下列形式进行的货物买卖:①仅供私人、家人或家庭使用的货物买卖。这意味着总经销商和零售商之间的消费品销售合同将会被认为属于商业合同,并受到 CISG 管辖,而向单个消费者出售消费品的合同则不受 CISG 管辖。它同样意味着向一家公司出售一辆商业用途的汽车可能会受到 CISG 的管辖,但是,如果同一辆汽车是销售给个人的,并用于个人和私人用途,那么就不会受 CISG 的管辖②。②由拍卖方式进行的销售;③根据法律执行令状或其他令状的销售。

(4)就买卖合同而言,公约仅适用合同的订立和买卖双方的权利、义务,而不涉及:①合同的效力,或其任何条款的效力或惯例的效力;②合同对所有权的影响;③货物对人身造成伤亡或损害的产品责任问题。

凡公约未涉及的问题,可依照双方业已同意的惯例或依据合同适用的国内法予以解决。国际货物买卖合同的内容不仅是通过隐含的条款,而且还可以通过习惯和惯例得以明确③。

3. CISG 公约的性质和效力

根据公约第 6 条规定,双方当事人可以约定不适用公约,虽然他们的营业地所在国是缔约国,他们也可以减损公约的任何规定或改变其效力,但必须尊重营业地所在缔约国已经作出的保留。由此可见,公约虽然具有法律约束力,但只是一种任意性的规定,因为公约可以被合同当事人任意取舍,只受缔约国保留条款的影响。需要注意的是,如果符合公约规定的当事人不对公约的适用作出明示排除,公约就可以自动予以适用。

(三)国际贸易惯例

国际贸易惯例是国际买卖法的渊源之一。国际贸易惯例是在长期的国际贸易实践中形成的习惯做法,不具有普遍的法律约束力,通常由当事人在实践中选择适用;而且,一经选择,即对当事人具有约束力。现在的国际贸易惯例,经过整理、编纂,大多表现为书面的成文形式。

---

① Michael Bridge, 1999, *the International Sale of Goods-Law and Practice*, Oxford University Press, p. 68.

② Ibid, p. 70.

③ Ibid, p. 98.

其主要作用是:一方面,可以补充现有法律规定的不足,明确合同条款具有的含义,更好地确定当事人的意图和权利义务关系;另一方面,国际贸易惯例促进了国际贸易规则的统一,减少了当事人的分歧和争议。

在国际货物买卖中,双方当事人可以在他们的买卖合同中规定采用某种国际贸易惯例,用以确定他们之间的权利与义务。

1.《国际贸易术语解释通则》(International Rules for The Interpretation of Trade Terms, INCOTERMS)

《国际贸易术语解释通则》是由国际商会(ICC)在1936年制定的,后于1953年、1967年、1976年与1980年、1990年、2000年和2010年作了7次修订。该通则2000版即Incoters 2000对内陆交货(如工厂交货EXW)、装运港船上交货(如FOB)以及成本加运费与保险费交货等13种贸易术语作了详细的解释,具体地规定了买卖双方在交货方面的权利与义务。该通则在国际上已经得到广泛的承认与采用,是国际货物买卖的最重要的贸易惯例。

现行文本是《2010年国际贸易术语解释通则》(INCOTERMS 2010),2010年9月27日公布、2011年1月1日实施。

2.《华沙-牛津规则》(Warsaw-Oxford Rules)

《华沙-牛津规则》是国际法协会在1932年制定的,在国际上曾经有较大的影响。但现在由于INCOTERMS的普遍适用而逐渐失去影响。1928年,该协会在华沙举行会议,制定了有关CIF买卖合同的统一规则,共有22条,称为1928年《华沙规则》。后经1930年的纽约会议、1931年的巴黎会议与1932年的牛津会议修订为21条,因此,定名为《华沙-牛津规则》。该规则完全是针对"成本加运费、保险费合同(CIF)"制定的。它对CIF合同中买卖双方所承担的责任、费用与风险作出了详细的规定。

3.《1941年美国对外贸易定义修正本》(Revised American Foreign Trade Definitions 1941)

1919年,美国9个大商业团体制定了《美国出口报价及其缩写条例》(The U. S. Export Quotation and Abbreviations)。1941年美国第26届全国对外贸易会议对该条例作了修订,称为《1941年美国对外贸易定义修正本》。该正本为美国商会、美国进口商协会与全国对外贸易协会所组成的联合委员会采用,并由全国对外贸易协会予以发行。它对以下六种贸易术语作出了解释:

(1) Ex (Point of Origin) 产地交货

(2) F. O. B. (Free On Board) 在运输工具上交货

(3) F. A. S (Free Along Side) 在运输工具旁交货

(4) C & F (Cost and Freight) 成本加运费

(5) CIF (Cost, Insurance, Freight) 成本加保险费、运费

(6) Ex Dock (Named Port of Importation) 目的港码头交货

二、《2000年国际贸易术语解释通则》(INCOTERS 2000)

(一) 国际贸易术语简介

国际贸易术语属于国际贸易惯例,表现为一组字母和简短概念的组合。贸易术语又被称为"价格术语"或"交货条件"。国际贸易术语的主要功能在于划分买卖合同双方当事人之间的责任、风险、费用,并反映价格构成、交货条件。在国际货物买卖合同中,国际贸易术语,它构

成了合同条款的重要组成部分。

贸易术语的使用,大大简化了当事人的贸易谈判、合同订立的过程,同时明确了买卖双方相关的权利义务。应该注意的是,国际贸易术语属于国际贸易惯例,具有选择性、非强制约束的特点;同时,某些具体术语在不同的规则中具有不同的含义。例如,CIF 术语在 INCOTERMS、《华沙-牛津规则》、《1941 年美国对外贸易定义修正本》中含义各不相同。因此,在使用某一具体术语时,应注明选择的是哪一"版本",否则可能产生争议。

与普通法系国家进行国际贸易时,尤其需要注意的是,在普通法国家,如英国,在国际贸易术语方面存在其自己的判例法,在国际贸易合同当事人没有明确适用哪一规则时,法院往往适用其判例法,从而可能与当事人的真实意图相违背。例如,如不特别注明,香港法院即适用香港有关贸易术语的判例法。

(二) Incoterms 2000

国际贸易术语的分类,可以有很多方法。INCOTERMS2000 采用的是,按卖方承担义务由小到大,用英语字母 E、F、C、D 排列,将 13 个贸易术语分成四组的分类方法。

(1) E 组。该组只有一个贸易术语 EXW,全称为 EX Works(named place),意思是工厂交货(指定地点)。

(2) F 组。包括三个贸易术语:FAS,全称为 Free Along-side Ship(named port of shipment),意思是船边交货(指定装运港);FOB,全称为 Free on Board(named port of shipment),意思是船上交货(指定装运港);FCA,全称为 Free Carrier(named place),意思是货交承运人(指定地点)。

(3) C 组。包括四个贸易术语:CFR,全称为 Cost and Freight(named port of destination),意思是成本加运费(指定目的港);CIF,全称为 Cost, Insurance and Freight(named port of destination),意思是成本、保险费加运费(指定目的港);CPT,全称为 Carriage Paid to(named place of destination),意思是运费付至(指定目的地);CIP,全称为 Carriage Insurance Paid to(named place of destination),意思是运费、保险费付至(指定目的地)。

(4) D 组。包括五个贸易术语:DAF,全称为 Delivered at Frontier(named place),意思是边境交货(指定地点);DES,全称为 Delivered Ex Ship(named port of destination)为,意思是目的港船上交货(指定目的港);DEQ,全称为 Delivered Ex Quay(Duty Paid)(named port of destination),意思是目的港码头交货(关税已付)(指定目的港);DDU,全称为 Delivered Duty Unpaid(named place of destination),意思是未完税交货(指定目的地);DDP,全称为 Delivered Duty Paid(named place of destination),意思是完税后交货(指定目的地)。

(三) Incoterms 2010

与 Incoterms 2000 相比,Incoterms 2010 在术语分类方面做了调整,由原来的 EFCD 四组分为两类,分别适用于各种运输方式和水运;而且,贸易术语的数量由原来的 13 种变为 11 种。

1. 两个新的贸易术语——DAT 与 DAP

DAT 和 DAP 取代了 Incotrms 2000 中的 DAF、DES、DEQ 和 DDU 规则。国际贸易术语的数量从 13 个减至 11 个,这是因为 DAT(运输终点交货)和 DAP(目的地交货)这两个新规则取代了 Incoterms 2000 中的 DAF、DES、DEQ 和 DDU 规则。

在这两个新规则下,交货在指定目的地进行:在 DAT 术语下,买方处置运达并卸载的货物所在地（这与以前的 DEQ 规定的相同）；在 DAP 术语下，同样是指买方处置，但需做好卸货的准备（这与以前的 DAF、DES 和 DDU 规定的相同）。

新的规则使得 Incoterms 2000 中 DES 和 DEQ 变得多余。DAT 术语下的指定目的地可以是指港口，并且 DAT 可完全适用于 Incoterms 2000 中 DEQ 所适用的情形。同样地，DAP 术语下到达的"运输工具"可以指船舶，指定目的地也可以指港口，因此，DAP 可完全适用于 Incoterms 2000 中 DES 所适用的情形。与其前任规则相同，新规则也是"到货交付式"的，由买方承担所有费用，即买方承担全部费用（除了与进口清算有关的费用）以及货物运至指定目的地前所包含的全部风险。

2. Incoterms 2010 的 11 个术语

Incoterms 2010 的 11 个术语，分为显然不同的两类：

（1）适用于任一或多种运输方式的规则

EWX 工厂交货

FCA 货交承运人

CPT 运费付至

CIP 运费及保险费付至

DAT 目的地交货

DAP 所在地交货

DDP 完税后交货

这一类所包含的 7 个 Incoterms 2010 术语——EWX、FCA、CPT、CIP、DAT、DAP 和 DDP，可以适用于特定的运输方式，亦可适用于一种或同时适用于多种运输方式，甚至可适用于非海事运输的情形。但是需要注意，以上这些规则仅适用于存在船舶作为运输工具之一的情形。

（2）只适用与海运及内河运输的规则

FAS 船边交货

FOB 船上交货

CFR 成本加运费

CIF 成本、保险费加运费

而第二类术语中，交货点和把货物送达买方的地点都是港口，所以只适用于"海上或内陆水上运输"。FAS，FOB，CFR 和 CIF 都属于这一类。最后的三个术语，删除了以越过船舷为交货标准而代之以将货物装运上船。这更贴切地反映了现代商业实际且避免了风险在臆想垂线上来回摇摆这一颇为陈旧的观念。

3. 使用 Incoterms 2010 注意事项

尽管 Incoterms 2010 在多个方面有了明显改进，但其具体效果还难以判断。我们认为，在使用新版本后，以下几个问题值得关注：

第一，不存在新版本替代旧版本。ICC 的 Incoterms 属于国际惯例，效力上并不存在"新法取代旧法"，对当事人不产生必然的强制性约束力，在新旧版本交替之际，交易双方应就所使用的 Incoterms 版本在合同或信用证中给予明确，以免责任不清，产生纠纷影响合同的履行。

第二，风险临界点仍需确定。本次修订删除了 FOB，CFR 和 CIF 项下的船舷界限，但在装运港作业时的意外风险仍可能存在，那么风险如何划分，即所谓临界点的问题，仍不可避免。

新版本意图将具体问题留待当事人自行解决,这就需要双方在订立合同时考虑该问题,必要时可在商定的基础上另行规定双方认可的风险临界点。

第三,电子文件取代纸文件。通则的早期版本对所需单据进行了规定,这些单据可被电子数据交换信息替代。应国际贸易市场的电子货运趋势,Incoterms 2010赋予电子通信方式完全等同的功效,只要各方当事人达成一致,电子文件就可取代纸张文件。这一规定有利于新的电子单证的演变发展。

第四,重视适用于各种运输方式的贸易术语的使用。随着国际贸易运输方式的发展变化,即集装箱、多式联运和滚装船运输的广泛发展,以及很多处于内陆的国家或者地区、省份对外贸易的增多,常用贸易术语FCA、CPT、CIP将有取代FOB、CFR、CIF,成为一种新的趋势。因此,在实际业务中,因有意识地去使用FCA、CPT、CIP,而不是在应该用FCA、CPT、CIP时,仍不恰当地使用FOB、CFR、CIF,使买卖双方的责任无法真正明确下来,特别是增大了卖方的责任、风险、费用,为日后合同的履行埋下隐患。

虽然Incoterms 2010对商业界来说并非一次根本性变革,但它的实施可以让贸易双方更好地适应国际贸易实践领域的新变化,保持交易文件更新换代。当然,提单、货物保单及其他各种文件可以继续参考使用旧版的通则,也可以继续采用即将淘汰的DAF、DES、DEQ和DDU术语,但我们建议,我国的企业对新通则应该采取积极态度。

（四）几个常用贸易术语

1. FOB术语

FOB是海上运输最早出现的国际贸易术语,也是国际上普遍应用的贸易术语之一。FOB意思是船上交货（指定装运港）,全称是Free on Board（named port of shipment）,表明卖方在货物装上船时完成交货义务,其特性是要求买卖双方合作履行[1]。按照INTERCOMS 2000的规定,FOB合同中买卖双方承担的责任、风险和费用等概括如下:

卖方必须:①提供符合合同规定的货物和单证或相等的电子单证;②自负费用及风险办理出口许可证及其他货物出口手续,交纳出口捐、税、费;③按照约定的时间、地点,依照港口惯例将货物装上买方指定的船舶,并给买方以充分通知;④承担在装运港货物越过船舷以前的风险和费用。

买方必须:①支付货款,并接受卖方提供的交货凭证或相等的电子单证;②自负费用及风险取得进口许可证,办理进口手续,交纳进口的各种捐、税、费;③自费租船,并将船名、装货地点、时间给予卖方以充分通知;④承担在装运港货物越过船舷以后的风险和费用。

在国际货物买卖合同中使用FOB术语时应注意以下几个问题:

（1）注明FOB的"版本"。是INCOTERMS2000还是《1941年美国对外贸易定义修正本》中的FOB。后者应当在FOB后面加上"vessel"字样。

（2）两个充分通知问题。FOB术语中涉及两个充分通知:一个是买方租船后,应将船名、装货时间、地点给予卖方以充分通知;另一个是卖方在货物装船时给买方以充分通知。

（3）明确FOB的相关装船费用。现代,许多船舶是自行平舱的,所以平整货物的过程是自动进行的。货物一旦装上船舶就由买方承担责任[2]。

---

① Michael Bridge, 1999, *the International Sale of Goods-Law and Practice*, Oxford University Press, p.141.

② Ibid, p.144.

为了明确在租船运输时有关装船的费用划分,应当在 FOB 后加上附加条件,从而形成 FOB 的变形。例如 FOB 班轮条件(FOB liner terms)即装卸由班轮负责,卖方不负责装船费用;卖方负责装船费用时,可以选择 FOB 理舱(FOB stowed)或者 FOB 平舱(FOB trimmed)。

2. CIF 术语

CIF 术语是国际贸易中最通用的术语,全称是 Cost, Insurance and Freight(named port of destination),意思是成本、保险费加运费(指定目的港)。CIF 合同使卖方有义务将货物装运到指定的港口,并对货物以行业中的通常条款办理保险。卖方可以是连环贸易条件下的中间贸易商,而不是原托运人[①]。根据 INTERCOMS2000 的规定,买卖双方的责任、风险和费用概况如下:

卖方必须:①提供符合合同规定的货物和单证或相等的电子单证;②自负风险和费用办理出口许可证及其他货物出口手续,并交纳出口捐、税、费;③自费订立运输合同,将货物按惯常航线在指定日期装运至指定目的港,并支付运费;④自费投保、交纳保险费,如无明示的相反协议,按伦敦保险业《协会货物保险条款》投保海上运输的最低险别;⑤承担在装运港货物越过船舷以前的风险及除运费和保险费以外的费用。

买方必须:①支付货款,并接受卖方提供的交货凭证或相等的电子单证;②自负费用和风险取得进口许可证,办理进口手续,交纳进口的各种捐、税、费;③承担在装运港货物越过船舷以后的风险和除运费、保险费以外的费用。

使用 CIF 术语应注意如下几个问题:①在 CIF 术语中,替买方投保并支付保险费是卖方的一项义务。但是,当双方未就保险条款和投保险别加以约定时,卖方只负责按《伦敦保险业协会货物保险条款》投保海上运输的最低险别。买方如要投保其他险别或特种险,应在合同中说明并自负该项加保费用。②CIF 后的港口是目的港。指明运输费和保险费的计算是从装运港至目的港全程的运输费和保险费,而不是指卖方的交货地点。在 CIF 术语中,卖方的交货义务是在装运港将货物交到船上完成的。③CIF 也有其变形条件,它的主要作用是解决装船费用的负担问题。包括:CIF 班轮条件,指卸货费按班轮条件办理,即买方不负担卸货费;CIF 舱底交货,指货到目的港后,由买方负责卸货费用;CIF 并着陆条件,指卖方负责货到目的港岸上为止的卸货费用,包括驳船费用和码头捐。

(五)CFR 术语

CFR 全称是 Cost and Freight(named port of destination),意思是成本加运费(指定目的港)。CFR 术语与 CIF 术语的不同之处仅在于价格构成。CFR 术语的价格构成中不包括保险费,即买方要自行投保并支付保险费用,卖方对此不负责。除此之外 CFR 中买卖双方的义务都与 CIF 术语相同。

使用 CFR 术语应注意的问题是卖方的装船通知。与 FOB 合同一样,卖方要给买方货物装船的充分通知,否则,由此造成买方漏保货运险而引起的损失应由卖方承担。

FOB、CIF 和 CFR 的共同之处是:①适合海上运输或内河航运;②交货地点都是在装运港口;③风险划分都是以装运港的船舷作为界限;④交货性质属象征性交货,即卖方提交了代表货物所有权的凭证就等于履行了交货义务。运输合同项下的装运(以及办理保险),连同交付记载完成此类义务的单证,可以视为传统销售合同项下货物实际交付买方的替代[②]。

---

① Michael Bridge, 1999, *the International Sale of Goods-Law and Practice*, Oxford University Press, p. 205.

② Ibid.

（六）DAT 术语①

DAT 即 Delivered at Terminal（insert named terminal at port or place of destination），类似于取代了的 DEQ 术语，指卖方在指定的目的地或目的港的"运输终端"卸货后将货物交给买方处置即完成交货，术语所指目的地包括港口。卖方应承担将货物运至指定的目的地或目的港的"运输终端"的一切风险和费用（除进口费用外），并且卖方要负责将货物从到达的运输工具上卸下，所以卖方在签订运输合同时应注意运输合同与买卖合同相关交货点的协调。该术语不需要考虑特定的运输方式，可适应一种或者多种运输方式。"运输终端"指任何地方，包括但不限于：码头，仓库，集装箱堆场，公路，铁路或者空港。采用 DAT 术语，卖方没有订立保险合同的义务，但运输过程中的风险要由卖方承担。

（七）DAP 术语②

DAP 即 Delivered at Place（insert named place of destination），类似于取代了的 DAF、DES 和 DDU 三个术语，指卖方在指定的目的地交货。卖方应承担将货物运至指定的目的地的一切风险和费用（除进口费用外）；卖方不负责将货物从到达的运输工具上卸下，但要保证货物可供卸载。本术语适用于任何运输方式、多式联运方式及海运。该术语不需要考虑特定的运输方式。

Allocations of costs to buyer/seller according to Incoterms 2010

Incoterm 2010	Export customs declaration	Carriage to port of export	Unloading of truck in port of export	Loading on vessel in port of export	Carriage (Sea/Air) to port of import	Insurance	Unloading in port of import	Loading on truck in port of import	Carriage to place of destination	Import customs clearance	Import taxes
EXW	Buyer	Buyer	Buyer	Buyer	Buyer	Buyer	Buyer	Buyer	Buyer	Buyer	Buyer
FCA	Seller	Seller	Buyer	Buyer	Buyer	Buyer	Buyer	Buyer	Buyer	Buyer	Buyer
FAS	Seller	Seller	Seller	Buyer	Buyer	Buyer	Buyer	Buyer	Buyer	Buyer	Buyer
FOB	Seller	Seller	Seller	Seller	Buyer	Buyer	Buyer	Buyer	Buyer	Buyer	Buyer
CPT	Seller	Seller	Seller	Seller	Seller	Buyer	Buyer	Buyer	Buyer	Buyer	Buyer
CFR (CNF)	Seller	Seller	Seller	Seller	Seller	Buyer	Buyer	Buyer	Buyer	Buyer	Buyer
CIF	Seller	Seller	Seller	Seller	Seller	Seller	Buyer	Buyer	Buyer	Buyer	Buyer
CIP	Seller	Seller	Seller	Seller	Seller	Seller	Buyer/Seller	Buyer/Seller	Buyer	Buyer	Buyer
DAT	Seller	Seller	Seller	Seller	Seller	Seller	Seller	Buyer	Buyer	Buyer	Buyer
DAP	Seller	Seller	Seller	Seller	Seller	Seller	Seller	Seller	Seller	Buyer	Buyer
DDP	Seller	Seller	Seller	Seller	Seller	Seller	Seller	Seller	Seller	Seller	Seller/ Not including VAT/FAT

① "Delivered at Terminal" means that the seller delivers when the goods, once unloaded from the arriving means of transport, are placed at the disposal of the buyer at a named terminal at the named port or place of destination. "Terminal" includes a place, whether covered or not, such as a quay, warehouse, container yard or road, rail or air cargo terminal. The seller bears all risks involved in bringing the goods to and unloading them at the terminal at the named port or place of destination.

② "Delivered at Place" means that the seller delivers when the goods are placed at the disposal of the buyer on the arriving means of transport ready for unloading at the named place of destination. The seller bears all risks involved in bringing the goods to the named place.

第二节　国际货物买卖合同
5.2　Contract for International Sale of Goods

依据合同法一般原则,合同成立的条件是:当事人主体适格、意思表示一致,合同内容、形式合法。国际货物买卖合同的成立,也要遵循这些原则。但由于各国合同法律制度的巨大差异,CISG 难以对国际货物买卖合同成立的所有条件达成一致,目前只对合同当事人意思表示一致和合同的形式等问题达成一致,其余问题则由合同所适用的相关国内法调整。

一、合同当事人(Parties to Contract)

自然人、法人、国际组织和国家,都可以成为国际货物买卖合同的当事人。在我国,根据 2004 年修订的《对外贸易法》,对外贸易经营者包括依法从事对外贸易经营活动的法人、其他组织和个人。因此,任何法人、其他组织和个人,只要向有关部门提交从事对外贸易的备案申请,即可以获得外贸经营资格。

CISG 在第 1 条第 1 款对当事人提出了特殊要求:适用公约的国际货物买卖的当事人的营业地必须分处不同国家。同时,还要满足以下条件:①双方当事人的营业地分处公约的成员国领土上。如果只有一方营业地在公约的成员国领土上,或者都不在成员国领土上,则公约不能适用。或者②由国际私法规则导致适用某一缔约国的法律。这样合同的两个非缔约国当事人之间或者一方是非缔约国的当事人之间签订的国际货物买卖合同也可以适用该公约。但 CISG 第 95 条规定国家加入公约时可以对第 1 条(1)款(b)由国际私法规则导致适用某一缔约国法律而适用公约的规定作出保留。

CISG Article 1（1）

This Convention applies to contracts of sale of goods between parties whose places of business are in different States：(a) when the States are Contracting States；or (b) when the rules of private international law lead to the application of the law of a Contracting State.

二、合同形式(Forms of Contract)

合同形式在法律上分为要式原则和不要式原则,前者要求合同必须具备某种特定形式,后者不要求合同具有某种特定形式。从世界各国合同立法发展的趋势看,许多国家逐渐放松了对合同形式的要求。大多数国家法律对货物买卖合同基本上都采取了不要式原则,即合同无须按特定的形式和手续订立,当事人不论是采用口头方式、书面方式或者是以某种行为来订立买卖合同,都是合法有效的。

CISG 对合同订立的形式,采取了不要式原则为主、要式原则为辅的原则,即以合同形式自由为原则,以作出保留为例外。该公约第 11 条、第 12 条规定,买卖合同,包括其更改或终止,要约与承诺,或者其他意思表示,无须以书面订立或书面证明,在形式上也不受任何其他条件的限制,可以用包括人证在内的任何方法证明。由于一些国家的法律要求其对外贸易方面的合同必须采用书面形式,该公约特别规定了保留条款。我国政府在批准该公约时曾对上述内容提出了保留,由于我国新《合同法》对合同形式采取不要式原则,该保留已无实际意义,我国政府于 2013 年 1 月撤回了该项保留。

CISG Articles 11-12

Article 11　A contract of sale need not be concluded in or evidenced by writing and is not subject to any other requirement as to form. It may be proved by any means, including witnesses.

Article 12　Any provision of article 11, article 29 or Part II of this Convention that allows a contract of sale or its modification or termination by agreement or any offer, acceptance or other indication of intention to be made in any form other than in writing does not apply where any party has his place of business in a Contracting State which has made a declaration under article 96 of this Convention. The parties may not derogate from or vary the effect or this article.

三、要约与承诺(Offer and Acceptance)

国际货物买卖合同是双方当事人意思表示一致的结果。虽然签订合同的具体情形、过程不同,但从法律性质分析,合同的签订由要约与承诺两个主要过程组成。各国法律或国际公约,一般通过要约和承诺两个方面,对合同的成立予以规定。

(一) 要约

要约(offer),在外贸实践中又被称为发价、发盘,是指一方向另一方提出愿意按一定的条件与对方订立合同的建议。发出要约的一方称为要约人,其相对方称为受约人。根据 CISG,要约是要约人向一个或一个以上的特定人(受要约人)提出的订立合同的建议。

1. 构成要约的条件

一项要约一般应具备下述几个条件:内容确定,向特定人发出,表明如要约被承诺则要约人受其约束。

(1) 向一个或一个以上特定的人提出。所谓特定的人,是指受约人必须是特定人,即发约人在发约时必须把受约人特定化和明确化。要约的这项条件是将普通商业广告或向广大公众散发的商品目录、价目表等行为与要约区别开。普通商业广告是向广大公众发出的,不是向某一个或某几个特定的人发出的,其对象是广大公众,而不是特定的人。

与要约相联系的是要约邀请这一概念。要约邀请是希望他人向自己发出要约的意思表示。寄送的价目表、拍卖公告、招标公告、招股说明书、商业广告等通常为要约邀请。

许多国家的法律规定,普通的商业广告不属于要约,只是一项要约邀请。北欧各国认为普通商业广告是要约邀请[①];但是有些国家,例如英国和美国的判例则认为,商业广告原则上虽然不是一项要约,但如果广告的内容十分明确与肯定,则在某些例外的情况下,也可以视为一项要约。有普通法的案例认为,商业广告属于要约,要约可以向特定人发出,也可以向全世界发出。向特定人发出的要约,只能由特定人承诺,向全世界发出的要约。任何人都可以表示承诺[②]。我国现行合同法第 15 条也规定,一般商业广告属于要约邀请,不属于要约,但商业广告的内容符合要约规定的,视为要约。

---

① 沈达明、冯大同:《国际商法》,对外经济贸易出版社,1982 年版,第 45 页。
② Carrlill v. Carbolic Smoke Ball Co. (1893) 1 Q. B. p. 256.

CISG 对此基本上采取折中的办法。公约第 14 条第 2 款规定,凡不是向一个或一个以上特定的人提出的订约建议,仅应视为要约邀请,而不是一项要约。但是,如果此项建议符合作为要约的其他要求,而且提出该建议的人明确表示有相反的意向,例如,明确地表示他所刊载的广告是作为一项要约提出来的,在这项建议就可以视为要约。

(2) 要约的内容必须确定。要约应当明确提出准备与对方签订合同的主要内容,一旦受约人承诺,即足以成立一项对双方都有约束力的合同。所谓"确定",是指要约的内容应能达到可以确定买卖双方权利和义务的最低程度。各国的合同法对要约应明确的最基本的内容有不同的规定。

CISG 强调发价人无须在其要约中详细列出合同的全部条款,只要达到足以确定合同的内容的程度即可,而且其进一步规定如果包含以下三项内容就符合"十分确定"的要求:①应当载明货物的名称。②应明示或默示地规定货物的数量或规定如何确定数量的方法。③应明示或默示地规定货物的价格或规定确定价格的方法。

(3) 要约送达受要约人。如果要约未送达受要约人,受要约人不知道要约的内容,无法作出承诺。

CISG Article 14

(1) A proposal for concluding a contract addressed to one or more specific persons constitutes an offer if it is sufficiently definite and indicates the intention of the offeror to be bound in case of acceptance. A proposal is sufficiently definite if it indicates the goods and expressly or implicitly fixes or makes provision for determining the quantity and the price.

(2) A proposal other than one addressed to one or more specific persons is to be considered merely as an invitation to make offers, unless the contrary is clearly indicated by the person making the proposal.

2. 要约的撤回和撤销

各国法律都承认在要约送达要约人之前,要约还未生效,要约人可以收回要约,此为要约的撤回。在收回要约的通知与要约同时送达受要约人时,要约也视为撤回。要约生效后的收回称为撤销。要约的撤销是指在受要约人承诺之前,要约人收回要约。应注意,一项表明是不可撤销的要约,也是可以撤回的。

但要约的撤销是有条件的,有些条件下要约不能撤销。据我国《民法典》,要约人确定了承诺期限,或者以其他形式明确要约不可撤销,或者受要约人有理由认为要约是不可撤销的,并已经为履行合同做了准备工作,则要约不可撤销。承诺期限是指确定的承诺到达要约人的期限。

英美法系从对价(consideration)学说出发认为,要约发出后随时可以撤回,即使规定了有效期限或明确指出是不可撤销的要约,要约人也可以撤销。除非该要约在撤销前已经被承诺或受要约人为该要约已经支付了对价①。

CISG 回避了对价学说,基本采纳了普通法的规定,其第 16 条规定:一项要约可以撤回,只要撤回通知于要约送达受要约人之前或同时送达受要约人;在未订合同之前,只要撤销通知于

---

① Schlesinger, 1987, *Formation of the Contract*, Sweet & Maxwell, pp. 748,755-756, 760.

受要约人发出承诺通知之前送达受约人,要约可以撤销。然而,公约又采纳了大陆法系的信赖原则,规定在合同成立前,写明或以其他方式表示要约是不可撤销的,则不能撤销;受约人有理由信赖要约是不可撤销的,并本着这种信赖行事,要约也不能撤销。

CISG Article 16

(1) Until a contract is concluded an offer may be revoked if the revocation reaches the offeree before he has dispatched an acceptance.

(2) However, an offer cannot be revoked: (a) if it indicates, whether by stating a fixed time for acceptance or otherwise, that it is irrevocable; or (b) if it was reasonable for the offeree to rely on the offer as being irrevocable and the offeree has acted in reliance on the offer.

3. 要约的生效和失效

要约在送达受约人时生效是世界各国的普遍原则。所谓要约生效,是指如果受要约人对要约作出承诺,要约人即受其要约的约束。

要约失效是指要约对要约人和受约人都失去约束力。下列情况下要约失效:要约生效后,如果受要约人在要约约定的承诺期限内没有承诺;要约人依法撤销要约;该要约为受要约人拒绝;或者受要约人对要约的内容作出实质性的变更。根据我国《民法典》规定,在受要约人拒绝要约时,要约失效的时间是拒绝的通知到达要约人时。

(二) 承诺

承诺(acceptance)是受要约人无条件同意要约的意思表示,又称为接受、受盘。

1. 承诺的构成

一项有效的承诺必须具备以下条件。

(1) 承诺必须由受约人作出。由于要约是向特定人发出的,所以承诺必须由特定的人,即受约人或其授权的代理人作出。任何第三人即使知道要约的内容并对此作出同意的意思表示,则不是承诺,不能成立合同。

(2) 承诺的内容应与要约一致。早期的合同法对承诺采用的是与要约绝对一致,即所谓镜像原则。承诺的内容与要约一致是合同成立的核心要素。如果承诺与要约不一致,则只能被视为一个新的要约。但现在对镜像原则都有所突破,允许对要约作非实质性变更。承诺对要约的变更可以区分为实质变更和非实质变更。

根据我国《民法典》规定,受要约人对有关合同标的、数量、质量、价款、履行期限、履行地点和方式、违约责任和解决争议方法的变更,是对要约内容的实质性变更。受要约人对要约的内容作出实质性变更的,为新要约。

为了适应现代商业发展的需要,CISG允许承诺对要约作非实质性变更,其第19条规定,只有承诺不在实质上改变要约的内容,而且要约人在合理的时间内未对此发出异议通知,则可以构成有效的承诺。同时规定,有关货物价格、付款条件、货物质量和数量、交货地点和时间、一方当事人对另一方当事人的赔偿责任范围和解决争端等的添加或不同条件,均视为实质上变更要约的条件。但因为在具体的合同中,某一条款是否具有实质意义,应视合同的具体情形而定,所以公约也很难就何谓实质性或非实质性条款作出更加具体的规定。

(3) 承诺必须在有效期间内作出。如果要约规定了承诺的有效期限,则承诺应在规定的期间内作出,如果要约没有规定期限,则应在合理的时间内作出。如果承诺的时间迟于要约的有效期,这就被称为"迟到的承诺",迟到的承诺不是有效的承诺,而是一项新的要约,只有得到原要约人的承诺后才能成立合同。公约第 18 条规定,逾期的承诺原则上无效,但如果考虑到交易情况或要约人毫不迟疑地发出通知表示接受,则仍具有承诺的效力。

CISG Article 19

(1) A reply to an offer which purports to be an acceptance but contains additions, limitations or other modifications is a rejection of the offer and constitutes a counter-offer.

(2) However, a reply to an offer which purports to be an acceptance but contains additional or different terms which do not materially alter the terms of the offer constitutes an acceptance, unless the offeror, without undue delay, objects orally to the discrepancy or dispatches a notice to that effect. If he does not so object, the terms of the contract are the terms of the offer with the modifications contained in the acceptance.

(3) Additional or different terms relating, among other things, to the price, payment, quality and quantity of the goods, place and time of delivery, extent of one party's liability to the other or the settlement of disputes are considered to alter the terms of the offer materially.

2. 承诺的方式

我国《民法典》要求承诺应当以通知的方式作出;但根据交易习惯或者要约表明可以通过行为作出承诺,则可以不用通知的方式。按照《联合国国际货物销售合同公约》的规定,承诺的方式可以采用明示通知的方式,也可以采用行为表示同意,但缄默或不行为本身并不构成承诺。明示的方式可以包括口头或书面方式。所谓以行为来承诺,就是根据交易习惯或当事人的约定,以受约人的特定行为用默示的方式表示接受,如以发运货物或支付货款行为表示接受要约。而缄默和不行为本身不同于默认,缄默和不行为是没有任何行为表示。如果受约人不以其行为表示拒绝要约,不能因此认为合同已经成立。除了法律有特别规定,受约人拒绝要约也没有通知的义务。但如果在长期的交易习惯中都认可了缄默和不行为作为接受的方式,则也可以使其成为一种承诺的方式。

3. 承诺的生效

在承诺生效的时间问题上,大陆法系与普通法系的规定不完全相同。大陆法系采取到达原则,即承诺到达要约人时生效。普通法系采取投寄生效的原则,即以信件、电报作出承诺时,只要受约人将电报、信件交付邮局时,承诺即生效,不论信件电报是否中途丢失。还有的国家例如意大利、比利时对承诺采取了解生效的原则,即承诺不仅要送达要约人而且要约人了解承诺的内容后才生效①。但应该注意,投邮原则并非适用于所有的承诺方式,只有在通过信件承诺时才适用这一原则。在快速通讯方式的情况下,例如电传、传真、电子数据交换和电子邮件,承诺的生效时间是要约人收到承诺的时间。

CISG 采取到达生效原则,即承诺在表示同意的通知到达要约人时生效。但是还规定,如果根据要约的要求,或根据交易习惯,受约人以行为作出的承诺,承诺生效的时间于该行为作出时起生效,无须受约人另行发出通知。

---

① Georges R. Delaume, 1983, *Transnational Contracts Applicable Law and Settlement of Disputes—Law and Practice*, Vol. 5, p.14.

我国《民法典》规定,承诺通知到达要约人时生效。承诺不需要通知的,根据交易习惯或者要约的要求作出承诺的行为时生效。采用数据电文形式订立合同的,承诺的到达时间,在收件人指定特定系统接收数据电文的,该数据电文进入该特定系统的时间,视为到达时间;未指定特定系统的,该数据电文进入收件人的任何系统的首次时间,视为到达时间。

4. 合同的成立

合同在承诺到达要约人时成立。在承诺到达要约人之前,或承诺到达要约人的同时,要约人收到了承诺人撤回承诺的通知,该承诺被撤回,合同未成立。

CISG Articles 23-24

Article 23 A contract is concluded at the moment when an acceptance of an offer becomes effective in accordance with the provisions of this Convention.

Article 24 For the purposes of this Part of the Convention, an offer, declaration of acceptance or any other indication of intention "reaches" the addressee when it is made orally to him or delivered by any other means to him personally, to his place of business or mailing address or, if he does not have a place of business or mailing address, to his habitual residence.

承诺生效地点为合同成立地点。采用数据电文形式订立合同的,收件人的主营业地,或没有主营业地时其经常居住地,为合同成立地。但当事人另有约定的除外。

对于口头合同,如果一方根据已达成的口头协议,开始履行合同,应认定为合同成立。根据我国《民法典》,即使法律、行政法规规定或当事人约定采用书面形式订立合同,当事人未采用书面形式,但一方已经履行合同,对方接受的,该合同成立。采用合同书形式订立合同,在签字或者盖章之前,当事人一方已经履行主要义务,对方接受的,该合同成立。

四、合同的主要条款

本部分以《国际销售示范合同》为例说明国际货物买卖合同主要条款。

《国际销售示范合同》(ICC Model International Contract of Sale)于 1997 年 6 月由国际商会国际惯例委员会通过。该示范合同以《联合国国际货物买卖合同公约》和国际商业惯例INCOTERMS 作为合同适用的法律,对国际货物买卖的主要事项作了统一规定(原材料、机械设备、食品及长期供货合同除外)。与现有的国际货物买卖合同公约与国际商业惯例相比,示范合同在所有权保留、适用法律、损害赔偿金的计算、争议解决等方面都作了有益的补充和完善,将促进国际货物买卖特别是制成品的国际货物买卖合同的统一。

《国际销售示范合同》示范合同分为 A、B 两部分。A 部分为合同的具体条款,如货物名称、价格、交货条件、交货时间、货物检验等,由买卖双方协商填写;B 部分是合同的一般条款,是一般货物买卖合同共同使用的标准条件。一般条款旨在供当事人填写具体内容或对文本提供的选项进行选择。一般条款结合具体条款使用,亦可单独使用。除当事人的有关情况外,主要包括以下条款:

(1)货物条款。该条款具体描述货物的特征。对于卖方提供的商品目录、说明书、传单、广告、图示、价目表中包括的任何有关货物及其用途的信息,除非合同明确提及,都不作为合同条款而生效。应当注意的是与货物有关的软件、图纸,即使为买方取得,与其有关的知识产权并不因此转让给买方。

（2）价格条款。包括计价货币和总额。一般不包括增值税，但包括卖方根据合同承担的费用。

（3）交货条件。指采用的国际贸易术语，每一术语应包括相应的指定地点、目的地、装运港或目的港。该示范合同要求应注明 Incoterms 2000。采用某一术语时应考虑到制成品一般在装卸区或内陆仓库交付运输。需要时应填写承运人。

（4）交货时间。应根据上述相应的贸易术语，确定卖方必须完成其交货义务的日期或期间。交货时间与双方选择的交货地点相联系。交货地点不一定是货物到达买方的地点。

（5）货物检验。双方可以约定在装运前卖方给予合理通知以便买方检验货物。

（6）所有权保留。双方应就货物的所有权保留作出约定，如有效地作出保留，则在买方付清货款之前，货物所有权归卖方。也可以作出其他约定。据有些国家的法律，保留所有权并不一定有效。

（7）支付条件。即采取何种支付方式，如赊账以及有关担保（见索即付保函或备用信用证）；预付货款，包括时间、数额；跟单托收、并注明是 Ｄ／Ｐ 还是 Ｄ／Ａ；不可撤销信用证，是否保兑，开证或保兑银行及地点，信用证兑现方式（即期付款、延期付款、承兑付款、议付），通知信用证的日期等。

（8）单据条款。卖方须提交的单据，应与选择的贸易术语相一致。通常涉及商业发票、运输单据（具体种类）、保险单据、原产地证书、商检证书、装箱单等。

（9）解约日期。主要规定卖方在一定期限前未交付货物，买方在通知卖方的情况下，有权解除合同。

（10）延迟交货的责任。可规定一定的赔偿金，表示方式可以是每延迟一定时间赔偿货款总额的一定百分比，也可以是一确定金额。在买方终止合同的情况下，应确定卖方因延迟交货而承担的最高赔偿额。延迟交货的预订赔偿额不应超过延迟交货价款的一定百分比，或约定的最高额。

（11）货物与合同规定不符的责任限制。买方在目的地的验货，不符点的及时通知，未及时通知的效果，具体救济方式（减价、替代、修复、偿还价款、损害赔偿），以及卖方的最大责任额。

（12）买方保留与合同不符的货物时卖方的责任限制。买方可以取得差价，但最多应不超过货物价款的一定百分比。

（13）不可抗力。应对不可抗力的范围作出约定。遭遇不可抗力的一方应承担证明、通知义务。

（14）诉讼时效。除非另有约定，一般在货物到达之日起 2 年后买方不得向法院起诉或向仲裁机构申请仲裁。应当注意的是，中国法律规定国际货物买卖合同的诉讼时效是 4 年。

（15）适用法律。由 CISG 管辖，该公约未规定的事项由卖方所在国法律管辖。

（16）争议解决。就诉讼或仲裁，只能选择其中一种，应具体表明选择的仲裁机构或管辖法院。

第三节　买卖双方当事人的义务
5.3　Obligations of the Seller and Buyer

一、卖方义务(Obligations of the Seller)

交付货物和单据是卖方最主要的义务。根据 CISG,卖方必须按照合同和该公约的规定,交付货物,移交一切与货物有关的单据,并转移货物所有权。卖方义务主要表现为四个方面,即交付货物、交付有关单据、品质担保和权利担保。

(一)交付货物的时间与地点

交付货物主要涉及交付的时间、地点。其基本原则是,卖方要按照合同约定交付货物,合同有约定的,按约定履行;合同没有约定的,或约定不明确的,按调整该合同的国内法法律或公约的规定履行。

CISG 第 31 条对合同未约定的交货地点作了详细规定:

(1)货交第一承运人。如卖方的交货义务涉及运输,则卖方只要把货物交由第一承运人就履行了交货义务。

(2)特定地点交货。如交货不涉及运输,如果合同指的是特定货物或从特定存货中提取的或尚待制造或生产的未经特定化的货物,且买卖双方在订立合同时知道这些在某一特定地点,或将在某一特定地点制造或生产,则卖方应在该地点把货物交给买方处置。

(3)卖方营业地交货。在其他的情况下,卖方在其订立合同时的营业地向买方交货;买方自备运输工具将货物运走。

CISG Article 31

If the seller is not bound to deliver the goods at any other particular place, his obligation to deliver consists: (a) if the contract of sale involves carriage of the goods-in handing the goods over to the first carrier for transmission to the buyer; (b) if, in cases not within the preceding subparagraph, the contract relates to specific goods, or unidentified goods to be drawn from a specific stock or to be manufactured or produced, and at the time of the conclusion of the contract the parties knew that the goods were at, or were to be manufactured or produced at, a particular place-in placing the goods at the buyer's disposal at that place; (c) in other cases-in placing the goods at the buyer's disposal at the place where the seller had his place of business at the time of the conclusion of the contract.

至于交货时间,CISG 第 33 条规定:如果合同规定有交货日期,或从合同可以确定交货日期,应在该日期交货;如果合同规定有一段时间,或从合同可以确定一段时间,除非情况表明应由买方选定一个日期,应在该段时间内任何时候交货;在其他情况下,就在订立合同后一段合理时间内交货。

CISG Article 33

The seller must deliver the goods: (a) if a date is fixed by or determinable from the contract, on that date; (b) if a period of time is fixed by or determinable from the contract, at any time within that period unless circumstances indicate that the buyer is to choose a date; or (c) in any other case, within a reasonable time after the conclusion of the contract

国际货物买卖合同中的交货时间一般是某一段时间或某一日期之前,只要符合这一规定,无论是在期限的第一天或最后一天交货,卖方都在规定的时间履行了交货义务。"合理时间"应当根据合同的性质、货物的特征等确定。

卖方交付货物必须满足交付方式的要求,包括包装、标记。在将货物交付承运人时,应清楚注明货物属于合同项下。货物没有以货物上加标记或以装运单据或其他方式清楚地注明有关合同,卖方必须向买方发出列明货物的发货通知。

在国际货物买卖中存在两种交货方式:一种是实际交货,即卖方将货物连同代表货物所有权的单据一起交付买方,完成货物所有权与占有权的转移;另一种是象征性交货,即卖方将代表货物所有权的单据或者凭以提取货物的单据交给买方以完成交货义务。卖方交付货物的义务应据贸易术语详尽确定。根据国际商会 INCOTERMS2000,货物的交付可以分为两类:一类是卖方直接将货交由买方处置,如 EXW、DAF、DES、DEQ、DDU、DDP,称为实际交货;另一类是货交承运人,包括 FAS、FCA、FOB、CIF、CFR、CPT、CIP,卖方向承运人交货视为向买方买货,称为象征性交货。在每一类当中,情况也不完全相同,如 CIF 和 FOB,差别比较大,前者只确定了目的港,在何处装运却没有明确的限定,而后者有特定的交货地点,即在装运港买方指定的船上。因此,交付货物要符合合同所使用的贸易术语的具体要求。

(二) 交付有关单据

与货物有关的单据在国际货物买卖中具有重要的作用。有的单据具有货物所有权凭证的作用,如海运提单。一般情况下提单的转让即货物所有权的转让,没有这种单据,交易就不能正常进行,买方不能提取、处置货物。单据还是卖方据以结算、买方据以付款以及报关、索赔的凭证。常用的单据有发票、运输单据、保险单、质量检验证书、原产地证明、出口许可证,等等。

仅是按时交付货物不表示卖方履行义务完毕,如果不按规定交付单据,卖方属于违约。卖方交付单据的义务一般是按合同规定的形式、内容、种类、数量、时间、地点、方式交付有关单据。

根据 CISG,如果卖方有义务移交与货物相关的单据,他必须按照合同所规定的时间、地点和方式移交这些单据。卖方应当保证单据的完整和符合合同和公约的约定。如果卖方规定的时间以前已移交这些单据,他可以在规定的时间到达前纠正单据中不符合合同规定的情形,但是,此权利的行使不得使买方遭受不合理的不便或承担不合理的开支。但是,买方保留该公约所规定的要求损害赔偿的任何权利。

(三) 品质担保

品质担保又称为质量担保和瑕疵担保,是指卖方对所提交的货物的质量、性能、用途所承担的法律责任。

CISG 对卖方的品质担保义务作出了明确的规定,其内容与英美法中的默示条件或默示担保义务有很多相似之处。根据 CISG 第 35 条的规定,卖方交付的货物必须与合同规定的数量、质量与规格相符,并且必须根据合同规定的方式装箱或包装,除双方当事人另有协议外,卖方所交的货物应当符合下列要求,否则就认为其货物与合同不相符:①货物适用于同一规格货物通常使用的目的。②除非情况表明买方不依赖于卖方的技能和判断力,或者这种依赖对他不合理,货物适用于订立合同时买方曾明示或默示地通知卖方的任何特定目的。例如,根据他指定的商标选购货物,或者使用高度技术性的规格描述他所需要的货物,就可以认为买方是凭对自己的自信选购货物,而不是依赖卖方的技能与判断力为他提供货物。③货物的质量与卖方向买方提供的货物样品或样式相同。④货物按照同类货物通用的方式装箱或包装,如果没有这种通用方式,则按照足以保全和保护货物的方式装箱或包装。但公约同时规定,如果买方在订立合同时知道或者没有理由不知道货物与合同不符,则卖方无须按照上述第①和第②项规定承担货物与合同不符合的责任。

可见,上述义务是在双方当事人没有其他约定的情况下由公约加之于卖方身上的义务,只要双方当事人在合同中没有做出与此相反的安排,公约的上述规定,就适用于他们之间的合同。

CISG Article 35

(1) The seller must deliver goods which are of the quantity, quality and description required by the contract and which are contained or packaged in the manner required by the contract.

(2) Except where the parties have agreed otherwise, the goods do not conform with the contract unless they:

(a) are fit for the purposes for which goods of the same description would ordinarily be used;

(b) are fit for any particular purpose expressly or impliedly made known to the seller at the time of the conclusion of the contract, except where the circumstances show that the buyer did not rely, or that it was unreasonable for him to rely, on the seller's skill and judgment;

(c) possess the qualities of goods which the seller has held out to the buyer as a sample or model;

(d) are contained or packaged in the manner usual for such goods or, where there is no such manner, in a manner adequate to preserve and protect the goods.

(3) The seller is not liable under subparagraphs (a) to (d) of the preceding paragraph for any lack of conformity of the goods if at the time of the conclusion of the contract the buyer knew or could not have been unaware of such lack of conformity.

值得注意的是,凭样品买卖时,即使交付的货物与样品一致,但如果样品存在检查样品时不能发现的缺陷,该缺陷使得该货物不能用于预期目的,该货物仍为不合格货物。我国《合同法》规定,凭样品买卖的买受人不知道有隐蔽瑕疵的,即使交付的标的物与样品相同,出卖人交付的标的物的质量应当符合同种物的通常标准。如对样品有说明,交付的货物既要与样品一致,又要与说明相符。

关于品质担保的时间,公约第36条规定,卖方交付相符货物的责任通常限于风险转移到买方时,如果此时货物合格,即认为卖方交付了合格的货物。但这不排除卖方对在风险转移之前就已经存在、风险转移之后方始明显的不符,承担责任。同时,如果货物不符在风险转移之后出现,而该不符是由于卖方的违约行为造成的,卖方则应承担责任。例如,违反在一段时间内货物将继续适用于其通常使用目的或者某种特定目的、将保持某种特定质量或性质的任何保证。这就是说,公约认为卖方对货物应符合合同要求的责任,原则上虽然是以风险转移的时间作为衡量标准,即只要货物在风险转移于买方的时候符合合同的要求,卖方就算作履行了他的义务。但是,也有例外的情况,即如果货物与合同的要求不相符的情形要在风险转移于买方之后的一段时间才能发现或显露出来。例如,有些货物需要经过科学鉴定甚至需要经过使用一段时间后才能显示其是否与合同的要求相符。

公约还规定,如果卖方在交货日期前交付货物,可以在该日期到达前,交付任何缺漏部分或补足所交付货物的不足数量,或交付用以替换所交付的不符合合同规定的货物,或对所交付货物中任何不符合合同规定的情形做出补救。但这一权利的行使,不得给买方造成不合理的不便或损失。

(四)权利担保

卖方对货物的权利担保是指卖方应当对买方承担以下保证义务:在交付货物时对货物享有所有权或处置权;出售的货物上不存在未向买方透露的担保权益,如抵押权、留置权;同时卖方还必须保证其出售的货物没有侵犯他人的知识产权,如专利权、商标权。

CISG 对物权担保与知识产权担保作了不同规定。对物权的担保的时间限制是交付货物时,而对知识产权的担保的时间限制是订立合同时。由于知识产权的时间性和地域性,卖方的担保责任限于依订立合同时双方同时预期的转售国或使用国或买方营业地国法律的权利或要求,以卖方在订立合同时已知或不可能不知道的权利或要求为限。CISG 在其第 41—42 条对卖方的权利担保义务作出了规定:

(1)卖方所交付的货物,必须是第三方不能提出任何权利或要求的货物,除非买方同意在这种权利或要求的条件下收取货物。如果有任何第三人对货物提出权利主张或者请求权,卖方都应当对买方承担责任。该担保义务是严格的,必须是第三方不能提出权利或要求,如果第三方提出要求,即使该要求没有法律依据而败诉,卖方仍然违反权利担保义务,应承担责任。公约上述规定主要是保护善意买方的利益,善意买方卖的是货物,而不是"官司"。

(2)卖方所交付的货物,必须是第三方不能根据工业产权或其他知识产权主张任何权利或要求的货物,但以卖方在订立合同时已知道或不可能不知道的权利或要求为限。因为工业产权和知识产权具有地域性,同一商品在一个国家不侵犯他人的知识产权,在另一国家则可能被认为侵犯了他人的知识产权。

CISG Articles 41-42

Article 41 The seller must deliver goods which are free from any right or claim of a third party, unless the buyer agreed to take the goods subject to that right or claim. However, if such right or claim is based on industrial property or other intellectual property, the seller's obligation is governed by article 42.

Article 42 (1) The seller must deliver goods which are free from any right or claim of a third party based on industrial property or other intellectual property, of which at the time of the conclusion of the contract the seller knew or could not have been unaware, provided that the right or claim is based on industrial property or other intellectual property: (a) under the law of the State where the goods will be resold or otherwise used, if it was contemplated by the parties at the time of the conclusion of the contract that the goods would be resold or otherwise used in that State; or (b) in any other case, under the law of the State where the buyer has his place of business.

(2) The obligation of the seller under the preceding paragraph does not extend to cases where: (a) at the time of the conclusion of the contract the buyer knew or could not have been unaware of the right or claim; or (b) the right or claim results from the seller's compliance with technical drawings, designs, formulae or other such specifications furnished by the buyer.

因此,公约并不是绝对地要求卖方承担这种义务,公约对卖方的这种工业产权或其他知识产权的担保义务规定了限制条件。

第一,卖方在下述情况下对买方承担责任,即第三方的有关工业产权或其他知识产权权利或要求是根据下述国家的法律规定取得的:如果双方当事人在订立合同时预期货物将在某一国境内转售或做其他使用,则根据货物将在其境内转售或做其他使用的国家的法律;在任何其他情况下,根据买方营业地所在国家的法律。

第二,如果买方在订立合同时已知道或不可能不知道此项权利或要求,或者此项权利或要求的发生,是由于卖方要遵守买方所提供的技术图样、图案、程序或其他规格,则卖方对由此引起的后果不承担责任。

第三,对于卖方的上述权利担保义务,如果买方不在已知道或理应知道第三方的权利或要求后一段合理时间内,将此权利或要求的性质通知卖方,则丧失援引上述规定的权利。卖方如果知道第三方的权利或要求以及此权利或要求的性质,就无权援引前述有关买方丧失权利的规定。

二、买方义务

根据 CISG 规定,买方的基本义务主要有两大方面,即按合同或法律的规定支付货物价款和接受货物。

(一) 支付价款

CISG 第53、54条规定,买方应根据合同和公约的规定履行支付价金的义务,包括根据合同或任何法律和规章规定的步骤和手续,在约定的时间和地点支付货款。买方支付货物价款应当履行支付价款的必要手续和步骤。在使用远期汇票的情况下,付款人必须先承兑汇票。在使用信用证付款的情况下,买方必须先通过银行开出信用证。在实行外汇管制的国家,如需对外支付外汇,必须先向有关当局提出申请,取得许可。这些都是买方付款的不可缺少的手续和步骤。卖方未办理必要的相关手续而使得货款难以支付,则构成违约。

CISG Articles 53-54

Article 53 The buyer must pay the price for the goods and take delivery of them as required by the contract and this Convention.

Article 54 The buyer's obligation to pay the price includes taking such steps and complying with such formalities as may be required under the contract or any laws and regulations to enable payment to be made.

对于付款地点,该公约规定,如果买方没有义务在任何其他特定地点支付价款,他应当在以下地点向卖方支付价款:卖方的营业地,如果卖方有一个以上的营业地,则在与合同的履行关系最密切的营业地;如凭移交货物或单据支付价款,则为移交货物或单据的地点。

在付款时间上,该公约规定,如果买方没有义务在任何特定时间内支付价款,买方应当于卖方按照合同和该公约的规定将货物或控制货物处置权的单据交给买方处置时支付价款;在涉及运输时,卖方可以把买方支付价款作为向买方提供货物或控制货物处置权的单据的条件发运货物。但是公约同时规定,买方在未有机会检验货物前无义务支付价款,除非这种机会与双方当事人议定的交货或支付程序相抵触。

在具体的国际货物买卖实践中,由于合同中使用的贸易术语不同,合同规定的支付方式不同,买方具体的付款义务也不同。

（二）接收货物

买方接收货物的义务包括两个方面:一是采取一切理应采取的行动,以便卖方能交付货物;二是接收货物。在国际货物买卖中,卖方义务的履行往往依赖于买方的配合,否则卖方不能履行其义务。这时买方就应为卖方履行义务提供方便,否则就构成对接收货物义务的违反。例如在 FOB 合同中,卖方的义务是在买方指定的时间、地点将货物装到买方指定的船上。买方没有指定船只,或船只没有到达,或船只不能收受货物,或船只提前停止装船,都会导致卖方不能全面、适当履行其义务。

值得注意的是,在国际货物买卖中,"接收"与"接受"是两个完全不同的概念,"接受"是指买方认为货物在品质和数量等方面都符合合同的规定。

第四节　违约及其救济方法
5.4　Remedies for Breach of Contract

当合同一方当事人违约使对方当事人的权利受到损害时,受损害的一方有权根据法律或者合同的约定采取补救措施,以维护其合法的权益。这些补救措施,法律上称之为救济措施或者救济方法。救济措施的主要目的是使受损方得到经济补偿,使其获得根据合同本应获得的经济利益,但有些救济措施带有惩罚性质。

一、违约的主要分类

以违约所造成的后果和严重程度为标准将违约分为根本违约和一般违约;根据违约的时间,可以将违约分为预期违约和实际违约。

（一）根本违约(fundamental breach)

这是 CISG 借鉴了大陆法系和英美法系的相关法律制度而创造的全新法律概念。公约第25 条的规定,如果一方当事人违反合同的结果,使另一方当事人蒙受损害,以至于实际上剥夺了他根据合同有权期待得到的东西,即为根本违反合同,除非违反合同的一方并不预知而且同样一个通情达理的人处于相同情况中也没有理由预知会发生这种结果。构成根本违约的基本标准是,实际上剥夺了受损一方根据合同有权期待得到的东西,即受害方预期利益的丧失,同时还必须满足另外两个标准:违约方应当预知这种结果,第三人能预知这种结果(客观标准)。但对何谓"实际上剥夺",公约未加以规定,这就需根据每一合同的具体情况,例如合同金额、违反合同造成的损失,或违反合同对受害方其他活动的影响程度等来确定损害是否重大。

对根本违约,公约规定受害的当事人可以同时采用宣告合同无效和其他任何合法的救济方法。宣告合同无效的法律效力是解除了双方在合同中的义务,任何一方无权要求另一方继续履行合同规定的义务。但该法律效力不影响合同中关于解决争端的任何规定,不影响合同中关于双方在宣告合同无效后权利和义务的任何其他规定,而且各方仍应负责损害赔偿。

根据公约的相关规定,下述情况下受害方可以宣告合同无效:卖方不交付货物或不按合同规定交付货物等于根本违反合同;货物不符合合同构成根本违反合同;卖方不履行其在合同或该公约中的义务,等于根本违反合同;买方不履行其在合同或该公约中的义务,等于根本违反合同;在分批交货的合同中,一方当事人不履行对任何一批货物的义务对该批货物、对以后各批货物或对整个货物构成根本违反合同;一方给予对方额外时间履行合同,对方未能履行或声明不履行;预期违约构成根本违反合同。

根本违约以外的实际违反合同即是一般违约。对此,公约规定,受害的当事人只能采取其他合法的救济方法而不能宣告合同无效。

CISG Article 25

A breach of contract committed by one of the parties is fundamental if it results in such detriment to the other party as substantially to deprive him of what he is entitled to expect under the contract, unless the party in breach did not foresee and a reasonable person of the same kind in the same circumstances would not have foreseen such a result.

（二）预期违约(anticipatory breach)

根据公约规定,预期违约是指合同订立后,合同规定的履行期限到来前,因一方当事人履行义务的能力或信用有严重缺陷,或在准备履行合同或在履行合同中的行为表明他将不履行其大部分义务,则另一方可以中止履行其义务。预期违约可能是一般违约,也可能构成根本违约。

如果在合同义务履行之前,明显看出一方当事人将根本违约,例如特定物已经灭失,在这种预期根本违约的情况下,对方可以宣告合同无效。当另一方显然将不履行其大部分重要义务时,一方可以暂时中止合同的履行。但当事人在行使上述权利的同时应当承担下列义务:第一,应当把自己中止或者宣告合同无效的决定立即通知对方。第二,当对方对履行合同提供了充分的保证时,如提供了银行保函或抵押担保等,中止履行的一方应继续履行合同。第三,中止履行的一方须有对方上述不能履行合同的确切证据,否则无根据地怀疑对方不能履行合同即擅自中止履行合同则应负违约责任。

CISG Article 71

(1) A party may suspend the performance of his obligations if, after the conclusion of the contract, it becomes apparent that the other party will not perform a substantial part of his obligations as a result of:

(a) a serious deficiency in his ability to perform or in his creditworthiness; or

(b) his conduct in preparing to perform or in performing the contract.

CISG Article 72

(1) If prior to the date for performance of the contract it is clear that one of the parties will commit a fundamental breach of contract, the other party may declare the contract avoided.

至于何谓"不能履行合同的确切证据"以及"对履行合同提供充分的保证",公约未作规定。我国《民法典》第 527 条列举了以下四种情况为证明当事人有不履行合同义务的证据:①经营状况严重恶化;②转移财产、抽逃资金,以逃避债务;③丧失商业信誉;④有丧失或可能丧失履行债务的其他情形。当事人没有确切证据中止履行的,应当承担违约责任。

China Contract Law Article 68

The party required to perform first may suspend its performance if it has conclusive evidence showing that the other party is under any of the following circumstances:

(1) its business has seriously deteriorated;

(2) it has engaged in transfer of assets or withdrawal of funds for the purpose of evading debts;

(3) it has lost its business creditworthiness;

(4) it is in any other circumstance which will or may cause it to lose its ability to perform.

Where a party suspends performance without conclusive evidence, it shall be liable for breach of contract.

二、违约的主要救济方法

CISG 对违反合同的补救方法分为三种情况:卖方违约时,买方可以采取的救济方法;买方违约时,卖方可以采取的救济方法;买卖双方都可以采取的救济方法。

(一) 卖方违约时买方可以采取的救济方法

卖方违约是指卖方不交付货物或单据、交付迟延、交货不符合合同的约定三种情形。公约对各种情形都规定了买方相应的救济措施。

1. 要求卖方实际履行

公约第 46 条规定,卖方不交付货物时,买方可以要求卖方履行义务,除非买方已经采取与该要求相抵触的某种救济方法。根据公约规定实际履行应当满足以下条件:第一,买方不得采取与这一要求相抵触的救济方法;第二,买方应给予卖方履行合同的宽限期;第三,当卖方交货不符时,只有这种不符构成根本违反合同时,买方才能要求提交替代物,而且应在发现交货不符时,将这一要求及时通知对方。

CISG Article 46

(1) The buyer may require performance by the seller of his obligations unless the buyer has resorted to a remedy which is inconsistent with this requirement. (2) If the goods do not conform with the contract, the buyer may require delivery of substitute goods only if the lack of conformity constitutes a fundamental breach of contract and a request for substitute goods is made either in conjunction with notice given under article 39 or within a reasonable time thereafter. (3) If the goods do not conform with the contract, the buyer may require the seller to remedy the lack of conformity by repair, unless this is unreasonable having regard to all the circumstances. A request for repair must be made either in conjunction with notice given under article 39 or within a reasonable time thereafter.

但是对于实际履行这种救济方式,大陆法系和英美法系的态度不同。英美法系认为,对违反合同的主要救济方法是损害赔偿,而不是实际履行。只有当金钱赔偿不足以弥补受损害一方的损失时,衡平法才考虑判令实际履行。大陆法系国家特别是德国法认为实际履行是对不履行合同的一种主要的救济方法,当债务人不履行合同时,债权人有权要求债务人实际履行。

由于大陆法系和英美法系的巨大分歧,CISG 对这种救济方式未作强制性规定,而交由各国法院根据法院所在国的法律决定。这意味着,当买方依公约的规定向法院提起实际履行之诉时,法院是否作出实际履行的判决,要看法院所在国家的法律对其他类似的买卖合同如何处理而定。

2. 减少价金

CISG 第 50 条规定,如果卖方所交货物与合同规定不符,不论货款是否已付,买方可以要求减价。减价应按实际交付的货物在交货时的价值,与符合合同的货物在当时的价值两者之间的比例计算。但如果卖方已对货物不符合合同的规定做了补救,或者买方拒绝卖方对此作出补救,则买方不能要求减少价金。这是实际上大陆法系的合同法原则。

CISG Article 50

If the goods do not conform with the contract and whether or not the price has already been paid, the buyer may reduce the price in the same proportion as the value that the goods actually delivered had at the time of the delivery bears to the value that conforming goods would have had at that time. However, if the seller remedies any failure to perform his obligations in accordance with article 37 or article 48 or if the buyer refuses to accept performance by the seller in accordance with those articles, the buyer may not reduce the price.

3. 要求卖方对货物进行修补

在卖方交付货物不符合合同,但尚未构成根本违反合同,只需卖方加以修理即可使之符合合同要求的情形下,买方可以要求卖方对货物进行修补。但是,如果根据当时的具体情况,要求卖方对货物不符合合同之处进行修理的做法是不合理的,买方就不能要求卖方对货物不符合之处进行修理。

4. 交付替代物

要求卖方交付替代物,意味着卖方要承担运费损失、处理与合同不符的货物等,实际上是一种实际履行的要求。如果卖方交付的货物与合同的规定不符,且这种情形已构成根本违反合同,买方可要求卖方交付替代物。

5. 宣告合同无效

根据公约规定,当卖方违反合同时,买方在下列情况下可以宣告合同无效:①卖方不履行其在合同中或公约中规定的任何义务,已构成根本违反合同;②如果发生不交货的情况,卖方在买方规定的宽限期内仍不交货;③卖方声明将不在买方规定的宽限期内交货。

6. 损害赔偿

在国际货物买卖中,损害赔偿是使用最广泛的一种救济方法,而且这种救济方式可以与其他救济方式并存。CISG 第 74 条至 77 条对损失赔偿的原则、责任范围和计算方法作了具体的规定。

(二) 买方违约时卖方可以采取的救济方法

买方违约主要指买方不按照合同规定支付货款和不按照合同规定收取货物。卖方在买方违约时的救济方法可以有两种:一种是物权法上的救济,这是卖方对货物所享有的权利,是一种对物权,包括所有权的保留、留置权和再出售权等;另一种是债权法上的救济,包括提出损害赔偿、要求实际履行、宣告合同无效等,这是一种对人权。公约规定的买方违约时卖方可以采取的救济措施主要有以下几种。

1. 实际履行

CISG 第 62 条规定,卖方可以要求买方支付价款、收取货物或者履行其他义务。应当注意的是,如前所述,实际履行并不是公约规定的强制性义务。

CISG Article 62

The seller may require the buyer to pay the price, take delivery or perform his other obligations, unless the seller has resorted to a remedy which is inconsistent with this requirement.

2. 宣告合同无效

根据公约的规定,在下列情况下,卖方可以宣布合同无效:①买方不履行其在合同或公约中的义务构成根本违反合同;②买方不在卖方给予的宽限期内履行合同;③买方声明不履行合同。宣告合同无效的法律后果是不需要再交付货物,在货物已经交付时,可以要求返还货物。

CISG Article 64

(1) The seller may declare the contract avoided: (a) if the failure by the buyer to perform any of his obligations under the contract or this Convention amounts to a fundamental breach of contract; or (b) if the buyer does not, within the additional period of time fixed by the seller in accordance with paragraph (1) of article 63, perform his obligation to pay the price or take delivery of the goods, or if he declares that he will not do so within the period so fixed.

(2) However, in cases where the buyer has paid the price, the seller loses the right to declare the contract avoided unless he does so: (a) in respect of late performance by the buyer, before the seller has become aware that performance has been rendered; or (b) in respect of any breach other than late performance by the buyer, within a reasonable time:

(i) after the seller knew or ought to have known of the breach; or

(ii) after the expiration of any additional period of time fixed by the seller in accordance with paragraph (1) of article 63, or after the buyer has declared that he will not perform his obligations within such an additional period.

3. 请求损害赔偿

当买方违反其合同义务时,卖方有权请求损害赔偿。根据公约的规定,卖方请求损害赔偿的权利,不因其已采取上述其他补救方法而受到影响。值得注意的是,无论买方还是卖方违约,请求损害赔偿的救济措施的原则、适用条件以及责任范围等都相同。

4. 要求支付利息

CISG 第 78 条规定,如果一方当事人没有支付价款或任何其他拖欠金额,另一方当事人有权对这些款额收取利息。即如果买方没有支付价款或任何其他拖欠金额,卖方有权对这些款额收取利息,但这并不妨碍卖方根据公约可以取得的损害赔偿。

根据公约规定,在不同的情况下,未收货款的卖方可行使以下四种权利:停止交货权、留置权、停运权、再出售权。

CISG Article 78

If a party fails to pay the price or any other sum that is in arrears, the other party is entitled to interest on it, without prejudice to any claim for damages recoverable under article 74.

（三）买卖双方都可以采取的救济方法

从上述救济措施可以看出，损害赔偿、实际履行和宣告合同无效是买卖双方在对方违约时都可以采取的救济措施，另外还有合同分割履行中的违约救济方法。这种救济方法是：

①如果一方当事人不履行对任何一批货物的义务，使另一方当事人有充分的理由断定对今后各批货物将发生根本违约，该另一方当事人可以在一段合理时间内宣告合同今后无效。②对于分批交付货物的合同，如果一方当事人不履行对任何一批货物的义务，便对该批货物构成根本违约，另一方当事人可以宣告合同对该批货物无效。③如果各批货物之间是相互依存的，不能将其中的任何一批货物单独用于当事人订立合同时的预期目的，买方宣告合同对任何一批货物的交付为无效时，可以同时宣告合同对已交付的或今后交付的各批货物均为无效。

需要指出的是，实际履行和宣告合同无效是买卖双方在对方违约时都可以采取的救济措施，但其采用的具体条件不同。

在国际货物买卖中，损害赔偿是使用最广泛的一种救济方法，而且这种救济方式可以与其他救济方式并存。此处对 CISG 对损害赔偿的相关规定作重点说明。

CISG 第 74 条至 77 条对损失赔偿的原则、责任范围和计算方法作了具体的规定。

1. 损害赔偿的原则与范围

CISG 第 74 条规定："一方当事人违反合同应当负责的损失赔偿额，应当与另一方当事人因他违反合同而遭受的包括利润在内的损失相等。但这种损害赔偿不得超过违反合同一方在订立合同时，依照他当时已经知道和理应知道的事实和情况，对违反合同预料到或者理应预料到的可能损失。"作为损害赔偿的一般原则，该规定没有具体说明如何计算因违约造成的损失，但它给出了足够的信息指导法院和仲裁庭准确计算损害赔偿的范围。正如 Honnold 所言，"第 74 条建立的这一标准是简洁的，又是强有力的"。

CISG Article 74

Damages for breach of contract by one party consist of a sum equal to the loss, including loss of profit, suffered by the other party as a consequence of the breach. Such damages may not exceed the loss which the party in breach foresaw or ought to have foreseen at the time of the conclusion of the contract, in the light of the facts and matters of which he then knew or ought to have known, as a possible consequence of the breach of contract.

结合公约的相关条文，对公约规定的损害赔偿的原则和范围应当作如下理解：

（1）公约对损害赔偿采用无过错原则。公约规定的损害赔偿并不以过失为要件，只要给另一方当事人造成损失，就应赔偿其损失。

（2）损害赔偿的责任范围。公约对损害赔偿实行全部赔偿原则，即赔偿范围包括预期利润在内的所有损失，即应当包括实际损失和利润损失两部分。也就是说，让受损害一方的利益救济到与合同假如被履行时他本应得到的利益相当。从 CISG 的内容来看，实际损失包括卖方为转卖货物另付的运费、手续费、仓储费，或者在交付货物有缺陷时，买方留下货物并对货物进行修理所产生的修理费等。利润损失包括因延迟交货或不交货而导致买方停产所失利润等。这是以维护违约相对方的合法利益为出发点，使其损失得到应有的救济。

但公约对损害赔偿又规定了限制原则，即赔偿仅以违约方在订立合同时可以预见到的损失为限。公约规定，一方当事人违反合同应承担的损害赔偿额，应与另一方当事人因其违反合同而遭受的包括利润在内的损失额相等，但这种损害赔偿不得超过违反合同一方在订立合同时，依照他当时已知或应知的事实和情况，对违反合同预料到或理应预料到的可能损失。公约的上述规定与我国合同法的损害赔偿规定相同。

（3）损害赔偿与其他救济方式并存。CISG 第 45 和 61 条规定，当卖方或者买方违约时，买方或者卖方可能享有的要求损害赔偿的权利，并不因为它已经采取其他救济方法而丧失。也就是说，卖方违约时，买方要求损害赔偿的权利并不因采用了拒收货物、宣告合同无效等救济措施而丧失。公约对买方在宣告合同无效的一段合理时间内，以合理方式购买替代物的损害赔偿额作了规定。此时买方可以取得合同价格和替代价格之间的差价。如果买方没有采取实际买进，则原合同的价格与宣告合同无效时的时价之间的差价就是损害赔偿的额度。

（4）防止损失扩大。CISG 第 77 条规定，声称另一方违约的合同的一方，应根据具体情况采取合理措施，减轻由违约而造成的损失，包括利润方面的损失。如果不采取这种措施，则违约一方可要求从损害赔偿中扣除原应可以减轻的损失数额。这是对损害赔偿一般原则的重要限制。

CISG Article 77

A party who relies on a breach of contract must take such measures as are reasonable in the circumstances to mitigate the loss, including loss of profit, resulting from the breach. If he fails to take such measures, the party in breach may claim a reduction in the damages in the amount by which the loss should have been mitigated.

2. 损害赔偿的计算方法

CISG 根据不同情况规定了三种不同的计算方法。

（1）独立请求损害赔偿的计算方法。CISG 第 74 条规定："损害赔偿金额应与另一方当事人因他违约而遭受的包括利润在内的款额相等，这种损害赔偿额不得超过违反合同一方在订立合同时，依照他当时已知道或理应知道的事实和情况，对违反合同预料到或理应预料到的可能损失。"

本条款有两个方面的内容：

其一，损害赔偿乃是一种补偿，受损害方要求获得的经济补偿必须与其失去的经济利益相符，亦即英美法中的"金钱上恢复原状"原则。其计算公式为：请求损害赔偿额 = 实际损失 + 利润损失。

其二，规定了对请求损害赔偿金额的限制，即不得超过违反合同一方在订立合同时，依照他当时已知道或理应知道的事实和情况，对违反合同预料到和理应预料到的可能损失。目的在于保护违约方的利益，防止出现受害方过高索取赔偿金额从而对违约方造成损害。

（2）宣告合同无效要求替代物交易并附带损害赔偿的计算方法。CISG 第 75 条规定，如果合同被宣告无效，而在宣告无效后的一段合理时间内，买方已以合理方式购买替代货物，或者卖方以合理方式转卖了货物，则要求损害赔偿的一方可以取得合同价格和替代物交易价格之间的差额，以及按照第 74 条规定可以取得的任何其他损害赔偿。

CISG Article 75

If the contract is avoided and if, in a reasonable manner and within a reasonable time after avoidance, the buyer has bought goods in replacement or the seller has resold the goods, the party claiming damages may recover the difference between the contract price and the price in the substitute transaction as well as any further damages recoverable under article 74.

本条款有两个内容：

第一，损害赔偿的计算公式为：请求损害赔偿额＝合同价格和替代交易之间的差价＋其他损失。对于差价的确定，一般是通过买卖方买进替代物或转卖货物的行为，无须受损害方提供价格证明，除非他故意低价出售或高价购入。

第二，受损害方必须在合理的时间内以合理方式进行替代交易，方能适用上述公式。否则，将无权引用上述公式请求损害赔偿。

（3）宣告合同无效没有替代交易情况下损害赔偿的计算方法。根据 CISG 第 75 条的规定来计算，损害赔偿范围包括利息。CISG 第 78 条和第 84 条规定，受损害方可以请求违约方支付利息。具体说，卖方有义务归还货款，而且必须同时从支付价款之日起支付价款利息，买方应该支付拖欠款利息或其他任何拖欠金额的利息。

第五节　货物所有权与风险的转移
5.5　Passing of Ownership and Risks

买卖合同的目的，在于买方取得货物所有权、卖方取得货款。由于各国关于所有权转移问题的法律规定分歧较大，难以统一，所以 CISG 第 4 条明确规定，该公约不涉及买卖合同对货物的所有权可能产生的影响。因此，国际货物买卖中货物所有权转移是国内法调整的问题。但货物所有权何时由卖方向买方转移，各国法律没有统一的规定。而且，国际贸易惯例也很少涉及货物所有权转移问题。

关于所有权转移的时间，各国法律一般都承认当事人约定的效力。货物所有权可能因合同订立或当事人的约定转移、因卖方交付转移、因单据转让转移等。各国在民法或买卖法中都对所有权转移的问题，做出了具体的规定，但差异比较大。各国法律对所有权的转移的主要原则有：原则上承认当事人约定优先、以合同成立的时间作为所有权转移时间、以交货时间作为所有权转移时间、以货物特定化作为转移所有权的前提，等等。

一、货物所有权的转移（Passing of Ownership）

（一）英美法系

1. 英国法

英国货物买卖法关于货物的所有权转移的问题，主要是区别特定物的买卖（sale of specific goods）与非特定物的买卖（sale of unascertained goods）这两种不同的情况。货物的所有权从何时起由卖方转移于买方是一个十分重要的问题，它决定风险的转移，并直接影响到在一方违约时可能采取的救济方法以及其他有关权利与义务。

（1）特定物的买卖。此种所有权何时转移于买方完全取决于双方当事人的意图。根据《英国货物买卖法》的规定，在特定物或已经特定化的货物买卖中，货物的所有权应在双方当事人意图移转的时候转移于买方。如果双方当事人在合同中对此没有作出明确的规定，则法院可以根据合同的条款、双方当事人的行为以及当时的具体情况确定合同双方的意图。

（2）非特定物的买卖。非特定的货物通常是指仅凭说明进行交易的货物。在非特定物的买卖中，将货物特定化是货物所有权转移的前提条件。根据英国货物买卖法的规定，凡是属于凭说明买卖未经指定或未经特定化的货物，在将货物特定化之前，其所有权不转移于买方。但是，将货物特定化只是转移货物所有权的前提，至于把货物特定化之后，货物的所有权是否转移于买方，还必须根据卖方有无保留对货物的处分权而定。所谓特定化，就是把处于交货状态的货物无条件地划拨于合同项下的行为。

2. 美国法

美国在采用统一商法典以前，关于货物所有权转移的法律与英国法的规定基本上是一致的。为适应现代商业发展的要求，美国统一商法典把所有权的转移问题与风险转移问题以及救济办法分离开来，不再以所有权的转移作为风险与救济办法的关键性因素。

根据美国统一商法典的规定，在将货物划拨在合同项下（identification to the contract）之前，货物的所有权不转移于买方。这是所有权转移的一项基本原则。如果当事人对所有权转移问题有约定，则依据约定。同时，美国统一商法典规定了当事人没有约定时，所有权转移的方法：第一，货物的所有权在卖方完成交货时转移给买方，而不管卖方是否通过保留货物的所有权的凭证（例如，提单）保留其对货物的权利。因为根据美国统一商法典的规定，货物的所有权的凭证（例如，提单）一般只起到担保权益（security interest）的作用，即以此作为买方支付货款的担保，但是这并不影响货物的所有权根据该法典的规定转移于买方。第二，在不需要移动货物即可交付时，如果卖方应交付所有权凭证，在交付所有权凭证的时间和地点转移；如果合同订立时货物已特定化，且无须交付所有权凭证，所有权在合同订立的时间和地点转移。第三，如果买方拒绝接受或保留货物，或买方正当地撤销对货物的接受，所有权重新转移，即重新转移到卖方。

（二）大陆法系

1. 法国法

法国法对货物所有权的处理比较特殊。法国法原则上是以买卖合同的成立时间为货物的所有权转移的时间，但在司法实践中法院对货物所有权转移问题作变通处理。根据《法国民法典》第 1583 条的规定，当事人就标的物及其价金相互同意时，即使标的物尚未交付，价金尚未支付，买卖即告成立，而标的物的所有权即依法由卖方转移于买方。但是，在审判实践中法国法院会适用下列原则：①如果买卖的标的物是种类物，则必须经过特定化之后，其所有权才能转移于买方，但是无须交付；②如果是附条件的买卖则必须满足条件后所有权才转移于买方；③买卖双方可以在合同中规定所有权转移的时间。

2. 德国法

德国法对所有权转移的规定更加特殊，要求买卖合同的当事人订立独立的物权合同，转移货物所有权。德国法认为，所有权的转移属于物权法的范畴，而买卖合同则属于债权法的范畴，买卖合同本身并不起到转移所有权的效力。根据德国法的规定，动产所有权的转移，就必须以交付标的物为必要条件。在卖方有义务交付物权凭证的场合,卖方可以通过交付物权凭证而将货物的所有权转移于买方。

（三）中国法

中国对货物所有权转移实行约定优先,一般情况下交付转移的原则。中国《民法典》对所有权转移的原则性规定是:按照合同或其他合法方式取得财产的,财产所有权从财产交付时转移。法律另有规定或当事人另有约定的除外。

我国《民法典》在物权编第二节动产交付中对动产所有权转移作出了具体规定。其中,《民法典》第224条规定,动产物权的设立和转让,自交付时发生效力,但是法律另有规定的除外。第225条规定,船舶、航空器和机动车等的物权的设立、变更、转让和消灭,未经登记,不得对抗善意第三人。第226条规定,动产物权设立和转让前,权利人已经占有该动产的,物权自民事法律行为生效时发生效力。第227条规定,动产物权设立和转让前,第三人占有该动产的,负有交付义务的人可以通过转让请求第三人返还原物的权利代替交付。第228条规定,动产物权转让时,当事人又约定由出让人继续占有该动产的,物权自该约定生效时发生效力。

我国《民法典》关于所有权取得的与国际货物买卖有关的规定,主要在于其第311条:无处分权人将不动产或者动产转让给受让人的,所有权人有权追回;除法律另有规定外,符合下列情形的,受让人取得该不动产或者动产的所有权:

（1）受让人受让该不动产或者动产时是善意的;

（2）以合理的价格转让;

（3）转让的不动产或者动产依照法律规定应当登记的已经登记,不需要登记的已经交付给受让人。

受让人依照前款规定取得不动产或者动产的所有权的,原所有权人有权向无处分权人请求赔偿损失。

（四）国际贸易惯例的有关规定

INCOTERMS 2000等国际贸易惯例,都没有涉及所有权转移的问题。只有国际法协会制定的《华沙-牛津规则》,对所有权转移于买方的时间作出了规定。根据《华沙-牛津规则》第6条和第22条的规定,在CIF合同中,货物的所有权转移于买方的时间,应当是卖方将装运单据（提单）交给买方的时间;但如果卖方依据法律对所售货物享有留置权,保留权或者中止交货权时,所有权不发生转移。虽然《华沙-牛津规则》是针对CIF合同的特点制定的,但通常认为,这项原则也可以适用于卖方有提供提单义务的“象征性交货”的合同,包括CFR合同与卖方有义务提供提单的FOB合同。至于卖方没有提供提单义务的情况下,如工厂交货或者目的地交货合同中,可以推定所有权是在交给买方或置于其控制之下的时间发生转移[①]。

二、风险转移（Passing of Risks）

国际货物买卖的风险较大,因而风险的转移,具有重要的意义,它直接影响合同当事人的权利义务。货物风险转移到买方后,货物的毁损不解除买方支付价款的义务,除非货物的毁损是由于卖方的原因所造成。对风险进行划分,目的是确定损失的承担。

[①]　王传丽主编:《国际贸易法》,法律出版社,2006年版,第61页。

（一）国内法有关风险转移的规定

各国国内法中主要有"风险随所有权转移"和"风险因交付转移"的区别。在风险转移问题上没有大陆法系和英美法系之间的明显差别，即使同一法系中也存在明显不同。

1. 风险随所有权转移

英国和法国等国的买卖法均采取了这一原则，即在货物所有权转移买方之前，货物风险由卖方承担；在货物所有权转为买方所有时，不论货物是否交付，风险由买方承担。

2. 风险因交付转移

美国、德国、奥地利等国的买卖法均采取这一原则，其中以美国统一商法典为代表。美国许多法学界人士认为，将所有权的概念同与它无直接关系的问题搅在一起，是不符合当代商业发展的要求的。因此，美国在制定统一商法典时就抛弃了这种陈旧的概念，把所有权的转移问题与风险转移问题以及救济办法分离开来，不再以所有权的转移作为风险与救济办法的关键性因素。美国《统一商法典》通过以下规则，来确定货物风险的转移：

（1）买卖双方当事人可以通过协议来确定双方承担风险的界限，也可采用国际贸易术语来确定各方承担的风险。

（2）合同中没有规定风险转移的内容，且合同中也没有违约的情形，则要根据以下情形来确定货物风险的转移：

其一，装运合同和到货合同的风险转移。如果货物要经过移动才能完成交付，则风险转移就要看合同的规定。如是装运合同，卖方不需将货物送至指定的地点，那么货物的风险在货物被适当交给承运人时转移给买方，在货交承运人后，运输中的风险由买方承担。如是到货合同，即合同规定要求卖方把货物交到指定的目的地，那么卖方要负担到达指定目的地前货物的风险，即货物的风险于卖方在目的地向买方提交货物并让买方能受领货物时，才转移于买方。

其二，货物已存放于受托人初，不需移动时即可交货。风险的移转根据受托人是否出具可转让的物权凭证而定。如受托人已出具可转让的物权凭证，则货物风险从卖方把这项可以转让的物权凭证交给买方的时候转移于买方；如受托人没有出具可转让的物权凭证，则应经过一段合理的时间，在该受托人承认买方有权占有货物时，货物的风险转移于买方。

（3）违约情况下的风险转移。如有违约的情形，则根据以下情形确定风险的转移：

其一，卖方违约。当卖方交付的货物不符合合同，致使买方有权拒收时，在卖方做出补救或在买方接受货物前，风险仍由卖方承担。

其二，买方违约。涉及已特定于买卖合同项下的符合合同的货物时，如果卖方已把符合合同规定的货物确定在合同项下，而买方在货物的风险转移给他以前撤销合同或有其他违约行为，卖方可就自己有效保险之不足部分，在商业合理的期间内，要求买方承担货物的风险。

3. 中国法律的有关规定

我国原则上以货物的交付划分风险责任，但有例外。《民法典》第 604 条规定："标的物毁损、灭失的风险，在标的物交付之前由出卖人承担，交付之后由买受人承担，但是法律另有规定或当事人另有约定的除外。"《民法典》第 606 条则规定："出卖人出卖交由承运人运输的在途标的物，除当事人另有约定的以外，毁损、灭失的风险自合同成立时起由买受人承担。"

Civil Code of China Articles 604 & 606

The risk of damage to or loss of a subject matter shall be borne by the seller prior to the delivery of the subject matter and by the buyer after delivery, except as otherwise stipulated by law or agreed upon by the parties.

Where the seller sells a subject matter delivered to a carrier for carriage and is in transit, unless otherwise agreed upon by the parties, the risk of damage to or missing of the subject matter shall be borne by the buyer as of the time of establishment of the contract.

（二）CISG 的有关规定

货物的风险从何时由卖方转移于买方,CISG 所采取的某些原则与美国法的规定有相似之处。公约抛弃了以所有权转移决定风险转移的陈旧观念,原则上以交货时间确定风险转移的时间。应当注意的是,公约的规定只是原则性的,具体国际货物买卖合同中货物风险的转移与交货方式和贸易术语密切相关。

CISG 第 66 条至第 70 条对风险转移问题规定了以下七项原则。

1. 公约采用了当事人约定优先原则

公约允许双方当事人在合同中约定有关风险转移的规则。公约规定,双方当事人可以在合同中使用某种国际贸易术语(如 FOB、CIF 等),或者以其他办法规定货物损失的风险从卖方转移于买方的时间及条件。如果双方当事人在合同中对此作出了具体的规定,其效力将高于 CISG 的规定。也就是说,如果双方当事人在合同中已经对风险转移作出约定,则应按合同的约定办理,如果当事人买卖合同对此没有作出具体约定时才适用公约的规定。

2. 划拨是风险转移的前提

根据公约的规定,货物在划拨合同项下以前风险不发生转移。所谓"划拨",又称"特定化",是指对货物进行计量、包装、加上标记,或以提交装运单据,或向买方发通知等方式表明货物已归于合同项下。经过划拨的货物,卖方不得再随意进行提取、调换或挪作他用;当交货涉及运输时,CISG 第 67 条规定:风险于货交第一承运人时起转移到买方,但在货物未划拨合同项下以前不发生转移;在交货不涉及运输时,CISG 第 69 条规定:风险是在货物交由买方处置时发生转移,但当货物未划拨合同项下以前,不得视为已交给买方处置。

CISG Article 67

（1）If the contract of sale involves carriage of the goods and the seller is not bound to hand them over at a particular place, the risk passes to the buyer when the goods are handed over to the first carrier for transmission to the buyer in accordance with the contract of sale. If the seller is bound to hand the goods over to a carrier at a particular place, the risk does not pass to the buyer until the goods are handed over to the carrier at that place. The fact that the seller is authorized to retain documents controlling the disposition of the goods does not affect the passage of the risk.

（2）Nevertheless, the risk does not pass to the buyer until the goods are clearly identified to the contract, whether by markings on the goods, by shipping documents, by notice given to the buyer or otherwise.

3. 风险转移的后果

CISG 第 66 条规定,如果货物在风险转移于买方后发生灭失或损坏,则买方支付货款的义务并不因此解除,除非这种灭失货损坏是由于卖方的行为或不行为造成的。根据这项规定,一旦风险转移于买方之后,买方就要对货物的损失承担责任,即使货物发生灭失或损坏,买方仍然必须支付货款,而不得以此为理由拒付货款。但是,如果这种损失是由于卖方的行为或不行为造成的,则不受此限。

CISG Article 66

Loss of or damage to the goods after the risk has passed to the buyer does not discharge him from his obligation to pay the price, unless the loss or damage is due to an act or omission of the seller.

4. 买卖合同涉及运输时风险转移时间

根据 CISG 第 67 条规定,如果买卖合同规定涉及货物的运输,风险从何时起由卖方转移于买方,主要有两种情况:一种情况是合同没有规定卖方有义务在某个指定的地点交付货物。在这种情况下,货物的风险在卖方根据合同的规定将货物交付给第一承运人以运交买方时起就转移给买方承担。另一种情况是卖方有义务在某一特定地点将货物交付给承运人,货物在该特定地点交付给承运人以前,风险仍由卖方承担。但是,无论在何种情况下,在货物特定化以前,风险不能转移于买方。

同时 CISG 规定,卖方有权保留控制货物处置权的单据并不影响风险的转移。因为,卖方保留控制货物处置权的单据,只是作为买方支付货款的一种担保权益,不影响风险的转移。这表明公约采用了美国统一商法典的相关规定。

5. 货物在运输途中出售时风险转移时间

在国际货物买卖中,卖方先将货物装上开往某个目的地的船舶,然后再寻找适当的买主订立买卖合同,这种在运输途中进行的货物买卖,也称之为“海上路货”(floating cargo)。

在运输途中出售货物的风险划分非常困难。因为在订立买卖合同时,货物已经装在运输工具上,买卖双方都可能难以了解货物是否有损坏或灭失等情况。如果货物在运到目的地后发现损坏或灭失,往往很难判断这种损失究竟是发生在运输过程的哪一个阶段。因此,很难确定这种损失的风险究竟应当由卖方承担还是由买方承担。

CISG 第 68 条对此规定了以下三种解决办法:①对于在运输途中出售的货物,原则上从订立买卖合同时起,风险就转移给买方承担。②如果情况表明有需要时,则从货物交付给签发了载有运输合同单据的承运人时起,风险就有买方承担。这项规定的目的是把风险转移的时间提到订立合同之前,即提前到将货物交付给承运人的时候转移。至于何谓“情况表明有需要”,必须根据具体的案情确定。③如果订立买卖合同时卖方已知道或理应知道货物已经发生灭失或损坏,而他又隐瞒这一事实不告知买方,则这种损失应由卖方负责。

CISG Article 68

The risk in respect of goods sold in transit passes to the buyer from the time of the conclusion of the contract. However, if the circumstances so indicate, the risk is assumed by the buyer from the time the goods were handed over to the carrier who issued the documents embodying the contract of carriage. Nevertheless, if at the time of the conclusion of the contract of sale the seller knew or ought to have known that the goods had been lost or damaged and did not disclose this to the buyer, the loss or damage is at the risk of the seller.

6. 不涉及货物的运输时风险转移时间

买卖合同并不涉及货物的运输问题时,货物风险从何时起由卖方转移于买方,公约第 69

条规定如下。

第一,在不属于第 67 条至第 68 条规定的其他情况下,从买方收受货物时起,或者如果买方不在适当的时间内收受货物,则从货物已交由他处置而他违反合同不受领货物时起,风险即转移给买方。这一条主要适用于卖方在其营业地点把货物交由买方处置的场合,即由买方自备运输工具到卖方的营业地提货的场合。

第二,如果买方有义务在卖方的营业地点以外的某一地点(例如,某个公共仓库)收取货物,则当交货时间已到而买方知道货物已经在该地点交由他处置时起,风险才转移于买方。但是,如果合同出售的货物在上述时间尚未确定在该合同项下,即尚未特定化,则在这些货物清楚地确定在该合同项下以前,不得视为货物已经交由买方处置,风险也不转移于买方。

CISG Article 69

(1) In cases not within articles 67 and 68, the risk passes to the buyer when he takes over the goods or, if he does not do so in due time, from the time when the goods are placed at his disposal and he commits a breach of contract by failing to take delivery.

(2) However, if the buyer is bound to take over the goods at a place other than a place of business of the seller, the risk passes when delivery is due and the buyer is aware of the fact that the goods are placed at his disposal at that place.

(3) If the contract relates to goods not then identified, the goods are considered not to be placed at the disposal of the buyer until they are clearly identified to the contract.

7. 根本违反合同对风险转移的影响

根据 CISG 第 70 条的规定,如果卖方已经根本违反合同,则上述第 67 条至第 69 条的规定,都不损害买方对这种根本违反合同可以采取的各种补救办法。应当注意,此项规定仅适用于卖方根本违反合同的场合。

CISG Article 70

If the seller has committed a fundamental breach of contract, articles 67, 68 and 69 do not impair the remedies available to the buyer on account of the breach.

根据这项规定,即使卖方已经根本违反合同却不影响货物的风险根据公约的规定转移于买方。但是,在这种情况下,买方对卖方根本违反合同所应享有的采取各种补救方法的权利不应受到损坏。例如,如果因为卖方根本违反合同,使货物发生灭失或损坏,即使货物的风险已经根据 CISG 第 67 条至第 69 条的规定转移于买方,但是买方仍然有权要求撤销合同,要求卖方交付替代货物或请求损害赔偿等救济方法。

(三) 国际贸易惯例优先

如果双方当事人在国际货物买卖合同中采用了贸易术语,则应按贸易术语关于风险转移的规定来确定风险移转的时间,而不按公约的规定来确定风险移转的时间。

国际商会制定的 INCOTERMS 对风险移转的时间有明确的规定。例如,EXW 合同中,货物的风险是从卖方在工厂把货物交给买方支配时起移转给买方;在 FOB、CFR 和 CIF 合同中,货物的风险是从货物在装运港装船越过船舷时起移转于买方;在目的港交货合同中,货物的风险是在货物运到目的港交由买方支配时起移转于买方。

国际法协会制定的《华沙－牛津规则》等,对风险移转的时间也有明确的规定。

【案例分析】

Case 5-1　　　**Is There Any Contract Between X and Y**?

On April 4, Company X, with its place of business in China, sent an offer by e-mail to Company Y, with its place of business in Australian. The offer concerned 50,000 meters hand-printed cotton cloth and said it would remain open until April 30. On April 10, Company Y answered by e-mail: "The price is too high, and we are not interested in the offer." But, on April 20, the manager of Company Y changed his mind and sent another e-mail to accept the April 4 offer.

Question: Is there any contract between Company X and Company Y?

Case 5-2　　　**Who Is Legally Right**?

Mr. Nelson, the manager of a US company, entered into a contract with an Italian company, Roma, to order some leather suitcases. The Goods were delivered on time, but with some of the zippers on the suitcases defective. Mr. Nelson contacted Roma and gave a notice that he wanted to cancel the contract. Roma responded that they only can give a reduction in the price.

Question: Who is legally right?

Answers and Analysis:

CS 5-1 No. Since both China and Australian are Contracting States to the CISG, according to Article 1(1)(a) would apply here. After receiving the offer of 50,000 meters hand-printed cotton cloth, on April 10, Company Y stated that they were not interested in the offer, which rejected the offer. On April 20, the e-mail sent to accept the April 4 offer should be regarded as a new offer instead of acceptance. Therefore, there was no contract between Company X and Company Y.

CS 5-2 Roma was legally right. The defectiveness of some of the zippers on the suitcases could not account to a fundamental breach under the CISG Article 25, therefore Mr. Nelson had no right to cancel the contract but could have other remedies, such as reducing the price.

案例 5-3

某年,中国粮油贸易进出口公司T省分公司与M国"德菲"公司经多次交换电传,于1月25日达成购销协议:按FOB条款给"德菲"公司4.8万吨中国籼米,装运期为2—3月,每月装运2.4万吨。

FOB条款规定:"①买方所租载货船舶必须不迟于合同规定的每一装运月份的第20天抵达装运港,由于载货船舶延迟而使卖方遭受经济损失和额外费用需由买方负担;②买方必须于船舶到达装运港前10天将船名、船旗、船长国籍和估计到达装运港的时间通知卖方,并以卖方接受为准。"据此,T省分公司于2月5日发电传催请"德菲"公司告知第一艘船舶到港时间。经数次电传联系,船舶于2月25日抵T港受载,2月份的2.4万吨籼米到2月底装运完毕。

3月份,T省分公司又通过电传催询派船情况,外方于3月10日复称:因租船市场船源短缺,租不到船,要求延迟一个月装运。由于我方已将货物备好装运,延迟装运势必造成我方损失。为此,当日即电传复告对方:①3 月份装运的货物 2.4 万吨籼米已经备妥,不能同意延迟装运。贵方必须在 3 月 20 日前派船抵 T 港以履行合同义务。②假如租船确有困难,可例外允许延迟到 4 月份装运,但须以每吨 12 美元赔偿我方损失为前提(按 2.4 万吨计算,共要求赔偿28.8 万美元)。

"德菲"公司发来电传称,由于不断搜觅船位而造成租船严重困难,而且货物已经转销,运价上升,已具破坏性影响。因此,除给予象征性补偿外,不能承担额外费用。

我方通过电传提出,希望仍按合同规定派船装货,如确有困难,可延迟到 4 月份装运。考虑到双方的友好关系,愿作让步,允许支付 20 万美元作为象征性补偿。后来外方则称:这是一起明显的"不可抗力事故",同时由于运价上涨,已遭受重大损失,要求我方减少补偿金额。我方根据这种情况,认为外方并非否定其应负的责任,而由于意外的困难要求减少赔偿金额,因此,我方仅就赔偿金问题与对方进行磋商,同意将赔偿金额减少到 10 万美元。后来又经过多次电传磋商,最后确定赔偿金额为 5 万美元,货物延期到 4 月份装运。至此,我方在这笔交易中造成 23.8 万美元的不必要损失[①]。

请分析在此案中我方公司应吸取什么教训?

案例 5-4

我某机械进出口公司向一法国商人出售一批机床。法商又将该机床转售美国及一些欧洲国家。机床进入美国后,美国的进口商被起诉侵犯了美国有效的专利权,法院判令被告赔偿专利人损失,随后美国进口商向法国出口商追索,法国商人又向我方索赔[②]。

请分析我方是否应该承担责任,为什么?

---

①　选自袁绍歧主编:《国际商法练习题及分析解答》,暨南大学出版社,2006 年版,第 55 页。
②　本案案情选自《国际经济贸易题解》,对外经济贸易出版社,1994 年版。

第六章 国际货物运输与保险

Chapter Six International Cargo Transportation and Insurance

【本章要点】

- 国际服务贸易
- 国际货物的运输方式
- 国际货物运输单据
- 海运提单
- 国际海上货运保险

Key Terms

Charter party is a contract of shipment in writing, by which the owner of a ship or other vessel lets the whole or a part to a merchant or other person for the conveyance of goods for a certain amount of time or voyage, in consideration of the payment of freight.

Hague Rules is short for "International Convention for the Unification of Certain Rules of Law relating to Bill of Lading". It was done at Brussels on 25 August, 1924 and in force on June 2, 1931. The Hague Rules specifically laid down the minimum responsibilities and liabilities of a carrier of goods by sea under a bill of lading.

A bill of lading, sometimes referred to as a BOL or B/L, is a document issued by a carrier, e. g. a ship's master or by a company's shipping department, acknowledging that specified goods have been received on board. Goods are delivered to a named place to the consignee. Under the Hamburg Rules, a bill of lading means a document which evidences a contract of carriage by sea and the taking over or loading of the goods by the carrier, and by which the carrier undertakes to deliver the goods against surrender of the document.

Seaworthiness is a relative term meaning that the ship is fit to undertake the particular voyage and to carry the particular cargo. It has two meanings. One is the ship is reasonably fit to encounter the "perils of the sea". The other is the carrier shall properly man, equip and supply the ship and make the holds, refrigerating and cool chambers, and all other parts of the ship in which goods are carried, fit and safe for their reception, carriage and preservation. The carrier shall be bound before and at the beginning of the voyage to exercise due diligence.

Policy of insurance is a contract under which one party (the insurer) agrees, in return for a consideration, to indemnify another (the insured) for loss suffered as a result of the occurrence of a specified event.

Insurable interest is an interest in something and the loss of which will prejudice the owner. Examples of insurable interests include a person's interest in a marine adventure, in his or her own life, or in real property. During the international cargo transportation the interest is in goods.

国际货物运输和国际货运保险,都是现代国际服务贸易的重要内容。在传统的国际贸易中,货物买卖历来占据主导地位。但 20 世纪 90 年代以来,随着世界经济结构的调整和世界经济一体化进程的加快,以及第三产业的日益发展,国际服务贸易得到了迅猛的发展①。高速发展的服务贸易,需要有相应的法律规范予以调整,这直接导致了世界贸易组织(WTO)框架内《服务贸易总协定》(GATS)的诞生。

The General Agreement on Trade in Services (GATS) is the first and only set of multilateral rules governing international trade in services. Negotiated in the Uruguay Round, it was developed in response to the huge growth of the services economy over the past 30 years and the greater potential for trading services brought about by the communications revolution. ②

本章在简要叙述国际服务贸易法的最新发展之后,根据本书以国际货物买卖为主线的原则,具体讨论国际货物运输法和国际货运保险法的主要内容等。

第一节　国际服务贸易概述
6.1　Introduction to International Trade in Services

一、国际服务贸易的概念

服务,即是服务主体应服务客体的要求所做的工作或所尽的义务。服务的主体一定是自然人、法人、社会团体或政府部门,服务提供者通过直接接触或间接接触方式,为服务接受者提供有益的工作或帮助行为。

"Services" includes any service in any sector except services supplied in the exercise of governmental authority.

国际服务贸易(trade in services)一词,源于关贸总协定 20 世纪 70 年代的谈判决议③。狭义的国际服务贸易是有形的,即指发生在国家之间的符合与服务定义的直接服务输出与输入活动。而广义的国际服务贸易,不仅包括有形的劳动力的输出输入,也包括无形的提供者与使用者在没有实体接触的情况下的交易活动,如卫星传送和传播、专利技术贸易等。广义的国际服务贸易,是关贸总协定乌拉圭回合服务贸易谈判的对象。

GATS 对服务贸易进行了明确的界定:①从一缔约方境内向任何其他缔约方的境内提供

---

① 据 WTO 专家预测,2010 年国际服务贸易额将达 5 万亿美元,相当于国际货物贸易额的 50%。
② 张学森、〔美〕Gary D. Patterson:《WTO 法律规则(英文版)》,复旦大学出版社,2008 年 11 月版,第 219 页。
③ 周汉民:《国际贸易法》,上海教育出版社,1995 年第一版,第 427 页。

服务;②从一缔约方的国境向任何其他缔约方的服务消费者提供服务;③一缔约方在其他任何缔约方境内的通过提供服务的商业存在而提供服务;④一缔约方的自然人在其他任何缔约方境内提供服务。

For the purposes of GATS Agreement, trade in services is defined as the supply of a service: (a) from the territory of one Member into the territory of any other Member; (b) in the territory of one Member to the service consumer of any other Member; (c) by a service supplier of one Member, through commercial presence in the territory of any other Member; (d) by a service supplier of one Member, through presence of natural persons of one Member in the territory of any other Member.

由以上定义可以看出,服务贸易通过以下四种方式进行:

(1) 过境交付(cross-border supply),是指一国向另一国提供服务,没有人员、物资和资金的流动,而是通过电讯、邮电、电脑网络实现的,如视听、金融、信息等。

(2) 境外消费(consumption abroad),是指一国消费者到另一国接受服务提供者提供的服务。例如,本国病人到国外就医,外国人到中国来旅游,本国学生到外国留学等。

(3) 商业存在(commercial presence),是服务贸易活动中最主要的形式。它是指允许外国的企业和经济实体来本国开业,提供服务,包括投资设立合资、合作或独资公司。例如,外国公司到中国来开饭店,建零售商店,办律师事务所等。

(4) 自然人流动(movement of personnel),是指允许外国的个人来本国提供服务。例如美国教授、高级工程师或医生到日本从事个体服务。相对于有形贸易来说,服务贸易具有生产与消费同时进行,不可储存、无形和异质的特点。

二、服务贸易的内容和分类

随着国际社会文明程度的不断提高,国际服务贸易也随之呈现复杂化、多样化和系统化的趋势,其内容日渐庞杂。目前国际上通行的有四种分类法:①联合国标准贸易分类(UN SITC),按照知识含量或加工的程度对服务项目进行由低到高的排列,分为 46 个服务类别;②国际标准工业分类(ISIC),将服务贸易分为批发零售、零售贸易、餐馆、运输与贮存、通讯、金融机构、不动产及商业服务、公共管理及防务、社会服务及社区服务、娱乐及文化服务、个人及家庭服务、国际机构及跨境组织等 12 个类别;③国际货币基金组织(IMF)分类,将服务业分为六大类,线条较粗;④世界贸易组织统计与信息系统局(SISD)分类法,已获 WTO 服务贸易理事会评审认可。

WTO 是按照服务部门分类法进行的分类,将全世界的服务部门分为十一大类 142 个服务项目。这十一个大类是:商业服务、通信服务、建筑及有关工程服务、销售服务、教育服务、环境服务、金融服务、健康与社会服务、与旅游有关的服务、文化与体育服务及运输服务。这种分类法,由于获得了世界贸易组织所认可,因而具有权威性,而且在分类上也比较合理,具有推广的价值。

According to the Services Sectoral Classification List, the 12 service sectors are: business services, communication services, construction and related services, distribution services, educational services, environmental services, financial services, health related and social services, tourism and travel related services, recreational and cultural and sporting services, transport services, other services not included elsewhere①.

三、国际服务贸易的法律渊源(Sources of the Law)

国际服务贸易的法律渊源,可以从两个不同的角度来观察。

(1) 以法律规范制订主体的不同,可以认定国际服务贸易的法律渊源是由以下三个部分组成:全球性的服务贸易法律规范、区域性的服务贸易法律规范和各国国内有关服务贸易的法律规范。全球性的法律规范,如 WTO 的一整套服务贸易的法律规范;区域性的服务贸易法律规范,如《北美自由贸易协定》、《欧洲联盟条约》(尤其是其中所包括的《欧洲共同体条约》)等;各国国内有关服务贸易的法律规范,由于多数国家加入 WTO 和国民待遇原则的适用,使得这类国内法律规范,实际上具有了比以前更强的国际性。

(2) 从 WTO 体制内部来观察,国际服务贸易的法律渊源可划分为三个层次。

①《关于建立世界贸易组织的马拉喀什协定》(简称"世界贸易组织协定"或 WTO 协定)。这是 WTO 基本法律文件。而且,《服务贸易总协定》以及《诸边贸易协定》都是《WTO 协定》的组成部分。

②《服务贸易总协定》及其附录和具体承诺表等。GATS 第 29 条规定:"本协定的附录是本协定的整体组成部分。"其中包括 8 个附录,以及各成员方作出的具体承诺表。这一部分是国际服务贸易法律体系的核心。

③辅助性服务贸易法律规范。这是《WTO 协定》中涉及服务贸易的其他规范。如《关于争议解决规则与程序的谅解》(简称 DSU),贸易政策评审机制,《诸边贸易协定》,尤其是其中的《政府采购协议》。

第二节　国际货物运输法
6.2　Law of International Cargo Transportation

国际货物运输不同于国内运输,它具有线长面广、中间环节多、情况复杂多变和风险大等特点,因而合理选用运输方式,正确订立装运条款,规范编制和运用运输单据,都显得更加重要。

一、国际货物的运输方式(Methods of International Cargo Transportation)

国际贸易中采用的运输方式很多,其中包括海、陆、空,以及多式联运等各种运输方式,而每种运输方式都有其自身的特点和独特的经营方式。

International cargo transportation is an important requirement of international business transaction. International cargo transportation includes carriage of goods by sea, air, railroad (road) and multimodal transportation. Carriage of goods by sea is more important among these methods.

---

① See GATT Secretariat, Services Sectoral Classification List, MTN. GNS/W/120 (July 10, 1991).

（一）海上货物运输（cargo transportation by sea）

按照船公司对船舶经营方式的不同,商船可分为班轮和不定期船两种类型。由于这两种类的船舶在经营上各有自己的特点,所以海洋运输又可分为班轮运输和租船运输两种方式。

There are two types of contract of shipment. A contact of shipment may take the form of a charter party where an entire ship is hired, or a bill of Lading, where the goods are to be carried in a general ship which can be used for this purpose by any person. In both contracts, the ship owner as the carrier undertakes the liabilities of carrying the goods of the consignor safely to the destination.

1. 班轮运输（liner transport;liner shipping）

（1）班轮运输的概念与特点。班轮运输是指在预先固定的航线上,按照船期表在固定港口之间来往行驶而言,其主要特点有:

① 船舶行驶的航线和停靠的港口都是固定的。

② 船舶按船期表航行,船舶开航和到港时间都较为固定。

③ 船公司按预先公布的班轮运价表收取运费,运费率相对固定。

④ 在班轮运费中包括装卸费,故班轮运输的港口装卸费由船方负担。

⑤ 班轮承运货物比较灵活,不论数量是多少,只要有舱位,都接受装运。因此,少量货物或件杂货,通常多采用班轮运输。

（2）班轮运费。班轮运费包括基本运费和附加费两部分。基本运费是指货物在预定航线的各基本港口之间进行运输所规定的运价,它是构成全程运费的主要部分。基本运费的计收标准,通常按不同商品分为下分下列几种:

① 按货物的毛重计收,在运价表内用"W"字母表示。

② 按货物的体积（或尺码吨）计收,在运价表内用"M"表示。

③ 按商品的价格计收,即按从价运费收取,在运价表内用"A.V."表示。

④ 按货物的毛重或体积,由船公司选择其收费较高的一种计收过费,在运价表中用"W/M"表示。

⑤ 按货物的重量、体积或价值三者中选较高的一种计收运费,在运价表中用"W/M or A.V"表示。

⑥ 按货物的件数计收。

⑦ 对大宗低值货物,采用船、货双方临时议定运价的办法。

此外,班轮公司对同一包装、同一票货物或同一提单内出现混装情况时,计收运费的原则是就高不就低,具体收取办法是:

① 不同商品混装在同一包装内,全部运费一般按其中收费较高者收取。

② 同一票货物,如包装不同,其计费标准和等级也不同,如托运人未按不同包装分别列明毛重和体积,则全票货物均按收费较高者计收运费。

③ 同一提单内有两种以上的货名,如托运人未分别列明不同货物的毛重和体积,则全部货物均按收费较高者计收运费。

班轮运费中的附加费名目繁多,其中包括:超长、超重附加费,选择卸货港附加费、变更卸货港附加费,燃油附加费,港口拥挤附加费,绕航附加费,转船附加费和直航附加费,等等。上述基本运费和各种附加费,均按班轮过价表计算。

2. 租船运输(charter shipment;shipping by chartering)

租船通常是指包租整船。大宗货物一般都采用租船运输,租船方式主要包括定程租船和定期租船两种。前者是指按航程租赁船舶,后者是指按期限租赁船舶,不论是按航程或按期限租船,船、租双方都要签订租船合同,以明确双方的权利和义务。

(1)定程租船(voyage charter)。在定程租船方式下,船方必须按租船合同规定的航程完成货物运输任务,并负责船舶的经营管理及其在航行中的各项费用开支;租船人则应支付双方约定的运费。租船的运费一般按照装运货物的数量计算,也有按航次包租总金额计算的。货物在港口的装卸费用究竟由船方还是由租方负担,应在租船合同中作出明确规定。

(2)定期租船(time charter)。按期限租船时,船租双方的权利与义务应在期限船合同中订明。船方应提供适航的船舶,关于船员薪金、伙食等费用以及保持船舶具有适航价值而产生的有关费用,均由船方负担。在船舶的出租期间,租船人可在租船合同规定的航行区域自由使用和调动船舶,但船舶经营过程中产生的燃料费、港口费、装卸费和垫舱物料费等项开支,均应由租船人负担。关于期租船的租金,一般是按租期每月每吨若干金额计算。

Classifications of Charter Party

(1) Voyage Charter. In a voyage charter, the charterer hires the vessel for a single voyage, while the vessel's owner provides the master, crew, bunkers and supplies. The owner and his crew manage the vessel. It is more commonly used than a time charter.

(2) Time Charter. In a time charter, the vessel is hired for a specific amount of time. The owner still manages the vessel but the charterer givers orders for the employment of the vessel. The charter can select the ports of destination and controls the operation of the ship. It is a more permanent arrangement than a voyage charter.

(3) Demise or bareboat charter. This arrangement is completely different from the previous two. The charterer takes full control of the vessel along with the legal and financial responsibility for it. The charterer takes responsibility for the crewing and maintenance of the ship during the time of the charter, assuming the legal responsibilities of the owner. In fact this is a property rent.

(二)铁路运输(cargo transportation by railroad)

铁路运输是仅次于海运的一种主要的运输方式。铁路运输的运行速度较快,载运量较大且在运输中遭受的风险较小,它一般能保持终年正常运行,具有高度的连续性。为了充分利用铁路运输进货物,早在20世纪50年代初期,我国即参加了国际铁路货物联运,使我国同一些亚洲和欧洲国家连成一片,为发展我国对外贸易提供了极为有利的条件。1980年以来,我国利用西伯利亚大陆桥开展了集装箱国际铁路联运业务,有效地加快了货运速度,节省了运杂费用。1992年,由我连云港至荷兰鹿特丹的新亚欧大陆桥开始经营,进一步缩短了运输距离,加速了国内外物资的交流,并节省了运输费用。随着国际铁路联运业务的开展,铁路运输在我国对外贸易中将起更大的作用。

(三)航空运输(cargo transportation by air)

航空运输速度很快运行时间短,货物中途破损率小,但航空运输运量有限,且运费一般较高。航空运费通常是按重量、体积计算,以其中收费较高者为准。尽管航空运费一般较高,但由于空运比海运计算运费的起点低,同时空运能节省包装和保险费,并因运行速度快而便于货物抢行应市和卖上好价,所以小件急需品和贵重的物品,采用航空运输反而有利。

（四）邮包运输（cargo transportation by mail）

采用邮包运输,手续简便,费用也不太高,但运量有限,故只能用于运输量轻和体积小的商品。国际邮包运输具有国际多式联运和"门到门"运输的性质。我国同许多国家签订了邮政运输协议和邮电协定,为我国发展对外贸易货物的邮包运输提供了有利的条件。由于邮包运输量有限,每件邮包重量不得超过 20 千克,长度不得超过 1 公尺,因此,它只适用于运送某些零部件、药品和急需的零星商品。

（五）国际多式联运（multimodal transportation）

多式联运是指利用各种不同的运输方式来完成某项运输任务,它包括陆海联运、陆空联运和海空联运等。在国际进行的这种联运,称为国际多式联运。由于集装箱最适于多式联运,故随着集装箱运输的发展,国际多式联运也迅速发展起来。在国际贸易中,开展以集装箱运输为主的国际多式联运,有利于简化货运手续,加快货运速度,降低运输成和节省运杂费用。

（六）其他运输方式（other methods）

我国同相邻国家的少量进出口货物以及内地同港、澳地区的部分进出口货物是通过公路运输的;同我国有河流相通连的国家,也有少量进出口货物是通过河流运输的。此外,我国到朝鲜的石油,一般采用管道运输。以上表明,国际货物运输方式很多,在实际业务中,我们应根据货物特性、运量大小、距离远近、运费高低、风险大小、任务缓急及自然条件和气候变化等因素,审慎选用合理的运输方式。

二、国际货物运输的装运条款

买卖双方洽商交易时,必须就各项装运条款谈妥,并在合同中订明,以利合同的履行。装运条款的内容同买卖合同的性质和运输方式有着密切的关系。不同性质的运输方式,其装运条款也不相同。鉴于我国大部分进出口货物是通过海洋运输,而且对外签订的进出口合同大部分属 FOB、CIF、CFR 合同,故以下仅就这类合同的装运条款——装运期、装卸率和滞期费、速遣费等内容,分别加以介绍和说明。

（一）装运期

1. 装运期的含义及其重要性

装运期是指卖方在起运地点装运货物的期限,它与交货期是含义不同的两个概念。例如,在目的港船上交货条件下,装运期是指在装运港装船的期限,交货期则是在目的港船上交货的时间,两者在时间显然不同。

在装运地或装运港交货条件下,装运期是买卖合同中的主要条件。装运合同当事人一方违反此项条件,另一方则有权要求赔偿其损失,甚至可以撤销合同。因此,进出口业务中,订好买卖合同中的装运期条款,使装运期规定合理和切实可行,可以保证按时完成约定的装运任务。

2. 装运期的规定方法

（1）明确规定具体装运期限。在进出口合同中,一般都订明装运的年度及月份。例如,限于某年某月内装运,或某年某月以前装运。对大宗交易或在偏僻港口装货时,装运期可适当放长一些。如规定跨月份装运,或在某季度内装运,规定方法、期限具体,含义明确,既便于落实货源和安排运输,又可避免在装运期问题上引起争议,因此,它在国际贸易中被广泛使用。

(2)规定在收到信用证后若干天装运。这种规定方法适用于下列情况:

①按外商要求的花色、品种或规格成交,或专为某一地区或某商号生产的商品,如一旦外商毁约,这些商品便难以转售出去。为避免盲目生产或采购而造成商品积压和蒙受经济损失,则采用这种规定方法。

②在一些外汇管制较严的国家和地区,一般实行进口许可证和进口配额。如洽商交易时,买方还不能肯定批准进口许可证或外汇配额的具体时间,因而无法确定具体装运期。为了促进成交和扩大出口,也可采用这种方法。

③对某些拖延开证的客户,采用这种规定方法有利于促使其按时开证。上述规定方法的好处是,既能促使买方早开证或按时开证,以利卖方有计划地安排生产和组织货源,又能避免因买方拖延开证而引起的卖方加工、备货紧张或赶不上装期的被动局面。但上述方法也有弊病,因为装运期的确定,是以买方来证为前提条件的。如签订合同后市场价格出现对买方不利的变化,买方有可能拒不开证或拖延开证,装运期也就无法确定,从而使卖方处于无法安排装运的被动局面。

为了促使买方按时开证,在采用这类规定时,必须在合同中相应加列约束性的条款,例如,买方必须最迟于某某日期将有关信用证开抵卖方,否则,卖方有权按买方违约提出索赔。

(3)笼统规定近期装运。采用这类规定方法时,不规定装运的具体期限,只有"立即装运"、"即该装运""尽速装运"等词语来表示。由于这种规定方法太笼统,故国际商会修订的《跟单信用证统一惯例》规定,不应使用"迅速"、"立即"、"尽速"和类似的词语,如使用了这类词语,银行将不予理会。

(二)装运港和目的港

装运港是指开始装货的港口,目的港是指最终卸货的港口。在海运进出口合同中,一般都订明装运港和目的港。

1. 装运港和目的港的规定方法

装运港和目的港由交双方商定,其规定有下列几种。①在通常情况下,只规定一个装运港和一个目的港,并列明港口名称。②在大宗商品交易条件下,可酌情规定两个或两个以上的装运港和目的港,并分别列明港口名称。③在商订合同时,如明确规定一个或几个装运港和目的港有困难,可以采用按"选择港口"的规定办法。规定选择港有两种方式:一是从两个或两个以上列明的港口中任选一个,如 CIF 伦敦或汉堡或鹿特丹;二是从某一航区的港口中任选一个,如地中海主要港口。上述规定方法,究竟采用哪一种,应视具体情况而定。

2. 规定装运港和目的港口的注意事项

(1)规定国外装运港和目的港的注意事项如下:①必须考虑港口具体的装卸条件。②对港口的规定应明确具体,不宜过于笼统。③不能接受内陆城市作为装运港或目的港的条件。④应注意国外港口有无重名的问题。

(2)规定国内装运港和目的港的注意事项如下:

①应考虑货物的合理流向并贯彻就近装卸的情况。②应考虑港口的设施、装卸条件等实际情况。

（三）分批装运和转运

分批装运和转运直接关系买卖双方的利益，是否需要分批装运和转运，买卖双方应根据需要和可能在合同中作出明确具体的规定。

1. 分批装运

分批装运是指一笔成交的货物分若干次装运。但一笔成交的货物，在不同时间和地点分别装在同一航次、同一条船上，即使分别签发了若干不同内容的提单，也不能按分批装运处理。

国际上对分批运的解释和运用不一。有些国家的法律规定：如合同未规定允许分批装运，则不得分批装运，但国际商会修订的《跟单信用证统一惯例》却规定："除非信用证号另有规定，允许分批装运。"为了避免在履行合同时引起争议，交易双方应在买卖合同中订明是否允许分批装运；若双方同意分批装运，应将批次和每批装运的具体时间与数量订明。

此外，《跟单信用证统一惯例》还规定："如信用证规定在指定时期内分批装运，其中任何一批未按批装运，信用证对该批和以后各批货物均告失效，除非信用证另有规定。"因此，如果在买卖合同和信用证中规定分批定期、定量装运时，则卖方必须重合同、守信用，严格按照买卖合同和信用证的有关规定办理。

2. 转运

货物中途转运，不仅延误时间和增加费用开支，而且还有可能出货损差，所以买方对其进口的货物一般不愿转运，故在商订合同时，提出订立"禁止转运"的条款。不过，零星件杂货在没有直达船的港口，或虽在直达船而船期不定或航期间隔时间太长的港口，为了便利装运，则应当在买卖合同中订明"允许转运"的条款。

根据《跟单信用证统一惯例》规定，为了明确责任和便于安排装运，交易双方是否同意转运以及有关转运的办法和转运费的负担等问题，都应在买卖合同中具体订明。

（四）装运通知

装运通知是装条款中不可缺少的一项重要内容。不论按哪种贸易术语成交，成交双方都要承担相互通知的义务。规定装运通知的目的在于明确买卖双方的责任，促使买卖双方互相配合，共同搞好车、船、货的衔接，并便于办理货物保险。

应当特别强调的是，买卖双方按 CFR 条件成交时，装运通知具有特别重要的意义，所以卖方应在货物装船后，立即向买主发出装运通知。

按其他贸易术语成交时，买卖双方都应约定相互给予有关交接货物的通知，以便互相配合，共同搞好货物的交接工作。

（五）装卸时间、装卸率和滞期、速遣费条款

买卖双方成交的大宗商品，一般采用租船运输。负责租船的一方在签订买卖合同之后，还要负责签订租船合同，而租船合同中通常都需要订立装卸时间、装卸率和滞期、速遣费条款。为了明确买卖双方的装卸责任，并使买卖合同与租船合同的内容互相衔接和吻合，在签订大宗商品的买卖合同时，应结合商品特点和港口装卸条件，对装卸时间、装卸率和滞期、速遣费的计算与支付办法作出具体规定。

1. 装卸时间

装卸时间是指装货和卸货的期限，装卸时间的规定方法很多，其中使用最普遍的是按连续24 小时计算。这种计算方法用于昼夜作业的港口，是指在好天气好条件下，作业 24 小时算作

一个工作日来表示装卸时间的办法,如中间有几小时坏天气不能作业,则应予以扣除。此外,星期日和节假日也应除外,关于利用星期日、节假日作业是否计入装卸时间,国际上有不同的规定,订立合同时应作补充说明和约定。

此外,也有按照港口装卸速度来表示装卸时间的做法。这种规定是指在好天气条件下,按港口装卸速度进行计算装卸时间的方法。这种方法只能适用于装卸条件好、装卸效率高和装卸速度稳定的港口。采用这种方法时,星期日、节假日以及因坏天气而不能进行装卸作业的时间应除外。

上述装卸时间的起算和止算,应当在合同中订明。关于装卸时间的起算,一般规定在收到船长递交的"装卸准备就绪通知书"后,经过一定的规定时间后开始起算。关于装卸货物的止算时间,通常是指货物实际装卸完毕的时间。

2. 装卸率

买卖大宗商品时,交易双方在约定装卸时间的同时,还应约定装卸率。所谓装卸率,即指每日装卸货物的数。装卸率的高低,关系到运费水平,从而在一定程度上影响货价。

3. 滞期、速遣费条款

买卖双方在大宗交易中,除约定装卸时间和装卸率外,还应相应规定滞期、速遣条款,以明确货物装卸方的责任。负责装卸货物的一方,如果未按照约定的装卸时间和装卸率完成装卸任务,则需要向船方交纳延误船期的罚款,此项款称之滞期费用;反之,如负责装卸货物的一方在约定装卸时间内提前完成装卸任务,有利于加快船舶的周转,则可以从船方取得奖金,此项奖金称为速遣费。按一般惯例,速遣费通常为滞期费的一半,在规定买卖合同的滞期、速遣条款时,应注意相关内容与将要订立的租船合同的相应条款保持一致,以免造成不应有损失。

三、国际货物运输的主要运输单据(Documents in International Cargo Transportation)

在国际贸易中,提交约定的单据是卖方的一项基本义务。因此,买卖双方签订合同时,必须根据运输方式和实际需要,就卖方提供的各种单据的种类和份数作出明确规定,因此,有关单据的规定就成为合同条款中不可缺少的内容。

由于运输方式和合同当事人对单据的要求不一,所以使用的运输单据多种多样,主要包括海运提单、铁路运单、航空运单、邮包收据和多式联运单据等。本节简单介绍海运提单之外的其他主要运输单据,而关于海运提单及其法律渊源,随后专门讨论。

(1)铁路运单(railway bill)。铁路运单是铁路与货主间缔结的运输契约,国际铁路货物运输使用的运单和国内运单的格式和内容有所不同。国际铁路货物联运运单随同货物从始发站至终点站全程附送,最后交给收货人。它既是铁路承运货物的凭证,也是铁路向收货人交付货物和核收运费的依据;国际铁路货物联运运单副本在铁路加盖戳记证明货物的承运和承运日期后,交给发货人。它可作为发货人据以结算货款的凭证。

(2)航空运单(airway bill)。航空运单是航空公司出具的承运货物的收据。它是发货人与承运人缔结的运输契约,但不能作为物权凭证进行转让和抵押。航空运单也是海关查验放行的一项基本单据。

（3）邮包收据（parcel post receipt）。邮包收据是邮局收到寄件人的邮包后出具的收据，它是收件人提取邮包的凭证。当邮包发生灭失或损坏时，它还可作为索赔和理赔的依据。

（4）多式联运单据（multimodal transportation document）。多式联运单据是指证明多式联运合同以及证明多式联运经营人接管货物并负责按合同条款交付货物的单据，它由多式联运经营人签发。签发这种单据的多式联运经营人必须对全程运输负责，即不论货物在哪种运输方式下发生属于承运人责任范围内的灭失或损害，都要对托运货物的人负赔偿责任。多式联运单据使用的范围较联运提单为广。联运提单限于在由海运与其他运输方式所组成的联合运输时使用，而多式联运单据，既可用于海运与其他运输方式的联运，也可用于不包海运的其他运输方式的联运。

除上述各种主要的装运单据外，在实际业务中，还有一些其他装运单据，如重量单和装箱单等。

四、调整国际货物运输的国际公约和惯例（Conventions and Customaries）

（一）调整国际航空货物运输关系的国际公约

目前，调整国际航空货物运输关系的国际公约主要有三个：《华沙公约》、《海牙议定书》和《瓜达拉哈拉公约》。

（1）《统一国际航空运输某些规则的公约》（简称《华沙公约》），1929 年在华沙签订，1933 年 2 月 13 日生效。我国 1958 年加入该公约。

（2）《修改 1929 年统一国际航空运输某些规则的公约的议定书》（简称《海牙议定书》），定于 1955 年 9 月，1963 年 8 月 1 日生效。我国于 1975 年加入该议定书。

（3）《统一非缔约承运人所办国际航空运输某些规则以补充华沙公约的公约》（简称《瓜达拉哈拉公约》），订于 1961 年，1964 年 5 月 1 日生效。我国未加入该公约。

（二）调整国际铁路货物运输关系的国际公约

目前，关于国际铁路货物运输的公约有两个：《国际货约》和《国际货协》。

《国际货约》（CIM），全称《关于铁路货物运输的国际公约》，缔约国 1961 年在伯尔尼签字，1975 年 1 月 1 日生效。其成员国包括了主要的欧洲国家，如法国、德国、比利时、意大利、瑞典、瑞士、西班牙及东欧各国。此外，还有西亚的伊朗、伊拉克、叙利亚，西北非的阿尔及利亚、摩洛哥、突尼斯等共 28 国。

《国际货协》（CMIC），全称《国际铁路货物联合运输协定》，1951 年在华沙订立。我国于 1953 年加入。1974 年 7 月 1 日生效的修订本，其成员国主要是苏联、东欧、中国、蒙古、朝鲜、越南共计 12 国。

《国际货协》的东欧国家又是《国际货约》的成员国，这样《国际货协》国家的进出口货物可以通过铁路转到《国际货约》的成员国，这为沟通国际铁路货物运输提供了更为有利的条件。我国是《国际货协》的成员国，凡经由铁路运输的进出口货物均按《国际货协》的规定办理。

（三）调整国际多式联运的国际公约和国际惯例

1980 年 5 月在联合国贸易与发展会议的主持下，制定并通过了《联合国国际货物多式联运公约》(简称《联运公约》)。我国在会议最后文件上签了字。根据公约规定,公约在 30 个国家的政府签字但无须批准、接受或认可,或者向保管人交存批准书、接受书、认可书或加入书后 12 个月生效。公约目前尚未生效。

第三节　海 运 提 单
6.3　Bill of Lading

一、海运提单(Bill of Lading,B/L)概述

(一) 提单的性质和作用

提单是承运人或其代理人收到货物后签发给托运人的一种证件,它体现了承运人与托运人之间的相互关系。提单的性质和作用,主要表现在下列三个方面。

(1) 提单是承运人或其代理人出具的货物收据。证实其已按提单的记载收到托运人的货物。

(2) 提单是代表货物所有权的凭证。提单的持有人拥有支配货物的权利,因此提单可以用来向银行议付货款和向承运人提取货物,也可用来抵押或转让。

(3) 提单是承运人和托运人双方订立的运输契约的证明。由于运输契约是在装货前商订的,而提单一般是在装货后签发的,故提单本身不是运输契约,而只是运输契约的证明。

Bills of Lading

1. Definition of Bills of Lading

Shipping is the most common form of transportation in international trade. In shipping the most important document is the bill of lading. The term derives from the noun "bill", a schedule of costs for services supplied or to be supplied, and from the verb "to lade" which means to load a cargo onto a ship or other form of transport. A bill of lading (sometimes referred to as a BOL or B/L) is a document issued by a carrier, e. g. a ship's master or by a company's shipping department, acknowledging that specified goods have been received on board. Goods are delivered to a named place to the consignee who is usually identified. Under the Hamburg Rules, a bill of lading means a document which evidences a contract of carriage by sea and the taking over or loading of the goods by the carrier, and by which the carrier undertakes to deliver the goods against surrender of the document. A provision in the document that the goods are to be delivered to the order of a named person, or to order, or to bearer, constitutes such an undertaking.

2. Functions of Bills of Lading

(1) As evidence of the contract of carriage. It is considered to be the evidence that a valid contract of carriage or a chartering contract exists. It may include the full terms of the contract between the consignor (the seller) and the carrier (the shipping company) but it is not the contract itself. This is logical because, in the most cases the contract will have been made before the bill of lading is issued. In effect, it is very good evidence of the contract of carriage and it can be rebutted.

It is only prima-facie evidence. Therefore a bill of lading is only evidence of the terms of the contract and the parties can show that the actual contract contains different terms. In the relationship between the carrier and the buyer (the third party) the function of the bill of lading is different. If the bill of lading is passed to the third party, the carrier is bound by the terms set out in the bill of lading as it is presumed that he accept it on those terms and did not know any other terms between the carrier and the original shipper. It becomes the conclusive evidence. Leduc v. Ward (1888)[1]: There was an oral agreement that the carrier could deviate and there was also a standard written liberty clause in the bill of lading. In a voyage the ship deviated to Glasgow and sank with her cargo. The carrier attempted to rely on an excepted perils clause, exempting him from liability for perils of the sea, but would have been unable to do so had he deviated from the route as defined by the carriage contract. He claimed that the shipper knew, before the carriage contract was concluded, that it was intended to sail to Glasgow, and in effect that the deviation was permitted by the contract. The court held the pre-contract agreement could not bind the endorsee, who took on bill of lading terms. These did not permit that deviation, and by deviating the carrier lost the benefit of the excepted perils clause.

(2) As a receipt of goods received. A bill will be described as clean if the goods have been received on board in apparent good condition and stowed ready for transport. In common law the bill of lading act as a receipt for three things: (a) quantity; (b) leading marks; (c) apparent good order and condition.

The quantity of goods was, in fact, not as described in the bill of lading, the carrier or his agent shall be liable for damages. In the case Rasnoimport v. Guthrie (1966) the bill of lading said that bales of rubber had been loaded and it was signed by the carrier's loading broker. In fact, only part of the goods had been loaded. It was held that endorsee could recover losses for the missing bales from the loading brokers, the carrier's agents. This also means the person who signed the bill of lading may be sued.

Goods usually have shipping marks and these are also put on the bill of lading. This is done for identification purposes, such as distinguishing marks, code marks, symbols, etc. In common law, the carrier is entitled to show that goods shipped were marked differently that was noted in the bill of lading.

Apparent good order and condition creates an estoppel that a carrier is bound by that statement. The shipmaster has the authority to note only as to the apparent good order and condition and not to the goods' inner condition and quality. Also, the bill of lading only relates to when the goods are put on board and does not cover any subsequent damage suffered by the goods.

(3) As a document of title to goods. It is also a document of title to goods. Thus a document of transfer allows the legal owner of a bill of lading to transfer freely like a cheque or other negotiable instruments. A bill of lading governs all the legal aspects of physical carriage and it may be endorsed affecting ownership of the goods actually being carried. It is usually a standard form contract, issued

---

① COURT OF APPEAL (1888) 20 QBD 475.

by the carrier or his agent. When the seller makes a contract with a carrier, he will be given a bill of lading form to fill out. The form allows the seller to describe the goods and write down his name under "Consigner". To maintain the control of the goods until he is paid, the export can fill in the blank space under "Consignee" with the words "To the order of" or "To the order" followed by his name. When the seller receives payment, he can endorse the bill at that time to another party. Thus he transfers the document and related ownership of the goods. In this way he well protects his interests.

（二）提单的分类

海运提单包括班轮提单和租船合同项下的提单。前者，提单正面除作了有关货物和运费事项的记载外，在提单背面还有印就的运输条款。为了统一提单背面的运输条款的内容，国际上曾先后签署了《海牙规则》、《维斯比规则》和《汉堡规则》三项国际公约。

提单可以从各种不同的角度分类，在国际贸易中使用的提单主要有下列几种[①]：

（1）按签发提单时货物是否装船来分，有已装船提单（Shipped or on Board B/L）和备运提单（Received for Shipment B/L）。已装船提单是指货物装船后，由承运人签发给托运人的提单，它必须载明船名和装船日期。由于这种提单对收货人按时收货有保障，故买方订买卖合同时，一般都规定卖方必须提供已装船提单。备运提单是指承运人收到托运货物，尚未装船而向托运人签发的装船单。由于这种提单没有载明装货日期，也没有注明船名，即使注明也只是拟装船名，将来货物能否装运和何时装运，都难以预料，故买方一般不愿接受该类提单。

（2）按提单有无不良批注，可分为清洁提单（Clean B/L）和不清洁提单（Claused B/L, or Foul B/L）。清洁提单是指托运货物的外表状况良好，承运人未加有关货损或包装不良之类批语的提单。买方为了收到完好的货物，以维护自身的利益，故都要求卖方提供清洁提单。不清洁提单是指承运人加注了托货物外表状况不良或存在缺陷等批语提单。此种提单买方通常都不接受，银行也拒绝接收。

（3）按提单收货人抬头分类，有记名提单（Straight B/L）、不记名提单（Open B/L, or Bearer B/L）和指示提单（Order B/L）。记名提单是指在提单收货人栏内具体指定收货人名称的提单。不记名提单是指在提单收货人栏内不填写收货人名称而留空，故又称空名提单。由于记名提单只能由指定的收货人提货，它不能转让流通；不记名提单，仅凭单交货，风险较大，故这两种提单在国际贸易中都很少使用。指示提单是指在提单的收货人栏内填写"凭指定"或"凭某人指定"字样的提单，此种提单可通过背书转让，背书的方法有二：由背书人单纯签字盖章的称作空白背书；除背书人签字盖章外，还列明背书人名称的，称作记名背书。提单经背书后，可转让给其他第三者，因而又称为可转让的提单。由于指示提单可以背书转让，故其在国际贸易中被广为使用。在我国贸易中，通常采用凭指定空白背书提单，习惯上称为"空白抬头、空白背书提单"。

（4）按运输方式分类则有直达提单、转船提单（Direct B/L）和联运提单（Through B/L）。承运人对自装运港直接送到目的港的货物所签发给托运人的提单，称为直达提单。在装运港

---

① 沈达明、冯大同：《国际贸易法新论》，法律出版社，1989 年第一版，第 158 页。

装货的船舶,不直接驶往目的港,而需中途转船后再驶往目的港,由第一承运人在装运港签发运往最后目的港的提单,称为转船提单,应注"在某港转船"的字样。联运提单是在由海运和其他运输方式所组成的联合运输时使用。它是由承运人或其代理人在货物起运地签发运往货物最终目的地的提单,并收取全程运费。由于联运提单包括全程运输,故第一程承运人或其代理人应将货物转交给下一程承运人,有关货物中途转换运输工具和交接工作,均不需托运人办理。

(5)其他种类的提单。①集装箱提单。凡用集装箱装货而由承运人签发给托运人的提单,称为集装箱提单。②舱面提单。舱面提单是指货物装在船舶甲板上运输所签发的提单,故又称甲板提单。在这种提单中应注明"在舱面"字样。③过期提单。关于过期提单有两种说法:一种是提单晚于货物到达目的港,称为过期提单。在洋运输中难免会出现这种情况,因此,买卖合同中一般都规定"过期提单可以接受"的条款。另一种是向银行交单时间超过提单签发日期 21 天,这种滞期交到银行的提单,也称为过期提单,银行有权拒收。

综上所述,提单的种类很多,买卖双方洽商交易时,究竟采用哪一种提单,应在合同中具体订明。

Classifications of a Bill of Lading

(1) "Bearer", "To Order" and "Straight" bill of lading. Bearer bill of lading states that delivery shall be made to whosoever holds the bill. Such bill may be created explicitly and can be negotiated by physical delivery. Although the bill of lading is well negotiated, it is not safe enough.

Order bill of lading uses express words to make the bill negotiable, e. g. it states that delivery is to be made to the further order of the consignor using words such as "delivery to A Ltd. or to order or assigns". Consequently, it can be endorsed by a company or the right to take delivery can be transferred by physical delivery of the bill. In international trade the order bill of lading is widely used.

Straight bill of lading states that the goods are consigned to a specified person and it is not negotiable. Usually a bill of lading can be transferred freely, so we called it a negotiable bill of lading. However, not all bills of lading are negotiable such as a straight bill of lading.

(2) "Clean" and "unclean" bill of lading. Clean bill of lading is that a bill of lading issued by a carrier declaring that the goods have been received in an appropriate condition, without the presence of defects about the packaging or the quantities.

Unclean bill is issued when the received product is damaged or does not meet specifications e. g. the goods received for shipping (or their packaging) look wet, damaged, or otherwise in doubtful condition, or not of correct quantity. If the container received by the carrier was damaged, the carrier makes a notation that expressly declares the defective condition of the container. Ultimately, it is the exporter who will be responsible financially because of the damaged container and or package to be shipped. Importers and their banks normally do not accept an unclean bill of lading for payment under a letter of credit. It is also called dirty bill of lading or foul bill of lading.

(3) "Shipped on board" and "received for shipment" bill of lading. The bill of lading of shipped on board which certifies that the specified goods have been received in apparent good order

and condition from the named shipper (consignor), and have been taken aboard the named ship (vessel) on the stated date. Banks require this type of the bill of lading and not a received for shipment bill of lading. It is also called on board bill of lading.

Received for shipment bill of lading indicates that the goods have merely been received by the carrier, but they have not yet been loaded on the ship. Used where the goods arrive at the port of departure before the vessel does, this type of the bill of lading is not considered a complete bill of lading and is replaced by a shipped on board bill of lading when the goods do go onboard. In the case of Diamond Alkali Export Corporation v. Bourgeois[1] The buyer was tendered the bill of lading that stated the carrier had received the goods in apparent good order and condition. It was held that the buyer could refuse to accept the documents as a Cost Insurance Freight contract calls for a shipped on board bill of lading.

In practice the buyer also hopes to receive board bill of lading. However, there are some cases have ruled that it was also acceptable if it is trade customer to do so.

(4) Other bills of lading. A through bill of lading is issued for containerized door-to-door shipments that have to use different ships and/or different means of transportation (aircraft, railcars, ships, trucks, etc.) from the origin to the destination.[2] The valued bill of lading records the value of shipment declared by the shipper, the amount for which the carrier is liable in case of damage or loss.

二、海运提单的法律渊源

在 19 世纪中,船公司所签发的提单列举大量免责事项,形成了"除了收取费用,对所承运的货物,几乎不负任何责任"的状况,引起了代表货方利益的商界的不满。1893 年,美国国会通过哈特法,规定了承运人承担的最低责任,把承运人的过失分为管货过失和管船过失,在有两种过失的情况下,提单中免责条款无效。1921 年国际法协会在海牙召开会议制定海牙规则。1924 年,布鲁塞尔会议上对其作了一些修改,正式定名为《关于统一提单的若干法律规则的国际公约》,通称为 1924 年《海牙规则》,1931 年生效,目前有 87 个成员国。《海牙规则》还是侧重保护船东利益。1968 年在布鲁塞尔制定了《修订统一提单法规国际公约的议定书》,简称《维斯比规则》,对《海牙规则》作了小的修改。该议定书影响不大。

由于发展中国家的斗争和要求,1978 年联合国贸易会议主持制定了《汉堡规则》,全称为《联合国海上货物运输公约》。该公约在有 20 个国家批准后一年届满的次月第一日起生效。目前已有 20 个缔约国,1992 年 11 月 1 日生效。《汉堡规则》按照船方和货方合理分担风险的原则,适当加重了承运人的责任,使双方权利义务趋于平等。其修改内容主要包括以下几个方面。

1. 适用范围

《海牙规则》适用于在任何缔约国签发的一切提单。

---

① Diamond Alkali Export Corporation v F L Bourgeois [1921] 3 KB 443.

② http://www.businessdictionary.com/definition/multimodal-bill-of-lading-B-L.html.

《汉堡规则》在此基础上扩大其适用范围,规定:

(1) 装货港在一缔约国内;

(2) 预订的卸货港或实际的卸货港在一缔约国内;

(3) 提单或证明海上运输合同的其他单据是在缔约国内签发;

(4) 提单或证明海上运输合同的其他单据规定,公约的各项规定或使其生效的国内立法,约束该提单;

(5) 依租船合同签发的提单,如果该提单约束承运人和非承租人的提单持有人之间的关系。

2. 承运人责任起讫

从《海牙规则》规定的,从货物装上船时起至卸下船时止,货物处于承运人掌管之下的全部期间扩展为承运人在装货港接管货物时起至卸货港货交收货人为止货物在承运人掌管之下的整个期间。值得注意的是,我国海上运输实践中一直采用《海牙规则》规定的责任起讫时间。我国《海商法》的规定中,对集装箱货物和非集装箱货物的运输加以区分,并在承运人承担责任上分别作出规定:对于集装箱装运的货物的责任期间,是从装货港接收货物时起至卸货港交付货物时止,货物处于承运人掌管之下的全部期间;对非集装箱装运的货物,其责任期间从货物装上船时起至卸下船时止,货物处于承运人掌管之下的全部期间。对于装船前和卸船后所承担的责任,由双方协议决定。这样,对非集装箱货物承运人的责任起讫适用《海牙规则》,而对集装箱货物承运人的责任起讫适用《汉堡规则》。

3. 赔偿责任

《汉堡规则》把《海牙规则》中承运人的不完全过失责任改为承运人的推定完全过失责任制。即除非运人证明他本人及代理人和所雇佣人员为避免事故的发生及其后果已采取了一切合理要求的措施,否则,承运人对在其掌管期间因货物灭失、损坏及延迟交货所造成的损失负赔偿责任。

4. 货物

《海牙规则》中货物的概念不包括舱面货物和集装箱装运的货物及活动物。《汉堡规则》规定,承运人只有与托运人达成协议或符合特定的贸易习惯或法规或条例要求时,才能在舱面载运货物,否则要对舱面货物发生的损失负赔偿责任。对于活动物,只要承运人证明是按托运人对该活动物作出的指示办事,则对活动物的灭失、损坏或延迟交货造成的损失视为运输固有的特殊风险而不承担责任。我国《海商法》中也规定了与之相类似的内容。

5. 赔偿金额

《汉堡规则》将《海牙规则》和《维斯比规则》的规定提高到每件或其他装运单位835计算单位或相当于毛重每千克2.5计算单位的金额,以较高者为准。所谓计算单位,是指国际货币基金组织规定的特别提款权。对于延迟交货,承运人的赔偿责任以相当于该延迟交付货物应付运费的2.5倍为限,但不得超过海上运输合同中规定的应付运费金额。

6. 保函

《汉堡规则》将保函合法化。规定托运人为取得清洁提单向承运人出具承担赔偿责任的保函在托运人和承运人之间有效,但对提单受让人包括任何收货人在内的任何第三方无效。

在发生诈欺的情况下(无论是托运人或者承运人),承运人承担赔偿责任,且不能享受公约规定的责任限制利益。

7. 索赔与诉讼时效

《汉堡规则》将《海牙规则》和《维斯比规则》规定的 1 年时效改为 2 年,并经接到索赔要求人的声明可以多次延长。收货人应在收到货物次日,将损失书面通知承运人。如货物损失属非显而易见的,《汉堡规则》规定在收货后连续 15 日内,《海牙规则》规定 3 天内,我国《海商法》规定 7 天内,集装箱在运输交付货物次日起 15 天内,延迟交货应在收货后连续 60 天内将书面通知送交承运人,否则,收货人丧失索赔权利。

8. 管辖权

对此,《海牙规则》和《维期比规则》均未作规定。《汉堡规则》规定,原告就货物运输的法律程序,可就法院地作下列选择:

(1) 被告主营业场所所在地或惯常居所所在地;或

(2) 合同订立地,且合同是通过被告在该地的营业所、分支机构或代理机构订立的;或

(3) 装货港或卸货港;或

(4) 海上运输合同中指定的其他地点。

Law of International Carriage of Goods by Sea

1. International conventions

(1) 1924 Hague Rules. Different nations attempt to govern the relationship between a shipper and a carrier in an international shipping agreement. In the early 20th century, it was realized by international traders that uniformity of the terms and conditions for the carriage by sea was essential for the trade. Ship-owners attempt to protect themselves from any liability for damaged cargos by insisting that all contracts with shippers include language exonerating them from any liability. Recognizing the unequal bargaining power that the carriers exercised, an international convention adopted a uniform set of rules of law relating to bills of lading called "International Convention for the Unification of Certain Rules of Law relating to Bills of Lading" ("Hague Rules"), done at Brussels on 25 August, 1924 and in force on June 2, 1931. The Hague Rules specifically laid down the minimum responsibilities and liabilities of a carrier of goods by sea under a bill of lading. Although carriers can not exclude all liabilities by the contract, the Hague Rules provided that the maximum amount of liability that a carrier would assume for loss or damage to a shipper's cargo would be only 100 £ per package. Of course the Hague Rules improved the effectiveness and provided a set of uniform rules.

(2) 1968 Hague-Visby Rules. In 1968, a new convention adopted amendments to the Hague Rules, which was in force as an international treaty in 1977. The new treaty was called "Protocol to Amend the International Convention for the Unification of Certain Rules of Law Relating to Bills of Lading", signed at Brussels in 1968, the Rules became known as the Hague-Visby Rules. The Hague-Visby Rules tried to correct some of the shortcomings of the Hague Rules, such as increasing the maximum liability amount of the carrier for loss or damage to a shipper's cargo to 666. 67 SDRs

per package or 2 SDRs per kilo of gross weight of the goods loss or damaged. The shipper can choose one which does good to him. An SDR stands for "Special Drawing Right" established as an international currency unit, which is tied to a mathematical combination of five of the world's major currencies and established by the International Monetary Fund. Nevertheless, many shippers and developing countries consider that the rules still tend to protect the rights of the carriers mainly because carriers have too much protections from liability under the Hague Rules or the Hague-Visby Rules.

(3) 1978 Hamburg Rules. In 1978 at the request of the developing countries, the United Nations through United Nations Commission on International Trade Law (UNCITRAL) developed another set of international rules "The United Nations Convention on the Carriage of Goods by Sea", done at Hamburg on 31 march 1978 or the Hamburg Rules for short. The rule imposes far greater responsibility on the carrier. The limit of liability for carriers under the Hamburg Rules was raised to 835SDRs per package or 2. 5 SDRs per kilo of gross weight of goods lost or damaged, whichever is greater. Under the Hamburg Rules the carrier is liable for loss resulting from loss of or damage to the goods, as well as from delay in delivery, if the occurrence which caused the loss, damage or delay took place while the goods were in his charge unless the carrier proves that he, his servants or agents took all measures that could reasonably be required to avoid the occurrence and its consequences.

The Hague Rules, the Hague-Visby Rules and the Hamburg Rules are all mandatory rules in international law. The carrier can not limit or exonerate his maximum liabilities for loss or damage by a contract if its host nation is a signer to one of these conventions.

2. National provisions in the U. K. and USA

A bill of lading did not contain exceptions which meant that ship-owners could not exempt themselves from liability until the eighteenth century. But the situation has changed since the carrier widely uses the exclusion clauses within a bill of lading. The carrier stipulated numerous and broad exceptions in the bill of lading, so that they enjoyed virtual freedom from liability. Eventually, the exculpatory clauses in the bills of lading had become so complex that bankers could not know their rights, nor underwriters calculate their risks. With such uncertainties, carriers and shippers were in constant litigation. Eventually an international convention was introduced to attempt to strike a balance between the carriers and the shipper. The Great Britain enacted the Carriage of Goods by Sea Act 1924. Later it was repealed and the Great Britain re-enacted the Carriage of Goods by Sea Act 1971(COGSA). In 1992 the Great Britain enacted the Carriage of Goods by Sea to replace the Bill of Lading Act 1855. The Hague-Visby Rules have been made statutory by the 1971 COGSA and the Hamburg Rules are not yet statutory in the U. K.

In United States, Uniform Commercial Code (UCC) regulates the relation between the shipper and carrier. Besides it the Federal Bill of Lading Act, formerly called the Pomerene Act, governs the transfer of all bills of lading covering both the international and interstate shipments and all shipments which use a bill of lading issued by a common carrier. The term "carrier" is not defined, so it is not clearly whether the freight forwarders are covered. The same problem is "a bill of lading". It is also not defined, so it is not sure whether a bill of lading covers air waybills or inland waterway documents. The form and content of bills of lading are also governed by the Harter Act and the Carriage of Goods by Sea Act (COGSA). The United States enacted the Harter Act in 1893, and later came the Carriage of Goods by Sea Act in 1936, to reaffirm a maritime carrier's duty of exercising due care. COGSA provides that all bills of lading shall set forth positive rules binding carriers to properly and carefully load, handle, stow, carry, keep, care for, and discharge the goods carried. And in 1999 the United States re-enacted the Carriage of Goods by Sea Act. The courts in the U. K. and U. S. have developed a considerable expertise in shipping law. These maritime laws have had a profound influence on world trade law and on domestic law.

三、承运人的责任(Carrier's Obligations)

1. The seaworthiness of the ship. This is an important obligation for a carrier required by the Hague Rules, Hague-Visby Rules and Hamburg Rules. The carrier shall be bound before and at the beginning of the voyage to exercise due diligence. Seaworthiness is a term meaning that the ship is fit to undertake the particular voyage and to carry the particular cargo. It has two meanings. One is the ship is reasonably fit to encounter the "perils of the sea", the other is the carrier shall properly man, equip and supply the ship and make the holds, refrigerating and cool chambers, and all other parts of the ship in which goods are carried, fit and safe for their reception, carriage and preservation. The seaworthiness of the ship is an absolute undertaking warranted by the carrier. If the cargo owner has damages because the carrier does not meet the requirement of the seaworthiness of the ship, he needs to show the ship was unseaworthy and there was a causal link between it and the loss or damage.

2. The management of the goods. This is another basic obligation. The carrier shall exercise due diligence to properly and carefully load, handle, stow, carry, keep, care for, and discharge the goods carried. The due diligence is expected by a reasonable person.

3. Commencement of voyage. The ship shall be ready to load the cargo and commence the voyage agreed on without undue delay and shall also complete the voyage with all reasonable dispatch.

4. Non-deviation of voyage. It means that if the ship does not carry out the voyage by the prescribed or usual route in the customary manner, the contract becomes void from the beginning of the voyage, no matter when and where the deviation from the usual route took place.

5. Dangerous goods not to be shipped. If the shipper ships dangerous goods and if on account of this, the charterer suffers any damage, he can recover the same from the shipper.

第四节　国际货运保险法
6.4　Law of International Cargo Insurance

Insurance is an important requirement of business to provide cover against losses of various kinds. A policy of insurance is a contract under which one party (the insurer) agrees, in return for a consideration, to indemnify another (the insured) for loss suffered as a result of the occurrence of a specified event. Laws of international cargo insurance mainly include the marine cargo insurance, the railroad and the air ones. The marine cargo insurance is introduced in the chapter.

Concepts of International Cargo Insurance

(1) Insurer. A person or body who agrees in consideration for money paid, to make good a loss that an assured has suffered on the happening of s specified events.

(2) Assured. Assured is a person or body who agrees to pay the money to an insurer and insure against loss. It is also known as "insured".

(3) Insurable interest. An interest is in something and the loss of which will prejudice the owner. Examples of insurable interests include a person's interest in a marine adventure, in his or her own life, or in real property. During the international cargo transportation the interest is in goods.

(4) Premium. A sum of money paid by an assured to an insurer in consideration of his or her indemnifying the assured for loss sustained in consequence of the risks insured against.

一、国际海上货运保险

国际海上货物运输保险是以国际海上货物为对象的保险。

（一）海上货物运输保险合同

海上货物运输保险合同是指由保险人与被保险人订立的,由被保险人支付保险费,在保险标的发生承保范围内的风险而遭受损失时,由保险人负责给予赔偿的合同。

海上货物运输保险合同的订立,通常是由投保人填制投保单,然后以此向保险人投保,经保险人审核同意,保险合同即告成立。实践中,保险人同意投保人的申请后,即凭投保单向投保人签发一份保险单。在保险单中,除载明被保险人的名称、保险的货物、运输工具种类与名称、保险的险别、保险起讫地、保险期限、保险金额等项内容外,并规定保险的责任范围和保险人与被保险人的权利义务等详细条款。因此,保险单是保险合同的证据,也是确定双方当事人权利义务的依据。保险单和被保险人填制的投保单,实际上就是保险合同的书面表现形式。

海上货物运输保险合同的转让,一般通过保险单的背书来实现,无需取得保险人的同意。

海上货物运输保险合同的终止,主要基于期满终止、协议终止或违约失效。

（二）海上货物运输保险承保的风险与损失

1. 海上货物运输保险承保的风险

海上货物运输保险承保的风险主要有三类。

（1）自然灾害。自然灾害是指恶劣气候、雷电、海啸、地震、洪水等人力不可抗拒的灾害。

（2）意外事故。意外事故是指运输工具遭受搁浅、触礁、沉没、互撞、与流冰或其他物体碰撞，以及失火、爆炸等由于偶然原因所造成的事故。

（3）外来风险。外来风险是指上述风险以外的其他风险，包括一般外来风险和特殊外来风险。前者为偷窃、短量、碰损、缺损、雨淋等，后者主要是指由于政治、社会原因造成的风险，如战争、罢工等。

2. 海上货物运输保险承保的损失

海上货物运输保险承保的损失，限于上述风险造成的损失，又称海损，它分为全部损失和部分损失两大类。

（1）全部损失。全部损失简称全损，又分实际全损和推定全损。实际全损是指保险标的发生保险事故后灭失，或者受到严重损坏完全失去原有形体、效用，或者已不能再归保险人所有。推定全损是指货物发生保险事故后，认为实际全损已经不可避免，或者为避免发生实际全损所需支付的费用与继续将货物运抵目的地的费用之和将超过保险价值。

（2）部分损失。部分损失，即不属于实际全损或推定全损的损失，又分为共同海损和单独海损。

共同海损是指在同一海上航程中，船舶、货物和其他财产遭受共同危险，为了共同安全，有意地、合理地采取措施所直接造成的特殊牺牲、支出的特殊费用。共同海损必须具备以下条件：

① 必须是确实遭遇危及船舶、货物的共同危险。

② 所作出的特殊牺牲和支出的特殊费用，必须具有非常性质。

③ 做出特殊牺牲或支出的特殊费用，必须是有意的和合理的。

④ 牺牲或支出的费用必须是为挽救处在共同危险中的船舶和货物，并须使船、货取得救助的实际效果。

单独海损是指保险标的由于承保的风险所引起的不属于共同海损的部分损失。和共同海损相比，它的特点是：

① 它是承保风险直接造成的，而不是由人的有意识行为作出的。

② 它只涉及船舶或货物单独一方的利益。

③ 它只能由受损一方单独承担，而不能由航行中的各方利益关系人共同分摊。

（三）海上货物运输保险的险别和责任范围

根据国际惯例并结合我国实际，将海上货物运输保险险别分为基本险和附加险两大类。

1. 基本险

基本险是海上货物运输保险的主要险别之一。它是指对于被保险货物在运输中遭受暴风、雷电、流冰、海啸、地震、洪水等自然灾害或由于运输工具搁浅、触礁、碰撞、沉没、失火或爆炸，以及装卸过程中整件货物落海等意外事故所造成的全部或部分损失，以及因上述事故引起的救助费用、共同海损的牺牲和分摊，由保险人负责赔偿的保险。

基本险是可以单独投保的险别，分平安险、水渍险和一切险三种。按其责任范围，平安险最小，水渍险居中，一切险最大。三种基本险的基本责任范围见表6-1。投保人（被保险人）应该根据货物本身的特点、货物去向及船公司的营运状况等条件选择投保的险别。

表6-1 海上货物运输基本险的责任范围

一切险	水渍险	平安险	1. 由于下列原因造成的实际全损或推定全损： （1）自然灾害：恶劣气候、雷电、海啸、地震、洪水等，通常指人力不可抗拒的灾害 （2）意外事故：运输工具搁浅、触礁、沉没、互撞、与流冰或其他物体碰撞，以及失火、爆炸等，通常指外遇的突然的、非意料中的事故 2. 由于运输工具发生意外事故：搁浅、触礁、沉没、互撞、与流冰或其他物体碰撞，以及失火、爆炸等造成的部分损失 3. 在装卸转船过程中，一件或数件落海造成的全部或部分损失 4. 对受损货物进行施救所支付的合理费用 5. 船舶遇难后在遇难港被迫卸货所造成的损失范围 6. 共同海损牺牲、分摊和救助的费用 7. 根据船舶互撞责任条款规定应由货方偿还船方的损失
		8. 由于恶劣气候、雷电、海啸、地震、洪水所造成的部分损失	
9. 由于外来原因所致的全部或部分损失，包括：偷窃、提货不着、淡水雨淋、短量短少、玷污、渗漏、破损破碎、串味、受潮受热、钩损、包装破裂、锈损			

（1）平安险。其原义是"单独海损不赔"，指保险人仅负责赔偿因自然灾害或意外事故造成的货物全损（含推定全损）和共同海损的损失。

（2）水渍险。其原义是"负单独海损责任"，除包括上列平安险的各项责任外，本保险还负责被保险货物由于恶劣气候、雷电、海啸、地震、洪水等自然灾害所造成的部分损失。

（3）一切险。一切险又称综合险，是指除包括上列平安险和水渍险的各项责任外，本保险还负责被保险货物在运输途中由于外来原因所致的全部或部分损失。

2. 附加险

附加险是基本险的补充。它可以由被保险人根据需要选择确定加保一种或几种附加险。附加险所承保的是外来原因所致的损失，包括一般附加险、特别附加险和特殊附加险三种。

（1）一般附加险。一般附加险别不能单独投保，必须在投保了主险（平安险、水渍险）的基础上加保或部分加保。由于一般附加险别的全部风险都属于一切险的责任范围之内，所以只要保了一切险，则保险公司对一般附加险的所有风险都负责。一般附加险别主要有以下11种：①偷窃提货不着险；②淡水雨淋险；③短量短少险；④玷污险；⑤渗漏险；⑥破损破碎险；⑦串味险；⑧受潮受热险；⑨钩损险；⑩包装破裂险；⑪锈损险。

（2）特别附加险。特别附加险同一般附加险一样，必须在投保主险后，才能加保此险。这种附加险的责任范围已超出了一般"意外事故"的范围，故不属于一切险的责任范围之内。甚至致损原因往往同政治、国际行政管理及一些特别风险相关联。特别附加险分为以下几种险别：①交货不到险；②进口关税险；③舱面险；④拒收险；⑤黄曲霉素险；⑥出口货物到香港（包括九龙在内）或澳门存仓火险责任扩展条款。

（3）特殊附加险。特殊附加险也必须在保了主险后才能加保，其责任范围也已超出了一般的"意外事故"，故不属于一切险的责任范围。特殊附加险的险别主要包括战争险、罢工险等。

（四）海上货物运输保险的除外责任和被保险人责任

1．海上货物运输保险的除外责任

保险人对不属于保险责任范围内的风险事故所造成的保险标的的损失或由此产生的费用不承担责任。海上货物运输保险的三种基本险中，保险人对下列原因所造成的货物损失都不负责赔偿：

（1）被保险人的故意行为或过失行为所造成的货损。

（2）被保险货物的潜在缺陷和货物本身性质所造成的损失，包括货物已存在的品质不良、包装不善、标志不清所造成的损失，以及因发货人责任所造成的损失。

（3）被保险货物的自然损耗、自然渗漏和自然磨损所造成的损失。

（4）被保险货物因市价跌落或运输延误所引起的损失或费用。

（5）属于战争险条款和罢工险条款所规定责任范围和除外责任的货损。

2．被保险人的责任

被保险人除按约定缴付保险费外，还应承担下列责任：

（1）及时提货，尽快报损，保留向有关责任方索赔的权利。

（2）合理施救，积极处理，防止或减少被保险货物的损失。

（3）对保险内容变化，应立即通知保险人并加缴保险费。

（4）索赔时，备全单证，办妥手续，以使保险人能定损核责结案。

（5）尽到对船舶互撞责任的通知义务。

（五）海上货物运输保险责任期限

保险责任期限，是指保险公司承担保险责任时间的起讫规定，又称保险有效期。不同的保险条款对海上货物运输保险责任期限的规定也不尽相同。

1．"仓至仓"条款

"仓至仓"条款规定，保险人对保险货物所承担的保险责任，是从保险单所载明的起运港发货人的仓库开始，直到货物运抵保险单所载明的目的港收货人的仓库为止。当货物一经进入收货人的仓库，保险责任即行终止，在仓库中发生的损失概不负责。但是，货物从目的港卸离海轮时起算满 60 日，不论保险货物有无进入收货人的仓库，保险责任均告终止。例如，纱锭100 件从张家港出口到新加坡，海轮于 6 月 1 日抵达新加坡港口开始卸货，6 月 3 日卸完，但卸在码头货棚里，而没有运往收货人仓库，那么保险责任至 8 月 2 日即告终止。如果 8 月 2 日前将这批纱锭运到了收货人仓库，则不论哪一天进入该仓库，保险责任也即终止。由于货物到达目的港后，进入收货人仓库的情况较为复杂，应按照不同情况加以规定：

（1）保险单上所载的目的地就是卸货港。收货人提后，运到他自己的仓库，保险责任即行终止。如果收货人提货后，并不是运往他自己的仓库，而是对货物进行分配、分派或者是分散转运，保险责任从这个时候起也即行终止。

（2）保险单上所载的目的地不在卸货港，而是在内陆某地。收货人或其代表将货物提取后运到内陆某地。当货物进入内陆目的地收货人的仓库时，保险责任即行终止。

（3）保险单上所载的目的地是内陆。保险货物从海轮卸离后运往内陆目的地时，并没有直接运往收货人的仓库，而是在途中先放在某一个仓库，然后将整批货物进行分配、分派或者是分为几批运往几个地方,包括其中有一部分仍运往保险单原来载明的目的地。保险责任在到达分配地后全部终止,包括那部分运往原保险目的地的。

上述情况均受保险货物卸离海轮 60 日的限制。

2. 扩展责任条款

扩展责任条款是指保险货物在运输途中,由于在被保险人无法控制的情况下产生的船只绕道、延迟、被迫卸货以及转运等,保险公司对此仍继续负责。此外,对船、车或租船人根据运输契约或租船合同所赋予的权利改变航程,保险责任仍继续有效。

3. 航程终止条款

在被保险人无法控制的情况下,保险货物在运抵保险单载明的目的地之前,运输契约在其他港口或地方终止,或者由于其他原因,航程在运输条款规定的保险责任截止期以前宣告终止,保险继续有效,负责期限直到保险货物在这些卸载的港口或地方卖出去以及送交时为止。但是,最长期限不能超过货物在卸载港全部卸离海轮后满 60 日。这两种情况保险期限终止应以先发生的为准。如果在上述 60 日的期限内,或者在约定的任何扩展期限内,保险货物仍旧运到原来保险单所载明的目的地,或者运到其他目的地,保险期限的终止依旧按照运输条款的规定办理。保险公司对发生这些被保险人无法控制的特殊情况,并不终止保险责任,原来的保险继续有效。当然,被保险人在获悉这些情况后,应该立即通知保险公司,而且保险公司认为有必要,还可以加收保险费。

4. 驳运条款

海上运输的货物有两种装卸情况:一种是海轮停靠码头,直接从码头上将货物装上或卸下;另一种是海轮停泊在海面的浮筒旁,用驳船将货物装上去或卸到驳船上。驳船在驳运过程中也常会发生损失,而驳船又非保险单上写明的海轮。本条款就因此而造成的货物损失予以负责,负责的范围按保险单上所载的承保险别办理。这一条款中还规定每一条驳船均作为单独保险。单独保险的含义是指驳船上承运的货物虽然从整个保险单所保的货物来看,是一个部分,不是单独的,但是可将它作为一个单独的整体来考虑。例如,一张保险单承保了 1 200 包水泥的平安险,可装 4 条驳船驳往海轮,每艘驳船装 300 包水泥,其中一条驳船在驳运过程中遭遇恶劣气候,300 包水泥全部损失,如果作为一张保险单的一部分来对待,那么没有达到所有货物的全损,保险公司不予负责。现在将它作为单独保险来处理,则已经达到驳船的货物全部损失,保险公司予以负责。

(六)海上货物运输保险的索赔时效

索赔是指被保险人在被保险货物因所承保的风险而遭受损失时,向保险人要求赔偿损失。被保险人提出索赔时,必须应保险人的要求,提供与确认事故性质和损失程度有关的证明和资料。保险人只有在经过审查确定风险事故与损失之间存在因果关系,风险事故又属于承保范围之内的,才按损失的程度予以赔偿。此外,被保险人提出索赔还必须在索赔时效的期限之内,否则将丧失索赔权利。根据《海商法》规定,该时效为 2 年,自保险事故发生之日起计算。

索赔时效亦即诉讼时效。被保险人只有在索赔时效内提起仲裁或诉讼,其权利才能得到保护,否则丧失追诉权。

二、国际航空货运保险

国际航空货物运输保险是以国际航空货物为对象的保险。

（一）保险责任范围

国际航空货物运输保险分为航空运输险和航空运输一切险两种。被保险货物遭受损失时，保险人按保险单上订明承保险别的条款负赔偿责任。

1. 航空运输险的责任

（1）被保险货物在运输途中遭受雷电、火灾、爆炸或由于飞机遭受恶劣气候或其他危难事故而被抛弃，或由于飞机遭受碰撞、倾覆、坠落或失踪意外事故所造成的全部或部分损失。

（2）被保险人对遭受承保责任内危险的货物采取抢救，防止或减少货损的措施而支付的合理费用，但以不超过该批被救货物的保险金额为限。

2. 航空运输一切险的责任

除包括上列航空运输险的责任外，航空运输一切险还负责被保险货物由于外来原因所致的全部或部分损失。

（二）除外责任

国际航空货物运输保险的除外责任与国内航空货物运输保险的除外责任基本相同，此处不再重述。

（三）责任期限

（1）该保险负"仓至仓"责任，自被保险货物运离保险单所载明的起运地仓库或储存处所开始运输时生效，包括正常运输过程中的运输工具在内，直至该项货物运达保险单所载明目的地收货人的最后仓库或储存处所或被保险人用作分配、分派或非正常运输的其他储存处所为止。如未运抵上述仓库或储存处所，则以被保险货物在最后卸载地卸离飞机后满30日为止。如在上述30日内被保险的货物需转送到非保险单所载明的目的地时，则以该项货物开始转运时为止。

（2）由于被保险人无法控制的运输延迟、绕道、被迫卸货、重新装载、转载或承运人运用运输契约赋予的权限所作的任何航行上的变更或终止运输契约，致使被保险货物运到非保险单所载目的地时，在被保险人及时将获知的情况通知保险人，并在必要时加缴保险费的情况下，该保险仍继续有效。保险责任按下述规定终止：

① 被保险货物如在非保险单所载目的地出售，保险责任至交货时为止。但不论任何情况，均以被保险的货物在卸载地卸离飞机后满30日为止。

② 被保险货物在上述30日期限内继续运往保险单所载原目的地或其他目的地时，保险责任仍按上条的规定终止。

航空货物运输保险的正常责任期限，同海洋货物运输险的责任期限基本规定相同。但在扩展保险期限上航空货运险是30日，比海运险的60日短。这是因为航空货物运输所需时间比海洋运输短，所以扩展责任期限也相应地缩短。

（四）被保险人的义务

被保险人应按照以下规定的应尽义务办理有关事项，如因未履行规定的义务而影响保险人利益时，保险人对有关损失有权拒绝赔偿。

（1）当被保险货物运抵保险单所载目的地以后，被保险人应及时提货。当发现被保险货物遭受任何损失，应立即向保险单所载明的检验、理赔代理人申请检验，如发现被保险货物整件短少或有明显残损痕迹，应立即向承运人、受托人或有关当局索取货损货差证明。如果货损货差是由承运人、受托人或其他有关方面的原因造成,应以书面的方式向他们提出索赔,必要时还须取得延长时效的认证。

（2）对遭受承包责任内危险的货物,应迅速采取合理的抢救措施,防止或减少货物损失。

（3）在向保险人索赔时,必须提供下列单证:保险单正本、提单、发票、装箱号、磅码单、货损货差证明、检验报告及索赔清单。如涉及第三者责任,还须提供向责任方追偿有关函电及其他必要单证或文件。

（五）索赔期限

该保险的索赔时效,从被保险货物在最后卸载地卸离飞机时起算,最多不超过 2 年。

【案例分析】

Case 6-1①

The Ardennes
KING'S BENCH ［1951］1 KB 55.

Facts

A seller contracted for oranges to be sent from Spain to England. Before the contract of carriage was concluded the shipowners promised the shippers orally that they would arrive in London by 30th November 1947, but they did not actually arrive until December 5th. The arrival date was important to the shipper not merely because the oranges might deteriorate, but also because import duty was imposed from December 1st. However, the bill of lading also had a printed liberty clause allowing the carrier to stop on the way. The carrier did stop on the way and thus did not get to London until 5 December. The seller sued the carrier for deviating from the route and the carrier relied on the written liberty clause. The issue of the case was what the actual terms of the contract were — were they those in the bill of lading or the oral agreements that were made.

Held

The shippers could not rely on the deviation clause in the bill of lading. It was the oral promise, rather than the bill of lading terms, which were incorporated into the carriage contract.

Lord Goddard CJ

It is, I think, well settled that a bill of lading is not in itself the contract between the shipowner and the shipper of goods, though it has been said to be excellent evidence of its terms... The contract has come into existence before the bill of lading is signed; the latter is signed by one party only, and handed by him to the shipper usually after the goods have been put on board. No doubt if the shipper finds that the bill contains terms with which he is not content, or does not contain some term for which he has stipulated, he might if there were time, demand his goods back; but he is not, in my opinion, for that reason, prevented from giving evidence that there was in fact a contract entered into before the bill of lading was signed different from that which is found in the bill of lading or containing some additional term. He is not part to the preparation of the bill of lading; nor does he sign it. It is unnecessary to cite authority further than the two cases already mentioned for the

---

① KING'S BENCH ［1951］1 KB 55.

proposition that the bill of lading is not itself the contract; therefore in my opinion evidence as to the true contract is admissible.

Questions

Is the bill of lading in itself a contract?

How do you understand the bill of lading as evidence of the contract of carriage?

Analysis

Although a bill of lading may include the full terms of the contract between the consignor (the seller) and the carrier (the shipping company) but it is not the contract itself. The logical is because in the most cases the contract will have been made before the bill of lading is issued. In effect, it is very good evidence of the contract of carriage and it can be rebutted. Therefore the parties can show that the actual contract contains different terms. In the case the seller proved that there was an actually verbal agreement between them, so the carrier was in breach of the contract of carriage and should be liable.

Case 6-2[①]   Riverstone Meat Co. v. Lancashire Shipping Co.
(the Muncaster Castle)
HOUSE OF LORDS [1961] AC 807.

Facts

The carriers had appointed a reputable and competent firm of repairers and a fitter in the repairer was negligent in failing to replace covers. The result was that seawater got into the hold, and the cargo was damaged. Then the cargo-owners sued the ship-owners for damages.

Held

The carrier was liable because the negligence of the fitters constituted a lack of due diligence on the part of the carrier. Therefore the carrier could not rely on the exemption contained in Article IV (1) of the Hague Rules, since that clause requires him to show that he has exercised due diligence to make the ship seaworthy. It follows that the carrier can be liable if the ship becomes unseaworthy because of any negligent work done on the ship prior to the voyage, including that of contractors.

Question

In your opinion how do understand the seaworthiness of ship?

Analysis

Seaworthiness of ship is an important duty for a carrier required by the Hague Rules, Hague-Visby Rules and Hamburg Rules. The carrier shall be bound before and at the beginning of the voyage to exercise due diligence. It means that the ship is fit to undertake the particular voyage and to carry the particular cargo. If the cargo owner has damages because of the unseaworthiness of the ship, the carrier will be liable.

---

① HOUSE OF LORDS [1961] AC 807.

案例 6-3

某年 7 月,中国丰和贸易公司与美国威克特贸易有限公司签订了一项出口货物的合同,合同中,双方约定货物的装船日期为该年 11 月,以信用证方式结算货款。合同签订后,中国丰和贸易公司委托我国宏盛海上运输公司运送货物到目的港美国纽约。但是,由于丰和贸易公司没有能够很好地组织货源,直到次年 2 月才将货物全部备妥,于次年 2 月 15 日装船。中国丰和贸易公司为了能够如期结汇取得货款,要求宏盛海上运输公司按去年 11 月的日期签发提单,并凭借提单和其他单据向银行办理了议付手续,收清了全部货款。

但是,当货物运抵纽约港时,美国收货人威克特贸易有限公司对装船日期产生了怀疑,威克特公司遂要求查阅航海日志,运输公司的船方被迫交出航海日表。威克特公司在审查航海日志之后,发现了该批货物真正的装船日期是次年 2 月 15 日,比合同约定的装船日期要迟延达三个多月,于是,威克特公司向当地法院起诉,控告我国丰和贸易公司和宏盛海上运输公司串谋伪造提单,进行欺诈,既违背了双方合同约定,也违反法律规定,要求法院扣留该宏盛运输公司的运货船只。

美国当地法院受理了威克特贸易公司的起诉,并扣留了该运货船舶。在审法院的审理过程中,丰和公司承认了其违约行为,宏盛公司亦意识到其失理之处,遂经多方努力,争取庭外和解。最后,我方终于与美国威克特公司达成了协议,由丰和公司和宏盛公司支付美方威克特公司赔偿金,威克特公司方撤销了起诉。

问题:结合本案,说明倒签提单应承担何种法律责任?

分析要点:提单是托运人与承运人之间订有国际海上货物运输合同的证明。在班轮运输中,托运人和承运人之间可能已订有货运协议,也可能已经定舱,取得定舱单,或托运人已填具托运单或与承运人通过电传、电话达成装货协议,因此正反两面印有提单条款的提单不一定就是承托双方之间唯一的合同,只是运输合同已经订立的证明;但如果承托双方除提单外并无其他协议或合同,则提单就是订有提单上条款的合同的证明。

但是,当提单转让给善意的受让人或收货人时,按照有些国家的提单法或海商法规定,收货人或提单持有人与承运人之间的权利义务按提单条款办理,即此时,提单就是收货人与承运人之间的运输合同。因为收货人不是承托双方订立合同的当事人,他无法知道他们之间除提单以外的契约关系,他只知道手里的提单,只能以此作为运输合同。本案中,承运方宏盛公司没有意识到提单的这一重要性质,而应托运人请求倒签日期,以掩盖托运人的违约事实,属于伪造单据的违法行为。提单的日期应该是该批货物装船完毕的日期。根据买卖合同,卖方应在买方开出的信用证规定的装运日期之前或当日完成装运,否则买方可无条件撤销买卖合约并提出索赔。

案例 6-4

甲国 A 公司与乙国 B 公司签订了一份木材买卖合同。双方在合同中约定,如果 A 公司不能在约定期间内装船,B 公司有权取消该部分的买卖。合同采用信用证付款方式,但信用证的开证银行 C 银行按 B 公司要求开出的信用证上并未表明在买卖合同所规定的 8 月份装船的条件,而 A 公司实际上在 9 月 20 日才装船。B 公司根据合同的约定,取消这批交易,并拒收货物。但是,C 银行已取得了与信用证上要求相符的全套单据,并已对 A 公司付款,开证行要求

B公司根据信用证条件赎单。B公司认为,原合同已经解除,开证行不应付款,因而拒绝赎单。

问:1. 买方B公司拒绝赎单是否正确,办什么?

2. 在信用证法律关系,开证行负有合同义务?

分析要点:

① B公司的行为不正确,因为,根据信用证付款的一般规则,信用证是独立于买卖合同的,虽然买卖合同是开立信用证的基础,但信用证一经签发,其法律性即与买卖合同分离而独立,不受买卖合同的约束。本案中,信用证中未表明在买卖合同中所规定的装船日期的条件,A公司提交的单证完全符合信用证要求,开证行付款是正确的,而B公司拒绝赎单的行为不正确。

② 开证银行有义务合理小心地审核一切单据,以确定单据表面上是否符合信用证条款,但银行对于任何单据形式、完整性、准确性、真实性、伪造或法律效力,或单据上规定的或附加的一般及特殊条件,概不负责;而且对于单据中有关货物的品质、数量、价值以及对于发货人、承运人、保险人等的诚信与否、清偿能力、资信情况亦概不负责。

第七章　国际支付结算法
Chapter Seven　Law of International Settlement

【本章要点】

- 汇付结算
- 托收结算
- 票据结算
- 信用证结算
- 跟单信用证统一惯例

Key Terms

Collection means the handling by banks of documents as defined in sub-Article 2（b）, in accordance received, in order to: obtain payment and/or acceptance, or deliver documents against payment and/or against acceptance, or deliver documents on other terms and conditions.

Bill of exchange is a written order directing that a specified sum of money be paid to a specified person.

Letter of credit（L/C）is an instrument issued by a bank under the request of the applicant that obliges the bank to pay the beneficiary a fixed amount upon the beneficiary's presentation of specified documents.

Principle of autonomy means that the letter of credit is a separate transaction from the underlying contract and the bank undertakes a definite obligation to pay the beneficiary when the documents in full compliance are presented.

Strict compliance means the documents submitted by the beneficiary must be in compliance with the letter of credit strictly.

UCP is drafted by International Chamber of Commerce（ICC）who has published several revisions of it. The earliest revision was introduced in the early 1930s and the latest revision was published in 2007, i. e. UCP 600.

在国际贸易中,常见的支付方式有三种,即汇付、托收和信用证。

汇付支付方式,即由进口商(债务人)主动把货款交给本国银行,委托银行使用某种支付工具,把货款汇付给出口商(债权人)。因其支付工具的传送与资金的流动方向相同,故称之为顺汇。托收和信用证方式下收取货款采用的是逆汇法,即出口商(债权人)通过银行主动向进口商(债务人)索取货款。因其支付工具的传送方向与资金的流动方向相反,故称之为逆汇。这三种支付方式虽然都是通过银行办理,但就信用来说,银行承担的义务是不同。信用证是银行保证付款的一种凭证,所以信用证属银行信用;在汇付和托收方式下,银行实现不承担进口人付款或出口人提交货运单据的义务,而由买卖双方根据贸易合同互相提供信用,因此汇付和托收属商业信用。

第一节　汇　付　结　算
7.1　Remittance

一、汇付的概念(Concepts of Remittance)

汇付(remittance),是指汇款人主动将货款交给银行,由银行根据汇款指示汇交给收款人的一种付款方式。一项汇付业务中通常涉及的当事人有:

(1) 付款人(remitter),通常是指国际贸易中的买方,即进口方。

(2) 收款人(payee),通常是指国际贸易中买方,即出口方。

(3) 汇出行(remitting bank),通常是指接受汇款人申请,代其汇款的银行,汇款行一般是进口地银行。

(4) 汇入行(paying bank),是接受汇出行的委托,对收款人付款的银行,通常汇入行是出口地银行。

二、汇付的种类(Types of Remittance)

汇付有信汇、电汇和票汇三种办法。

(1) 信汇 (mail transfer,简称 M/T),是汇出行应汇款人的申请,将信汇委托书寄给汇入行,授权解付一定金额给收款人的一种汇款方式。

(2) 电汇 (telegraphic transfer,简称 T/T),是汇款人要求本地银行用电报或电传把汇付款委托通知在国外的汇入行,指示解付一定金额给收款人的汇款方式。

(3) 票汇 (remittance by bank's demand draft,简称 D/D),是汇出行应汇款人的申请,开立以汇入行为付款人的银行即期汇票,列明收款人姓名、汇款金额等,交汇款人自行寄交或代交收款人,由收款人凭票向汇入行取款的汇款方式。

信汇、电汇和票汇的业务程序见图 7-1 和图 7-2。

三、汇付方式的性质及其在国际贸易中的使用(Nature and Usage of Remittance in International Trade)

汇付方式属于商业信用的性质。在国际贸易中,汇付方式通常用于预付货款(payment in advance),随定单付现(cash with order C. O. D)和赊销(open account)等业务。采用预付货款和随定单付现,对卖方来说,就是先收款后交货,资金不受占压,对卖方最有利;反之,采用赊销贸易时,对卖方来说,就是先交货后付款,卖方不仅要占压资金还要承担买方不付款的风险,因此,对卖方不利,对买方最为有利。此外,汇付方式还用于支付订金、分期付款、货款尾数以及佣金等费用的支付。

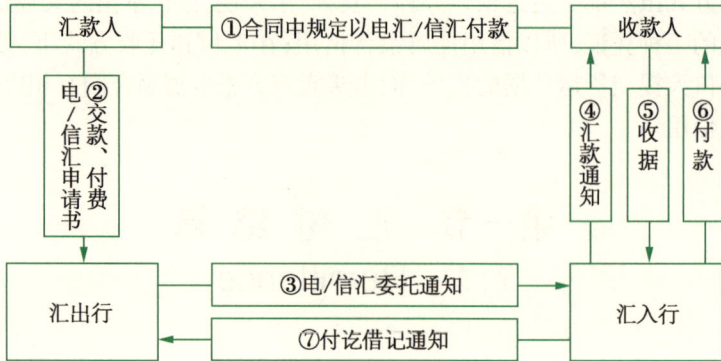

图 7-1　电/信汇业务程序图

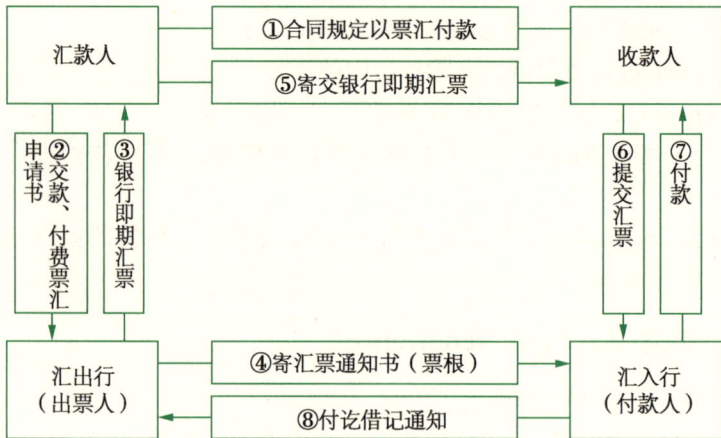

图 7-2　票汇业务程序

第二节　托收结算
7.2　Collection

一、托收的概念(Concepts of Collection)

托收(collection),是指债权人(出口人)出具汇票委托银行向债务人(进口人)收取货款的一种支付方式。

托收可分为光票托收和跟单托收两类。光票托收(clean collection)是指资金单据的托收,不附有商业单据,或仅附有发票等不包括运输单据的一般商业单据,即所谓"非货运单据"的托收;跟单托收(documentary collection)是指附有包括运输单据在内的商业单据的汇票的托收。在国际贸易中大多数情况下均采用跟单托收。

跟单托收按照向进口人交付货运单据的条件不同,可分为付款交单和承兑交单两种。

1. 付款交单（documents against payment）

这是指出口人的交单以进口人的付款为条件,即出口人在委托银行向进口人收款时,指示银行只有在进口人付清货款时,才能向进口人交出货运单据。

按付款时间的不同,付款交单又可分为即期付款交单和远期付款交单两种。

（1）即期付款交单（documentary against payment at sight, D/P sight）:是指由出口人在发货后开具即期汇票连同货运单据,通过银行向进口人提示时,进口人在审核无误后,即需全数付款,进口人在付清货款后向银行领取货运单据。

（2）远期付款交单（documents against payment after sight, D/P after sight）:是指由出口人在发货后开具远期汇票,连同货运单据通过银行向进口人提示,进口人在审核无误后先在汇票上承兑,于汇票到期日付清货款后面领取货单据。

在远期付款交单条件下,若到货日早于汇票到期日,可凭信托收据（trust receipt）借取货运单据,先行提货。所谓信托收据,就是进口人借单时提供的一种书面信用担保文件,用来表示愿意以代收银行的受托人身份代为提货、报关、存仓、保险,并承认货物的所有权仍属银行。

2. 承兑交单（documents against acceptance）

这是指出口人在装运货物后开具远期汇票,连同货运单据,通过银行向进口人提示时,进口人在审核无误后,即在汇票上承兑,代收行便将货运单据交给进口人,进口人待汇票到期日方才付款。即出口人的交单是以进口人在汇票上承兑为条件。

跟单托收的业务程序见图7-3。

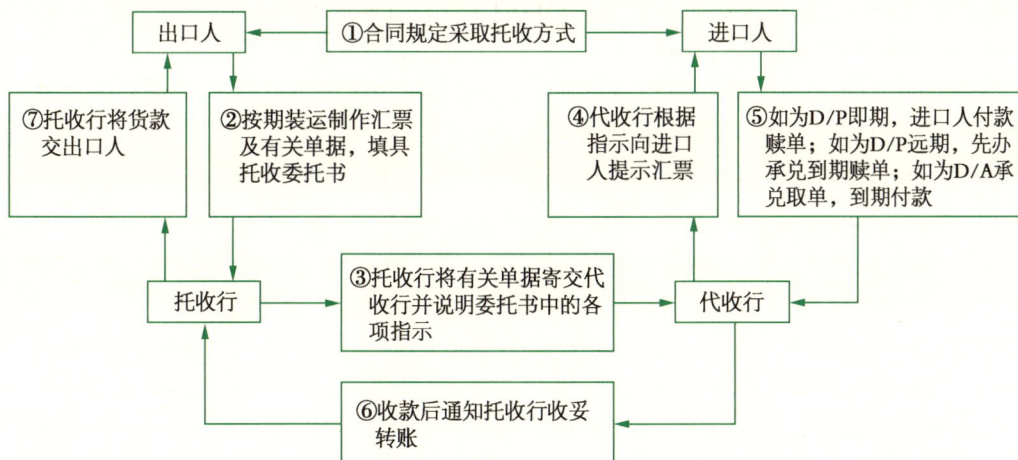

图7-3　跟单托收的业务程序

Collection means the handling by banks of documents as defined in sub-Article 2（b）, in accordance received, in order to:

- obtain payment and/or acceptance, or
- deliver documents against payment and/or against acceptance, or
- deliver documents on other terms and conditions.

Types of Collection

Collection can be of either documentary collection or clean collection. "Clean collection" means collection of financial documents not accompanied by commercial documents; while "documentary collection" means collection of: (ⅰ) financial documents accompanied by commercial documents; (ⅱ) commercial documents not accompanied by financial documents.

Documentary collection has the relevant shipping documents attached to the draft, while in clean collection only draft is used. Documentary collection is most often used in the payment of goods in international trade while clean collection is occasionally used in the payment of payment balance, extra charges, or the like.

二、托收方式的当事人及其法律关系(Parties and Their Legal Relationships)

托收一般是通过银行办理的,故又称银行托收。其基本做法是:由出口人根据发票金额开出以进口人为付款人的汇票,向出口地银行提出托收申请,委托出口地银行通过它在进口地的代理行或往来银行代向进口人收取货款。

一笔托收业务通常有以下当事人:

(1) 委托人(principal):就是债权人,通常为出口人。

(2) 付款人(payer):就是债务人,也是汇票上的受票人(drawee),通常为进口人。

(3) 托收银行(remitting bank):就是债权人所在地的银行,又称寄单银行,即接受委托人委托代为收款的银行。

(4) 代收银行(collecting bank):就是债务人所在地的银行,即接受托收银行委托向付款人收取票款的银行。代收银行通常是托收银行的国外分行或代理行。

Parties Involved under Collection

1) Principal: the one who draws the bill of exchange and authorizes his bank to effect the collection. Usually this is the seller of the goods.

2) Remitting Bank: the bank authorized by the drawer of the draft to effect collection from the buyer, usually a bank at the place of the seller.

3) Collecting Bank: the bank authorized by the remitting bank to collect the payment from the drawee, or the buyer of the goods, usually a bank in the country of the buyer.

4) Presenting Bank: the bank authorized by the collecting bank to present the draft and shipping documents to the drawee. Usually the presentation is done by the collecting bank, but sometimes the collecting bank will ask the bank where the buyer keeps an account to make the presentation.

5) Drawee: usually the buyer of the goods who should make payment of the goods in time.

托收当事人之间的法律关系如下:

(1) 委托人与托收行之间是委托代理关系。托收行应该严格按照委托人的托收委托指示进行托收业务,根据 URC522 的规定,银行应以善意和合理的谨慎行事。但是,托收行对于托收的款项并不承担必须收回的义务。

(2) 托收行与代收行之间的委托代理关系。代收行应按托收行的指示,及时向汇票商上的付款人作付款提示或承兑提示以收取货款,如遭拒付则应及时通知托收行,并要保管好单据。如果代收行违反托收指示,在付款人未付款的情况下擅自将单据交给付款人,就违反了合理谨慎义务,应对托收行承担违约责任。

(3) 委托人与代收行之间不存在直接的合同关系。

(4) 代收行与付款人之间不存在任何法律上的权利义务关系。

三、托收的国际惯例(UCR)

为了调整在托收业务中各银行之间以及银行与客户之间的权利义务关系,国际商会于1958年起草《商业单据托收统一规则》(Uniform Rules on the Collection of Commercial Paper);1967年公布了《商业单据托收统一规则》(Uniform Rules for Collection of Commercial Paper);1978年修订,改名为《托收统一规则》(Uniform Rules for Collections),简称 URC322,于1979年1月1日起实施;1995年5月国际商会银行委员会通过了修订的《托收统一规则》,以国际商会第522号出版物的形式出版,简称为 URC522,于1996年1月1日起生效。URC522是目前国际托收业务中普遍采用的国际结算惯例。URC522共计26条,分别规定了总则和定义、托收的形式和构成、提示的形式、责任和义务、付款利息和费用、其他条款等七个方面的问题。《规则》是惯例性质,并非当然有约束力。然而必须看到,现在它已为许多国家的商会和银行所采用。

The International Chamber of Commerce (ICC) is the international body that has defined worldwide standards for the operation of documentary collections. These standards are embodied in the "Uniform Rules for Collections", commonly referred to as the URC 522. The URC 522 is not a force of law, but a set of rules and regulations that are binding on the parties who subscribe to it.

四、托收支付方式的基本业务程序(Operation Process)

托收的基本程序包括以下三个步骤。

(1) 委托人(即卖方)出具汇票,并向其所在地银行提出托收申请,填写托收指示书。依《托收统一规则》的规定,送交托收的汇票和装运单据等单据,必须附有一份完整和明确的托收指示书。

(2) 托收行(卖方所在地银行)接受申请后,委托其在买方的往来银行(即代收行)代为办理收款事宜。

(3) 代收行向买方作付款提示或承兑提示,在付款人付款后通知托收行,托收行即向卖方付款。如付款人拒付,则由代收行通知托收行,再由托收行通知卖方。

第三节　信 用 证 结 算
7.3　Letter of Credit

一、信用证概述(Introduction to L/C)

(一) 信用证的概念

信用证(L/C)是开证银行应开证申请人的申请签发的、在满足信用证要求的条件下,凭信用证规定的单据向受益人付款的一项书面凭证。

A letter of credit (L/C) is an instrument issued by a bank under the request of the applicant that obliges the bank to pay the beneficiary a fixed amount upon the beneficiary's presentation of specified documents. In UCP 600, Credit means any arrangement, however named or described, that is irrevocable and thereby constitutes a definite undertaking of the issuing bank to honor a complying presentation. [1]

In the letter of credit transaction, there are three main parties, that (1) the issuing bank, who issues the letter of credit and undertakes the obligation of payment; (2) the applicant, who applies for a letter of credit, usually referring to the buyer in the sale of goods; (3) the beneficiary, who has a title to claim payment under the letter of credit, usually referring to the seller in the sale of goods.

The basis of payment under the letter of credit is a bank's creditworthiness. The letter of credit could be considered as a promise of payment made by the issuing bank. Once the issuing bank has issued the letter of credit, he shall undertake a definite obligation to pay upon the presentation of correct documents by the seller. Therefore, the seller has the advantage of knowing that he will be paid when he has got the letter of credit before the shipment of goods.

（二）信用证的种类

根据不同性质信用证可分为不同的种类。

1. 可撤销信用证(Revocable L/C)与不可撤销信用证(Irrevocable L/C)

可撤销信用证是指开证行可以不经过受益人同意也不必事先通知受益人,在该信用证议付之前,可以随时修改或撤销的信用证。

不可撤销信用证是指信用证一经开出,在有效期内不经受益人或有关当事人同意,开证行不得单方加以修改或撤销的信用证。根据这种信用证,出口商只要提供了符合信用证要求的单据,开证行必须履行付款义务,为受益人收款提供了保障。因此,不可撤销信用证在国际贸易中得到广泛使用。根据UCP500第6条规定,凡信用证上未注明是可撤销的,应视为不可撤销信用证。

2. 保兑信用证(Confirmed L/C)和不保兑信用证(Non-confirmed L/C)

保兑信用证是指一家银行开立信用证而由另一家银行加以保证付款的信用证。经过保兑的信用证就由开证行和保兑行共同对受益人承担付款责任。

不保兑信用证是指没经另一家银行保兑的信用证叫作不保兑信用证。

3. 即期信用证(Sight L/C)与远期信用证(Time L/C;Usance L/C)

即期信用证是指信用证内规定受益人开立即期汇票收款,银行收到信用证规定的单据后立即付款的信用证。

远期信用证是指信用证规定受益人须开立远期汇票收款的信用证。

4. 可转让信用证(Transferable L/C)和不可转让的信用证(Un-transferable L/C)

可转让信用证是指信用证上注明"可转让"的信用证。这种信用证的受益人有权把该信用证上的全部或一部分权利(包括出运货物及交单取款的权利)转让给第三人。可转让信用

---

[1] UCP 600, Article 2.

证只能作一次转让。

不可转让信用证是指信用证上没注明"可转让"字样的信用证,该信用证只限于受益人使用。

5. 循环信用证(Revolving L/C)

循环信用证是指在相同条款的情况下,在一定时间内,信用证金额可以重复使用的信用证。即受益人全部或部分使用了信用证金额后,该金额可以重新恢复到原金额,供继续使用,周而复始直至规定的次数或规定的总金额用完为止。当买卖双方就相同商品签订了长期供货合同并规定分批交货时,买方为了节省开证申请手续和费用,卖方为了减少逐笔催证、逐笔审证的麻烦,往往要求买方开立可循环信用证。

6. 对开信用证(Reciprocal Credit)

对开信用证是指买卖双方同时既是出口商又是进口商,相互以开证申请人和受益人身份开立两张信用证,证额相等或大致相等。第一张开出时暂不生效,等对方开来第二张信用证时,两证同时生效。对开信用证多在易货贸易或补偿贸易中使用。

7. 备用信用证(Standby Credit)

备用信用证又称不跟单信用证(Clean L/C)、保证信用证(Guarantee L/C)、履约信用证(Performance L/C)等,是指开立备用信用证的银行向受益人担保,如果申请人不履行债务(不一定是金钱给付义务),则由开证行给予补偿。

备用信用证与普通跟单信用证的不同之处在于:

(1)备用信用证不需要随附很多商业单据,因此,可以减少银行审单的麻烦,节约时间和费用。在备用信用证中,受益人只要开出相应汇票及申请人未履行义务的书面证明即可得到开证行的偿付。

(2)备用信用证的开证行在申请人承担金钱给付义务时,承担的是第二付款人的责任。如果申请人履行了债务,备用信用证则属于备而不用。在某些国家,如美国、日本、加拿大,由于法律不允许银行为当事人提供担保,备用信用证在实际业务中可以起到银行保函的作用。因此,在这些国家里,备用信用证得到广泛使用。

(3)备用信用证的申请人可以是债务人,也可以是债权人。因此,在国际经济活动中,其适用范围更为广泛,不仅用于国际货物买卖,还广泛用于投标保证、履约保证、借款保证、赊购保证等。

(三)信用证的国际惯例

Governing Law

Virtually all letters of credit are governed by the *Uniform Customs and Practice for Documentary Credits* (UCP) drafted by International Chamber of Commerce (ICC, who is also the publisher of Incoterms). Although the UCP is neither a treaty nor a legislative enactment, most banks incorporate the UCP in the terms of the letters of credit they issue. ICC has published several revisions of UCP. The earliest revision was introduced in the early 1930s and the latest revision was published in 2007, i. e. UCP 600.[1] Compared with UCP 500[2], UCP 600 has been reduced to 39

① UCP600, 2007 Revision, ICC Publication No. 600.
② UCP500, 1993 Revision, ICC Publication No. 500.

articles, but the terms of which becomes more clear, more understandable and more practicable than that of UCP 500.

国际商会于 1930 年制定了《商业跟单信用证统一规则》，供各银行自愿采用。1983 年该规则改名为《跟单信用证统一惯例》（UCP）。目前使用的是 2007 年 1 月 1 日起实施的本文，简称为 UCP 600。

银行在处理信用证业务中，遵循信用证独立性和严格相符原则。

信用证的独立性原则系指银行仅受到信用证的约束，而与买卖合同无关。买卖双方因履行合同引起的任何争议，不影响银行在信用证下的权利和义务。

信用证的严格相符原则系指信用证的受益人提示的单据做到"单据和单据相符，单据和信用证相符"时，银行就必须履行其付款义务；反之，即使受益人所交付的货物与合同相符，但未能提供与信用证相符的单据，银行就无付款的义务。银行的审单责任仅限于单据的表面符合信用证条款，而不问其格式、完整性、真实性、伪造或其法律效力以及单据所代表的货物、签发人的情况或清偿能力，对于这些事项，银行均不承担责任。

二、信用证的主要内容及其运作程序

（一）信用证的主要内容

信用证的主要内容包括：

（1）信用证的种类、编号、开证时间和地点等。

（2）信用证当事人。包括开证申请人、开证银行、受益人、通知行、议付行、偿付行等。

（3）支付条款。包括信用证支付货币币种和金额，该金额是开证行付款的最高限额。

（4）货物条款。包括对货物的名称、规格、数量、包装、价格等方面的记载和说明。

（5）汇票条款。此仅适用于使用汇票的信用证。

（6）单据条款。主要规定需要提交的单据类型和份数，通常包括商业发票、运输单据、保险单据、装箱单、原产地证、检验证书，等等。

（7）装运条款。主要规定装运港、装运日期及地点、卸货港、运输时间、是否转运或分批装运，等等。

（8）特殊条款。信用证可对每笔交易的不同需求，作出特殊的规定。

（二）信用证的一般运作程序

信用证的一般运作程序如下：

（1）买卖双方在进出口贸易合同中规定采用信用证方式支付。

（2）买方向银行申请开证，并向银行交纳押金或提供其他保证。

（3）开证行根据申请书的内容，开出以卖方为受益人的信用证，并寄交卖方所在地通知行。

（4）通知行核对印鉴无误后，将信用证交与卖方。

（5）卖方审核信用证与合同相符后，按信用证规定装运货物，并备齐各项货运单据，开出汇票，在信用证有效期内，送请当地银行（议付行）议付，议付行按信用证条款审核单据无误后，按照汇票金额扣除利息，把货款垫付给卖方。

（6）议付行议付后将汇票和货运单据寄开证行要求索偿。

（7）指开证行或其指定的付款银行核对单据无误后,付款给议付行。

（8）开证行通知买方付款赎单。

采用信用证结算货款业务流程如图7-4所示。

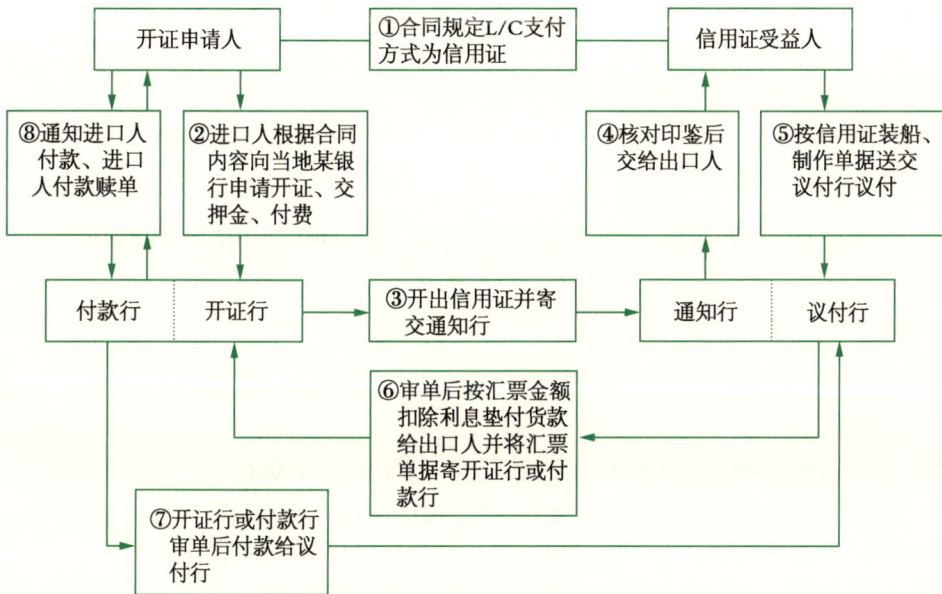

图7-4　信用证结算货款业务流程

Process of Letter of Credit Transaction

The Exhibit 7-1 indicates the typical process of letter of credit transaction:

（1）Sale contract with payment by L/C. The letter of credit transaction arises from an underlying transaction, usually referring to the sale contract in which the seller and buyer have agreed to use a letter of credit as the means of payment.

（2）Application for L/C. After the contact is established, the buyer applies to issuing bank for opening a letter of credit. The issuing bank usually is buyer's bank. And in practice, the bank may require the buyer to put a deposit within it to guarantee the future reimbursement.

（3）Issuance of L/C. The issuing bank issues the letter of credit under the buyer's request and gives it to the advising bank which is in seller's country.

（4）Delivery of L/C. The advising bank gives the letter of credit to the seller after confirmation.

（5）Delivery of goods and receipt of B/L. When the seller gets the letter of credit, he delivers the goods to a carrier for shipment and in turn he will get a bill of lading.

（6）Presentation of documents（B/L）. After the preparation of all required documents including the B/L, the seller presents them to a bank（negotiating bank）for claiming payment. The negotiating bank usually is the seller's bank, or a confirming bank, or a bank nominated by the issuing bank.

（7）Payment. The negotiating bank checks the documents and honors the letter of credit if all the documents are correct.

(8) Transmission of documents (B/L) and reimbursement. The negotiating bank transmits the documents to the issuing bank. After reviewal, the issuing bank will reimburse the negotiating bank of the sum paid.

(9) Documents against payment (D/P). The issuing bank notices the buyer to buy the documents. After buyer's payment, he will releases them to the buyer.

(10) Taking delivery of goods. The buyer takes delivery of goods from carrier upon presentation of bill of lading.

三、信用证的法律关系与基本原则(Legal Relations and Principles)

(一) 信用证当事人及其法律关系

信用证当事人及其法律关系如下:

(1) 开证申请人,指向银行申请开立信用证的人,通常是买卖合同中的进口方,也是信用证支付关系中的债务人。

(2) 开证银行,是指接受开证人的委托,同意开立信用证的银行。

(3) 通知银行,是接受开证银行的委托,将信用证通知受益人的银行。

(4) 受益人,是指信用证上所指定的有权享有该信用证权益的人。

(5) 议付银行,是指愿意买入或贴现受益人交来的汇票的银行。

(6) 付款银行,是指信用证上指定的付款银行,通常是开证银行本身。

(7) 保兑银行,是指根据开证行的请求在信用证上加以保兑的银行。保兑银行和开证行均对受益人承担第一性的付款责任。

据此,可以认为,信用证业务中主要当事人是开证人、开证行、通知行、议付行和受益人。信用证当事人之间的法律关系如下:

(1) 开证申请人与受益人之间的法律关系,即买卖合同关系。买方的义务是必须根据合同规定按时申请开立信用证。

(2) 开证申请人与开证银行之间的法律关系,即以开证申请书为基础的委托合同关系。开证银行对开证申请人的义务和责任主要有两条:根据开证申请人的指示开证;以合理的谨慎审核受益人提交的单据。

(3) 开证银行与受益人之间的关系,开证行开立信用证并送达受益人,受益人接受了信用证之后就确立了双方的法律关系,信用证形成了开证行和受益人之间的一项独立的合同。

(4) 通知行和开证行、受益人之间的关系。通知行和开证行之间是一种委托代理关系,但它与受益人之间无合同关系。

(5) 受益人与议付银行之间的法律关系。一般的公开议付信用证的议付银行与开证银行之间本没有委托代理关系,议付银行是自愿承担风险买入受益人的跟单汇票,然后以持票人的身份向开证银行行使索偿权。

(二) 信用证独立性与严格相符原则

1. Principle of Autonomy

Principle of autonomy is the primary rule in the letter of credit transaction. UCP 600 states that, "A credit by its nature is a separate transaction from the sale or other contract on which it may be based. Banks are in no way concerned with or bound by such contract, even if any reference whatsoever to it is included in the credit. Consequently, the undertaking of a bank to honor, to negotiate or to fulfill any other obligation under the credit is not subject to claims or defenses by the applicant resulting from its relationships with the issuing bank or the beneficiary." [1]

In the letter of credit transaction, when the seller has presented the documents in full compliance, the bank has a duty to pay the credit. If the documents presented by the seller do not conform with the letter of credit but conform with the underlying contract, the bank nevertheless has a title to refuse payment. On the other hand, if the documents are correct but the goods delivered are lack of conformity with the underlying contract, the buyer can't stop the bank from payment. The letter of credit transaction is a transaction of documents, instead of transaction of goods. The bank just deals in documents not in goods.

2. The Obligations of Banks and the Doctrine of Strict Compliance

An issuing bank, or any banks that pays, accepts or negotiates, is obliged to "examine all documents stipulated in the Credit with reasonable care, to ascertain whether or not they appear, on their face, to be in compliance with the terms and conditions of the Credit." [2]

With respect to the inspection of documents by the bank, it should be noted that (a) the bank does the inspection "on the basis of the documents alone" [3], and he assumes no liability "for the description, quantity, weight, quality, condition, packing, delivery, value or existence of the goods, services or other performance represented by any document, or for the good faith or acts or omissions, solvency, performance or standing of the consignor, the carrier, the forwarder, the consignee or the insurer of the goods or any other person". [4] The letter of credit is a sale of documents; (b) the bank just check the appearance of documents, but the internal quality of the documents. The bank assumes no liability or responsibility for the form, sufficiency, accuracy, genuineness, falsification or legal effect of any document. [5] So long as the documents appear in order on their face, the bank must pay; (c) the bank checks the documents "with reasonable care". Therefore, even if the documents are forged but correct on their face, the bank assumes no liability for her payment when she has exercised reasonable care.

Furthermore, the doctrine of strict compliance is used to determine whether the documents are in order. Strict compliance means the documents submitted by the beneficiary must be in compliance with the letter of credit strictly, or the bank has a title to refuse payment.

[1]　UCP 600, Article 4. a.
[2]　UCP 500, Article 13. In UCP 600, Article 14 states that "A nominated bank acting on its nomination, a confirming bank, if any, and the issuing bank must examine a presentation to determine, on the basis of the documents alone, whether or not the documents appear on their face to constitute a complying presentation."
[3]　UCP 600, Article 14.
[4]　UCP 600, Article 34.
[5]　UCP 600, Article 34.

四、信用证交易中的欺诈行及例外原则(Fraud and Exemption)

银行在信用证业务中遵循信用证独立和严格单证相符原则,如果不法商人恶意利用这两项原则,利用伪造的、但与信用证相符的单据向银行要求付款,此举将导致买方的重大损失。在国际贸易中信用证的欺诈案件时常发生,因此,信用证的信用地位受到很大威胁。美国法院确立了信用证欺诈例外的原则。

此外,美国《统一商法典》对欺诈例外原则的适用作了明确规定。根据《美国统一商法典》第5—109节的规定,只要受益人提交之单证表面相符,开证行出于善意兑付了汇票或支付命令,开证行并不负任何责任,即使卖方已经发出通知,说明单据上存在欺诈、伪造或交易上有欺诈行为,仅法院有权禁止款项的兑付。包括中国在内的很多国家法院也已经接受了信用证欺诈例外的原则。

第四节 票据结算
7.4 Negotiable Instruments

Negotiable instruments are specialized type of contracts for the payment of money that are unconditional and capable of transfer by negotiation. As payment of money is promised later, the instrument itself can be used by the holder in due course frequently as money. In China, according to article 2 of the Negotiable Instruments Law of the People's Republic of China, "Negotiable instruments" means bills of exchange, promissory notes and checks. In the United States, the Article 3 of the Uniform Commercial Code covers the use of negotiable instruments except banknotes (money).

The terms bill of exchange and draft are synonymous; however, the former is generally used in international law, whereas the latter is used in the U. S. Uniform Commercial Code.

A bill of exchange is a written order directing that a specified sum of money be paid to a specified person. It is a three-party negotiable instrument in which the first party, the drawer, presents an order for the payment of a sum certain on a second party, the drawee, for payment to a third party, the payee, on demand or at a fixed future date.

A bill of exchange is distinguishable from a promissory note, since it does not contain a promise and the drawer does not expressly pledge to pay it. It is similar to a note, however, since it is payable either on demand or at a specific time.

一、票据概述(Concepts of Negotiable Instruments)

(一)票据的概念

"票据"一词,有广义、狭义两种含义。广义上的票据(commercial instruments),是指各种表彰财产权的书面凭证,包括钞票、发票、提单、仓单、保单、车票、船票、机票、债券、股票、借据、汇票、本票、支票等。狭义上的票据(negotiable instruments),仅指以无条件支付一定金额为内容,且由票据法规范的有价证券。票据法所称之票据均指狭义上的票据。

我国票据法中所称的票据(negotiable instruments),是指出票人依票据法签发的,约定由本人或本人委托的人在见票时或者在票载日期到来时,无条件支付确定的金额给收款人或持票人的一种有价证券,是狭义上的票据,包括汇票(bills of exchange)、本票(promissory notes)和支票(checks)。

票据的性质,是指票据区别于其他有价证券的本质属性,包括有价性、设权性、债权性、流通性、无因性、文义性、要式性、占有性、提示性、返还性等十个方面[①]。

（二）票据行为(activities on negotiable instrument)

1. 票据行为的概念

票据行为是指具备票据法规定的特定要件和特定款式,能够发生、变更、消灭票据法律关系的行为,统称为票据行为。票据行为的概念又有狭义、广义之分。

狭义的票据行为,仅指能够发生票据债务的法律行为,主要包括了出票、背书、承兑、保证、参加等五种行为。我国票据法中没有设立参加制度,所以只有四种行为属于狭义的票据行为。狭义的票据行为中,可再区分为基本票据行为和附属票据行为。基本票据行为仅为出票行为,又称主票据行为。附属票据行为包括了背书、承兑、保证等。

广义票据行为除了包括的狭义票据行为以外,还包括了票据的见票、提示、划线、付款、变造、更改、涂销等。一般而言,基于当事人的意思表示而发生相应法律效力的行为,称为票据法律行为,如出票、背书、保证、承兑等;不是基于当事人的直接意思表示,而是基于票据法的直接规定而产生效力的行为,称为票据法律行为,如付款等。

2. 主要票据行为

（1）出票(issue)。出票是指出票人依照法定款式作成票据并交付于受款人的行为。它包括"作成"和"交付"两种行为。所谓"作成",就是出票人按照法定款式制作票据,在票据上记载法定内容并签名。由于现在各种票据都由一定机关印制,因而所谓"作成"只是填写有关内容和签名而已。所谓"交付",是指根据出票人本人的意愿将其交给受款人的行为,不是出于出票人本人意愿的行为如偷窃票据不能称作"交付",因而也不能称作出票行为。

（2）背书(endorsement)。背书是指持票人转让票据权利与他人。票据的特点在于其流通。票据转让的主要方法是背书,当然除此之外还有单纯交付。背书转让是持票人的票据行为,只有持票人才能进行票据的背书。背书是转让票据权利的行为,票据一经背书转让,票据上的权利也随之转让给被背书人。

（3）承兑(acceptance)。承兑是指汇票的付款人承诺负担票据债务的行为。承兑为汇票所独有。汇票的发票人和付款人之间是一种委托关系,发票人签发汇票,并不等于付款人就一定付款,持票人为确定汇票到期时能得到付款,在汇票到期前向付款人进行承兑提示。如果付款人签字承兑,那么他就对汇票的到期付款承担责任,否则持票人有权对其提起诉讼。

（4）参加承兑。参加承兑是指票据的预备付款人,或第三人为了特定票据债务人的利益,代替承兑人进行承兑,以阻止持票人于汇票到期日前行使追索权的一种票据行为。它一般是在汇票得不到承兑、付款人或承兑人死亡、逃亡或其他原因无法承兑、付款人或承兑人被宣告

[①]　张学森:《金融法学(第二版)》,复旦大学出版社,2020年8月版,第141—143页。

破产的情况下发生。

（5）保证（guarantee）。保证是指除票据债务人以外的人为担保票据债务的履行、以负担同一内容的票据债务为目的一种附属票据行为。票据保证的目的是担保其他票据债务的履行,适用于汇票和本票,不适用于支票。

（6）保付。保付是指支票的付款人向持票人承诺负绝对付款责任的一种附属票据行为。保付是支票付款人的一种票据行为。支票一旦经付款人保付,在支票上注明"照付"或"保付"字样,并经签名后,付款人便负绝对付款责任,不论发票人在付款人处是否有资金,也不论持票人在法定提示期间是否有提示,或者即使发票人撤回付款委托,付款人均须按规定付款。

（7）付款（payment）。付款是票据债务人以消灭票据关系为目的而向持票人支付票据金额的行为,即汇票的承兑人（或付款人）、本票的出票人或支票的付款人及代理付款人向持票人支付票据金额的行为。付款坚持提示付款原则,提示付款是指持票人请求票据债务人履行付款义务时,应当向付款人出示票据。

票据上的权利义务产生于出票行为,消灭于付款行为。票据一经付款,票据上的权利义务当然消失。付款义务人依法足额付款后,全体票据债务人的责任解除。付款人及其代理付款人以恶意或者有重大过失付款的,应当自行承担责任。

3. 票据行为的内容

在具体操作时,票据行为表现为票据当事人把行为的意思按照法定的方式记载在票据上,并由行为人签章后将票据交付。它包括三方面内容,即记载、签章和交付。

（1）记载,通俗地讲就是票据当事人在票据上写明所要记载的内容,如签发票据时应写明票据的种类、金额、无条件支付命令、签发票据日期以及其他需要明确的内容,承兑汇票时写上"承兑"字样,保证时应写上"保证"或"担保"字样。

（2）签章,即是指签名、盖章或签名加盖章,它表明行为人对其行为承担责任。自然人签章是指在票据上亲自书写其姓名或加盖其私章。法人和其他使用票据单位的签章为该法人或者该单位的盖章加其法定代表人或其授权的代理人的签章。按照《票据法》规定,在票据上的签名应当为该当事人的本名,而不能用笔名、艺名等来代替。

（3）交付,是指票据行为人应将票据交付给执票人。票据行为人在票据上进行记载并进行签章后,票据还不能发生法律效力,只有票据被交付给了对方,票据才能发生法律效力。

（三）票据权利（rights on negotiable instruments）

1. 票据权利的概念

票据权利是指持票人向票据债务人请求支付票据金额的权利,包括付款请求权和追索权。票据法上的权利,是以获得一定金钱为目的的债权,即一种请求权;与一般的金钱债权不同,票据权利体现为二次请求权:第一次请求权是付款请求权;第二次请求权为追索权,这是指第一次请求权（即付款请求权）得不到满足时,向付款人以外的票据债务人要求清偿票据金额及有关费用的权利。

票据权利的特征主要有以下三点。

（1）票据权利是金钱债权。债务人履行义务时,不能以货物、劳务或其他无形财产权利来代替支付金钱的义务。

（2）票据权利的行使范围限定在票据的当事人中。当事人包括出票人、背书人、承兑人、保证人、付款人,这些人在票据中的地位均处在持票人之前,即持票人有权向这些人中的付款人或任何一个人请求实现自己的票据权利,不受被请求人所处票据活动中的阶段的限制。但是,持票人不得向处在自己后面的当事人追索。

(3)票据权利的确定性。出票人签发票据时须根据票据法的规定将确定的金额、收款人的名称、出票日期、本人的签章和无条件承诺的事项填写在票据上,之后该票据无论流通到何人手中,无论持票人与付款人之间存在着何种关系,该票据上所确定的票据种类、金额和支付日期是不会有任何改变的。不但持票人不能改变票据上的内容,就是出票人在票据签发后也不得改变票据的金额、日期和收款人的名称这些最基本的事项,如果有所更改的,被更改的票据无效。

2. 票据权利的取得

亦称票据权利的发生。行为人合法取得票据,即取得了票据权利。当事人取得票据主要有以下几种情况:第一,从出票人处取得。第二,从持有票据的人处受让票据。第三,依税收、继承、赠与、企业合并等方式获得票据。

3. 票据权利的补救与时效

票据权利与票据是紧密相连的,一旦丧失,可采取补救措施,即挂失止付、公示催告、普通诉讼。票据权利的时效,是指票据权利的有效期间。《票据法》第17条规定,票据权利在下列期限内不行使而消灭:

(1)持票人对票据的出票人和承兑人的权利,自票据到期日起2年。见票即付的汇票、本票,自出票日起2年。

(2)持票人对支票出票人的权利,自出票日起6个月。

(3)持票人对前手的追索权,自被拒绝承兑或者被拒绝付款之日起6个月。

(4)持票人对前手的再追索权,自清偿日或者被提起诉讼之日起3个月。

China Negotiable Instruments Law Article 17

The rights to the negotiable instruments shall be deceased if they are not exercised within the following time limits:

(1) In two years from the time of the maturity of the negotiable instruments for the right of the holder to the drawer and acceptor, that is, in two years for bills and notes payable at sight;

(2) In six months after date of draft for the right of the holder to the drawer;

(3) In six months after the date of non-acceptance or dishonour for the right of recourse of the holder to the prior holder;

(4) In three months after the date of liquidation or the date of indictment for the right of re-recourse.

The date of draft and the due date shall be fixed by parties to the negotiable instruments according to law.

(四)票据的丧失与补救

票据的丧失,是指票据持票人并非出于自己的本意而丧失对票据的占有,也就是说票据在没有持票人放弃占有之意思的情况下,脱离持票人的占有。票据丧失还分为绝对丧失和相对丧失两种。前者指票据物质形态的毁灭,后者指票据在物质形态上仍然存在,只是脱离了权利

225

人的占有。

我国《票据法》第 15 条规定,票据丧失,失票人可以及时通知票据的付款人挂失止付,但是,未记载付款人或者无法确定付款人及其代理付款人的票据除外。收到挂失止付通知的付款人,应当暂停支付。失票人应当在通知挂失止付后 3 日内,也可以在票据丧失后,依法向人民法院申请公示催告,或者向人民法院提起诉讼。

China Negotiable Instruments Law Article 15

In the case of loss of a negotiable instrument, the person who loses it may timely notify the payer of the negotiable instrument to refuse payment on the lost instrument, except in the cases in which the payer is not recorded or it is impossible to determine the payee and the agency payer.

The payer shall suspend payment after receiving the notice for suspending payment due to lost instrument.

Owner of the lost negotiable instrument shall, within three days of issuing the notice for suspending payment due to lost instrument, or immediately after the negotiable instrument is lost, apply for public summons with the people's court or indict with the people's court.

(五) 票据法概述(laws of negotiable instruments)

票据法是指调整票据关系以及与票据关系有关的其他社会关系的法律规范的总称。

1. 票据法的起源

一般认为,近代票据法起源于欧洲中世纪的商人习惯法,依托于 12、13 世纪意大利地中海沿岸城市发展起来的商人法,它主要表现为商业习惯和商业规则,为各国商人所共同接受。大约在 17 世纪以后,随着国家主权的兴起,各国相继颁布自己的商事法律,期间形成了各国成文的票据法。一般认为,1673 年法国《陆上商事条例》中关于票据的法律规定,是近代各国票据法的开端。

2. 票据法的法系

到 20 世纪 30 年代日内瓦统一票据法公约制定之前,世界上曾存在着三大有代表性的票据法体系,即法国法系、德国法系、英美法系。

(1) 法国法系。法国是世界上最早开展票据立法的国家。早在 1673 年,法国国王路易十四颁布《陆上商事条例》,以第五章和第六章专门规定了票据规则,包括汇票和本票。1807 年颁布《商法典》,其中第一编第八章规定了汇票和本票。1865 年制定了《支票法》作为特别法。凡仿效法国票据立法的国家,在理论上被称为法国法系,包括意大利、西班牙、比利时、希腊、土耳其及拉丁美洲各国。

法国法系的最大特点,是在票据作用上采用"输金主义",即票据主要作为输送金钱的工具,偏重于票据的汇兑作用。而且,法国票据法不对票据关系和票据基础关系作分离,即不承认票据的无因性;在立法体例上,采取分立主义,即票据只包括汇票和本票,而对支票另行单独立法。

(2) 德国法系。从 17 世纪到 19 世纪中叶,德国各邦相继制定了自己的票据法,很不统一。1847 年,德国以普鲁士邦法为基础,制定了统一的普通票据条例,几经修改,于 1871 年公布实行,即为《德国票据法》(规定汇票和本票)。1908 年,另行制定和实施了《支票法》。凡仿照德国票据立法的国家,在理论上被称为德国法系,主要包括奥地利、瑞士、丹麦、瑞典、匈牙利、日本、挪威等国。

德国法系的特点是,立法体系上与法国法系一样,也是"分立主义";票据作用上,既注重票据的汇兑作用,也强调信用作用和融资作用。更为重要的是,德国票据法系在制度上采用"新票据主义",强调票据关系的无因性,认为票据关系与票据基础关系相分离,强化了票据的流通性。德国法系后来成为欧洲大陆法系的代表,影响日益扩大。在日内瓦统一票据法制定以后,法国法系与德国法系实际上形成了日益趋同的"日内瓦票据法系"。

(3)英美法系。英国于1882年在原有普通法和判例法的基础上颁布了《票据法》,规定了汇票和本票,而支票则作为汇票的一种来规范。1957年,英国又颁布了《支票法》(共8条)作为对票据法有关规定的补充。美国于1896年由非官方组织"统一州法委员会"制定了《统一流通证券法》,对汇票、本票和支票作了规定。1952年,美国法律协会和统一州法委员会合作编纂了《美国统一商法典》,其中第三编为"商业票据",规定了汇票、本票、支票和存款单四种流通证券,陆续为各州立法所采用。

英美国家的法律理论及实践与大陆法系国家有很大不同,其票据立法也有自己显著的特色。英美票据法系的特点在于,立法模式上采取三票合一的"包括主义",即对票据的各种形式规定于一部法律文件;同时,注重票据的信用作用、流通作用和无因性,强调对正当持票人的保护。英美票据法体系的国家除英国、美国外,主要包括加拿大、印度、澳大利亚及一些英属殖民地国家。

3. 票据法的国际统一化发展趋势

19世纪末20世纪初,票据随着贸易和旅游的发展而广泛流传于国际上,票据立法各自为政的局面,已难以适应这一发展,其国际统一化问题引起了国际范围的广泛关注。早在1869年,意大利商业会议就开始倡导票据法的统一。1872年德国法律学会倡议编纂欧洲统一票据法;1880年代前后,国际法协会、国际法学会提出过数次统一票据法的草案,如《不莱梅规则》27条、《标准票据法》106条等。

自20世纪以来,统一票据法的国际活动主要有三次,分别是:海牙统一票据法会议、日内瓦统一票据法会议及联合国统一票据法活动。

(1)海牙统一票据法。1910年和1912年,荷兰政府在海牙主持召开了两次国际票据法统一会议,制定了统一汇票、本票法规则和统一支票法规则,以及统一汇票本票法公约。这些规则和公约,习惯上被称为"海牙统一票据法",比较适合欧陆国家的立法传统和社会实际,与会各国除英美外,大多数国家均予以承认。由于第一次世界大战爆发,未及各国政府批准,国际统一票据法运动便告中止,但对各国立法及其完善起到了很好的促进和示范作用。

(2)日内瓦统一票据法。第一次世界大战以后,国际联盟着手推动票据法的国际统一运动。1930年和1931年,国际联盟在日内瓦先后召开了国际票据法统一会议,分别通过了《统一汇票本票法公约》《统一支票法公约》等一系列票据法公约,统称为"日内瓦票据公约"。公约主要以德国票据法系为基础,签署或参加公约的国家,基本上都是大陆法系国家,包括德、法、日和绝大部分欧陆国家及部分拉美国家。至此,在国际上形成了日内瓦统一票据法体系。

然而,英国和美国没有派代表参加日内瓦会议,也一直拒绝参加这些公约,仍然坚持自己的票据法传统。所以,直至今天,世界上仍然存在着日内瓦统一票据法体系和英美票据法体系这两大票据法体系。

（3）联合国统一票据法。为了进一步各国票据法的国际统一,扩大票据的国际流通,联合国国际贸易法委员会于 1971 年开始着手起草国际统一适用的票据法草案。1988 年 12 月,联合国第 43 次大会通过了《联合国国际汇票本票公约》(United Nations Convention on International Bills of Exchange and International Promissory Notes）,该公约共有 9 章 90 条,并于 1990 年 6 月 30 日前开放签字。该公约 89 条第 1 项规定,公约须经至少 10 个国家送交批准文件或者加入文件后才能生效。该公约因批准或加入国家未达要求数量,至今尚未生效。但是,随着世界经济的一体化,各国票据法的统一将是不可避免的。

从《联合国国际汇票本票公约》规定来看,该公约的适用范围仅限于"国际票据",即票据签发地、出票地、受款人地、付款地等地点中至少有两地不在一个国家之内的票据。可见,该公约不是完的国际统一票据法,而仅仅是适用于国际的票据法规范。至于缔约国国内的票据法规范,则不在该公约规范之列。同时,该公约对于缔约国当事人而言,不具有强制适用的效力,而只有任意性效力,即发票人或承兑人可以自由选择是否适用该公约。

4. 我国票据法的立法状况

在我国历史上,很早就有了类似于票据的汇兑支付工具。一般认为,我国现代意义的票据是出现于唐代的"飞钱"。但是,受封建社会自然经济的制约,我国票据实践长期没有实现制度化和法律化。

中华人民共和国成立后,国家实行高度集中的计划经济,严格现金管理,注重银行信用,限制和取消了商业信用,致使票据制度基本没有存在的必要。1988 年 12 月,中国人民银行颁发了《银行结算办法》,规定在全国推行汇票、商业汇票、银行本票和支票。1995 年 5 月 10 日,八届全国人大常委会第 13 次会议审议通过了《中华人民共和国票据法》,自 1996 年 1 月 1 日起施行。2004 年 8 月 28 日十届全国人大常委会第 11 次会议决定对《票据法》作出修订。

二、汇票(Bill of Exchange)

（一）汇票及其分类

汇票是出票人签发的,委托付款人在见票时或者在指定日期无条件支付确定的金额给收款人或者持票人的票据。

"The bill of exchange" means the negotiable instrument which is signed and issued by the drawer and for which the authorized payer pays, without any terms, the amount of money stated to the payee or holder at sight of the bill or on the stated date.

Bills of exchange are divided into banker's bills and commercial bills.

从以上定义可知,汇票(Bills of exchange or Draft)是一种无条件支付的委托,有三个当事人:出票人、付款人和收款人。

汇票按照其性质、内容等的不同,可以分成不同的类型。其中较为重要的分类有以下四种。

（1）根据汇票对收款人记载方式的不同,可以分为记名汇票、指示汇票和无记名汇票。如果出票人在汇票上明确记载了收款人姓名或名称的汇票,就是记名汇票,又称为抬头汇票;如果不仅记载了收款人姓名或名称,还附有"或其指定人"的汇票,则属于指示汇票;如果汇票上未记载收款人姓名或名称,或者仅抽象记载"来人"或"持票人",则是无记名汇票,又称为来人汇票或空白汇票。《票据法》第 22 条规定,收款人名称是汇票绝对必须记载事项,因此我国只有记名汇票。

(2)根据汇票对付款期限的不同记载,可以分为即期汇票(sight bill or draft)与远期汇票(time bill or draft)。汇票上付款日期有四种记载方式:见票即付(at sight);见票后若干天付款(at days after sight);出票后若干天付款(at days after date);定日付款(at a fixed day)。如果汇票上未记载付款日期,则视作见票即付。见票即付的汇票为即期汇票。其他三种记载方式为远期汇票。

(3)根据汇票出票人身份的不同,可以分为银行汇票(banker's draft)和商业汇票(commercial draft or trade Bill)。银行汇票,出票人是银行,付款人也是银行;商业汇票(commercial draft),出票人是企业或个人,付款人可以是企业、个人或银行。商业汇票根据承兑人的不同,还可以分为银行承兑汇票和商业承兑汇票。远期的商业汇票,经企业或个人承兑后,称为商业承兑汇票。远期的商业汇票,经银行承兑后,称为银行承兑汇票。银行承兑后成为该汇票的主债务人,所以银行承兑汇票是一种银行信用。

(4)根据汇票是否附有包括运输单据在内的商业单据,可分为光票和跟单汇票。光票(clean bill or draft),指不附带商业单据的汇票。银行汇票多是光票。跟单汇票(documentary bill or draft),指附有包括运输单据在内的商业单据的汇票。跟单汇票多是商业汇票。

(二)汇票内容与特征

汇票的内容是指汇票上记载的项目。根据其性质及重要性不同,这些项目可以分为三类。

(1)绝对必要记载项目。即汇票必须记载的内容,必要项目记载是否齐全,直接关系到汇票是否有效。根据我国《票据法》规定,汇票应包括"汇票"字样、无条件的支付委托、确定的金额、付款人名称、收款人名称、出票日期、出票人签章等内容。其他国家《票据法》的规定也大同小异。

(2)相对必须记载事项。我国《票据法》第 23 条,汇票上记载付款日期、付款地、出票地等事项的,应当清楚、明确。汇票上未记载付款日期的,为见票即付;汇票上未记载付款地的,付款人的营业场所、住所或者经常居住地为付款地;汇票上未记载出票地的,出票人的营业场所、住所或者经常居住地为出票地。

(3)可以记载事项。我国《票据法》第 22 条规定,汇票必须记载下列事项:①表明"汇票"的字样;②无条件支付的委托;③确定的金额;④付款人名称;⑤收款人名称;⑥出票日期;⑦出票人签章。

汇票上未记载前款规定事项之一的,汇票无效。

China Negotiable Instruments Law Article 22

A bill of exchange must contain the following items:

(1)showing the word "bill" on it;

(2)commission of unconditional payment;

(3)the amount stated;

(4)designation of the payer;

(5)designation of the payee;

(6)date of draft; and

（7）signature and seal of the drawer.

A bill of exchange without one of the items provided for in the preceding paragraph shall be invalid.

（三）出票（issue）

汇票出票是指出票人签发票据并将其交付给收款人的票据行为。出票又称为发票，是最基本的票据行为，也是背书、承兑、保证等票据行为的前提。

出票完成后，即可对汇票当事人产生票据法上的效力。《票据法》第 26 条，出票人签发汇票后，即承担保证该汇票承兑和付款的责任。出票人在汇票得不到承兑或者付款时，应当向持票人清偿汇票金额及相关费用。同时，持票人也便取得了汇票上的权利，包括付款请求权和追索权。但持票人的付款请求权在付款人承兑之前仅仅是一种期待权，付款人只有在对汇票承兑后才成为汇票的第一债务人，如果出票后付款人并不承兑，则并不负付款义务。

（四）汇票的背书（endorsement）

票据可以通过背书方式转让；它也可以通过单纯交付的简单方法，但这种方法仅限于无记名与空白背书票据。

背书是指持票人在票据上签名并交付受让人的票据行为。转让人是背书人，受让人是被背书人，他们分别称为前手和后手。被背书人可将受让的票据通过背书而转让他人，称为再背书。这种票据的连续转让，称为票据流通。

根据各国法律规定，除无记名汇票得仅凭交付转让外，记名汇票与指定汇票都必须以背书的方式进行转让。

根据背书人在背书时的意图，背书主要分为转让（negotiable）与非转让（non-negotiable）两大类，每一种类又分为不同的若干小种类（见图 7-5）。

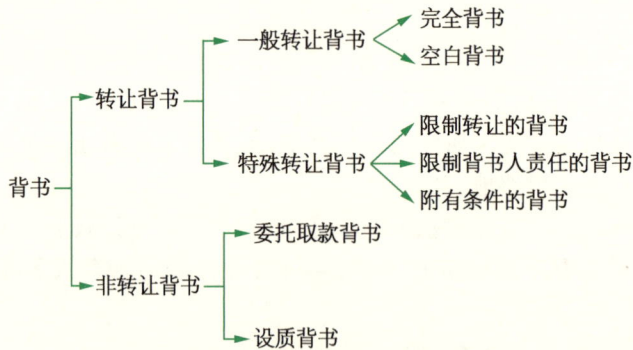

图 7-5　背书的转让和非转让

背书的连续性，是指票据上记载的背书，自出票时的收款人开始到最后的被背书人，在票据背书形式上相互连接而无间断。即转让汇票的背书人与受让汇票的被背书人在汇票上的签章依次前后衔接。

（五）汇票的承兑（acceptance）

承兑，是指汇票的付款人接受出票人的付款委托，同意承担支付的义务，而将此项意思表示以书面文字记载于汇票之上的行为。

承兑，首先必须由执票人向付款人出示汇票，即向付款人作承兑提示。然后再由付款人决定是否予以承兑。提示是承兑的前提,如果执票人不向付款人出示汇票(出示),付款人就无从对汇票进行承兑。

承兑的方式通常是由付款人在汇票正面横写"承兑"字样。签上自己的名字,并注明承兑的日期。

承兑的作用在于确定付款人对汇票金额的付款义务。

（六）汇票的保证(guarantee)

汇票的保证,是指由汇票债务人以外的第三人,以担保因主票据行为所产生的债务为目的所做的票据行为。

保证人的义务,主要有以下四项:

（1）保证人与被保证人负同一责任。保证人与被保证人的责任——保证人根据汇票应承担何种义务,保证人亦承担该项义务;

（2）当有一个以上的保证人为同一汇票债务提供保证时,各保证人负连带责任;

（3）保证人当其担保的汇票债务因某种理由无效时,仍应承担支付义务,款式欠缺无效者除外;

（4）保证人可以就汇票的全额提供担保,也可以仅就部分金额担保,在后一情况下,保证人仅对他所保证的部分金额承担支付义务。

保证人的权利是保证人在清偿汇票债务后,有权行使执票人对被保证人以及对被保证人应负汇票上责任的前手的追索权。因为,保证人清偿后即取得票据,成为该汇票的执票人。

（七）追索权(recourse)

汇票追索权,是指汇票持有人在法定期限内提示承兑或提示付款而遭拒绝,或有其他无法行使汇票权利的法定原因时,依法向其背书人、出票人以及汇票的其他债务人请求支付汇票金额、利息及相关费用的一种票据上的权利。

追索权是汇票上的第二顺序权利,是为了补充汇票上的第一顺序权利即付款请求权而设立的。因此,只有当持票人行使第一顺序的付款请求权未获得实现时才能行使第二顺序的追索权;如果持票人不先行使付款请求权,则不能行使追索权,除非有特别规定。

三、本票(Promissory Notes)

（一）本票及其种类

本票是出票人签发的,承诺自己在见票时无条件支付确定的金额给收款人或者持票人的票据。

与汇票一样,本票也可以根据对收款人记载方式的不同分为记名本票、指示本票和无记名本票;根据汇票对付款期限的不同记载,可以分为即期本票与远期本票;根据出票人的不同,可以分为银行本票和商业本票。与汇票一样,我国只有记名本票,但不同的是,我国的本票只有即期本票,并且,我国只有银行本票而没有商业本票。

China Negotiable Instruments Law Article 73

A promissory note is an instrument written and issued by a drawer, promising to pay unconditionally a fixed amount of money to a payee or holder at the sight of the instrument.

The term "promissory note" used in this law refers to the bank note.

（二）本票的必要记载事项

本票是一种要式证券，因此，我国《票据法》对本票上的记载事项作了明文规定。本票必须记载以下事项：

（1）表明"本票"的字样；

（2）无条件的支付承诺；

（3）确定的金额；

（4）收款人名称；

（5）出票日期；

（6）出票人签章。

本票上未记载上述规定事项之一的，本票无效。

China Negotiable Instruments Law Article 76

A promissory note shall record the following items:

1. The characters indicating "Promissory Note";

2. Unconditional promise to pay;

3. Amount of money fixed;

4. Name of the payee;

5. Date of issue;

6. Signature of the drawer.

A promissory note is invalid if one of the above items is missing.

（三）本 票 的 关 系 人

本票的基本关系人有两个：

（1）出票人(maker)，出票人因承诺付款，因而称之为 make a promise，故而本票的出票人就称作为 maker。

（2）受款人(payee)即收款人，也称为票的抬头人。

本票的收款人或抬头人的写法，通常与汇票相同，也有三种，即指示性抬头、限制性抬头和持票人抬头。

（四）出 票

本票的出票，从形式上看与汇票的出票相同，都包括做成票据和交付票据，也都要求具有票据金额的可靠资金来源。但是，汇票的出票是出票人委托付款人向收款人支付一定金额的票据行为，而本票的出票则是指出票人保证自己支付本票金额的票据行为。

与汇票相比，由于本票的付款人即出票人，所以仅少了付款人一项。本票的相对必须记载事项包括付款地和出票地。与汇票相比，因为只有即期本票，所以少了付款时间一项。同时，由于本票的出票人为银行，所以如果本票上未记载付款地的，出票人的营业场所为付款地；未记载出票地的，出票人的营业场所为出票地。本票的可以记载事项和不得记载事项则同汇票完全一样。

（五）付 款

根据《票据法》第 77 条，本票的出票人在持票人提示见票时，必须承担付款的责任。并且，本票的持票人必须在本票出票日起 12 个月内提示见票，否则丧失对出票人以外的前手的追索权。

（1）提示付款：本票的出票人在持票人提示本票时，必须承担付款的责任。

（2）付款期限最长不超过 2 个月。

（3）与提示付款相关的权利。第一次向出票人提示本票是行使第一次请求权，它是向本票的其他债务人行使追索的必经程序，没有按期提示的本票，持票人就不能向其前手追索。

（六）本票的特征

（1）自付票据。本票是由出票人本人对持票人付款。

（2）基本当事人少。本票的基本当事人只有出票人和收款人两个。

（3）无须承兑。本票在很多方面可以适用汇票法律制度。但是由于本票是由出票人本人承担付款责任，无须委托他人付款，所以，本票无须承兑就能保证付款。

（七）本票与汇票的比较

本票与汇票有许多共同之处，汇票法中有关出票、背书、付款、拒绝证书以及追索权等规定，基本上都可适用于本票。

两者的区别主要有两点：①汇票有三个当事人，即出票人、付款人与受款人；而本票只有两个当事人，即出票人（同时也是付款人）与受款人；②汇票必须经过承兑之后，才能使承兑人（付款人）处于主债务人的地位，而出票人则居于从债务人的地位；本票的出票人即始终居于主债务人的地位，自负到期偿付的义务，不必办理承兑手续。

四、支票（Checks）

（一）支票及其种类

支票是出票人签发的，委托办理支票存款业务的银行或者其他金融机构在见票时无条件支付确定的金额给收款人或者持票人的票据。

China Negotiable Instruments Law Article 82

A check is an instrument issued by a drawer, at the sight of which the check deposit bank or other financial institutions unconditionally pay the fixed amount to the payee or holder.

按照不同的标准，支票可以分成不同的类型。

（1）根据支票对付款期限的不同记载，可以分为即期支票与远期支票。根据《票据法》第 90 条，支票限于见票即付，不得另行记载付款日期。另行记载付款日期的，该记载无效。可见，我国只有即期支票而没有远期支票。

（2）根据支票对收款人记载方式的不同，分为记名支票、无记名支票。无记名支票又称为空白支票，出票人在支票上不记载收款人的名称，在转让时不适用背书转让规则，可直接依票据交付行为实现支票的转让。根据《票据法》第 84 和第 86 条的规定，我国允许签发无记名支票；但是《支付结算办法》第 119 条又规定，支票的金额、收款人名称在补记前不得背书转让和提示付款。

（3）根据支票对付款方式的不同，可分为现金支票、转账支票、普通支票和划线支票。现金支票是指支票上印有"现金"字样、只能用于支取现金的支票；转账支票是指支票上印有"转账"字样、只能用于转账的支票；普通支票是指未印有"现金"或"转账"字样、可以用于支取现金，也可以用于转账的支票；划线支票指支票左上角划两条平行线的、只能用于转账的支票。

（二）支票的必要记载事项

拿到一张支票后,这张汇票是否生效,根据《日内瓦统一法》规定,这张汇票要求具备以下的必要项目:

（1）写明其为"支票字样";

（2）收款人或其指定人;

（3）付款银行的名称;

（4）出票日期和地点;

（5）付款地点;

（6）写明即期;

（7）金额;

（8）收款人的名称;

（9）无条件支付命令。

China Negotiable Instruments Law Article 85

A check must record the following items:

1. Characters denoting "Check";

2. Commission to pay unconditionally;

3. Amount fixed;

4. Name of the payee;

5. Date of draft;

6. Signature of the drawer.

A check shall be invalid if one of the above items is missing.

（三）出票

支票的出票,从形式上看与汇票的出票相同,都包括作成票据和交付票据。但为强化支票的流通功能,确保交易安全,对支票的出票人有严格的资格。《票据法》第82条第2款规定,开立支票存款账户和领用支票,应当有可靠的资信,并存入一定的资金。《票据管理实施办法》第11条更明确规定,支票的出票人,为在经中国人民银行批准办理支票存款业务的银行、城市信用合作社和农村信用合作社开立支票存款账户的企业、其他组织和个人。如果出票人签发的支票金额超过其付款时在付款人处实有的存款金额的,称为空头支票,这为票据法所禁止。此外,出票人在开立支票存款账户时,必须使用其本名,并提交证明其身份的合法证件,还应当预留其本名的签名式样和印鉴;出票人不得签发与其预留本名的签名式样或者印鉴不符的支票。

根据《票据法》第84条的规定,支票的绝对必须记载事项包括表明"支票"的字样、无条件支付的委托、确定的金额、付款人名称、出票日期、出票人签章等6项。与汇票、本票相比,支票可以是无记名支票,所以少了收款人一项。支票的相对必须记载事项包括付款地和出票地,支本票一样,如果未记载付款地的,出票人的营业场所为付款地;未记载出票地的,出票人的营业场所为出票地。另外,支票的可以记载事项和不得记载事项则与汇票、本票完全一样。值得注意的是,票据法特别规定出票人可以在支票上记载自己为收款人。

根据《票据法》第93条第2款以及第26条的规定,支票出票人承担的责任与汇票一样,签发支票后,即承担保证该支票付款的责任。出票人在支票得不到者付款时,应当向持票人清偿支票金额和相关费用。

（四）付款

我国《票据法》第89条规定,出票人必须按照签发的支票金额承担保证向该持票人付款的责任。如果出票人在付款人处的存款足以支付支票金额时,付款人应当在当日足额付款。

对于提示付款的期限,《票据法》第91条规定,支票的持票人应当自出票日起十日内提示付款;异地使用的支票,其提示付款的期限由中国人民银行另行规定。如果超过提示付款期限的,付款人可以不予付款,但出票人仍应当对持票人承担票据责任。

如果付款人依法支付支票金额,则对出票人不再承担受委托付款的责任,对持票人不再承担付款的责任。但是,付款人以恶意或者有重大过失付款的除外。

（五）汇票与支票的比较

我国票据法将汇票、本票和支票统一规定在一部票据法中,并以汇票的规定为中心内容。对支票与汇票相同的内容,票据法采用了与本票相同的适用汇票规定的立法技术。《票据法》第93条第1款也规定:"支票的背书、保证、付款行为和追索权的行使,除本章规定外,适用本法第二章有关汇票的规定。"因此,支票的背书、保证、付款行为和追索权的行为,除本节规定之外,适用第二节有关汇票的规定。

支票和汇票一样有三个当事人,即出票人、付款人与受款人。二者的差别主要有:①支票的付款人限于银行,而汇票的付款人则不以行为限;②支票均为见票即付,而汇票则不限于见票即付。

【案例分析】

Case 7-1　　Can the Bank Seek Reimbursement from the Buyer?

A contract for sale of Christmas tree lights was established, in which a letter of credit was used. The credit required the seller to produce a certificate of inspection, along with other documents. This was done and the issuing bank paid against them. The bank then sought reimbursement but the buyer refused, contending that there should have been an inspection to make sure that the lights were working. It should be noted that the certificate of electrical inspection was required by the contract but not specified in the letter of credit.

Question 1: Can the bank seek reimbursement from the buyer?

Question 2: How to solve the problem between the seller and buyer?

第八章 国际产品责任法
Chapter Eight   International Products Liability Law

【本章要点】

- 产品责任的概念和性质
- 中国产品责任法
- 美国产品责任法
- 欧盟《产品责任指令》
- 《产品责任法律适用公约》

Key Terms

Product liability refers to a manufacturer's or seller's tort liability for damages or injuries suffered by a buyer, user, or bystander as a result of a defective product.

Defect means the product contains a unreasonable danger.

Strict liability means, with respect to the defective product, the manufacturer or seller shall be liable for the defectiveness of product, even if he has exercised all reasonable care.

第一节　概　述
8.1   Introduction to Products Liability Law

产品责任是指生产者或销售者因其生产或销售的缺陷产品致使购买者、使用者以及旁观者遭受财产损害或人身伤害而需承担的侵权法律责任。产品责任法,即是调整产品生产者或销售者因其生产或销售的缺陷产品,致使产品使用者遭受损害而引起的侵权赔偿法律关系的法律规范的总称。

According to Black's Law Dictionary (eighth edition), product liability refers to a manufacturer's or seller's tort liability for damages or injuries suffered by a buyer, user, or bystander as a result of a defective product.

一、产品责任法律理念的演变(Development of the Idea of Products Liability Law)

产品责任法的出现,可以追溯到普通法系的判例。1842 年,英国上诉法院(Exchequer of

236

pleas)判决的温特伯特姆诉赖特案(Winterbottom v. Wright)①是关于产品责任方面最古老的案例。但该案所确立的产品责任诉讼的基础是合同关系(privity),即缺陷产品的受害人与责任人之间需要有直接的合同关系,如果没有合同关系,受害人就不能要求生产者或销售者承担赔偿责任,即所谓"无合同,无责任。"该判例在普通法系国家奉行了近百年。虽然该判例对于消费者权益的保护有一定的作用,但由于受到合同关系的限制(privity bar),消费者的合法权益并没有得到有利的保护。

随着社会经济的发展,买卖关系的天平开始由"买主当心"(caveat emptor)向"卖主当心"(caveat venditor)倾斜,消费者的权益逐渐开始受到重视。从 20 世纪 20 年代开始,在普通法系国家尤其是美国,疏忽责任理论开始在产品责任诉讼中占据主导地位。疏忽责任理论属于侵权归责理论的范畴,该理论的纳入摒弃了产品责任诉讼附属于合同关系的限制,使产品责任真正开始进入侵权责任的领域。消费者即使与生产者或销售者之间不存在合同关系,但如果其能够证明产品的缺陷是出于生产者或销售者的疏忽,其权利请求就可能获得支持。

到了 20 世纪 60 年代,随着新判例的产生,以及美国法学会(the American Law Institute, ALI)《侵权法重述(第二版)》的出版,严格责任理论逐渐被美国各州的立法和司法判例所采纳。由于严格责任理论要求生产者或销售者对产品缺陷所导致的损害承担的是一种无过错责任,因此其更有利于消费者权益的保护。严格责任理论也是目前世界上大多数国家在产品责任立法上所采纳的主要归责原则。进入 20 世纪 90 年代,美国法学会颁布的《侵权法重述(第三版):产品责任》标志着美国产品责任理论的发展进入一个新的阶段,主要体现了美国法学界对严格责任理论法律适用的反思和建议;其颁布必将对此后的美国各州乃至世界各国的产品责任立法和司法工作产生深远的影响。

在各国产品责任立法发展的同时,为协调各国的产品责任法律制度,产品责任的国际立法亦应运而生。其中,欧盟的区域性国际立法工作尤为突出。1985 年,欧洲经济共同体《产品责任指令》的颁布,代表着欧盟在协调统一各成员国产品责任法律制度的重大成果。

二、中国产品责任法(China Products Liability Law)

(一) 中国产品责任法概述

我国的产品责任法起步较晚。1986 年全国人大制定通过的《民法通则》中的相关规定,可以视作我国在产品责任立法上的开端。原《民法通则》第 122 条规定:"因产品质量不合格造成他人财产、人身损害的,产品制造者、销售者应当依法承担民事责任。"该规定比较简洁,不能应对我国日益复杂的产品责任问题。1993 年 2 月 22 日,我国七届全国人大常委会第 30 次会议制定通过了《中华人民共和国产品质量法》(以下简称《产品质量法》)。该法并非严格意义上产品责任的单独立法,其内容以我国政府监管产品质量的规定为主,同时也包含了大量的产品责任法律规范。

《产品质量法》的施行,对于遏制假冒伪劣产品泛滥、保护消费者的合法权益起到了一定

---

① Winterbottom v. Wright, 152 Eng. Rep. 402, 1842。该案案情为:被告向邮局提供马车,并负责马车的修理,原告则受雇于邮局。由于马车的内在缺陷和疏于修理,原告在驾驶马车时因马车毁坏而受伤。原告诉被告赔偿,法院以双方没有直接合同关系而驳回了原告的诉请。

的作用,但我国所面临的产品质量和安全问题依旧严峻。2000年7月8日,九届全国人大常委会第16次会议通过了《关于修改〈产品质量法〉的决定》,该决定主要强化了产品质量的行政管理和行政责任,并适当扩大了产品责任中关于人身伤害的赔偿范围。《民法典》、《产品质量法》是我国目前关于产品责任的最主要的法律渊源,此外关于产品责任的规定还可散见于各相关法律法规中,如我国《消费者权益保护法》、《食品卫生法》等。

(二)《民法典》关于产品责任的规定

我国《民法典》侵权责任编在第四章共六个条款,对产品责任予以专门规定。关于产品生产者的责任,第1202条规定:因产品存在缺陷造成他人损害的,生产者应当承担侵权责任。

关于被侵权人损害赔偿的途径和先行赔偿人追偿权,第1203条规定:因产品存在缺陷造成他人损害的,被侵权人可以向产品的生产者请求赔偿,也可以向产品的销售者请求赔偿。产品缺陷由生产者造成的,销售者赔偿后,有权向生产者追偿。因销售者的过错使产品存在缺陷的,生产者赔偿后,有权向销售者追偿。

关于生产者和销售者对有过错第三人的追偿权,第1204条规定:因运输者、仓储者等第三人的过错使产品存在缺陷,造成他人损害的,产品的生产者、销售者赔偿后,有权向第三人追偿。

关于危机他人人身、财产安全的责任承担方式,第1205条规定:因产品缺陷危及他人人身、财产安全的,被侵权人有权请求生产者、销售者承担停止侵害、排除妨碍、消除危险等侵权责任。

关于流通后发现有缺陷的补救措施和侵权责任,第1206条规定:产品投入流通后发现存在缺陷的,生产者、销售者应当及时采取停止销售、警示、召回等补救措施;未及时采取补救措施或者补救措施不力造成损害扩大的,对扩大的损害也应当承担侵权责任。依据前款规定采取召回措施的,生产者、销售者应当负担被侵权人因此支出的必要费用。

关于产品责任的惩罚性赔偿,《民法典》第1207条规定:明知产品存在缺陷仍然生产、销售,或者没有依据前条规定采取有效补救措施,造成他人死亡或者健康严重损害的,被侵权人有权请求相应的惩罚性赔偿。

(三)《产品质量法》的主要内容

1. 产品

《产品质量法》第2条规定:"本法所称产品是指经过加工、制作,用于销售的产品。建设工程不适用本法规定;但是,建设工程使用的建筑材料、建筑构配件和设备,属于前款规定的产品范围的,适用本法规定。"根据上述规定,可以看到我国对产品的范围界定比较狭窄,主要是指加工过的、用于销售的动产,不动产和原始农产品并不包含在内。此外,对于一些特殊的产品,如电、输血用的血液等,是否包含在上述的产品定义中,我国《产品质量法》并未作明确的规定①。

2. 缺陷

《产品质量法》第46条规定:"本法所称缺陷,是指产品存在危及人身、他人财产安全的不

---

① 1999年,河南省南阳市中级人民法院在一个输血感染艾滋病的案件中,认定输血用血液不符合《产品质量法》第2条的产品定义,因此不是"产品"。参见梁慧星:"中国产品责任法——兼论假冒伪劣之根源和对策",《法学》,2001年第6期。

合理的危险;产品有保障人体健康和人身、财产安全的国家标准、行业标准的,是指不符合该标准。"我国对产品缺陷的定义采用双重标准,前一标准,即产品缺陷是指产品含有不合理的危险;后一标准,即在有国家标准或行业标准的前提下,缺陷是指产品不符合该标准。前一标准的规定基本与欧美国家的缺陷定义相同,但对于后一标准,欧美国家在其缺陷定义中基本没有规定。在欧盟的《产品责任指令》中,产品执行国家强行性法律规定是作为产品责任的免责理由之一。

3. 责任主体和归责原则

我国《产品质量法》将产品责任的承担者限定在产品的生产者和销售者。在产品责任的认定上,《产品质量法》对生产者和销售者采用了不同的归责原则。根据《产品质量法》第 41条和第 42 条的规定,产品生产者对于缺陷产品所造成的损害承担严格责任,而产品销售者则承担过错责任,即如果产品的缺陷是因为销售者的过错所致,销售者应承担赔偿责任。但是,如果销售者不能指明缺陷产品的生产者也不能指明缺陷产品的提供者,即使销售者对产品缺陷没有过错,也应当承担赔偿责任。虽然,生产者和销售者的归责原则不同,但两者对消费者因缺陷产品所遭受的损失须承担连带责任,也就是说销售者即使对产品缺陷没有过错,消费者亦可以要求销售者赔偿,只不过销售者可以就支付的赔偿向生产者进行追偿。《产品质量法》如此规定,有利于充分保护消费者的利益。

4. 损害赔偿的范围

根据《产品质量法》第 44 条的规定,损害赔偿的范围包括财产损失和人身伤害。对于因产品存在缺陷造成受害人财产损失的,侵害人应当恢复原状或者折价赔偿;如果受害人因此还遭受其他重大损失的,侵害人亦应当赔偿损失。其他重大损失主要是指受害人因财物毁损所导致的经济损失,应该包括"可得利益"的损失。对于人身伤害赔偿,应当包括医疗费、治疗期间的护理费、因误工减少的收入等费用的赔偿;如果造成受害人残疾的,还应当支付残疾者生活自助具费、生活补助费、残疾赔偿金以及由其扶养的人所必需的生活费等费用;如果造成受害人死亡的,并应当支付丧葬费、死亡赔偿金以及由死者生前扶养的人所必需的生活费等费用。上述赔偿费用中,残疾赔偿金和死亡赔偿金在我国属于精神损害赔偿的范畴①,但对于缺陷产品给受害人造成的其他精神损害是否给予赔偿,《产品质量法》没有作明确的规定。此外需要明确的是,在损害赔偿的原则上,《产品质量法》采用的是补偿原则,没有设定惩罚性赔偿。

5. 免责事项

根据《产品质量法》第 41 条的规定:生产者能够证明有下列情形之一的,不承担赔偿责任:

(1)未将产品投入流通的;

(2)产品投入流通时,引起损害的缺陷尚不存在的;

(3)将产品投入流通时的科学技术水平尚不能发现缺陷的存在的。该规定与欧盟《产品责任指令》规定的免责事项基本相同。

---

① 最高人民法院 2001 年发布:《关于确定民事侵权精神损害赔偿责任若干问题的解释(法释 2001 年 7 号)》。

6. 诉讼时效

产品责任损害赔偿请求权的诉讼时效期间与我国民法规定的普通诉讼时效期间相同,即为2年,自当事人知道或者应当知道其权益受到损害时起算。

第二节　美国产品责任法
8.2　Products Liability Law of the U.S.

美国是联邦制国家,由于联邦宪法对联邦政府立法权的限制,美国产品责任法的正式法律渊源主要表现为美国各州的普通法判例,以及各州的相关制定法。为了统一各州的产品责任法,美国商务部于1979年公布了《统一产品责任示范法》(The Model Uniform Product Liability Act,MUPLA)以供各州采纳适用,但至今只有极少数几个州全部采纳①。

相反,对美国各州立法和司法判例具有重大影响的,则是美国法学会编纂的《法律重述》。1965年,美国法学会颁布了《侵权法重述(第二版)》(Restatement (Second) of Torts,以下简称《重述二》或 Restatement Second)。《重述二》关于产品责任的核心条款,是其第402A条款。该条款彻底否定了产品责任诉讼的契约原则,同时确定了产品责任的归责原则为严格责任。严格责任理论迅速在美国各州流行,并为绝大部分州所采纳,成为产品责任归责理论的主导。严格责任对消费者权益的保护非常有利,但在随后的发展中,严格责任逐渐向低效率的绝对责任发展,对产品生产者或销售者的责任要求越来越严格,抗辩的理由也越来越狭窄,从而导致企业生产成本的增加和经营风险的加剧。

到了20世纪90年代,修改《重述二》第402A条款的呼声日见高涨。1997年5月,美国法学会颁布了《侵权法重述(第三版):产品责任》(Restatement (Third) of Torts:Products Liability,以下简称《重述三》或 Restatement Third)②。《重述三》包括四章共21条。《重述三》对《重述二》第402A条款所确立的严格责任原则作了重大的修改,限制了严格责任适用的范围,并力图对产品责任的相关主要问题做出清晰的整理和阐释。本节主要依据《重述三》的规定,讨论美国产品责任法。

一、产品责任的重要术语(Concepts of Products Liability)

（一）产品(products)

由于涉及严格责任的适用,因此对产品进行界定,成为产品责任法的首要问题。美国《统一示范法》第102条(C)项规定:"'产品'是指具有内在价值的,为进入市场而生产的,能够作为组装整件或作为零部件而交付的物品。但人体的组织器官包括血液及其组成成分除外。"

MUPLA, Sec. 102（C）

"Product" means any object possessing intrinsic value, capable of delivery either as an

---

① 〔美〕罗伯特·考特,托马斯·尤伦:《法和经济学》,张军等译,上海三联书店、上海人民出版社,1994年版,第623、624页。

② 《重述三》的报告人为 James A. Henderson 和 Aaron D. Twerski。

assembled whole or as a component part or parts, and produced for introduction into trade or commerce. Human tissue and organs, including human blood and its components, are excluded from this term.

此外,《重述三》亦对产品作了定义,其第 19 条规定:"为本《重述》之目的:(a)产品是经过商业性销售以供使用或消费的有形动产。其他项目如不动产和电,当他们的销售及使用与有形动产的销售及使用足够类似时,也是产品,适用本《重述》所述规则是适当的。(b)服务,即使是商业性提供的,也不是产品。(c)人体血液及人体组织器官,即使是商业性提供的,也不受本《重述》规则的约束。"①

Restatement Third, § 19

For purposes of this Restatement: (a) A product is tangible personal property distributed commercially for use or consumption. Other items, such as real property and electricity, are products when the context of their distribution and use is sufficiently analogous to the distribution and use of tangible personal property that it is appropriate to apply the rules stated in this Restatement. (b) Services, even when provided commercially, are not products. (c) Human blood and human tissue, even when provided commercially, are not subject to the rules of this Restatement.

依据上述文件的定义,以及美国各州的立法和司法判例,美国产品责任法中的产品范围,除了普通的有形动产外,还可以延伸到下列财产,诸如:①天然产品(natural products),如原材料、原始农产品以及染病的动物等②;②无形动产(intangible personal property),如电和信息类产品。前者主要是指因电压不稳定而致损害;后者诸如书籍、地图、航行图等,因其中提供的信息错误而致损害③;③不动产(real property),如出售和出租的房屋,尤其是批量生产的房屋。同时需要注意的是,虽然上述产品的范围非常广泛,但美国各州法院在部分案例上的判决和观点并非一致。

此外,《重述三》亦指出,产品不包含服务。但服务中提供的商品应属于产品的范围,如在航空运输中,航空公司提供给乘客的食品。最后,《重述三》中将人体血液和人体组织排除在产品责任的适用范围之外,基本代表了美国目前各州立法和司法实践的普遍观点④。

(二) 缺陷(defect)

缺陷是产品责任中的核心概念。如果产品没有缺陷,那么就不会产生相应的产品责任。对于缺陷,美国立法和司法实践中,同样没有一个统一的概念。《重述二》第 402A 条的规定,代表了美国对产品缺陷定义的普遍观点,该条第 1 款规定:"凡销售的缺陷产品对使用者或消

---

①　本节《重述三》的中文译文参考或引自:肖永平,龚乐凡,汪雪飞译:《侵权法重述第三版:产品责任》,法律出版社,2006 年版。

②　例如 Sease v. Taylor's Pets, Inc., 700 P. 2D 1054 (Or. App. 1985) 一案,宠物店出售的患狂犬病的臭鼬导致对宠物主人的伤害构成产品责任。

③　对于信息类产品,美国法院的观点比较复杂,一般认为书籍中的信息错误属观点错误,因此不应包括在产品的范畴之中,例如 Winter v. G. P. Putnam's Sons, 938 F. 2d 1033 (9th Cir. 1991) 一案,蘑菇爱好者因信赖《蘑菇百科》一书的信息,采摘并食用蘑菇后中毒;但地图和航行图中的信息错误类似于"一个破裂的指南针或不精确的高度计",属产品的范畴,例如 Saloomey v. Jeppesen & Co., 707 F. 2d 671 (2nd Cir. 1983) 一案,飞机因航空图标示地形有误而坠毁。

④　肖永平等译:《侵权法重述第三版:产品责任》,第 392—394 页。把人体血液和人体组织排除在产品的范围之外,主要是出于公共政策考虑,认为上述物品的供应所带来的公共利益比它们本身所含有的风险更为重要。

费者或其财产具有不合理的危险,那么销售者应对最终使用者或消费者或其财产因此而遭受的实际损害承担责任。"

Restatement Second，§402A

(1) One who sells any product in a defective condition unreasonably dangerous to the user or consumer or to his property is subject to liability for physical harm thereby caused to the ultimate user or consumer, or to his property, if…

可见,《重述二》把产品的缺陷定义为"不合理的危险(unreasonable danger)"[①]。从理论上而言,任何产品都有危险,但要构成产品责任法上的缺陷产品,是指产品含有不合理的危险。

然而,如何界定产品是否含有不合理的危险,无论在美国的理论界还是司法实务界,始终是一个复杂而难解的问题。早期,美国各州法院多采用"消费者期望标准(consumer expectations test)"作为判断产品缺陷的标准,即产品是否满足普通消费者对产品合理的安全期望。进入20世纪80年代,美国法律界开始对消费者期望标准的适用进行反思。《重述三》的颁布,即体现了这一反思的成果,也反映了美国产品责任法今后的发展方向。

《重述三》在对产品缺陷进行分类的基础上,对于产品缺陷的认定,把"风险—效用比较标准(risk-utility test)"作为判断的主要标准,而消费者期望标准则只是作为判断的辅助标准,并不构成判断缺陷的独立标准。

对于产品缺陷的种类,美国产品责任法主要包括以下三种:

(1) 产品的制造缺陷(manufacturing defect)。产品的制造缺陷是指产品存在与该产品的设计意图相背离的物理状况,从而使产品含有不合理的危险。

(2) 产品的设计缺陷(design defect)。产品的设计缺陷是指产品虽然符合产品的设计意图,但该设计本身含有不合理的危险。

(3) 产品的警告缺陷(warning defect)。产品的警告缺陷是指产品存在可以合理预见的危险,但产品的生产者或销售者没有提供必要和充分的产品使用说明或警告以降低或避免产品存在的危险。

In the Third Restatement, the defects of product could be divided into three categories:

(1) Manufacturing defect of product. Manufacturing defect is a physical departure from a product's intended design causing the product contains the unreasonable danger. For example, a small stone was mixed into a food can which inflicted injury upon the consumer when he ate it. Here, the stone being mixed in food is not the producer's intended design. Typically, manufacturing defect occur s in only a small percentage of units in a product line, usually because of the producer's negligence. But it also may occur when the producer has exercised all reasonable care.

(2) Design defect of product. Design defect means when the specific product unit conforms to the intended design but the intended design itself renders the product not reasonably safe. For example, one company manufactures novelty items. One item, an exploding cigar, is made to

---

① 对于产品缺陷的定义,《统一示范法》第104条的表述为"不合理的不安全(unreasonably unsafe)";《重述三》则在其第2条"产品缺陷的分类"所作的"报告人注释"中引入并推荐"非合理的安全(not reasonably safe)"这一概念,即缺陷产品是指产品不具有合理的安全性。参见肖永平等译:《侵权法重述第三版:产品责任》,第108—110页。

explode with a loud bang and the emission of smoke. When one consumer used it, the cigar exploded and he was suffered serious burns to his face. [1] In this case, the cigar conforms to the producer's intended design, i. e. for purpose of prank, but it contains unreasonable danger obviously. If the design defect are found to exist, then every unit in the same product line is potentially defective.

(3) Warning defect of product. Warning defect means the product is lack of necessary and adequate instructions or warnings which would have reduced or eliminated the risk of products. As same as the design defect, if the warning defect is found to exist, then every unit in the same product line would be defective. In addition, the presence of warnings of risk only does not exempt the producers or the sellers from compliance with the other obligations under the product liability. In general, when a safer design can reasonably be implemented and risks can reasonably be designed out of a product, adoption of the safer design is required over a warning that leaves a significant residuum of such risks. In a word, Warnings are not, a substitute for the provision of a reasonably safe design.

（三）责任主体(persons liable)

从产品制造的分工合作,到产品的批发和零售,再到产品最终到消费者手里,需要经过很多环节。这意味着,在其中的各个环节的产品经营者,都有可能成为产品责任的承担者。

根据《重述三》第 1 条和第 20 条的规定,产品责任承担者可分为两类:其一是生产性销售商(manufacturing sellers),主要是指产品的生产者[2];其二是非生产性销售商(non-manufacturing sellers)和其他类型的产品分销者,主要是指从事产品销售或分销的销售者,包括产品的批发、分销和零售业者。此外,还可包括从事产品出租(product lease) 的经营者、在销售-服务混合经营(sales-service combinations)中提供产品的经营者以及提供产品寄托(product bailment)的经营者[3]。《重述三》强调销售应为商业性销售,不包括非商业性销售或分销。销售的产品,包括商业活动中的赠品。

（四）权利请求者(claimants)

在美国产品责任法中,没有对产品责任的权利请求者作出统一的界定。但依美国各州的司法实践,在产品责任案件中,凡是其人身或财产因产品缺陷遭受损害的受害者(victim)都有权向产品的生产者或销售者提出产品责任的权利请求,无论前者与后者是否有合同关系,因此亦包括可以合理预见的旁观者(reasonably foreseeable bystanders)。

二、产品责任的归责理论(Doctrine of Liability Fixation)

产品责任的归责理论(doctrine of liability fixation)是指缺陷产品的生产者或销售者承担责任的责任基础(basis of liability);从裁判的角度而言,也就是指法官以何种责任理论来认定缺陷产品提供者的法律责任。

---

① Id., section 2, comment e., illustration 5.

② 需要注意的是,在美国产品责任法中,产品责任的承担者一般可以统称为销售者(sellers)。

③ 提供产品寄托的经营者,诸如自助洗衣店的经营者,其应对因自助洗衣机的缺陷所造成的损害承担产品责任。

产品责任的归责理论是产品责任法中的核心制度。与世界上的其他国家相比,美国的产品责任归责理论最具代表性,其主要包含以下三种,即疏忽责任理论、担保责任理论和严格责任理论。

（一）疏忽责任理论(doctrine of negligence)

疏忽责任是指产品的生产者或销售者因其在产品生产或销售过程中存有疏忽导致产品存在缺陷,从而应对消费者所遭受的损失承担产品责任。美国早期的产品责任理论受到英国判例的影响[1]。

（二）担保责任理论(doctrine of warranty)

担保责任理论,是指产品的生产者或销售者违反对产品的品质担保义务而承担的责任。担保责任来源于合同法,销售者有义务保证出售产品的品质。担保可以分为明示担保(express warranty)和默示担保(implied warranty)。明示担保是销售者通过合同、广告、产品的说明、标签等明示的形式担保产品具有一定的品质。默示担保主要是指销售者担保产品具有可商销性(merchantability),即产品符合产品的一般使用用途(fitness for ordinary purpose)。默示担保其实质是销售者对产品所承担的法定义务,保证产品具有起码的品质和效用。

美国产品责任立法上的进展,主要体现在美国的《统一商法典》。《统一商法典》在1966年修订时,对于担保责任诉讼,提出了三个方案(alternative)供各州立法采纳[2]:

（1）方案A,销售者的担保,无论是明示或暗示的担保,其范围不仅涵盖合同的买方(immediate buyer),还包括买方的各家庭成员以及其他可以合理预见的使用、消费产品或受产品影响的客人;

（2）方案B,销售者的担保延伸至可以合理预见的使用、消费产品或受产品影响的任何个人(any individual);

（3）方案C,销售者的担保延伸至可以合理预见的使用、消费产品或受产品影响的任何人(any person),并且销售者不能将责任仅局限于人身伤害赔偿。方案C意味着法人也可以成为担保责任诉讼的原告,并且如果受害人只是遭受财产损害也可以提出诉请[3]。

对于上述三个方案,美国大多数州的立法采纳了方案A,亦有相当数量的州立法采纳了方案B,少数几个州的立法采纳了方案C[4]。

---

① 温特伯特姆诉赖特案(Winterbottom v. Wright)要求产品责任诉讼的当事人必须要有合同关系。合同关系理论对于美国早期工业的发展起到了促进作用,但其对消费者权益的保护显然有其不利之处,如果受到缺陷产品损害的消费者不能证明其与产品的生产者或销售者之间有合同关系,那么即使消费者能够证明后者对产品缺陷存有疏忽,其权利请求依然不能得到支持。合同关系理论在美国的影响持续了七十多年,虽然其间在产品责任的个别领域突破了合同关系限制,如食品,但合同关系理论的真正突破要等到美国1916年麦克弗森诉别克汽车公司(MacPherson v. Buick Motor Co.)一案的出现。该案的基本案情是,被告别克公司将生产的汽车卖给零售商,零售商又将其卖给原告麦克弗森,之后因为轮子的缺陷,导致汽车倾覆,并致原告受伤。被告主要提出两项抗辩,一是原被告之间无合同关系,二是轮子并非由被告生产。但该案法官首先否决了产品责任诉讼须有合同关系的限制,并认为被告作为成品生产商有义务检验产品零部件的质量,应当发现其中的缺陷,因此认定被告疏忽责任成立。麦克弗森诉别克汽车公司一案确立了产品生产者的疏忽责任,并排除了合同关系的要求,由此将产品责任正式导入到侵权责任领域,为消费者的产品责任诉讼敞开了大门。

② See Uniform Commercial Code, §2-318.

③ 〔美〕史蒂文·L·依曼纽尔(Steven L. Emannuel):《侵权法》(Torts),第338页。

④ 同②,第339页。或参见屈广清等编著:《国际商法学》,法律出版社,2003年版,第331页。

（三）严格责任理论（doctrine of strict liability）

Doctrine of Strict Liability

Strict liability means, with respect to the defective product, the manufacturer or seller shall be liable for the defectiveness of product, even if he has exercised all reasonable care. Strict liability also can be called as liability without fault. Under strict liability, the center of the burden of proof by the claimant is to prove the defectiveness of product. The claimant is not require to prove the defectiveness is resulted from the negligence by the manufacturer or seller.

The doctrine of strict liability can be backdated to the case of Escola v. Coca-Cola Bottling Co., 1944. In this case, although the plaintiff could not prove the negligence of the defendant with respect to the defectiveness of product, the court used the rule of res ipsa loquitur to conclude that the defendant was negligent for the defective product. The rule of res ipsa loquitur is still in the category of fault-based liability, but it has reversed the burden of proof onto the defendant who shall prove the non-negligence for sake of exemption of liability. In 1963, the case of Greenman v. Yuba Power Products, Inc. marked the establishment of strict liability. In the case, the court held that a manufacturer is strictly liable in tort when an article he places on the market, knowing that it is to be used without inspection for defects, proves to have a defect which causes injury to a human being. In the field of legislation, the Second Restatement incorporates the strict liability into its provisions, stating that, the seller shall be liable "although the seller has exercised all possible care in the preparation and sale of his product". Furthermore, according to the section 402A of the Second Restatement, the strict liability could be used in any kind of product liability actions. But this provision was changed in the Third Restatement.

The Third Restatement section 2 divides the defects into three categories, manufacturing defect, design defect and warning defect. In short, the Third Restatement applies the strict liability on the manufacturing defect, but applies liability of negligence on the design defect and warning defect, in which the sell would be liable only when the consumer could prove that the risk is foreseeable and it should have been avoided by using a reasonable alternative design or warning by the seller, i.e. to prove the seller's negligence.

严格责任,是指对于产品存在的缺陷,即使产品的生产者或销售者不存在任何过错,也应当对缺陷产品所造成的损失承担赔偿责任。严格责任是一种无过错责任(liability without fault)[1],因此在该责任下,消费者证明的核心,在于产品的缺陷,而无需证明产品的缺陷是否由于生产者或销售者的疏忽所致。

严格责任理论对于消费者提起产品责任诉讼非常有利,但这并不意味着疏忽责任理论和担保责任理论的消失。相反,在美国产品责任诉讼中,还是有相当数量的案件,消费者选择疏忽责任或担保责任作为诉讼的责任基础,但毫无疑问的是,大多数的案件消费者选择的是严格责任[2]。

---

[1]　虽然目前美国对严格责任的理解有不同的分歧,但普遍的观点还是主张严格责任是一种无过错责任。

[2]　具体情况参见张骐:"中美产品责任的归责原则比较",《中外法学》,1998 年第 4 期。

（四）严格责任的发展和《重述三》的重述

严格责任理论为消费者的产品责任诉讼提供了非常有利的条件,但这也对美国产业的发展乃至相关的公共利益产生了重大的影响。《重述三》第2条对产品缺陷的界定,与严格责任的适用具有直接的关系。该条把产品缺陷分为三类,即制造缺陷、设计缺陷和警告缺陷。

对于制造缺陷,该条在(a)项予以规定:对于产品背离设计意图,即便在制备或销售产品过程中,(销售者)已经尽到了一切可能的注意,该产品即存在制造缺陷。而对于设计缺陷和警告缺陷,该条分别在(b)、(c)做出了规定:

（b）对于产品存在的可以合理预见的损害风险,如果销售者或其他分销者,或者他们在产业销售环节中的前手,可以通过采用合理的替代设计(reasonable alternative design)减少或避免该风险的话,而他们疏于采用该替代设计以致产品不具有合理的安全性,那么该产品即存在设计缺陷;

（c）对于产品存在的可以合理预见的损害风险,如果销售者或其他分销者,或者他们在产业销售环节中的前手,可以采用合理的说明或警告减少或避免该风险的话,而他们疏于采用该说明或警告以致产品不具有合理的安全性,那么该产品因缺乏适当的说明或警告而存在缺陷。

Restatement Third, § 2

A product is defective when, at the time of sale or distribution, it contains a manufacturing defect, is defective in design, or is defective because of inadequate instructions or warnings. A product: (a) contains a manufacturing defect when the product departs from its intended design even though all possible care was exercised in the preparation and marketing of the product; (b) is defective in design when the foreseeable risks of harm posed by the product could have been reduced or avoided by adoption of a reasonable alternative design by the seller or other distributor, or a predecessor in the commercial chain of distribution, and the omission of the alternative design renders the product not reasonably safe; (c) is defective because of inadequate instruction or warnings when the foreseeable risks of harm posed by the product could have been reduced or avoided by the provision of reasonable instructions or warnings by the seller or other distributor, or a predecessor in the commercial chain of distribution, and the omission of the instructions or warnings renders the product not reasonably safe.

由此可见,《重述三》对于产品的制造缺陷采用的是严格责任,这与《重述二》的规定是相同的。但对于产品的设计缺陷和警告缺陷,消费者需通过证明产品存在更合理的替代设计或警告以减少或消除现存的危险,方可证明产品确有缺陷,进而方可要求生产者或销售者承担责任[1]。总之,对于产品的设计缺陷和警告缺陷,《重述三》规则设置的目的"和基于过失的侵权责任达到的目的是相同的"[2],这意味着生产者或销售者对此承担的是过错责任,而非严格责任。这一点是《重述三》对《重述二》的最大修改。

---

[1] 《重述三》认为,以合理替代设计来证明产品缺陷并非绝对,比如有些产品设计明显不合理,产品危险性高但效用低下,那么即使不存在合理的替代设计,仍可认定产品存在缺陷,例如本节前文所举的"爆炸雪茄"一例。参见肖永平等译:《侵权法重述第三版:产品责任》,第20页。

[2] 肖永平等译:《侵权法重述第三版:产品责任》,法律出版社,2006年版,第18页。

三、产品责任的抗辩（Defense）

产品责任的抗辩（defense），是指产品责任人主张减轻或免除责任的理由。在美国立法和司法实践中，常见的抗辩主要有以下几种：

（一）不可预见性（unforeseeability）

不可预见性，是指产品含有不可预见的危险（unforeseeable danger）。

（二）业内技术发展水平（state of art）

业内技术发展水平，往往是指产品的设计，代表了产品投入流通时的业内最高水平。从产品缺陷的角度而言，"业内技术发展水平"意味着，当产品投入流通时，依当时的科学技术水平难以发现产品存在的缺陷。对此抗辩，多数法院持肯定态度。

（三）显而易见的危险（obvious danger）

显而易见的危险，或可称为众所周知的危险（generally known danger）。对于该类危险，"几乎所有的法院都认为产品的生产者没有义务对此提出警告"[1]。正如前文所述，如果要求对显而易见的危险提出警告，会降低警告总体上的有效性。

（四）产品固有的危险（inherent product danger）

很多产品含有天生的或固有的危险，该危险不可避免，比如一把刀，或含有天然副作用的药品。消除该产品的固有危险，可能会根本上改变产品的性质和功能。依产品缺陷的"风险—效用比较标准"，该项抗辩能够成立的产品，往往是因为产品的实际效用明显高于产品的固有危险；反之，如果危险低于效用，那么该项抗辩不能成立，而且其后果往往是该产品被逐出市场。

（五）产品的误用和改造（product misuse and alteration）

消费者对产品的误用和改造并非罕见，因此而造成的损害，生产者能否免责，关键在于产品的误用和改造是否可以合理预见。

（六）合同中的免责或限制责任条款（disclaimers and limitations）

因为关涉公共利益和消费者权益的保护，美国法院不允许生产者或销售者通过在合同中订立免除责任或限制责任的条款来减免自身的责任。不过《重述三》允许一个有限的例外，即当消费者在获取充分信息和具备充分实力的条件下，承认减免责任条款的效力[2]。

（七）原告的过错（plaintiff's fault）

对于原告的过错行为能否成为生产者或销售者的抗辩理由，《重述二》主要考虑了两种情况：其一是共同过失（contributory negligence）；其二是自担风险（assumption of risk）。《重述三》第17条亦认为："原告因产品缺陷所导致的损害，如果同时亦缘于原告没有尽到适当的注意义务，那么将减少原告的赔偿请求。"目前，美国绝大多数州在产品责任诉讼中，采用比较过错原则来确定责任的分担，只是有些州采用的是纯比较过错（pure comparative fault）原则，即责任的划分，纯粹按照双方过错所占的比例；而有些州采用的是经过改造的比较过错原则（modified comparative fault），比如多数州规定，如果原告负有超过50%的过错，那么他的赔偿请求将完全

---

[1]　David Owen：*American Products Liability Law Restated*，p.178.

[2]　肖永平等译：《侵权法重述第三版：产品责任》，法律出版社，2006年版，第375—376页。

被禁止①。

四、损害赔偿(Damages)

美国产品责任法中的损害赔偿范围,主要由美国各州的判例法所决定,因而其具体内容非常繁杂。但有一个突出的普遍特点,即相较于世界上其他国家,包括欧洲发达国家,美国产品责任诉讼判决的赔偿金额相当高昂,普通案件动辄几十、上百万美元,个别案件甚至高达上百亿美元②。有时一个案件的判决足以构成对涉案生产企业的致命打击,甚至对整个产业产生重大影响。

美国产品责任法中的赔偿范围,一般包括如下内容。

1. 人身伤害赔偿(damages for personal injury)

人身伤害赔偿一般又可包括:①受害人已花费的和将来花费的必要的医疗费用;②因人身伤害而导致的间接经济损失,如收入损失及因收入能力的减退而导致的经济损失;③肉体痛苦和精神伤害(pain and suffering),该项赔偿在全部赔偿金额中往往占很大的比例,这也是美国产品责任赔偿的一个特点;④受害人死亡后,其近亲属因此而遭受的损失,如抚养费、精神损害等。

2. 财产损害赔偿(damages for property damage)

该项赔偿的对象是缺陷产品以外的财产损失,不包括缺陷产品本身的损失以及因缺陷产品本身的损害所导致的间接损失③。对于财产损害所导致的间接损失的赔偿问题,美国侵权法的规定比较复杂,需考虑该损失的可预见性、近因性、确定性等因素。一般情况下,美国法院支持该赔偿请求。

3. 惩罚性赔偿(punitive damages)

所谓惩罚性赔偿,是指侵权行为人实施侵权行为出于恶意或存有重大过失,因而法院在判令支付补偿性赔偿金的基础上,再要求侵权行为人向受害者支付额外的赔偿金。惩罚性赔偿是对侵权行为人的惩罚,从而达到抑制该类侵权行为的目的,构成美国产品责任法的一个重要制度。《统一示范法》第120条规定,"如果原告通过清晰且信服的证据证明,产品消费者、使用者或其他人所遭受的损害是因为销售者对产品安全所采取的轻率漠视的态度所致,那么原告将获得惩罚性赔偿。"

MUPLA, Sec. 120

Punitive Damages (A) Punitive damages may be awarded to the claimant if the claimant proves by clear and convincing evidence that the harm suffered was the result of the product seller's reckless disregard for the safety of product users, consumers, or others who might be harmed by the product.

---

① 肖永平等译:《侵权法重述第三版:产品责任》,法律出版社,2006年版,第364页。

② 2000年,在一起几乎包含所有佛罗里达州吸烟者的集团诉讼中,案件一审中陪审团裁决的惩罚性赔偿金高达1 450亿美元。这也是美国历史上裁决的最高赔偿金额。参见〔美〕史蒂文·L·依曼纽尔(Steven L. Emannuel):《侵权法》(Torts),第349页。

③ 《重述三》第21条评注d和e中谈到两个例证,如装配线上的传输带因缺陷而断裂,导致装配线停产,进而导致停产的利润损失,《重述三》认为这不属于产品责任的赔偿范围,可以通过合同法解决,因为这属于缺陷产品本身所导致的损失。但如果是因为一辆有缺陷的叉车失控撞毁传输带,进而导致停产的利润损失,《重述三》则认为这属于产品责任的赔偿范围,因为这属于缺陷产品以外的财产损害导致的间接损失。

惩罚性赔偿在美国产品责任案件中被广泛应用,但法院在具体判决中一般需考虑下列因素:①销售者不当行为(misconduct)导致严重损害的可能性;②销售者对上述可能性的认知程度;③销售者因不当行为所能获得的非法利益;④销售者不当行为的持续时间和隐瞒程度;⑤销售者发现不当行为后所采取的态度,以及不当行为是否已经终止;⑥销售者的经济状况;⑦对销售者已经施加的或可能施加的其他惩罚措施的总体效果;⑧原告所遭受的损害是否源于原告本身对产品安全的轻率漠视[①]。

第三节　欧盟产品责任法
8.3　Products Liability Law of the E. U.

欧盟在产品责任立法方面,主要包括欧洲共同体理事会 1985 年颁布的《产品责任指令》和 1992 年颁布的《通用产品安全指令》。此外,还可包括欧洲理事会于 1977 年通过的《斯特拉斯堡公约》[②]。

一、《产品责任指令》(Directive on Product Liability)

欧共体理事会为了协调统一各成员国之间的产品责任法律,于 1973 年组织专家委员会起草制定一部欧共体各成员国统一的产品责任法。经过多年努力,欧共体理事会于 1985 年 7 月 25 日制定通过了欧洲经济共同体《产品责任指令》。该指令全称为《使各成员国产品责任法律相互接近的理事会指令》(Council Directive 85/374/EEC on the approximation of the laws, regulations and administrative provisions of the Member States concerning liability for defective products,英文缩略为 Directive 85/374/EEC,以下简称为《指令 1985》)。根据《指令 1985》第 19 条的规定,各成员国有义务在《指令 1985》颁布后三年内将指令的内容转化为国内法。《指令 1985》的颁布,为欧盟各国的产品责任立法制定了相对统一的标准。

《指令 1985》实施后,为了进一步提高产品责任的保护水准,应对部分领域的产品安全危机,欧盟议会和理事会于 1999 年 5 月 10 日通过了《修订指令 85/374/EEC 的指令 1999/34/EC》(Directive 1999/34/EC of the European Parliament and of the Council amending Council Directive 85/374/EEC on the approximation of the laws, regulations and administrative provisions of the Member States concerning liability for defective products,以下简称为《指令 1999》)。《指令 1999》共 4 条,内容围绕对《指令 1985》第 2 条的修订,扩大了产品责任的适用范围。

---

① See MUPLA, Sec. 120 (B).

② 《斯特拉斯堡公约》,全称为《关于造成人身伤害与死亡的产品责任欧洲公约》(European Convention on Products Liability in Regard to Personal Injury and Death)。该公约由欧洲理事会(Council of Europe)于 1977 年 1 月 27 日在斯特拉斯堡通过,然后供各成员国签约批准加入。根据该公约第 13 条规定,"本公约自第三份批准书、接受书或认可书交存之日起六个月后的第一月的第一天生效。"目前(截至 2007 年 5 月),该公约只有法国、比利时、卢森堡和奥地利四个签约国,但上述四国均未提交批准书,因此该公约尚未生效。参见 http://conventions. coe. int。

（一）产品

根据《指令 1985》第 2 条的规定,产品是指所有的动产(all movables),包括组装在其他动产或不动产中的动产,此外包含电(electricity)。但《指令 1985》强调动产不包括初级农产品(primary agricultural products)和狩猎物(game)。因此,《指令 1985》的产品范围,涵盖经过工业加工的动产,排除了不动产和未经过加工的天然农产品。

到了 20 世纪 90 年代,随着疯牛病危机的发生,农产品安全成为欧盟各成员国关注的突出问题。为了让消费者重拾对农产品安全的信赖,进一步统一各成员国的法律,欧盟修订的《指令 1999》第 1 条明确规定,产品包含所有的动产,而没有任何的例外规定。这也就意味着把初级农产品和狩猎物纳入到"产品"的范围,并且不允许各成员国对此提出保留或排除适用。

Products

In Article 2 of Directive 1985, it provides that "product" means all movables, with the exception of primary agricultural products and game, even though incorporated into another movable or into an immovable, and "Product" includes electricity. Furthermore, Directive 1985 has explained the meaning of primary agricultural products, which include the products of the soil, of stock-farming and of fisheries, excluding products which have undergone initial processing. And the "initial processing" means a processing of an industrial nature (industrial processing). In short, with respect to the product liability, the products in Directive 1985 exclude the immovables and the natural agricultural products.

But in Directive 1999, this article has been modified. It says that products mean all movables and there is no any exception. That means Directive 1999 has adopt the primary agricultural products into the categories of products, and the producers of the agricultural products also shall bear the product liability for their defective agricultural products.

（二）缺陷

根据《指令 1985》第 6 条的规定,如果一个产品不能提供人们有权期待的安全性,产品即为有缺陷。产品的缺陷不在于产品是否适合使用,而在于产品是否满足一般大众对产品的安全期待。

在界定产品是否具有缺陷的问题上,《指令 1985》指出,应将所有相关因素考虑在内,包括:①产品的使用说明;②可以合理预见的产品使用状况;③产品投入流通的时间。此外,《指令 1985》前言指出,在缺陷的认定上应排除消费者对产品不合理的误用,这意味着产品的合理误用所产生的危险应作为认定产品缺陷的考虑因素之一。

Defect

In Article 6 of Directive 1985, it provides that a product is defective when it does not provide the safety which a person is entitled to expect. Directive 1985 use the consumer's expectation to test the defect of the product. And to decide whether the product is defective, Directive 1985 says that the following circumstances should be taken into consideration: (1) the presentation of the product; (2) the use to which it could reasonably be expected that the product would be put; (3) the time when the product was put into circulation. Furthermore, Directive 1985 emphasizes that the product shall not be considered defective for the sole reason that a better product is subsequently put into circulation.

（三）责任主体

根据《指令 1985》第 3 条的规定,产品责任的承担者是指产品的生产者。生产者具体又包括:①成品生产者(manufacturer of a finished product);②原料生产者或零部件生产者;③通过在产品上标明其姓名、商标或其他可辨识的特征,表明其为生产者的任何人;④在不减损产品生产者责任的情况下,任何将产品输入到欧共体市场用于销售、租用、出租或任何形态之商业销售者,都将被认为本指令意义上的生产者,并将承担与生产者相同之责任①;⑤如果生产者不能被确认,产品的供应商(supplier)将被视作生产者,除非在合理的时间内,其能够向消费者告知生产者或向其提供产品的供应商的身份。此规定同样适用于上述④情况中的进口产品,即使在产品上标有生产者,但如果供应商不能向消费者提供产品进口商或向其提供产品的供应商的身份,其将被视作生产者。

此外,根据《指令 1985》前言所述,对于缺陷产品给消费者造成的损害,如果有两个以上的责任承担者,他们将承担连带责任。

Persons Liable

The persons liable for the product liability in Directive 1985 refer to the producers of products. Concretely speaking, producers include: (1) the manufacturer of a finished product; (2) the producer of any raw material or the manufacturer of a component part; (3) any person who puts his name, trade mark or other distinguishing feature on the product presents himself as its producer; (4) any person who imports into the Community a product for sale, hire, leasing or any form of distribution in the course of his business. In Directive 1985, this kind of person shall be deemed to be a producer and shall be responsible as a producer; (5) the supplier of the product who cannot informs the injured person, within a reasonable time, of the identity of the producer or of the person who supplied him with the product. And the same shall apply, in the case of an imported product. That means the supplier shall be liable as a producer if he cannot indicate the identity of the importer referred to in the above item (4), even if the name of the producer has been indicated.

If there are several persons liable for the damage, they shall bear joint and several liabilities, i. e. any one of them should be liable to pay the full compensation to the injured parson.

（四）归责原则

《指令 1985》规定产品责任的归责原则为无过错责任(principle of liability without fault)。受害者提出赔偿请求,只需证明产品存在缺陷、缺陷产品所造成的损害以及两者之间的因果关系,而无需证明生产者是否存有过错。

Basis of Liability

In Directive 1985, the product liability is a non-fault based liability. The injured person shall be required to prove the damage, the defect and the causal relationship between defect and damage, but he need not prove the fault of the producer.

---

① 本项规定旨在更好地保护消费者的权益,从而把非欧盟生产商生产的产品进入欧盟市场的第一进口商视作是产品的生产者,使消费者在欧盟领域内更为便利地展开产品责任诉讼。当然在发生产品责任的情况下,欧盟的消费者亦有权选择非欧盟的生产商作为产品责任的承担者。

（五）责任的免除或减轻

根据《指令1985》第 7 条的规定,如果生产者能够证明存有下列情况,则不承担责任:①生产者尚未将产品投入流通;②根据情况表明,造成损害的缺陷很可能是在产品投入流通时并不存在或者是在产品投入流通后形成的;③产品并非用于销售或以经济为目的的任何形式之分销,也并非由生产者在商业经营过程中制造或分销;④产品的缺陷是由于执行政府的强制性法规所致;⑤依产品投入流通时的科学或技术水平无法发现缺陷的存在。此规定,即所谓产品的发展缺陷(defect of development),可以作为生产者免责的抗辩理由;⑥之于零部件生产者,零部件产品缺陷因为须符合成品之设计或依照成品生产者的指示所致。此产品缺陷其实并非产品零部件之缺陷,而是成品存在缺陷,因此零部件生产者无需承担产品责任。

同时,《指令1985》指出,产品存在缺陷造成损害,产品生产者的责任不能因为损害的造成部分是由于第三人的行为或疏忽所致而受影响或减轻;但是,依情况考虑,如果损害的造成,亦可归因于受害人自身的过错(contributory negligence),生产者的责任可以相应地减轻甚至免除。此外,根据《指令1985》第 12 条规定,生产者对受害人应承担的责任,不能依据任何免除或限制生产者责任的条款而减轻或免除。该条规定主要针对于生产者利用不合理的格式条款,规避法定的责任,从而损害消费者的合法权益。

（六）损害赔偿

根据《指令1985》第 9 条的规定,损害包括人身伤害和财产损害。

对于人身伤害,其具体的赔偿项目,《指令1985》没有作出规定,只是特别提到,本指令不影响各成员国规定受害者可以提出精神损害赔偿(compensation for pain and suffering and other non-material damages)。而且,《指令1985》也没有对赔偿的最高限额作出规定,而是允许各成员国自行决定。但《指令1985》第 16 条规定,对于同类产品的相同缺陷(identical item with the same defect)所导致的损害,各成员国规定的赔偿限额,不得低于七千万欧洲货币单位(ECU)。

对于财产损害,《指令1985》规定财产损害不包括缺陷产品本身,并对缺陷产品以外的其他财产的损害,规定了赔偿的门槛,即该财产损害不得低于 500 欧洲货币单位。《指令1985》亦指出,损害的财产,须是消费者用于私人使用或消费的产品。

（七）诉讼时效

根据《指令1985》第 10 条的规定,原告提起赔偿请求的诉讼时效为 3 年,从原告知道或应当知道损害、缺陷和生产者的身份之日起计算。但是如果自缺陷产品投入流通后 10 年内,受害者没有提起诉讼请求,那么受害者将不再享有此权利。

二、《通用产品安全指令》(Directive on General Product Safety)

为了确保投放于市场的产品达到足够的安全,从而保护消费者的合法权益和公共健康,并促进欧盟市场内部法律规则的统一,消除欧盟市场内部自由贸易的障碍及对竞争的扭曲现象,欧共体理事会于 1992 年 6 月 29 日颁布了《通用产品安全指令》(Council Directive 92/59/EEC on general product safety)。该指令实施后,欧盟议会和理事会于 2001 年 12 月 3 日颁布了修订后的《通用产品安全指令》(Directive 2001/95/EC of the European Parliament and of the Council on general product safety,以下简称为《指令2001》),该指令于 2002 年 1 月 15 日生效,2004 年 1 月 15 日正式实施。《指令2001》的实施,不仅提高了欧盟各成员国的产品安全水准,同时对非欧盟国家进入欧盟市场的产品,提出了更高的安全要求①。

《指令2001》包括前言、正文(共7章24条)和附件,内容主要包括指令的适用范围、生产者和销售者的产品安全义务和各成员国执行产品安全措施的相关义务和相关职权等。

(一)《指令2001》的适用范围

《指令2001》的适用范围,主要涉及对产品、安全产品、生产者和销售者的定义。

1. 产品

根据《指令2001》第2条(a)项的规定,产品包括任何产品(any product),如果产品是通过商业活动意图提供给消费者使用,或者并非意图提供给消费者,但在可以合理预见的情况下,使消费者获取使用的产品,而且不论消费者获取产品是否支付对价(consideration),也不论产品是否是新的、使用过的或修理过的。《指令2001》对产品范围的界定是非常广泛的,但其对两种"产品"作了特别规定。

其一,关于二手产品(second-hand products)。《指令2001》的适用包含二手产品,但如果二手产品是作为古董而提供的,或者供应商明确告知消费者,该二手产品在使用前是需要经过修理的,则《指令2001》不适用于该二手产品。

其二,关于服务(service)。《指令2001》前言指出,服务过程中提供的产品,应属于本指令所指的产品,如美容服务商提供的美容产品,但对于服务过程中使用的设备,本指令不包含,尤其是那些由服务提供者操作,供消费者乘坐或旅行的设备,如汽车、飞机等,因为该设备的安全与服务提供者所提供的服务安全是相关联的。由此可见,欧盟目前将产品安全和服务安全是分别考虑的。

2. 安全产品(safe product)

根据《指令2001》第2条(b)项的规定,安全产品是指,产品在正常使用或可以合理预见的使用情况下,不构成任何危险(risk)或只构成最低程度的危险。所谓最低程度的危险是指该危险是与产品的使用相共存的(compatible),并且是可以被接受的,同时亦与对公众安全与健康的高水准保护的要求是相一致的。而不符合安全产品定义的产品,即可称之为"危险产品"(dangerous product)。

在认定产品是否安全的问题上,除了上述的定义,《指令2001》认为,需特别考虑下列因素:①产品的性质,包括产品的成分、包装、产品的安装与维护说明等;②在可以合理预见的情况下,产品与其他产品混合使用所产生的效果;③与产品相关的指示和信息,如产品的描述、标签、警告、使用和处置的说明等;④因使用产品而处于危险的消费者的类别,特别是老人和儿童。但《指令2001》亦指出,不能以有更安全产品的存在而作为认定产品存在危险的理由。

3. 生产者(producer)

《指令2001》所指的生产者包括:①在欧共体内设立的产品制造商;任何通过在产品上加贴其名称、商标或其他显著性标记,表明其为产品制造商的人;或者修理产品的人;②如果产品

---

①　例如,在2002年,欧洲标准化委员会公布打火机的CR(Child Resistant)标准,打火机CR标准即指打火机需要加装防止儿童开启的装置,该标准针对售价2欧元以下的廉价打火机。该标准一旦正式实施,将对中国的打火机出口造成不小的冲击。通过磋商,2003年年底,欧盟委员会决定暂不将打火机CR标准作为欧盟《通用产品安全指令》的参考标准。但在2006年5月11日,欧盟委员会公布决议(Decision 2006/502/EC),要求各成员国采取措施确保只有加装防止儿童开启装置的打火机进入欧盟市场。

制造商并非在欧共体内设立,那么其代表机构(representative)作为生产者;如果其在欧共体内又没有设立代表机构的,那么进口商作为生产者;③在产品流通环节中的其他执业者(professionals),只要他们的行为可能会影响到产品的安全性能。

4. 销售者(distributor)

《指令2001》所指的销售者是指,在产品流通环节中,对产品安全性能不构成影响的任何执业者。需要注意的是,《指令2001》对于生产者与销售商的区别,关键在于他们的经营行为是否会构成对产品安全性能的影响①。因此,一个传统意义上的销售商,如果其销售行为改变了产品的安全性能,如通过改变产品的使用说明等,则将被视作《指令2001》概念上的生产者。

(二) 生产者和销售者的产品安全义务

生产者和销售者的基本义务是确保只将安全产品投放市场。同时,《指令2001》第5条又分别规定了生产者和销售者的其他义务。

1. 生产者的义务

其一,生产者提供信息的义务。生产者应向消费者提供相关信息,以便让消费者在合理的时间内对于产品的固有危险(inherent risk)作出评价并采取相关的预防措施。其二,生产者对产品安全实施监督的义务。此项义务的实施,首先要求生产者应该建立一个畅通的信息渠道,以便让生产者能够被告知产品可能引发的危险,比如在产品或产品包装上,标示生产者和产品的详细信息,以及生产者对已经投放市场的产品进行抽样检测、调查、建立消费者投诉登记制度等;其次,根据产品的性质和危险,生产者应采取适当的措施避免危险的发生,包括从市场撤回产品,或对消费者作出充分有效的警告,或者召回产品②。此外,《指令2001》强调,单纯的警告并不能免除生产者依本指令所应承担的其他义务。

2. 销售者的义务

《指令2001》所规定的销售者的安全义务主要是一种辅助义务。销售者应该尽合理的注意义务(due care)确保产品安全,特别是不应销售其已经知道或应当知道的不符合安全要求的产品,并积极参与对市场产品的安全监控,传递产品危险的相关信息等。

此外,《指令2001》要求生产者和销售商应该与各成员国有权机构就产品安全互通信息、积极合作。总之,《指令2001》对生产者和销售者各项义务的规定,旨在确保欧盟市场产品的安全,防止危险产品的进入,并通过各种措施以便能迅速有效地将危险产品清除出欧盟市场。

第四节　产品责任的国际立法
8.4　International Legislation on Products Liability

由于各国在经济发展水平和法律制度方面的巨大差异性,目前在产品责任实体法方面,除了欧盟的区域性立法外,尚未产生统一的国际性公约。但是,由海牙国际私法会议制定的《产

---

① 杜志华:"欧盟通用产品安全法律制度初探",《现代法学》,2003年第6期。

② 根据《指令2001》的规定,撤回(withdrawal)和召回(recall)的区别主要是,撤回所涉及的危险产品已经进入市场,但还未被消费者获取;但召回所涉及的危险产品已经进入消费者手中。《指令2001》亦指出,召回是作为生产者防范危险的最终手段(last resort),也就是当其他措施不足以防范危险的发生时,生产者方才自愿或依政府的命令召回产品。

品责任法律适用公约》,在解决产品责任冲突法方面的问题上,具有重要意义,发挥了重要作用。

《产品责任法律适用公约》(Convention on the Law Applicable to Products Liability,简称为《海牙公约》,以下或简称为《公约》),由海牙国际私法会议①于1973年10月2日制定通过,自1977年10月1日起生效。截止到2010年8月,共有11个国家已经成为《海牙公约》的缔约国(contracting states)②。《海牙公约》虽然只是一部产品责任的冲突法公约,但在统一的实体法公约难以建立的情况下,其制定的产品责任准据法适用的冲突法规则,能够在一定程度上减少跨国产品责任诉讼的不确定因素,有利于跨国产品责任案件的最终解决。

Convention on the Law Applicable to Products Liability (hereafter called Hague Convention or the Convention) is a convention of conflicting law on product liability, which was drafted by the Hague Conference on Private International Law and was passed on October 2, 1973. Hague Convention came into force from October 1, 1977, and 11 countries have adopted it. Although Hague Convention is not a convention on the substantive rules of product liability, it is helpful to establish common rules on the law applicable to product liability, which could reduce the uncertainty in the international cases of product liability to some extent.

一、《海牙公约》的适用范围(Scope of Application)

《海牙公约》在前言中指出,公约意图对于产品责任的国际诉讼,建立普遍的准据法适用规则。因此,"公约只是关涉法律的选择,并不意图对产品责任的实体法规则施加任何的影响。"

"The Convention is concerned exclusively with choice of law and does not purport to affect in any way the substantive rules of products liability. " ③

也就是说,《海牙公约》对产品责任的界定,以及一些相关术语的定义,如"产品"、"损害"等,并非从产品责任实体法的角度来考虑,而是从扩大或限制《海牙公约》的适用范围、确定准据法适用的角度来考虑的。

《海牙公约》的适用范围,规定在第1条至第3条。根据《海牙公约》第1条的规定,公约适用于产品责任准据法的确定,产品责任的范畴系指产品生产者或其他人对于产品所造成的损害,包括因为产品的错误描述(misdescription)以及对于产品质量、性质或使用方法缺乏充分的警示而致损害,而产生的责任。但是如果产品的所有权或使用权是由责任人直接转让给受害者的话,那么它们之间的责任《公约》不适用。

Hague Convention, Article 1

This Convention shall determine the law applicable to the liability of the manufacturers and

---

① 海牙国际私法会议(Hague Conference on Private International Law, HCCH),为政府间国际组织,共有六十多个成员国,包括中国。

② 签约加入《海牙公约》的国家共有14个,但其中有3个国家尚未批准《海牙公约》,已经批准《海牙公约》的国家包括法国、荷兰、卢森堡、挪威等国。具体签约情况参见:http://www.hcch.net/, last visited on Aug. 15, 2010.

③ See W. L. M. Reese, 1974, *Explanatory Report on the 1973 Hague Products Liability Convention*, HCCH Publications, from: www.hcch.net.

other persons specified in Article 3 for damage caused by a product, including damage in consequence of a misdescription of the product or of a failure to give adequate notice of its qualities, its characteristics or its method of use. Where the property in, or the right to use, the product was transferred to the person suffering damage by the person claimed to be liable, the Convention shall not apply to their liability *inter se*.

由此可见,《公约》不适用于具有合同关系的生产者与消费者之间产生的产品责任,尽管从产品责任实体法的角度,他们之间的责任亦属于产品责任的范畴。

《海牙公约》第2条主要对"产品"和"损害"做出了定义。出于公约的立法目的,产品是指一切产品,包括天然产品和工业产品(natural and industrial products)、制成品或非制成品(manufactured or raw products),以及动产或不动产(movables or immovables)。

《公约》所指的损害,包括人身伤害和财产损害以及相应的经济损失。对于产品本身的损失,以及因此而导致的间接损失(consequential economic loss),《公约》不适用,但是如果上述损失与其他损失相关联(association)的话,《公约》适用于该损失①。同样需要注意的是,上述损失能否得到赔偿是准据法所解决的问题,《公约》只是确定上述诉讼是否属于《公约》冲突法规则调整的范畴。

《海牙公约》第3条规定,产品责任主体,既包括法人,也包括自然人。具体包括:①成品生产者和零部件生产者;②天然产品的生产者;③产品供应商;④产品修理者、保管者(warehouseman),以及在产品制备和销售的商业流通环节中的其他人。此外,上述人员的代理人和雇员亦属于《公约》的调整范围。

Product Liability

Product liability governed by the Hague Convention means the liability of the manufacturers and other specified persons for damage caused by a product, including damage in consequence of a misdescription of the product or of a failure to give adequate notice of its qualities, its characteristics or its method of use. Here, the Convention does not use the "defective product", the purpose of which is to make the Convention having a broad scope of application. In addition, it should be noted that there is an exception that the Convention does not apply in situation where the product was transferred by the person claimed to be liable to the person suffering damage. This exception is to avoid the conflict between the application of the Convention and the application of other laws applicable to the international sale of goods.

Product

In the Convention, the word "product" shall include natural and industrial products, whether raw or manufactured and whether movable or immovable. This definition makes clear that the Convention is intended to cover any product.

---

① 例如,某人驾驶一辆汽车去签订合同,途中汽车因产品缺陷而垮塌,从而导致汽车本身的损失和合同利益的损失,对此损失即属《公约》所指的产品本身的损失和因此所致的间接损失,《公约》不适用;但是如果此间,驾驶者本人亦遭受到了人身伤害,哪怕是轻微的人身伤害,因此受害者提出的赔偿请求包含上述所有的损失,那么《公约》适用于上述损失,因为此时汽车损失和合同损失与其他损失(人身伤害)产生了关联。See W. L. M. Reese, *Explanatory Report on the* 1973 *Hague Products Liability Convention.*

Persons liable

First, the word "person" shall refer to a legal person as well as to a natural person. And in detail, the persons liable include: (1) manufacturers of a finished product or of a component part; (2) producers of a natural product; (3) suppliers of a product; (4) other persons, including repairers and warehousemen, in the commercial chain of preparation or distribution of a product. In addition, the Convention also applies to the liability of the agents or employees of the persons specified above.

二、准据法的确定(Determination of Applicable Law)

《海牙公约》第4条至第7条规定了确定产品责任准据法的规则。在这个问题上,《公约》设计的冲突法规则有一个明显的特点,即由两个以上的连结点来确定适用的准据法,单独的连结点不具有决定性的作用,以此保证所适用的准据法与案件有较为密切的联系,防止偏颇。

《海牙公约》在确定准据法时,主要设置了四项规则:

(1) 根据《公约》第4条的规定,准据法为损害地(place of injury)所在国的国内法,如果该损害地所在国同时又是下列所在地之一:①直接受害人(the person directly suffering damage)的经常居住地;或②被控责任人(the person claimed to be liable)的主要营业地;或③直接受害人的产品获取地。

(2) 根据《公约》第5条规定,准据法为直接受害人经常居住地所在国的国内法,如果该所在国同时又是下列所在地之一:①被控责任人的主要营业地;或②直接受害人的产品获取地。

上述两项规则,在设置上有先后顺序,《公约》首选考虑的准据法是损害地法。但是《公约》亦赋予了受害人一定的选择权,即在满足条件的情况下,例如,损害地和产品获取地为同一国家,而受害人经常居住地和责任人主要营业地又同在另一国家,受害人可以在损害地法和受害人经常居住地法之间进行选择。同时,上述两项规则基本涵盖了绝大多数的案件,但也难保发生例外,如四个连结点分处于四个不同的国家。

(3) 根据《公约》第6条的规定,在上述(1)、(2)两项不能适用的情况下,准据法为被控责任人主要营业地所在国的国内法,除非权利请求人提出的权利请求是基于损害地所在国的国内法。这项规定,对于受害人而言,在准据法的选择上还是存有一定的余地,即他可以在责任人主要营业地法与损害地法之间进行选择。

(4)根据《公约》第7条的规定,即使按照《公约》第4—6条的规定本应适用损害地所在国法或受害人经常居住地所在国法的情况下,如果被控责任人能够证明他不可能合理地预见产品会经由商业渠道进入上述国家,那么上述国家的国内法将不被适用。本条规定给了责任人一个有条件地排除适用损害地法或受害人经常居住地法的机会,如果排除适用能够成立的话,那么责任人主要营业地所在国的国内法将被适用。

此外,《公约》对于准据法的选择和适用,还有一些其他规则,诸如《公约》第10条规定,如果确定的准据法与本国的公共政策(public policy)相违背的话,法院有权拒绝适用该准据法。

三、准据法的适用范围(Application of the Applicable Law)

《海牙公约》第8条列举了准据法的适用范围,即准据法所能解决的问题,具体包括:①责任的条件和范围;②免除责任、限制责任和责任划分的理由;③可予赔偿的损害种类;④赔偿的形式和范围;⑤损害赔偿的权利是否可以转让或继承的问题;⑥依自己的权利可以要求损害赔偿的人。比如,受害人死亡后,其家属遭受损失而导致的求偿权利问题;⑦委托人对其代理人的行为或雇主对其雇员的行为承担责任的问题;⑧举证责任;⑨关于时效的规定(rules of prescription and limitation),以及关于时效起算、中断和中止的规定。

Hague Convention, Article 8

The law applicable under this Convention shall determine, in particular-

(1) the basis and extent of liability;

(2) the grounds for exemption from liability, any limitation of liability and any division of liability;

(3) the kinds of damage for which compensation may be due;

(4) the form of compensation and its extent;

(5) the question whether a right to damages may be assigned or inherited;

(6) the persons who may claim damages in their own right;

(7) the liability of a principal for the acts of his agent or of an employer for the acts of his employee;

(8) the burden of proof insofar as the rules of the applicable law in respect thereof pertain to the law of liability;

(9) rules of prescription and limitation, including rules relating to the commencement of a period of prescription or limitation, and the interruption and suspension of this period.

【案例分析】

Case 8-1   **John's Claim**

The ABC Chair Co. manufactures and sells oak chairs. The backs of the chairs have five horizontal wooden bars shaped to the contour of the human back. John, a college student, climbed up to the top bar of an ABC chair to reach the top shelf of a bookcase. The chair tipped and John fell, suffering serious harm. John brings an action against ABC, alleging that the chair should either have had the stability to support him when standing on the top bar or have had a differently designed back so that he could not use the bars for that purpose.

Question 1: What do you think about the John's claim?

Question 2: John has another claim that ABC Co. shall provide sufficient warning on the risk of the said use, i. e. climbing up to the top bar of the chair. What do you think about this claim?

案例 8-2   **李贝克诉麦当劳案**

(Liebeck v. McDonald's Restaurants, P. T. S., Inc., 1992)

该案发生在美国。李贝克女士(79 岁)乘坐由其孙子驾驶的汽车经过一家麦当劳汽车餐馆。在车上,李贝克女士购买了一杯麦当劳的热咖啡,然后将咖啡放置在膝盖上。因为要加糖和奶,当她揭开杯盖时,咖啡倾倒烫伤了李贝克女士的大腿,造成三度烧伤。为此,李贝克女士花费了相当的医疗费。由于就赔偿问题与麦当劳公司协商不成,李贝克女士向法院提起诉讼要求麦当劳公司承担产品责任。据查,当时这家麦当劳餐馆出售的咖啡温度在82至88摄氏度之间,而人们日常饮用的咖啡温度通常在60摄氏度左右①。

问题:

(1) 根据美国产品责任法中认定产品缺陷的理论,分析案中的咖啡是否存在产品缺陷?

(2) 本案,原告可以依何种产品责任理论提起诉讼?

(3) 根据美国产品责任法的相关理论,麦当劳公司可以哪些抗辩理由对抗原告的诉讼主张?

---

① 该案原告花费的医疗费约2万美元。一审陪审团确定的实际损失为20万美元,陪审团裁定的惩罚性赔偿金为270万美元,原因是被告在诉讼前10年间就咖啡温度问题曾收到过700多份消费者的投诉。该案双方最终通过私下和解的方式解决。

第九章　国际知识产权法
Chapter Nine　Law of Intellectual Property Rights

【本章要点】

- 知识产权的概念及特征
- 国际技术转让
- 国际许可协议
- 限制性商业条款的内容
- 知识产权国际保护

Key Terms

Intellectual Property Rights are the rights given to persons over the creations of their minds, they usually give the creator an exclusive right over the use of his/her creation for a certain period of time.

Copyright is an incorporeal statutory right that gives the author of an artistic work, for a limited period, the exclusive privilege of making copies of the work and publishing and selling the copies.

Patent is an incorporeal statutory right that gives an inventor, for a limited period, the exclusive right to use or sell a patented product or to use a patented method or process.

Trademark is a sign or symbols used, or intended to be used, to distinguish goods or services dealt with or provided in the course of trade by a person from goods or services so dealt with or provided by any other person.

Know-how is the information, practical knowledge, techniques, and skill required to achieve some practical end, especially in industry or technology. It is considered intangible property in which rights may be bought and sold.

第一节　概　述
9.1　Introduction to Law of Intellectual Property Rights

Intellectual property (IP) refers to creations of the human mind. The legal system of intellectual property rights converts this innovative and creative output into property and thus into valuable tradable assets. ①

As intellectual property, the creations of the mind are such things as musical, literary, and artistic works; inventions; and symbols, names, images, and designs used in commerce, including copyrights and related rights, trademarks, patents, know-how, and so on. Under intellectual property law, the holder of one of these abstract "properties" has certain exclusive rights to the creative work, commercial symbol, or invention by which it is covered. Therefore, intellectual property rights (IPRs) are the rights given to persons over the creations of their minds. They usually give the creator an exclusive right over the use of his/her creation for a certain period of time.

一、知识产权法的概念

(一) 知识产权的概念

"知识产权"一词起源于欧洲,其英文为 Intellectual Property,也被翻译成"智力财产权"或者"智力成果权"。在我国台湾地区,还被称为"智慧财产权"。我国 1986 年《民法通则》"民事权利"一章,首次将"知识产权"作为正式用语,以法律规定的形式确定下来。

广义上,保护知识产权的国际公约中,一般通过限定知识产权的涵盖范围来明确"知识产权"的含义。虽然公约的划分非常广泛,但归纳起来,属于知识产权范畴的权利客体大致分两类:一类是创造性成果权利,包括专利权、版权、外观设计权、集成电路布图权、植物新品种权、技术秘密权等;另一类是识别性标记权利,包括商标权、商号名称权等②。

1967 年在瑞典斯德哥尔摩签订的《成立世界知识产权组织公约》第 2 条划定以下权利为"知识产权":文学、艺术和科学作品;表演艺术家、录音和广播的演出;在人类一切活动领域内的发明;科学发现;外形设计;商标、服务标记、商号名称和牌号;制止不正当竞争;以及在工业、科学、文学或艺术领域内其他一切来自知识活动的权利。该公约的上述定义是迄今为止对"知识产权"所下的范围最广的定义,它尽可能包括一切智力创造的优秀成果。但这样的划分实际上并未被世界绝大多数国家完全采用,比如对于"科学发现",许多国家是将其排除在知识产权保护范围之外的。

相较《成立世界知识产权组织公约》,《与贸易有关的知识产权协议》规定的范围,显然更小。世界贸易组织(WTO)制定的《与贸易有关的知识产权协议》(即 Trips)中在第 1 条中规定:"对于本协议,'知识产权'术语系指第二部分第 1 至 7 节中所包括的所有类别的知识产权。"Trips 其后在第二部分详细列举了以下类别的知识产权:版权与有关权、商标、地理标志、工业品外观设计、专利、集成电路布图设计(拓扑图)、未披露过的信息的保护等。因为 Trips 不仅包括知识产权具体条款,还对其执法作了详细规定,它必须考虑大多数国家对"知识产权"的基本认同,如果将尚未被归纳到各国法律条文中的某些权利进行划定,势必使得各方难以按照协议去遵守执行约定。

狭义上,知识产权包括版权和工业产权两大部分,如学者一般将知识产权定义为,知识产

---

① The World Intellectual Property Organization and the International Trade Centre, *Exchange Value*: *Negotiating Technology Licensing Agreements*, *A Training Manual.* 2005.

② 郑成思:《知识产权法》,法律出版社,1997 年版,第 6 页。

权是基于创造性的智力成果和工商业标记依法产生的权利的统称。这是目前普遍使用的有关知识产权的定义。

随着人类科技日新月异的发展,对于知识产权的概念范围,也在不断扩大。例如,欧盟和美国都对原本不具有原创性的数据库,开始通过立法予以保护。

WTO TRIPS,Types of Intellectual Property:

(1) Copyright and related rights;

(2) Trademarks, including service marks;

(3) Geographical indications;

(4) Industrial designs;

(5) Patents;

(6) Layout-designs (topographies) of integrated circuits;

(7) Undisclosed information, including trade secrets.

For the purpose of this book, and as an integral part of international business transactions, we will focus mainly on international transfer of technology, international licensing agreements, and international protection of IPRs.

(二) 知识产权法的概念

与知识产权的概念有广义与狭义之分一样,知识产权法也有广义与狭义之别。广义上,一切调整智力成果权和工商业标记的社会关系的法律规范都可以看作知识产权法。狭义上,则仅指专利法、商标法和著作权法等传统知识产权的范围。

综观世界各国立法,一般都将知识产权法限定为与知识产权有关的社会关系的法律规范。我们认为,知识产权法是指确认知识产权的所有权,行使和管理知识产权,保护其不受侵犯等活动中所产生的社会关系的法律规范的总称。

二、知识产权的特征

1. 无形性

知识产权有别于物权、债权等民事权利的首要特征即在于它的权利客体是不具有具体物质形态的智力成果。与有形财产相比,知识产权是一种无形财产权。

2. 专有性

知识产权的专有性是指权利所有人对其智力成果所享有的法定的垄断、排他性权利,非经权利所有人许可或法律规定,任何人不得占有、使用、处分知识产权。可以看出,知识产权的专有性,与有形财产相比,在独占的程度和范围上都要大得多。

3. 地域性

一般指依照一国法律取得的知识产权,仅在该国主权领土范围内有效,在其域外没有效力。知识产权的取得,必须经过一定法律程序,并要按照不同国家的国内法的规定进行审查,合格后才能被批准获得权利,这是基于各国主权平等原则行事的结果。如想获得他国知识产权的保护,则必须依照有关国际条约、双边协议等的规定办理。

4. 时间性

知识产权的时间性,并不是指知识产权会像一般民事权利那样随着财产的灭失而消失;相反,它具有永恒性,只是法律在确定这一权利的时候明确规定,知识产权所受到的保护期是有限的,一旦超出知识产权的法定保护期后,该知识产权权利消灭。作为权利客体的智力成果,成为人类共有财富,进入公有领域,人们可以自由、无偿使用。须注意的是:有些知识产权,如商业秘密、地理标志、商号权等,只要符合条件就可以无限期地得到保护。

三、知识产权法律关系

知识产权法律关系是指由知识产权法律规范所调整的,在知识产权产生、使用、保护、管理等活动中形成的,以权利义务为内容的社会关系。知识产权法律关系又可以分为:知识产权民事法律关系、知识产权行政法律关系和知识产权刑事法律关系。

1. 知识产权法律关系主体

知识产权法律关系主体是指参加知识产权法律关系,并在其中享有权利和承担义务的人,包括自然人、法人和其他组织。

2. 知识产权法律关系客体

知识产权法律关系客体即指知识产权法律关系主体的权利和义务指向的对象。相对而言,"知识产品"的表达较为可取,它较好地反映了知识产权法律关系客体的实质。

3. 知识产权法律关系内容

知识产权法律关系内容是指知识产权法律关系主体具体所享有的权利和应当承担的义务。权利和义务,通过知识产权中的人身关系和财产关系体现出来。例如:著作权中规定的著作权人所享有的发表权、署名权等都是人身权利;而著作权人对作品的发行权、复制权等则属于财产权利。同时,著作权法中对于作品可以进行合理使用的规定,又对著作权人权利的行使提出了规制。

四、知识产权制度的发展

人类进入资本主义社会后,商品经济的高度发展使得知识产权制度逐步形成。英国1623年颁布的《垄断法》、1709年颁布的《安娜女王法》,法国1857年制定的《关于以使用原则和不审查原则为内容的制造标记和商标的法律》,标志着知识产权法律制度的开端。

19世纪末期,主要资本主义国家纷纷进入垄断资本主义阶段,知识产权国际保护的要求日益强烈,于是有关知识产权的国际公约、双边协定应运而生。进入20世纪后,随着世界各国科技、经济等领域的交流与合作的不断扩大,知识产权国际保护又迈上了新台阶。目前,知识产权国际保护已经成为全球性的重要课题,除各国国内法对知识产权制定法律规范外,许多国家都参加了相关知识产权国际条约,或缔结双边协定,知识产权保护范围在增大,并呈现出国内保护与国际保护的双重特性。

五、中国知识产权法律制度(China Legal Systems of Intellectual Property Rights)

1. 我国历史上对知识产权制度的贡献

虽然中国是四大发明的发源地,但我国在保护智力成果方面起步很晚,直到近代以后,我国才有比较系统的知识产权立法。

1840 年以后,中国在与帝国主义国家签订的某些条约中,就有保护知识产权的内容。而且在清末,政府先后颁布《商标注册试办章程》《大清著作权律》等法律规范,建立了中国近现代第一批知识产权保护法律。此后,北洋政府和南京国民政府也相继出台了一些保护知识产权的法律法规。

2. 新中国知识产权立法

改革开放以来,我国开始重视对知识产权的保护。经历了探索的过程,新中国的知识产权制度已逐渐完备。

1982 年 8 月 23 日,五届全国人大常委会第 24 次会议通过了《中华人民共和国商标法》,于 1983 年 3 月 1 日起实施;2001 年 10 月 27 日,九届全国人大常委会第 24 次会议通过《关于修改〈商标法〉的决定》,新的《商标法》于 2001 年 12 月 1 日起施行。

1984 年 3 月 12 日,六届全国人大常委会第 4 次会议通过了《中华人民共和国专利法》,于 1985 年 4 月 1 日起实施;2000 年 8 月 25 日,九届全国人大常委会第 17 次会议通过《关于修改〈专利法〉的决定》,新的《专利法》于 2001 年 7 月 1 日起施行。

1990 年 9 月 7 日,七届全国人大常委会第 15 次会议通过了《中华人民共和国著作权法》,于 1991 年 6 月 1 日起实施;2001 年 10 月 27 日,九届全国人大常委会第 24 次会议通过《关于修改〈著作权法〉的决定》,新的《著作权法》自公布之日起施行。

为保证以上法律的顺利实施,国务院还制定并颁布了若干行政法规,如《著作权法实施条例》《商标法实施条例》《计算机软件保护条例》《知识产权海关保护条例》《音像制品管理条例》《实施国际著作权条约的规定》等。

与此同时,我国还积极加入保护知识产权国际组织和相关公约,其中最有名的是加入世界贸易组织后,成为《与贸易有关的知识产权协议》(即 Trips)成员。

通过以上法律法规及其不断修订,标志着我国知识产权的保护立法,已基本完成,相应法律体系也已基本建立。

3. 我国知识产权法的法律渊源

法律渊源即法的表现形式,就是指知识产权法是通过哪些法律规范体现出来。目前,主要有以下几种。

(1)宪法。我国《宪法》第 20、22、47 条,对发展我国自然科学和社会科学,保护创造性智力成果作出原则性规定。

(2)法律。由全国人大及其常委会制定的基本法律是知识产权制度最主要的法律渊源。除了上述《著作权法》《商标法》《专利法》等法律外,民法、刑法、行政法、诉讼法中涉及知识产权的规定也对保护知识产权进行补充。

(3)行政法规。上述国务院出台的所有的知识产权的行政法规、规定和命令等都是国家知识产权主管部门执行知识产权法的重要工具。

(4)国际条约、双边协定等国际渊源。这些条约和协定构成我国知识产权保护的特殊渊源。

4. 我国知识产权的范围

根据我国参加的 Trips 协议等国际公约,以及我国《民法典》《著作权法》等知识产权基本法的规定,我国知识产权的范围,主要包括以下几项。

（1）著作权。著作权又称版权，是指文学、艺术和科学作品的作者及其相关主体依法对作品所享有的人身权利和财产权利。

（2）商标权。即商标注册人或权利继受人，在法定期限内对注册商标依法享有的权利。

（3）专利权。即自然人、法人或其他组织依法对发明、实用新型和外观设计在一定期限内享有的独占实施权。

（4）商业秘密权。即权利人对属于商业秘密的技术信息或经营信息享有的专有权利。

（5）商号权。即商事主体对商号在一定地域范围内依法享有的独占使用权。

（6）植物新品种权。即完成育种的单位或个人，对其授权的品种依法享有的排他使用权。

（7）集成电路布图设计权。即自然人、法人或其他组织，依法对集成电路布图设计享有的专有权。

另外，其他一些权利，如域名权、数据库权利、地理标志权等，能否成为独立的知识产权，目前存在较大争议。

5. 我国知识产权行政保护体系

知识产权行政保护是指知识产权行政管理机关，运用行政的手段，调解处理知识产权纠纷，制裁侵权行为。目前，我国知识产权行政组织及其职能，可以作如下划分①。

（1）国家知识产权局。它是在原国家专利局基础上设立的国务院主管专利工作和统筹协调涉外知识产权事宜的直属机构。其职责主要有两大方面：关于专利工作和知识产权涉外事宜。

（2）国家版权局。是国务院著作权行政管理部门，主管全国的著作权管理工作，包括全国软件著作权登记管理工作。

（3）国家市场监督管理总局。是我国负责执行反不正当竞争的主管机关，隶属于的商标局是主管全国商标注册和管理的职能部门。

（4）地方知识产权行政管理机关，主要负责地方知识产权管理。

（5）中华人民共和国海关。海关保护是对传统知识产权保护的重要补充。海关保护可以阻止侵权产品进入国内，从而切实维护权利人的利益。我国《海关知识产权保护条例》规定了实施海关知识产权的基本制度、原则与实施程序。

第二节　国际技术转让

9.2　International Transfer of Technology

Transfer of technology, also called technology transfer, often shortened as TT, is the process of sharing of skills, knowledge, technologies, methods of manufacturing, samples of manufacturing and facilities among industries, universities, governments and other institutions to ensure that scientific and technological developments are accessible to a wider range of users who can then further develop and exploit the technology into new products, processes, applications, materials or services.

---

① 冯晓青、杨利华主编：《知识产权法学》，中国大百科全书出版社，2005 年版，第54—56 页。

一、国际技术转让概述

（一）"技术"、"技术转让"、"国际技术转让"的含义

1. 技术的含义

在不同历史时期,不同的国家里,技术的含义各有不同。迄今为止在国际知识产权界,有关"技术"的比较全面和完整的定义,是世界知识产权组织于 1977 年在《供发展中国家使用的许可贸易手册》中的规定的:"技术是一种制造一种产品的系统知识,所采用的一种工艺或提供的一项服务,不论这种知识是否反映在一项发明、一项外形设计、一项实用新型或者一种植物新品种,或者反映在技术情报或技能中,或者反映在专家为设计、安装、开办或维修一个工厂或为管理一个工商业企业或其活动而提供的服务或协助等方面。"

根据这个定义,技术应从广义上来理解,即技术包括如下三部分:制造产品的系统知识、一种工艺的系统知识、提供的服务的系统知识。

Technology

There is no general agreement on exactly what constitute technology or how technology should be defined. [1] The United Nations, in a document designed to help countries plan their technological development, has adopted a very broad view of technology, referring to it as "a combination of equipment and knowledge." [2] Successful technology transfer means that it is necessary to a broad view of "Technology" to mean not only machines and equipment, but also the skills, abilities, knowledge, systems and processes necessary to make things happen. Thus technologies are meant to be total systems that include know-how, procedures, goods and services, as well as organizational and operational measures.

2. "技术转让"的含义

"技术转让"一词在英文中表达为:transfer of technology。关于技术转让的含义,各国法学界、实务界存有较大分歧,对此,公认目前比较完整和全面的定义是 1985 年联合国贸易与发展会议在其起草的《国际技术转让行动守则》(草案)中给出的:"在本守则中,技术转让指转让关于制造一项产品、应用一项工艺或提供一项服务的系统知识,但不包括只涉及货物出售或只涉及货物出租的交易。"这一定义表明技术转让所包括的范围是十分广泛的,但也规定技术转让

---

[1] Some scholars have employed very broad definitions designating as technology anything "patented and unpatented, that relates to product, production, process and facilities design, and management technique. It includes franchise methodology, conventional technology, know-how, and high technology." Joan I. Farcus & Lauren W. Falk, Transfer of Technology Between the United States and Less Developed Countries, 16 LAW/TECHNOLOGY 3, 10 (1983) < citing Martin Feinrider, UNCTAD Transfer of Technology Code Negotiation: West and East Against the Third World, 30 BUFF. L. REV. 753. 757 (1981) >.

[2] "'Equipment' comprises all kinds of tools, vehicles, machinery, buildings and what is known as process technology. 'Technological knowledge' covers all kinds of skills... process and product know-how, institutional and organizational know-how, and information about equipment and knowledge...." *Planning the Technological Transformation of Developing Countries*, U. N. Doc. TD/B/C. 6/50 (1981). For other extremely broad definitions of technology see ERIC W. HAYDEN. TECHNOLOGY TRANSFER TO EAST EUROPE—U. S. CORPORATE EXPERIENCE 23 (1976) ("Technology is the quantum of knowledge by which such inputs as patent rights, scientific principle, and R&D are translated into production of marketable industrial materials, components, and end products"): UN/ECE, Proceedings of the UN/ECE Seminar on The Management of the Transfer of Technology Within Industrial Co-operation, Geneva, Feb., 1976.

必须含有技术的内容,如单纯货物的买卖或租赁则不属于技术转让范畴。

Technology transfer is defined as a process for conceiving of a new application for an existing technology. It is also defined as a process for converting research into economic development. The term technology transfer is also used to mean licensing intellectual property to a manufacturer for production in a product, or reducing an idea to practice in a prototype, or even the process of recording concepts of technology know-how in a professional paper or patent application. The noun technology is simultaneously used to mean concepts, descriptions, components, processes and products. People use the verb transfer to mean moving from one point to another.

According to the Draft TOT Code: "Transfer of technology under this Code is the transfer of systematic knowledge for the manufacture of a product, for the application of a process or for the rendering of a service and does not extend to the transactions involving the mere sale or mere lease of goods."①

3. "国际技术转让"的含义

一般而言,国际技术转让是指技术供应方将技术越过国境转让给技术取得方的行为。但在《国际技术转让行动守则》(草案)起草过程中,许多发展中国家都提出:如果双方当事人定居于或设立于同一个国家,只要一方当事人为外国实体的分公司、子公司、附属公司、或在其他方式下直接或间接地由外国实体控制,而且供方所转让的技术并不是在取得方所在国研究出来的,此项技术转让也应被认为属于国际技术转让。

实际上,区分一项技术转让是否属于国际技术转让的意义在于,不同性质的技术转让所适用的法律不同,要分别适用国际法或国内法。而往往发展中国家的国内法对于技术转让的规定与国际公约的规定不尽相同。

To put it simply, international transfer of technology is the transfer of technology across boarders. Then, how is technology transferred internationally? There are two main methods, by a licensing agreement or joint venture with a local partner, or by doing an internal transfer to a subsidiary in a country, this is also known as direct investment.

(二) 国际技术转让的标的

1. 专利(patent)

专利权是一国政府主管部门根据申请人的申请,进行审查后授予发明创造人或合法申请人在一定期限内对其发明创造享有的独占的权利,未经权利人许可,他人不得使用该专利。专利分为发明、实用新型和外观设计专利权。

2. 商标(trade mark)

商标是用来区分商品生产者和经营者的特殊标记,商标权是指商标所有人对法律确认后对商标所享有的专有使用权。对于商标权的取得,世界上有三种做法:使用原则,即按使用商标的时间先后确认商标权归属;注册原则,即按申请注册的先后时间次序确定商标权的归属;使用与注册相结合原则,即使用与注册互相补充。在上述三种做法中,大多数国家采用注册

---

① UNCATD Draft International Code of Conduct on the Transfer of Technology, June 20, 1985. Chapter 1. 2.

原则①。

3. 计算机软件

1991 年 6 月 4 日国务院发布的《计算机软件保护条例》第二条规定:计算机软件是指计算机程序及其有关文档。其中计算机程序是指为了得到某种结果而可以由计算机等具有信息处理能力的装置执行的代码化指令序列,或者可被自动转换成代码化指令序列的符号化指令序列或者符号化语句序列,包括源程序和目标程序。文档是指用自然语言或者形式化语言所编写的文字资料和图表,用来描述程序的内容、组成、设计、功能规格、开发情况、测试结果及使用方法,如程序设计说明书、流程图、用户手册等。

目前,用版权法来保护计算机软件,成为世界范围内的主要发展趋势,而且计算机软件相对其他产品来说更容易被盗用和复制。因此,所有权人在转让技术时需要订立一些特殊保护条款。

4. 专有技术(know how)

专有技术也称技术诀窍、技术秘密,指未公开的、未取得工业产权法律保护的制造某产品或者应用某项工艺以及产品设计、工艺流程、配方、质量控制和管理等方面的技术知识。其共同特征有以下几点:广泛性、秘密性、实用性、可转让性、一定的创新性和较难获取性、同时拥有性、非专利性。

(三) 国际技术转让的内容

根据《国际技术转让行动守则》(草案)第一章的规定,国际技术转让具体包括以下几方面内容。

(1) 各种形式工业产权的转让、出售和授予许可,但不包括在技术转让交易中的商标、服务标志和商品名称;

(2) 以可行性研究、计划、图表、模型、说明、手册、公式、基本或详细工程设计、培训方案和设备、技术咨询服务和管理人员服务以及人员训练等方式,提供的诀窍和技术知识;

(3) 提供关于工厂和设备的安装、操作和运用以及交钥匙项目所需的技术知识;

(4) 提供关于取得、安装和使用以购买、租借或其他方法得到的机器、设备、中间货物和(或)原料所需的技术知识;

(5) 提供工业和技术合作安排的技术内容。

As for the contents of technology transfer, the draft TOT Code lists as follows in Chapter 1. 3:

Transfer of technology transactions are arrangements between parties involving transfer of technology, as defined above, particularly in each of the following cases:

(a) The assignment, sale and licensing of all forms of industrial property, except for trade marks, service marks and trade names when they are not part of transfer of technology transactions;

(b) The provision of know-how and technical expertise in the form of feasibility studies, plans, diagrams, models, instructions, guides, formulae, basic or detailed engineering designs, specifications and equipment for training, services involving technical advisory and managerial personnel, and personnel training;

---

① 余劲松、吴志攀:《国际经济法(第二版)》,北京大学出版社、高等教育出版社,2005 年版,第 120 页。

(c) The provision of technological knowledge necessary for the installation, operation and functioning of plant and equipment, and turnkey projects;

(d) The provision of technological knowledge necessary to acquire, install and use machinery, equipment, intermediate goods and/or raw materials which have been acquired by purchase, lease or other means;

(e) The provision of technological contents of industrial and technical co-operation arrangements.

（四）国际技术转让的形式

国际技术转让都是通过一定方式进行。经过长期实践摸索,已经逐渐形成以下几种形式。

（1）单纯引进技术知识。如专利或商标许可使用协议等。或者技术提供方为取得方提供服务或咨询以达到预定目标。

（2）引进技术知识与购买成套设备相结合。即在引进先进技术的同时,因可能不具备利用先进技术直接生产产品的情况,所以再购买含有转让技术要素的关键设备或生产线。

（3）引进技术知识与合作生产和经营相结合。例如,在成立中外合资经营企业时,外国合资者会以机器设备、先进技术作为出资。

（4）其他方式。实践中,将技术转让与服务、咨询、成套设备的购买、合作经营和生产相结合的国际工程承包,即是一种新型国际技术转让形式。

二、国际技术转让中的国际保护(International Protection of TT)

《国际技术转让行动守则》(草案)1978 年交由联合国贸发会议讨论,但由于涉及各方的利益,讨论中各国意见不一、分歧颇大,至今未获通过。

（一）国家对技术转让交易的管制

《国际技术转让行动守则》(草案)规定,各国有权制订和修改有关国际技术转让关系的法律、规章和政策。但在制订和修改时,应按照公认的法律程序和本守则的原则及目标,公平合理、一视同仁地适用于所有当事方,法律规章应明确规定并可以随时公开地查阅。与主管行政机构的决定有关的资料,也应在适当范围内广为传播。同时,每个国家在制订有关保护工业产权的法规时,应考虑到本国的经济和社会发展需要,并应保证其国家法律授予的工业产权及其国家法律确认的其他有关权利得到有效的保护。

（二）当事各方的责任和义务

《国际技术转让行动守则》(草案)规定,当事方的责任和义务,适用于谈判与合同两个阶段。"当事各方在谈判和缔结技术转让协定时,应按照本章的规定,配合当事各方本国,特别是技术取方国家的经济和社会发展目标,当事各方并应在谈判、缔结和执行技术转让协定时,遵守公道、诚实的商业惯例,同时应考虑到个别的具体情况并应确认某些情况,特别是技术的发展阶段,当事各方的经济和技术能力、交易的性质和类别,如当事各方之间正在进行的或持续进行的任何技术交流。"

在谈判阶段,应尽可能利用当地可得资源,包括在有关工作方面使用由可能的技术受方指派和提供的受过充分培训的或合适的当地人员,以及使用由技术受方指明并提供的当地可得的材料、技术、技艺、顾问和工程服务以及其他资源;明确规定对所转让技术的引用和操作提供技术服务;根据可能受让方提出的要求,供方应在实际可行的范围内就所转让技术的各个环节提供资料,以便作出充分的分项转让安排;当事各方在谈判技术转让协定时,应遵守公道、诚实的商业惯例,应本着诚意进行谈判,以便及时达成含有公平合理的商业条款的协定,包括关于支付许可证费、特许权使用费和其他报酬等的协议;应遵守任何法律义务或合同义务,将得自对方的一切机密资料予以保密;如果在谈判期间,任何一方认为无法达成满意的协定,可停止谈判。

在合同阶段,规定彼此都可以接受的合同义务,包括关于付款的义务在内,适当时,除其他外,还包括下列规定:

(1)改进部分的获得:在一定期间或协定有效期间内,可获得按协定所转让技术的改进部分。

(2)机密性。

(3)争端的解决和适用的法律。

(4)技术规格:技术供方担保,其技术符合技术转让协定所列的规格。

(5)适用性:技术供方担保,其技术如果遵照供方按协定提供的具体的操作规则使用,可适用于当事各方所议定和协定所规定的货物制造或提供服务。

(6)对被转让技术的权利:技术供方声明,在签署协定之日,供方绝不知道按协定规定的用法使用技术会侵害第三方的有效专利权或类似的发明保障。

(7)质量水平和商誉:如果协定包括使用供方的商标、商品名称或类似的商誉标志,技术受方承诺,维持议定的质量水平;双方并承诺避免采取旨在或故意损害另一方商誉或名声的行动。

(8)性能担保:规定供方已同意担保的技术性能标准,包括规定达到这些标准的要求,详细说明如何确定性能是否已达标准,以及说明性能不达标准的后果。

(9)提供文件:供方承诺,为协定直接规定的特定目的,应提供的有关技术文件和其他数据,将按照协议正确地、完整地及时提供。

(10)训练人员、提供附件、备件和部件:遵照谈判的结果,适当地提供人员训练,供给附件、备件和部件。

(11)赔偿责任:规定任一方因不履行技术转让协定所规定责任而应负的赔偿责任,包括损失、损坏或伤害的问题。

(三)对发展中国家的特殊待遇

草案中指出,为了加强国际交流合作,发达国家有义务采取必要措施帮助发展中国家实现科技和社会经济发展目标,从而在草案中规定技术转让活动中发展中国家应受到的特殊待遇。包括:采取合力措施方便发展中国家取得所需技术资料;在国际协作方面给予发展中国家以帮助,培养其本国技术人员;通过有关国际组织进行技术交流,采取措施减轻技术成本;鼓励企业间的技术合作以促进发展中国家的技术进步。

(四)适用的法律和争端的解决

因为谈判过程中各个集团在有关问题上存在严重分歧,一直未能就适用法律条款、解决争端的途径等问题达成一致意见,因此草案将各个集团提出的建议案都收入在附录之中。

三、我国技术转让的立法与实践

作为发展中国家,我国技术转让工作起步较晚,而且在刚起步阶段,片面注重引进成套设备,忽视对技术本身的引进。随着全球经济一体化和我国经济、科技的发展,我国逐渐开始注重技术进出口工作。经过多年努力,我国的技术转让方面的立法已初具规模。

我国有关技术转让方面的法规,主要是国务院 1985 年 5 月 24 日发布的《技术引进合同管理条例》、1988 年 1 月 20 日经国务院批准由对外经济贸易部发布的《技术引进合同管理条例施行细则》和 2001 年通过,并于 2002 年 1 月 1 日施行的《技术进出口管理条例》。

1. 适用范围

根据我国《技术引进合同管理条例》规定,该条例适用于我国境内的公司、企业、团体或个人(以下简称受方)通过贸易或经济技术合作的途径,从我国境外的公司、企业、团体或个人(以下简称供方)获得技术。其中包括:专利权或其他工业产权的转让或许可;以图纸、技术资料、技术规范等形式提供的工艺流程、配方、产品设计、质量控制以及管理等方面的专有技术;技术服务。

2. 对引进技术的要求

引进的技术必须先进适用,并且应当符合下列一项以上的要求:能发展和生产新产品;能提高产品质量和性能,降低生产成本,节约能源或材料;有利于充分利用本国的资源;能扩大产品出口,增加外汇收入;有利于环境保护;有利于安全生产;有利于改善经营管理;有助于提高科学技术水平。

3. 双方当事人的权利义务

供方的主要义务:供方应当保证所提供的技术或者文件资料完整、准确、有效,能够达到合同规定的技术目标。技术文件交付的时间应当符合受方工程的计划进度要求;供方应当保证自己是所提供技术的合法拥有者,或者保证自己有权转让或者许可该项技术。受方使用转让或者许可的技术生产或者销售产品如被第三方指控侵权,应当由供方负责应诉;如被第三方指控的侵权成立,受方的经济损失由供方负责赔偿;供方应当按照中华人民共和国税法的规定纳税。

受方的主要义务:受方应当按照合同的规定支付技术的价款或报酬;对供方提供或者传授的专有技术和有关技术资料,受方应当按照合同约定的范围和期限承担保密义务。保密期限一般不得超过合同有效期限,因特殊情况需要超过合同有效期的,应当在合同中订明,并在申请办理审批手续时申明理由。在受方承担保密义务期限内,由于非受方原因技术被公开,受方承担的保密义务即行终止。合同规定供方在合同有效期内向受方提供其发展和改进技术的,受方可以在合同期满后继续承担保密义务,保密期限自供方提供该项技术之日起计算,但该期限不得超过原合同规定的期限。

第三节　国际许可协议
9.3　International Licensing Agreement

Ideas, innovations and other expressions of human creativity are converted into private property and protected by law through the intellectual property system. As property, they are tradable assets.

Licensing, the right granted by an owner of such an asset to another to use that asset while continuing to retain ownership of that asset, is an important way of creating value with these assets. Licensing creates an income source, disseminates the technology to a wider group of users and potential developers and acts as a catalyst for further development and commercialization. ①

一、国际许可协议的定义

（一）国际许可协议的定义

国际许可协议，又称为国际许可证协议或许可合同（license agreement），是指知识产权的所有人作为许可方（输出方），通过与被许可方（引进方）签订许可合同，将其所拥有的知识产权授予被许可方，允许被许可方按照合同约定的条件使用该项知识产权，制造或销售合同产品，并由被许可方支付一定数额的知识产权使用费的知识产权转让行为。

A license is really nothing more than a contractual right that gives someone permission to engage in a defined activity or to use certain property that is owned by someone else. A license allows the holder of intellectual property rights (the "licensor") to make money from an invention or creative work by charging a user (the "licensee") a fee or royalty to use the licensed product.

（二）国际许可协议的特征

A license agreement reflects certain fundamental concepts.

First, it is the outcome of a business strategy and is a business relationship. Both the licensor and licensee must carefully consider whether entering into one or more licensing agreements fits into the business plan of the company, whether the expected revenues would be sufficient to justify the costs involved in engaging in licensing activity and whether the financial terms make sense to both parties. These factors may seem obvious but they are well worth mentioning. Accordingly, it is important that the parties' objectives are clearly understood and are complementary, and there is a recognition of the mutual need to ensure that the arrangement is successful. This will be assisted by an agreement which appropriately and equitably addresses the main elements or key issues.

Secondly, a license agreement is a contract. This means that the legal requirements for a binding and enforceable contract are necessary. These include that the parties have the legal capacity and the intention to enter into a contract, that there is offer and acceptance and that there is valid consideration, such as a payment on signing.

Thirdly, the feature that distinguishes a license agreement from other agreements or contracts is that the subject matter is intellectual property, which the licensor grants the licensee the right to use. Therefore, without intellectual property there is no technology licensing. There may be other important related issues covered either in the same agreement or in a separate one, such as development, consulting and training, investment, manufacturing, sales and so on.

There could be situations where both parties own intellectual property of interest to the other and

---

① The World Intellectual Property Organization and the International Trade Centre, *Exchange Value: Negotiating Technology Licensing Agreements*, *A Training Manual*. 2005.

have the legal right to prohibit the other from using it. In such a case, they would enter into a cross license agreement through which they would license each other the right to use and exploit their respective intellectual properties. Cross licensing is also used to enable enterprises to settle intellectual property disputes. There may or may not be royalty payments, depending on the value attributed to the intellectual property owned by each party.

Further, a licensee may find himself in a situation where he is unable to effectively use the licensed technology without access to other technologies owned by another. It is also possible that to successfully compete in the market he has to conform to certain de facto or de jure standards and the only way to do so in a cost-effective manner is by the application of certain technologies which are proprietary. In these situations, the licensee is obliged to obtain the right to use the technology(ies) from the owner of the intellectual property right through a licensing agreement, which may be on a royalty-free basis or negotiated on the basis of fair, reasonable and non-discriminatory terms.

（三）国际许可协议的种类

国际许可协议根据不同分类标准可以分成不同种类,一般来说,有以下三种分类方式。

（1）根据许可的范围和程度的不同,目前国际上有两大类许可协议[①]：现行技术许可协议（current technology agreement）。即许可方只同意把签订合同时它已有的知识产权给被许可方使用,合同不涉及今后它再开发的或改进的技术问题。现行及未来技术许可协议（current and future technology agreement）,即在合同中注明,合同有效期内,许可方在某一限定范围内新开发的或改进的技术,应和现行技术一样提供给被许可方,这是获得动态发展技术的一种有效方法。

（2）根据许可方授予被许可方技术使用权的内容和范围的大小及是否有限制,可以分为以下几种。

独占许可合同（exclusive license contract）。这是指许可方授予对方在合同规定的某一地区内和合同有效期间,对许可项下的技术享有独自占有和使用、制造和销售相关产品的权利。在签订这种协议的情况下,不论任何第三者还是许可方都不得在该许可证有效期内,在该地区内使用该项技术制造或销售产品,尽管工业产权属于许可方。此合同可使受让方以合同项下技术产品垄断市场,故售价较高。

排他许可合同（sole license contract）。又称独家许可证,是指被许可方按合同约定的某地区或在合同有效期内,对许可证项下的技术享有独占的使用权,许可方在合同期间排除任何第三者拥有使用权,但许可方自己仍可在该地区使用该项技术制造或销售产品。由于被许可方通过该合同所获得的该技术的使用权利比独占许可证要小,因此其技术使用报酬比独占许可低。

普通许可合同（simple license contract）。其主要特点是,第三方可以没有限制地取得许可证项下的技术使用权,因此它是指除了合同双方在约定地区内,对许可项下的技术享有使用权外,许可方还有权将该合同许可项下的技术使用权再卖给第三者。该许可证的价格一般要比前两种低。

---

① 王传丽：《国际技术贸易法》,中国政法大学出版社,2004年版,第233—234页。

可转让的许可合同(sub-license contract)。也称从属许可,不同于前三种,被许可方可以将许可项下的技术使用权或商标使用权再转让给第三人。其再转让的前提是经原售证人的同意,或在原许可合同中有明确规定。被转让的第三人亦称分售许可人。

交换许可证(cross license)。又称互换许可合同或交叉许可合同。是指双方可以按价值对等的技术,交叉取得双方的技术使用权、制造权和销售权。它一般是在合作生产等条件下才使用。因此,交换许可更多的是一种合作关系,而非单纯买卖。

(3)根据国际许可协议转让的客体不同,分为专利技术、商标使用、计算机软件、专有技术和混合许可合同等几方面。

专利许可证合同(patent license contract)。这类协议的目的是许可使用专利保护的发明。

商标许可证合同(trade mark license contract)。即以商标使用权作为合同的标的。在国际许可协议中,商标许可协议包含一定技术贸易内容,假冒商标一般都不能达到原商标的质量标准。

专有技术许可证合同(know how license contract)。实践中,专有技术在很多情况下被采用,所以在引进专利技术的同时,一起引进专有技术。但技术专利人往往保留了关键性的技术。凭专利公开的说明书,采用该技术的人并不能顺利使用。所以只有引进专有技术,才能真正把生产需要的各项先进技术、经验和知识引进来,达到预期目的。

计算机软件使用许可合同。即指软件所有人与用户,就转让软件使用权而达成的协议。它包括两种方式:使用许可合同和生产许可合同。由于计算机软件的特殊性质,合同中一般包含某些特殊的条款。例如,对软件包的功能叙述、对软件环境和软件性能的说明、对软件环境的叙述,以及软件生产支持和检验验收条款,等等①。

混合许可合同。指包含以上技术转让许可标的两项以上的合同。应当指出,在国际许可协议中最常见的就是这种混合许可合同。

二、国际许可协议的主要内容

Usually, matters and sections are included in a license agreement as follows:

Subject Matter. The subject matter of a license agreement may include creations such as inventions, confidential information, the creativity expressed in novels, plays, movies, music, the names of goods and services, business identifiers, etc. These can be owned and protected under intellectual property laws, which, to reiterate, include patents, utility models, trade secrets, trademarks, geographical indications, industrial designs, topographies of integrated circuits and copyright, as well as those that protect against certain types of unfair competition.

Extent of Rights. The second main section of a license agreement relates to the extent of the licensed rights. This refers to the scope of the right being licensed, whether the license is exclusive, sole or non-exclusive, and the geographic territory for which the license is granted. The scope might also include improvements made to the technology during the license and will include the duration of the agreement.

---

① 陈绍蓉著:《国际技术转让法理论与实践》,人民出版社,1997年版,第165页。

Commercial and Financial Considerations. An important factor in commercial and financial considerations is the valuation of the technology. On the basis of an valuation of the technology,[1] we consider the various types of payment which are applied in licensing agreements. The parties will seek to arrive at a payment structure that reflects the nature and circumstances of the agreement and the terms and conditions agreed upon. In addition, this section will consider the issue of inflation, as well as financial administration, which covers the licensee accounts and records, and matters of currency and taxation. It will also cover infringement and product liability. Payments to the licensor for the acquisition and use of technology are usually classified as lump sums and royalties, and many agreements contain both types of payment.

General Considerations. The last main section of a license agreement is intended to embrace the issues that have not been referred to in the above three categories. Thus, they include representations and warranties, specific licensor and licensee obligations, as well as issues of waiver, force majeure, dispute resolution and issues arising out of the expiration or termination of the license.

Many issues have been discussed. It is, however, not necessary that all of them be included in all license agreements. Much will depend on the particular circumstances of each case. What is appropriate in an individual case will depend on the particular needs, expectations and circumstances of the particular alliance. Factors such as the significance and the stage of development of the technology, the type and level of protection, the potential risks, the size of the investment, the strategic objectives of the parties, and so on will certainly play a role in fashioning the agreement. Licensing brings together many disciplines including expertise in the particular technical area in question, legal (particularly, intellectual property rights) and financial. Once an agreement has been concluded it is but the first stage that has been concluded. The hard work and, hopefully, the rewarding part of implementation have just begun.[2]

国际许可协议是许可方与被许可方订立的合同,是确定当事人双方权利和义务的依据。在国际技术转让过程中一旦发生分歧或争议,也需要根据合同规定条款来解决。因为它的内容复杂,涉及面广,因此往往由律师或专业人员起草。而且它的条款随技术转让标的的不同也存在差异。

一般情况下,国际许可协议包括以下内容。

（一）序言

序言是国际许可协议的开头部分,它包括协议的名称、双方当事人的名称、法律单位和法定地址、签约日期和地点等。如果序言中条款与国际许可协议的具体条款发生抵触,通常以许

---

① Unlike tangible property, which has well-recognized means of establishing a value and thus a price, there is no easy way to determine the value of intangibles. However, as with any other transaction, a price must be established and several methods, mostly borrowed from the world of tangible property, have been developed and successfully applied to facilitate this task. So, the following methods can also be used to value technology, such as cost approach, income approach, market approach, and so on.

② The World Intellectual Property Organization and the International Trade Centre, *Exchange Value: Negotiating Technology Licensing Agreements*, *A Training Manual*. 2005.

可协议的规定为准。

（二）关键词语的定义

基于双方当事人来自不同国家、有着不同的语言和文化传统，因此在签订协议时需对协议中所使用的重要名词术语作出明确规定，以避免在协议履行过程中双方当事人发生分歧。

（三）转让技术的名称、范围和具体内容

协议中要确定所转让的技术的具体内容、所适用的领域以及相关的技术资料。例如专利许可协议，则需订明授予的是哪几项专利，并注明许可人何时、何地取得此项专利，使被许可人确定专利是否还有效。

（四）许可授权条款

它主要规定许可协议的种类：是独占许可还是普通许可等；许可授权的范围是否包括使用权、制造权和销售权；合同的有效地域，即被许可方享有合同所规定的各项权利的区域范围。

（五）许可协议的支付方式

协议的价格是整份协议的核心，是当事人双方必须反复磋商的最重要和最复杂的问题。国际许可协议中，计价的方式通常有下列三种[①]。

（1）统包价格。即在签订国际许可协议时，一次算清各项技术项目所应支付的费用，由双方当事人确定一个固定的金额，并在合同中明确加以规定。这种计价支付方式一般适用于非尖端的技术转让，而且往往是在不要求供方继续提供有关技术改进情报和技术援助的情况下采用的。

（2）提成价格。即在项目建成投产后，按合同产品的产量、净销售额或利润提取一定百分比的费用，作为技术转让的酬金。提成分为固定提成和浮动提成两种。此外还有最低提成和最高提成。采用提成支付的计价方式，就要明确规定提成率、提成期限。如果采用浮动提成支付的作价方式，还应规定供方可以核查受方有关账目的条款。

（3）固定与提成相结合的价格。即将合同价格分为固定和浮动两部分，固定部分通常叫初付费或入门费，是在合同生效后立即支付；浮动部分是指项目投产后按规定在一定年限内支付的提成费。这种计价方式在国际上使用较广。

（六）技术资料交付、技术援助、技术改进条款

国际许可协议应规定许可方向被许可方交付相关图纸、文件资料的具体的时间、地点、方式；被许可方往往是技术落后的一方，如果只依据图纸或其他技术资料，难以掌握受让的技术，因此许可方应提供技术服务和技术培训；技术都处在不断完善和进步的过程中，许可方和被许可方需事先约定好技术改进的成果应归属何方所有，以及双方是否有互换技术改进成果的义务等。

（七）保密条款

保密条款主要是指专有技术的转让中，许可人要求被许可人承担保密义务，一旦泄露，将给许可人造成巨大损失。

---

① 陈安：《国际经济法学》（第三版），北京大学出版社，2004 年版，第 262—263 页。

（八）违约及其补救条款

如果一方当事人在签订协议后不按约定履行或不完全履行，违约一方应当承担责任。

（九）争议的解决和法律适用条款

协议中应当规定协议所适用的法律。一般来说，双方当事人都希望选择适用自己国家的法律，也正因为此，在技术转让中当事人最难达成一致意见。在这种情况下，一般依据国际私法中冲突规范来指引适用某一国家法律。

（十）不可抗力条款

不可抗力条款一般应当包括：不可抗力事故的范围；发生不可抗力时应当采取的措施；确定不可抗力事故所引起的法律后果。

（十一）协议的生效、有效期、终止、满期及延期等

国际许可协议应当分别确定签字日期和生效日期。这是因为，有的协议只有在签订后一定期间内，呈报政府主管部门批准后，才能生效；协议还应当规定一个有效期限，长短可由当事人双方协商确定，一般不超过 10 年；在协议期限届满时，如果双方当事人协商同意，可以适当予以延长。

三、国际许可协议与限制性商业条款

限制性商业条款又称限制性商业惯例，是进行技术转让许可活动中经常遇到、带有普遍性的问题。1980 年 12 月联合国大会第 35 届会议通过的《一套多边协定的控制限制性商业惯例的公平原则和规则》对限制性商业惯例所下的定义为，"限制性商业惯例是指企业的下述行动和行为：通过滥用或谋取市场力量的支配地位，限制进入市场或以其他方式不适当地限制竞争，对国际贸易，特别是发展中国家的国际贸易及其经济发展造成或可能造成不利影响；或通过企业之间的正式或非正式、书面或非书面的协定或其他安排造成了同样的影响的一切行动或行为。"

现在绝大多数国际许可协议中都包含限制性商业惯例的条款。究竟哪些算是"限制性商业惯例"，有关国际公约，以及我国法律法规都有所规定。

（一）国际公约：《国际技术转让行动守则》（草案）

草案明确了国际技术转让中限制性商业惯例的含义，即"转让方滥用其优势地位在转让过程中附加不合理条件，限制技术受让方进入市场或者以其他方式限制竞争，对受让方造成不利影响的商业做法。"

其后，在谈判各方反复磋商基本达成一致的情况下，将 14 种限制性商业条款列入草案中加以管制：单方面的回授条款；对技术有效性不允许提出异议；独家经营；对研究和发展的限制；对使用人员方面的限制；限定价格；对技术更改的限制；包销协定或独家代理协定；附带条件的安排；出口限制；共享专利或互授许可协定以及其他安排；对宣传的限制；工业产权期满后的付款和其他义务；在技转安排期满后的限制。

（二）我国规定：《技术引进合同管理条例》、《技术进出口管理条例》

1985 年的《技术引进合同管理条例》明确列举了技术转让合同不得含有下列九项限制性条款：要求受方接受同技术引进无关的附带条件，包括购买不需要的技术、技术服务、原材料、设备或产品；限制受方自由选择从不同来源购买原材料、零部件或设备；限制受方发展和改进

所引进的技术;限制受方从其他来源获得类似技术或与之竞争的同类技术;双方交换改进技术的条件不对等;限制受方利用引进的技术生产产品的数量、品种或销售价格;不合理地限制受方的销售渠道或出口市场;禁止受方在合同期满后,继续使用引进的技术;要求受方为不使用的或失效的专利支付报酬或承担义务。

我国2002年施行的《技术进出口管理条例》再次规定,技术进口合同中,不得含有下列限制性条款:要求受让人接受并非技术进口必不可少的附带条件,包括购买非必需的技术、原材料、产品、设备或者服务;要求受让人为专利权有效期限届满或者专利被宣布无效的技术支付使用费或者承担相关义务;限制受让人改进让与人提供的技术或者限制受让人使用所改进的技术;限制受让人从其他来源获得与让与人提供的技术类似的技术或者与其竞争的技术;不合理地限制受让人购买原材料、零部件、产品或者设备的渠道或者来源;不合理地限制受让人产品的生产数量、品种或者销售价格;不合理地限制受让人利用进口的技术生产产品的出口渠道。

第四节　知识产权的国际保护
9.4　International Protection of IPRs

一、知识产权国际保护概述

一般而言,知识产权的国际保护,就是一国对来自外国的知识产权实行的保护。知识产权国际保护方式大致有:单方保护、互惠保护、双边条约保护和多边保护四种。实践中,多边国际公约保护是知识产权国际保护最重要的途径。

迄今为止,知识产权多边国际公约主要包括以下四类。

（一）设立知识产权国际保护的政府间组织而签订的公约

这是指1967年于瑞典斯德哥尔摩签订、1970年生效的《建立世界知识产权组织公约》。1980年3月3日,我国向世界知识产权组织(WIPO)递交了加入书,同年6月3日生效,中国即成为世界知识产权组织的第90个成员国。

（二）规定著作权保护的国际公约

这类公约包括1886年签订、1887年生效的《保护文学艺术作品伯尔尼公约》,1952年签署、1955年生效的《世界版权公约》,1961年签署、1964年生效的《保护表演者、录音制品制作者和广播组织罗马公约》,1971年签署、1973年生效的《保护录音制品制作者防止未经授权复制其录音制品日内瓦公约》等。除《罗马公约》外,我国均已加入上述公约。

（三）关于工业产权保护的国际公约

这类公约主要包括:1883年缔结、1884年生效的《保护工业产权巴黎公约》,1891年缔结、1892年生效的《商标国际注册马德里协定》,1957年签订、1961年生效的《为商标注册目的而使用的商品或服务的国际分类尼斯协定》,1961年签署、1968年生效的《国际植物新品种公约》,1968年签订、1971年生效的《建立工业品外观设计权国际分类洛迦诺协定》,1971年签订、1975年生效的《国际专利分类斯特拉斯堡协定》,1977年缔结、1980年生效的《国际承认用于专利程序的微生物保存布达佩斯条约》等。我国均已加入上述国际公约。

（四）国际贸易产生的知识产权国际保护协议

即 1994 年签署、1995 年 1 月 1 日生效的《与贸易有关的知识产权协议》（Trips）。相比以往国际公约，Trips 扩大了知识产权客体的保护范围，并且通过对知识产权执法措施、透明度以及 WTO 成员间知识产权争端的解决作出明确规定的方式，加强了该协议对各成员国的约束力。

在诸多知识产权相关国际公约中，影响和约束力最大的是《与贸易有关的知识产权协议》（Trips）、《保护文学艺术作品伯尔尼公约》和《保护工业产权巴黎公约》。

二、《与贸易有关的知识产权协议》（Trips）

《与贸易有关的知识产权协议》（Agreement on Trade-Related Aspects of Intellectual Property Rights，简称 Trips）是关贸总协定乌拉圭回合谈判的 21 个最后文件之一，1994 年由各国代表在摩洛哥的马拉喀什签订，并于 1995 年 1 月 1 日生效。

Trips 全文共 73 条，由七个部分组成，它的规定涉及知识产权的取得、效力、使用、权力范围等方面。

Trips 前言部分包括各成员方就该协议达成的共识：明确其缔结的目的在于促进对知识产权有效和充分的保护；通过促进知识产权的保护以减少国际贸易中的障碍；明确知识产权制度的公共政策目的是促进经济发展和技术进步；强调通过多边程序解决与贸易有关的知识产权问题争端等。

The principal comprehensive agreement establishing general intellectual property obligations for most of the world's states is the Agreement on Trade-Related Aspects of Intellectual Property Rights (TRIPS Agreement), which covers copyright, patents, trademarks, trade secrets (called "undisclosed information"), integrated circuits (computer chips), industrial designs, and geographical indications to identify the origin and locale of certain wines and alcoholic beverages. The TRIPS Agreement is an annex to the Agreement Establishing the World Trade Organization, and it came into effect with the WTO in 1995. As is the case for the WTO Agreement's other multilateral annexes, all of the WTO member states are automatically members of the TRIPS Agreement.

On copyrights, there is a general obligation to comply with the Berne Convention (except as to moral rights), and there is additional protection for computer programs and databases, rental authorization controls for owners of computer software, and sound recordings, and motion picture and sound recording protections. On patents, the Paris Convention must be followed by the member-nations of the WTO, compulsory licensing of patents is limited, and a general twenty-year patent term is created. For trademarks, internationally prominent trademarks and service marks receive similar protections as under the Paris Convention (the standards and law of the Paris Convention as it relates to trademarks and service marks are required to be followed, just as are the provisions relating to patents, under TRIPS as well); additional protections beyond the Paris Convention protections, though, include the prohibition of the linking of local marks with foreign trademarks, the banning of compulsory licensing, the establishment of a minimum registration period of at least seven years with indefinite renewability, and the requirement of a minimum period of three years of non-use before a trademarks can be canceled. Trade secrets are protected in Article 39 by allowing owners to prevent unauthorized use or disclosure of confidential information, while Article 40 allows member-nations to pass anti-competition laws involving certain licensing practices in their countries.

The purpose of the TRIPS Agreement is to create a multilateral and comprehensive set of rights and obligations governing the international trade in international property. As a consequence, the TRIPS Agreement establishes a common minimum of protection for intellectual property rights applicable within all the WTO member states. It does this in five ways as the following:

First, it requires WTO members to observe the substantive provision of the most important existing multilateral intellectual property treaties: the 1883 International Convention for the Protection of Industrial Property (Paris Convention) as revised in 1976; the 1886 Berne Convention for the Protection of Literary and Artistic Works (Berne Convention) as revised in 1971; the 1961 International Convention for the Protection of Performers, Producers of Phonograms, and Broadcasting Organization (Rome Convention); and the 1989 Treaty on Intellectual Property in Respect of Integrated Circuits (IPIC Treaty). Moreover, the TRIPS Agreement provides that its substantive provisions do not in any way reduce the obligations of WTO member states under the Paris, Berne, and Rome Conventions or the IPIC Treaty.

Second, the substantive provisions of the TRIPS Agreement create obligations that are meant to "fill in the gaps" in the other international intellectual property conventions. Some important provisions are otherwise missing, such as the length of life for a patent.

Third, the TRIPS Agreement establishes criteria for the effective and appropriate enforcement of intellectual property rights and for the prevention and settlement of disputes between the governments of the WTO member states.

Fourth, to encourage the widest possible adoption and application of the common rules and obligations set out in the TRIPS Agreement, the Agreement establishes transitional arrangements that give more time to developing member states and to member states in transition from a centrally planned economy to a free market economy to comply, and even more time to those that are the least developed. Developed member states were required to be in full compliance by January 1, 1996; developing member states and states transitioning to a market economy must full comply by January 1, 2000; and the least-developed states have until January 1, 2006.

Finally, and most importantly, the TRIPS Agreement extends the basic principles of the General Agreement on Tariffs and Trade (GATT) to the field of international intellectual property rights. The national treatment principle requires each member state to extend to nationals of other members treatment to no less favorable than that which it gives its own nationals regarding protection of intellectual property. The transparency principle requires member states to publish and notify the Council for TRIPS of all relevant laws, regulations, and the like and to respond to requests from other members for information.

National treatment and transparency provisions are found, of course, in other intellectual property agreements too. However, the TRIPS Agreement is, comparatively unique in including a provision requiring most-favored-nation treatment for such property. Under this provision, "any advantage, favor, privilege, or immunity granted by a member to the nationals of any other country (whether or not it is a WTO member) shall be accorded immediately and unconditionally to the nationals of all other members." Read together with the national treatment provision and the transparency provision, this requires each member state to treat the nationals of other member states as least as well (and possibly better) than it treats own nationals.

（一）普遍义务

Trips 第 1 条第 1 款规定："成员均应使本协议的规定生效。"这一规定明确了该协议的各项规定,均应为成员方知识产权国内立法的最低标准。但是,为了使发展中国家和最不发达国家在实施 Trips 前有准备的时间,Trips 第六部分"过渡协议"对此做了特殊安排。

（二）基本原则

Trips 主要规定了两种基本原则,即国民待遇和最惠国待遇。

国民待遇原则的基本含义:除巴黎公约 1967 年文本、伯尔尼公约 1971 年文本、罗马公约及集成电路知识产权条约已规定的例外,各成员在知识产权保护上,对其他成员的国民提供的待遇,不得低于其本国国民。

最惠国待遇是指在知识产权保护上,某一成员提供其他国国民的任何利益、优惠、特权或豁免,均应立即无条件地适用于全体其他成员之国民。最惠国待遇也有例外,即由一般性司法协助及法律实施的国际协定引申出且并非专为保护知识产权的;伯尔尼公约 1971 年文本或罗马公约所允许的不按国民待遇、而按互惠原则提供的;本协议中未加规定的表演者权、录音制品制作者权及广播组织权;"建立世界贸易组织协议"生效之前业已生效的知识产权保护国际协议中产生的,且已将该协议通知"与贸易有关的知识产权理事会",并对其他成员之国民不构成随意的或不公平的歧视。

（三）成员保护知识产权的义务范围

Trips 在第二部分详细界定了知识产权的保护范围和标准,这是它的核心内容。

1. 版权与有关权

在明确与《伯尔尼公约》关系的同时对其进行了补充:在知识产权客体方面,将无论以源代码或以目标代码表达的计算机程序和内容的选择或安排构成智力创作的数据汇编纳入保护范围;规定至少对于计算机程序及电影作品,成员应授权其作者或作者之合法继承人许可或禁止将其享有版权的作品元件或复制件向公众进行商业性出租;除摄影作品或实用艺术作品外,适当延长了某些作品的保护期。

2. 商标

Trips 首先对商标给出明确定义:"任何能够将一企业的商品或服务与其他企业的商品或服务区分开的标记或标记组合。"同时,与《巴黎公约》相比,Trips 加大了对驰名商标的特殊保护。

3. 地理标志

与商标一样,Trips 也先对地理标志下了定义:"本协议的地理标志,系指下列标志:其标示出某商品来源于某成员地域内,或来源于该地域中的某地区或某地方,该商品的特定质量、信誉或其他特征,主要与该地域来源相关联。"其后,Trips还补充规定了对葡萄酒与白酒地理标志的特殊保护。

4. 工业品外观设计

Trips要求各成员对独立创作的、具有新颖性或原创性的工业品外观设计提供保护。但Trips也允许成员对工业品外观设计的保护规定有例外,只要在顾及第三方合法利益前提下,该例外并未与受保护设计的正常利用产生不合理的冲突,也未不合理地损害受保护设计所有人的合法利益。

5. 专利

对于可受专利保护的客体,Trips规定:一切技术领域中的任何发明,无论产品发明或方法发明,只要其新颖、含创造性并可付诸工业应用,均应有可能获得专利,而且获得专利及享有专利权,不得因发明地点不同、技术领域不同及产品系进口或系本地制造之不同而给予歧视。和《巴黎公约》相比,Trips扩大了权利的内容,如增加了专利进口权、提供销售权等,要求成员将对方法专利的保护延及依该方法直接获得的产品。

6. 集成电路布图设计(拓扑图)

对集成电路布图设计专门立法实行知识产权保护,肇始于美国1984年的《半导体芯片保护法》,此后于1989年在世界知识产权组织主持下缔结了《关于集成电路知识产权条约》。相比《关于集成电路知识产权条约》,Trips扩大了保护范围、将《关于集成电路知识产权条约》8年的保护期延长到10年,并且对善意侵权作出规定。

7. 未披露过的信息

Trips规定未披露的信息要想得到保护,必须符合下列三个条件:①在一定意义上,其属于秘密,就是说,该信息作为整体或作为其中内容的确切组合,并非通常从事有关该信息工作之领域的人们所普遍了解或容易获得的;②因其属于秘密而具有商业价值;③合法控制该信息的人,为保密已经根据有关情况采取了合力措施。

8. 协议许可证中对限制竞争行为的控制

Trips规定各成员可以立法具体说明在特定场合可能构成对知识产权的滥用,并可以在与本协议的其他规定一致的前提下,采取适当措施防止或控制这类活动。

(四) 知识产权协议实施的具体措施

具体措施部分内容涉及:总义务、民事与行政程序及救济、临时措施、有关边境措施的专门要求、刑事程序等。这些具体措施的出台使得各成员对于本协议的执行力度加大,也使本协议的实体规定能够切实发挥作用。

(五) 知识产权的获得与维持

各成员可以要求把符合合理程序及符合合理形式作为获得或维持知识产权的条件,但这些程序及形式应与本协议的规定一致。

(六) 争端的防止与解决

Trips对于争端解决的一个首创就是提出了"透明度"原则。它规定:"各成员所实施的、与本协议内容有关的法律、条例,以及普遍适用的终审司法判决和终局行政裁决,均应以该国文字颁布;如果在实践中无颁布的可能,则应以该国文字使公众能够获得,以使各成员政府及权利持有人知悉。一方成员的政府或政府代理机构与任何地方政府或政府代理机构之间生效的与本协议内容有关的各种协议,也应予颁布。"

（七）过渡协议、机构安排、最后条款

除上面提到的延长适用 Trips 以外,Trips 在最后对相关事项进行了总结和概括。

三、《保护文学艺术作品伯尔尼公约》(Berne Convention)

《保护文学艺术作品伯尔尼公约》(以下简称《伯尔尼公约》)是著作权领域第一个世界性多边国际公约,在国际著作权保护中影响最大、处于主导地位。《伯尔尼公约》于 1886 年 9 月在瑞士伯尔尼首签,其后历经 8 次修订,1971 年形成的巴黎文本成为最多成员国采用的文本。

Berne Convention for the Protection of Literary and Artistic Works (Berne Convention) adopted in Paris in 1886, came into force in 1887. There were 9 member states at first, while there are 136 member states now. The original text of the Convention established procedures for its revision, and revisions have been regularly made in Paris in 1896, Berlin in 1908, Berne in 1914, Rome in 1928, Brussels in 1948, Stockholm in 1967, and Paris in 1971. The latest revision was made on October 2, 1979, but it is customarily called as "Paris Convention 1971". China acceded Berne Convention on July 1, 1992, and it came into effect to China on October 15 of the same year.

As the first world multilateral convention in copyright, Berne Convention is the most influential copyright convention. It establishes a "union" of states that is responsible for protecting artistic rights. Four basic principles underlie the members' obligations: (1) The principle of national treatment. It requires that each member state should extend to nationals of other member states treatment no less favorable that which it gives its own nationals. (2) The principle of non conditional protection. It requires that the member states must provide protection without any formalities. A countries or origin may, however, condition protection on the author's first making an application for registration, or registering the work, or reserving rights in a contract of sale, or a similar condition. (3) The principle of protection independent of protection in country of origin. It allows authors who are nationals of nonmember states to obtain protection within the Berne Union by publishing their works in a member state. (4) The principle of common rules. It establishes minimum standards for granting copyrights common to all member states.

（一）基本原则

国民待遇原则、自动保护原则、独立保护原则是《伯尔尼公约》的基本原则。

（1）国民待遇原则。享受国民待遇的主体包括:具有本联盟成员国国民身份的作者,无论其作品是否已出版;非本联盟成员国国民的作者,其作品系首次于某一成员国出版,或在某成员国及某非成员国同时出版,只要作品于 30 天内在两个或两个以上国家先后首次出版,视为同时在多国出版。

（2）自动保护原则。该原则是指权利人享有及行使权利,无须经过任何手续。

（3）独立保护原则。这是指权利人享有及行使权利,不依赖于作品在来源国受到的保护,也不受其他成员国保护情况的影响。

（二）主要内容

（1）受保护的作品。《伯尔尼公约》对受保护的"文学艺术作品"给出定义:包括文学、科学和艺术领域内的一切作品,而不问其表现形式或表现方式如何。同时又详细列举了多种作品形式。

（2）著作权的内容。《伯尔尼公约》赋予权利人以精神权利和经济权利。对于精神权利,《伯尔尼公约》规定:"不依赖于作者的经济权利,乃至在经济权利转让之后,作者均有权声明自己系作品的原作者,并有权反对任何对其作品的歪曲、篡改或其他更改,或对其作品作有损作者声誉的贬抑。"对于经济权利,《伯尔尼公约》主要规定了以下八种权利:翻译权、复制权、公开表演权、广播权、公开朗诵权、改编权、录制音乐作品的权利、电影摄制权。

（3）著作权的保护期限。《伯尔尼公约》第7条针对不同作品作出了不同规定:一般为作者有生之年加死后50年;电影作品,为作品公开放映后50年,如果作品完成后50年内未公开放映,则保护期为作品完成后50年;匿名或假名作品,为公众合法获得作品后50年;摄影作品及实用艺术品,各国法律可以自行规定保护期限,但该保护期至少应维持到作品完成之后25年;共同作品中作者死后的日期应以共同作者中最后去世的作者为准。

（三）《伯尔尼公约》的追溯力

《伯尔尼公约》第18条规定:"本公约适用于在其生效之日在起源国尚未因保护期届满而进入公有领域的一切作品,直至该作品的保护期届满为止。"也就是说,一个国家对其加入公约之前已经进入该国公共领域的作品,只要在加入《伯尔尼公约》时该作品在来源国仍然受到保护,该国就有对作品进行保护的义务。

（四）对《伯尔尼公约》的保留

《伯尔尼公约》第33条规定:"两个或两个以上本联盟成员国之间,如果对本公约的解释或适用有争议而不能协商解决时,除有关国家同意以其他途径解决外,均可以根据国际法院的规约,提交国际法院解决。"但同时也规定:"任何国家均可以在签署本文本或提交批准书或加入书时,声明其不受上款的约束,上款的规定即不复适用于该国与本联盟其他成员国之间的争议。"正是基于此规定,中国在加入《伯尔尼公约》时就声明保留了该条款。

四、《保护工业产权巴黎公约》(Paris Convention)

《保护工业产权巴黎公约》(以下简称《巴黎公约》)是知识产权领域第一个世界性的多边国际公约,也是现今保护工业产权最主要的公约。《巴黎公约》于1883年3月在法国巴黎缔结,1884年7月正式生效。缔结后,《巴黎公约》先后进行了六次修改,目前绝大多数国家适用的都是1967年在瑞典斯德哥尔摩会议通过的最后一次修订本。

Draft in 1880, the International Convention for the Protection of Industrial Property (Paris Convention) was ratified by 11 states in 1883 and came into effect in 1884. Since then the number of participants has grown to 153. The Convention establishes a "union" of states responsible for protecting Industrial property rights. Among the members' duties is the obligation to participate in regular revisions. Revision conferences to expand the coverage of the Convention have been held regularly: in Rome in 1886, Madrid in 1890, and 1891, Brussels in 1897 and 1900, Washington in 1911, The Hague in 1925, London in 1934, Lisbon in 1958, and Stockholm in 1967, as amended on September 28, 1979. China became a member of this Convention on March 19, 1985.

Three basic principles are incorporated in the Paris Convention: (1) national treatment,

（2）right of priority, （3）common rules. National Treatment is the requirement that each member state must grant the same protection to the nationals of other states that it grants to its own nationals. The right of priority give an applicant who has filed for protection in one member country a grace period of 12 months in which to file in another member state, which then must treat the application as if it were filed on the same day as the original application. The principle of common rules sets minimum standards for the creation of intellectual property rights. These are as follows: （a） a member state may not deny protection to industrial property because the work incorporating an invention was not manufactured in that state; （b） member states must protect trade names without requiring registration; （c） member must outlaw false labeling （i. e., any indication that falsely identifies the source of goods, or the trader or the manufacturer）; and （d） each member state is required to take "effective" measures to prevent unfair competition. Beyond these common rules, the convention leaves to each member the right to make rules governing the application, registration, scope, and duration of patents, trademarks, and other forms of Industrial property.

（一）工业产权的范围

《巴黎公约》中规定："工业产权的保护以发明专利、实用新型、工业品式样、商标、服务商标、商店名称、产地标记或原产地名称以及制止不正当的竞争作为对象。""工业产权应作广义的解释,不仅适用于工业和商业本身,也适用于农业和采掘业以及一切制造品或天然产品,例如酒类、谷物、烟叶、水果、牲畜、矿产品、矿泉水、啤酒、花卉和面粉。""发明专利包括本同盟成员国法律规定的各种工业专利,如进口专利、改进专利、附加专利和证书等。"

（二）《巴黎公约》的基本原则

《巴黎公约》的基本原则主要包括:国民待遇原则、优先权原则、临时保护原则和独立性原则。

（1）国民待遇原则。享有国民待遇的主体包括《巴黎公约》缔约成员国的国民,但"非本同盟成员国国民,在一个本同盟成员国的领土内有永久住所或有真实的、有效的工商营业所者,应享有与本同盟成员国国民同样的待遇。"此外,《巴黎公约》在第 2 条第 1 款中规定:"本公约所特别规定的权利不得遭受任何损害",即外国人除可以享受国民待遇外,还有权享受《巴黎公约》在最低保护标准中所特别规定的权利。

（2）优先权原则。《巴黎公约》第 4 条规定:已在一个本同盟成员国正式提出过一项发明专利、一项实用新型、一项工业品式样或一项商标注册的申请人或其权利继承人,在规定期限内(对于发明专利和实用新型为 12 个月,对于工业品式样和商标为 6 个月)在其他本同盟成员国提出同样申请时享有优先权。

（3）临时保护原则。《巴黎公约》第 11 条规定:"本同盟成员国应按其本国法律对在任一同盟成员国领土上举办的官方的或经官方认可的国际展览会展出的商品中可以取得专利的发明、实用新型、工业品式样和商标,给予临时保护。"

（4）专利商标保护的独立性原则。《巴黎公约》规定,关于外国人的专利申请或商标注册,应由各成员国根据本国法律独立作出决定,不应受原属国或其他任何国家就该申请作出的决定的影响。

（三）《巴黎公约》规定中对成员国知识产权保护的最低要求

《巴黎公约》规定最为全面的是对专利权和商标权的保护要求。

（1）对专利权保护的最低标准。《巴黎公约》主要从以下几个方面对成员国专利权的保护提出限定：专利的独立性、发明人的署名权、法律禁止销售产品的专利性、进口不导致专利失效、方法专利权人对某些进口产品的权利、防止滥用专利权的强制许可制度、国际交通工具上的专利权的限制、国际展览会上展示的发明的临时保护等。

（2）对商标权的最低标准。《巴黎公约》对商标权国际保护的最低标准涉及商标注册、转让等诸多问题。

【案例分析】

Case 9-1   **Tom Acquinas' Ideas**

Tom Acquinas has an idea for a novel. He writes his notes on old typing paper in his study and a number of diagrams on his computer to show the layout of the chapters and some conclusions. Some time later, Gus Saint who is friend of Tom comes into the study and finds the notes. He also notices the diagrams on the computer. He takes a copy of all these materials and proceeds to write his own novel which is a hit.

Questions

What intellectual property rights have been infringed?

Can Tom bring any action?

Answer and Analysis

Ideas, information and facts are not protected by copyright. That is, where the same ideas are independently created and the way in which the ideas are expressed are not copied. What is the issue is that how detailed Tom's notes are and what use Gus makes of them. The law issue is the originality in expression of thought, that is, it is not necessary that the expression must be original, but that the work must not be copied from another work. It should originate from the author. The work must be produced by the author's skill and labor and can be a matter of degree. The same comments apply to the diagrams on the computer.

案例 9-2

美国一食品公司（A 公司）与另一食品公司（B 公司）签订了一项技术转让合同,合同中规定 B 公司允许 A 公司经营其快餐食品,并向其传授经营管理技术诀窍,还允许使用其商标和商号。但合同中同时规定,A 公司必须购买 B 公司一定数量的炊具、餐具及调味料等作为交换条件,而这些商品的价格高于同类商品的一般市场价格。A 公司于是起诉,指控 B 公司有搭售行为。

问题：

（1）何谓"技术转让"？本案中该合同是否合法有效成立？

（2）什么叫"搭售行为"？在此次转让合同中 B 公司行为是否违法？如违法,违反了何种规定？

第十章　国际商事纠纷解决
Chapter Ten　Resolution of International Business Disputes

【本章要点】

- 国际商事调解
- 国际商事仲裁
- 商事仲裁协议
- 商事仲裁程序
- 国际商事仲裁裁决的承认和执行

Key Terms

Conciliation or Mediation, as a form of alternative dispute resolution (ADR), is a way of resolving disputes between two or more parties, in which a third party, the mediator, assists the parties to negotiate their own settlement (facilitative mediation). In some cases, mediators may express a view on what might be a fair or reasonable settlement, generally where all the parties agree that the mediator may do so (evaluative mediation).

Arbitration is an out-of-court procedure in which a dispute is presented to one or more persons (arbitrators), whose decision is binding on the parties.

CIETAC (China International Economic and Trade Arbitration Commission) is the most important permanent arbitration institution in China, also known as the Arbitration Court of the China Chamber of International Commerce (CCOIC), it independently and impartially resolves economic and trade disputes by means of arbitration and conciliation (mediation).

The New York Convention of 1958 (Convention on the Recognition and Enforcement of Foreign Arbitral Awards, the "New York" Convention) is widely recognized as a foundation instrument of international arbitration and requires courts of contracting States to give effect to an agreement to arbitrate when seized of an action in a matter covered by an arbitration agreement and also to recognize and enforce awards made in other States, subject to specific limited exceptions. The Convention entered into force on 7 June 1959.

第一节 概 述

10.1 Introduction to International Commercial Disputes Resolution

纠纷解决是通过特定的方式和程序,解决纠纷和冲突,恢复社会平衡和秩序的活动过程,其基本功能是解决纠纷。传统上,商事纠纷的解决机制有四种:协商或谈判、调解、仲裁、诉讼。其中,第一种是没有第三者参加的当事人自主解决纠纷的方式,而后三种都是在第三者参加甚至主持下解决纠纷的方式。广义上,协商、调解、仲裁都属于替代性纠纷解决方式(Alternative Dispute Resolution,ADR)的范畴;而狭义上,ADR 仅包括协商和调解,而调解与前者的不同主要在于中立第三者介入纠纷解决的活动和程序。

近年来,在仲裁成为解决国际商事纠纷主要法律方式的同时,越来越多的当事人尝试选择通过调解方式解决国际商事纠纷。随着实践的不断增加,专业性的商事调解机构和专家的大量涌现,国际商事调解受到了广泛欢迎。鉴于跨国诉讼的复杂性,大多数当事人会把其作为最后的选择,本章将主要探讨从调解和仲裁机制的角度,探讨国际商事纠纷的解决问题。

Options to Resolve a Commercial Dispute

In the world today, there are a variety of ways of resolving disputes and many international arbitration institutes are available to assist parties to choose the best available for their particular disputes. Some of the options are described below. [①]

1. Negotiation(协商或谈判)

The most common form of dispute resolution is negotiation. By this means alone nearly all disputes are solved. If negotiations fail, it is necessary to seek the assistance of a neutral third party or several neutral third parties to facilitate a solution.

2. Conciliation / Mediation(调解)

Conciliation and Mediation are often terms used interchangeably and they are together referred to as mediation. Both involve the appointment of a third party to assist disputing parties to reach a settlement of their difference. The mediator is not given any power to impose a settlement. His function is to try to break any impasse and encourage the parties to reach an amicable settlement. In commercial disputes an impasse most often arises from either a lack of trust in the integrity of the other party or a genuine good faith difference of opinion on the facts underlying the dispute or on the probable outcome of the case were it to go to court. The mediator may act as a shuttle diplomat acting as a channel for communication filtering out the emotional elements and allowing the parties to focus on the underlying objectives. He will encourage the parties to reach an agreement themselves as opposed to having it imposed upon them.

Mediation has proven an outstandingly successful management tool for resolving difficult

---

① Refer to Hong Kong International Arbitration Center, HKIAC, *the options to resolve a dispute*, available at < www. hkiac. com >. Last visited on June 10, 2008.

disputes and should always be considered when negotiations fail before proceeding to arbitration or litigation. It is a means by which the parties can re-learn the basis of communication with which they can then resolve future disputes. This is particularly important in family disputes where invariably there are ongoing issues to be resolved e. g. arrangements for children.

3. Arbitration(仲裁)

For an arbitration to take place, the disputing parties must agree to take their dispute to arbitration. In practice, this agreement is often made before the dispute arises and is included as a clause in their commercial contract. In signing a contract with an arbitration clause, the parties are agreeing that their dispute will not be heard by a court but by a private individual or a panel of several private individuals. If parties have agreed to arbitration, they will generally have to go to arbitration rather than court as the courts will normally refuse to hear their case by staying it to force the reluctant party to honour their agreement to arbitrate.

Arbitration is a legal process which results in an award being issued by the arbitrator or arbitrators. Arbitration awards are final and binding on the parties and can only be challenged in very exceptional circumstances. An award has a status very like a court judgment and is enforceable in a very similar manner. Arbitration awards made in Hong Kong are enforceable through the courts of most of the world's trading nations.

4. Litigation(诉讼)

In the absence of an arbitration agreement or other consensual means of dispute resolution, the parties may commence proceedings in the courts. Litigation in Hong Kong courts is handled very competently. The decision of the Court of First Instance is not, however, final as an aggrieved party has an automatic right of appeal to the Court of Appeal and if the amount in dispute exceeds HK $ 1,000,000, they have an automatic right of appeal from the Court of Appeal to the Hong Kong Court of Final Appeal.

第二节　国际商事调解
10.2　International Commercial Mediation

Mediation is a process in which a third-party neutral assists in resolving a dispute between two or more other parties. It is a non-adversarial approach to conflict resolution. The role of the mediator is to facilitate communication between the parties, assist them in focusing on the real issues of the dispute, and generate options that meet the interests or needs of all relevant parties in an effort to resolve the conflict.

Unlike arbitration, where the intermediary listens to the arguments of both sides and makes a decision for the disputants, a mediator assists the parties to develop a solution themselves. Although mediators sometimes provide ideas, suggestions, or even formal proposals for settlement, the mediator is primarily a " process person," helping the parties define the agenda, identify and reframe the issues, communicate more effectively, find areas of common ground, negotiate fairly, and hopefully, reach an agreement. A successful mediation effort has an outcome that is accepted and owned by the parties themselves.

一、国际商事调解的概念(Concepts of International Commercial Mediation)

(一) 国际商事调解的内涵

调解是在中立第三者(调解机构或调解人)协助下,通过调停、说和、劝导等方式,促使纠纷双方当事人在互谅互让的基础上达成和解协议从而解决纠纷的一种方式。在英语中,"调解"可以译为"Mediation",也可以使用"Conciliation",两者含义虽略有差异,但基本一致,可以通用。

一般认为,国际商事调解是指在国际商事法律关系中,当事人自愿将他们之间已经发生或将要发生的具有国际性质的商事争议交由第三方居中协调,促使有关当事人在协商的基础上达成和解,从而使争议得以解决的争议解决方式。

1. "调解"的定义

根据联合国国际贸易法委员会《国际商事调解示范法》(UNCITRAL Model Law on International Commercial Conciliation, UNCITRAL Conciliation Model Law)的规定,"调解"系指当事人请求一名或多名第三人("调解人")协助他们设法友好解决他们由于合同引起的或与合同的或其他的法律关系有关的争议的过程。调解人无权将解决争议的办法强加于当事人。

UNCITRAL Conciliation Model Law Article 1

Conciliation means a process, whether referred to by the expression conciliation, mediation or an expression of similar import, whereby parties request a third person, or a panel of persons, to assist them in their attempt to reach an amicable settlement of their dispute arising out of or relating to a contract or other legal relationship. The conciliator or the panel of conciliators does not have the authority to impose upon the parties a solution of the dispute.

2. "商事"的定义

商事调解是指对商事性质的纠纷所进行的调解,而对于"商事"的含义,立法和实践中一般都作广义解释。在国际商事法律中,有关国际组织或国家大多也对"商事"一词采取广义的解释。例如, UNCITRAL Conciliation Model Law 沿用了《联合国国际商事仲裁示范法》(UNCITRAL Model Law on International Commercial Arbitration)对"商事"一词的注解:

"对'商事'一词应作广义解释,使其包括不论是契约性或非契约性的一切商事性质的关系所引起的种种事情。商事性质的关系包括但不限于下列交易:供应或交换货物或服务的任何贸易交易;销售协议,商事代表或代理;保付代理;租赁;建造工厂;咨询;工程;许可证;投资;融资;银行;保险;开采协议或特许权;合营企业或其他形成的工业或商业合作;货物或旅客的航空、海上、铁路或公路运输。"

The term "commercial" should be given a wide interpretation so as to cover matters arising from all relationships of a commercial nature, whether contractual or not. Relationships of a commercial nature include, but are not limited to, the following transactions: any trade transaction for the supply or exchange of goods or services; distribution agreement; commercial representation or agency; factoring; leasing; construction of works; consulting; engineering; licensing; investment; financing; banking; insurance; exploitation agreement or concession; joint venture and other forms of industrial or business cooperation; carriage of goods or passengers by air, sea, rail or road.

在我国,关于"商事"一词同样作比较广义的解释。根据我国加入 1958 年在纽约通过的《承认及执行外国仲裁裁决公约》(Convention on the Recognition and Enforcement of Foreign Arbitral Awards,the "New York" Convention)时所作的商事保留声明,所谓"商事",包括货物买卖、财产租赁、工程承包、加工承揽、技术转让、合资经营、合作经营、勘探开发自然资源、保险、信贷、劳务、代理、咨询服务和海上、民用航空、铁路、公路的客货运输以及产品责任、环境污染、海上事故和所有权争议等,但不包括外国投资者与东道国政府之间的争端①。

3．"国际"的定义

一般而言,各国法律均给予国际商事调解与仲裁以更多的自由和较少的司法干预。然而,对于"国际"一词,各国国内立法和国际公约均未能作出一个明确的定义。联合国国际贸易法委员会 1985 年制订的国际商事仲裁示范法(UNCITRAL 示范法)第 1 条(3)款则规定:"一项仲裁是国际性的,如果(A)仲裁协议双方当事人在签订该协议的时候,他们的营业地位于不同的国家;或者(B)下列地点之一位于双方当事人营业地共同所在的国家之外:(a)仲裁协议中或根据仲裁协议确定的仲裁地;(b)商事关系义务将要履行的主要部分的任何地点或争议的客体具有最密切联系的地点;或者(c)双方当事人已经明示约定仲裁协议的客体与一个以上的国家有联系。"②

而 UNCITRAL Conciliation Model Law 在第 1 条中对"国际"作出了解释:

UNCITRAL Conciliation Model Law

A conciliation **is international** if:

(a) The parties to an agreement to conciliate have, at the time of the conclusion of that agreement, their places of business in different States; or

(b) The State in which the parties have their places of business is different from either: (i) The State in which a substantial part of the obligations of the commercial relationship is to be performed; or (ii) The State in which the subject-matter of the dispute is most closely connected.

Place of business: (a) If a party has more than one place of business, the place of business is that which has the closest relationship to the agreement to conciliate; (b) If a party does not have a place of business, reference is to be made to the party's habitual residence.

（二）商事调解的特征

调解已经被公认为更灵活、更经济、更高效的替代性纠纷解决方式(Alternative Dispute Resolution,ADR)。与其他纠纷解决方式相比,调解具有当事人自愿性、第三人介入性、程序的灵活性、过程的经济性、结果的契约性等五大特征。

（1）自愿性。当事人双方的自愿性贯穿于商事纠纷调解的整个过程之中,这是调解机制

---

① 最高人民法院:1987 年 4 月 10 日,法(经)发〔1987〕5 号:《关于执行我国加入的〈承认和执行外国仲裁裁决公约〉的通知》第 2 条,载《中华人民共和国最高人民法院公报》,1987 年第 2 号。

② 联合国《国际商事仲裁示范法》第 1 条第 3 款。

的性质所决定的。从调解的整个过程来看,调解的启动、调解规则的适用、调解员的选定、调解程序的进行、和解协议的达成,以及调解结果的履行等,都取决于当事人的自愿和合意。在商事调解中,调解员虽然介入纠纷解决过程中,并可以进行调停、说和、劝导、说服,促使当事人达成谅解,甚至可以提出解决争议的具体方案,但这一方案仅是一种建议而已,其建议是否被采用或参考,取决于当事人自己,调解员决不能把自己的意志强加于当事人。这也是调解与仲裁、诉讼的最大区别所在。

(2)介入性。一般而言,第三方的协助对于当事人之间纠纷的解决具有重要作用。与协商相比,调解的最大特点就是中立第三方介入纠纷解决活动,向争议双方当事人提供协助。由于商事纠纷中当事人之间往往存在较大分歧,如果没有第三方从中斡旋、调和,矛盾难以解决。而借助于有经验第三方的居中沟通、调停,创造和谐氛围,当事人则比较容易相互谦让、妥协,从而达成谅解,解决纠纷。当然,为获得当事人双方信任,第三者应该始终保持中立地位,做到独立和公正,不代表任何一方,也不偏向任何一方。如果当事人产生对调解人的不信任,可能随时终止调解程序,从而不利于调解机制在商事纠纷解决中发挥应有的协助和促进作用。正因为如此,调解机构往往制定和实行调解人应当遵守的行为准则。

(3)灵活性。调解具有程序和过程上的灵活性。就程序而言,它无需遵循严格的程序,当事人可以根据纠纷特点、彼此关系及各自需要来选择适当的程序。因此,调解往往得以在一种非对抗性的、和谐的气氛中进行,争议双方可以自由阐述各自观点和意见;就过程而言,调解除依据现行法律法规之外,还可依据各种社会规范来处理纠纷,如行业标准、地方惯例、乡规民约、伦理道德、公平原则等。

(4)经济性。调解机制相对于其他纠纷解决机制,具有节省人力、财力、物力和时间的优势,其经济性十分明显。这也是调解机制得以受到广泛欢迎的主要因素之一。

(5)契约性。调解协议相对于和解,具有契约性,但是否具有司法性(即是否具有强制执行力)则取决于具体调解机构的性质和各国的立法和实践。契约性是调解的本质属性,贯穿于调解的整个过程。调解程序的启动、调解员的选任、调解规则的适用、调解协议的达成,以及调解的终止等,这些事项都取决于当事人是否达成合意或契约。

(三)商事调解原则

在实际操作中,商事调解工作应遵守以下原则。

1. 当事人自愿原则

自愿原则是指在商事调解中,无论是调解活动的进行,还是调解协议的形成,都要建立在当事人自愿的基础上。自愿原则既包括程序意义上的自愿,也包括实体意义上的自愿。而且,一个商事纠纷能不能用调解的方式解决,也是由双方当事人决定的。

2. 合法性原则

合法原则是指商事调解在程序上要合法,形成的调解协议不得违反法律规定。这是严格依法办事原则在调解制度中的体现。调解虽然是说服教育双方当事人相谅互让以达成协议,但是一切调解活动都要限制在法律、政策允许的范围内,不得违法,也不得损害公共利益和他人利益。

3. 查明事实、分清是非原则

查明事实、分清是非的原则是指商事调解必须在事实已经清楚、是非已经分清的基础上进行。实事求是是做好调解工作的一大法宝。它与"以事实为依据,以法律为准绳"这条商事纠纷必须遵循的基本原则是一脉相承的。

4. 互谅互让、友好协商原则

从商事纠纷当事人角度,为促进纠纷的及时有效解决,双方当事人一般都能够做到互谅互让、友好协商。这也是商事纠纷得以通过调解方式解决的前提和基础。

5. 保守商业秘密原则

对于保守商业秘密,联合国国际贸易法委员会《国际商事调解示范法》(UNCITRAL Conciliation Model Law)的规定,具有重要参考价值。其主要内容如下。

其一,披露信息(第8条):调解人收到一方当事人关于争议的信息时,可以向参与调解的任何其他方当事人披露该信息的实质内容。但是,一方当事人向调解人提供任何信息附有必须保密的特定条件的,该信息不得向参与调解的任何其他方当事人披露。

其二,保密(第9条):除非当事人另有约定,与调解程序有关的一切信息均应保密,但按照法律要求或者为了履行或执行和解协议而披露信息的除外。

其三,证据在其他程序中的可采性(第10条)。内容如下。

(1)调解程序的一方当事人或任何第三人,包括参与调解程序行政工作的人在内,不得在仲裁、司法或类似的程序中以下列事项作为依据,将其作为证据提出或提供证言或证据:(a)一方当事人关于参与调解程序的邀请,或者一方当事人曾经愿意参与调解程序的事实;(b)一方当事人在调解中对可能解决争议的办法所表示的意见或提出的建议;(c)一方当事人在调解程序过程中作出的陈述或承认;(d)调解人提出的建议;(e)一方当事人曾表示愿意接受调解人提出的和解建议的事实;(f)完全为了调解程序而准备的文件。

(2)不论本条第(1)款所述的信息或证据的形式如何,本条第(1)款均适用。

(3)仲裁庭、法院或政府其他主管当局不得下令披露本条第(1)款所述的信息。违反本条第(1)款提供这类信息作为证据的,该证据应当作为不可采纳处理,但按照法律要求或者为了履行或执行和解协议的,可以披露或者作为证据采纳这类信息。

(4)不论仲裁、司法或类似的程序与目前是或曾经是调解程序的标的事项的争议是否有关,本条第(1)款、第(2)款或者第(3)款的规定均适用。

(5)以本条第(1)款的限制为限,在仲裁或司法或类似程序中可予采纳的证据并不因其曾用于调解中而变成不可采纳。

UNCITRAL Conciliation Model Law

Article 8: Disclosure of information When the conciliator receives information concerning the dispute from a party, the conciliator may disclose the substance of that information to any other party to the conciliation. However, when a party gives any information to the conciliator, subject to a specific condition that it be kept confidential, that information shall not be disclosed to any other party to the conciliation.

Article 9: Confidentiality Unless otherwise agreed by the parties, all information relating to the conciliation proceedings shall be kept confidential, except where disclosure is required under the law or for the purposes of implementation or enforcement of a settlement agreement.

Article 10: Admissibility of evidence in other proceedings

1. A party to the conciliation proceedings, the conciliator and any third person, including those involved in the administration of the conciliation proceedings, shall not in arbitral, judicial or similar proceedings rely on, introduce as evidence or give testimony or evidence regarding any of the following:

(a) An invitation by a party to engage in conciliation proceedings or the fact that a party was willing to participate in conciliation proceedings;

(b) Views expressed or suggestions made by a party in the conciliation in respect of a possible settlement of the dispute;

(c) Statements or admissions made by a party in the course of the conciliation proceedings;

(d) Proposals made by the conciliator; (e) The fact that a party had indicated its willingness to accept a proposal for settlement made by the conciliator; (f) A document prepared solely for purposes of the conciliation proceedings.

2. Paragraph 1 of this article applies irrespective of the form of the information or evidence referred to therein.

3. The disclosure of the information referred to in paragraph 1 of this article shall not be ordered by an arbitral tribunal, court or other competent governmental authority and, if such information is offered as evidence in contravention of paragraph 1 of this article, that evidence shall be treated as inadmissible. Nevertheless, such information may be disclosed or admitted in evidence to the extent required under the law or for the purposes of implementation or enforcement of a settlement agreement.

4. The provisions of paragraphs 1, 2 and 3 of this article apply whether or not the arbitral, judicial or similar proceedings relate to the dispute that is or was the subject matter of the conciliation proceedings.

5. Subject to the limitations of paragraph 1 of this article, evidence that is otherwise admissible in arbitral or judicial or similar proceedings does not become inadmissible as a consequence of having been used in a conciliation.

二、商事调解的发展与优势

西方国家过去曾经长期对调解这种方式存在质疑和排斥,因而诉讼与仲裁长期占据着纠纷解决的主导地位。20 世纪 80 年代以来,情况发生了转变。以美、英等国为代表的国家,开始逐渐重视调解的作用,他们在商事调解的理论研究、实践操作、机构专业化建设,以及相关法律、法规的制定、健全方面,已经走在了世界前列。

（一）商事调解的发展

在国际商事争议解决领域,调解机构的调解业务开始不断增加,一些商事仲裁机构,也开始更多地提供调解服务。在调解实践不断丰富的基础上,一些国际机构制定了越来越完善的调解规则。如我国的北京仲裁委员会,也于 2008 年 4 月 1 日起实行《北京仲裁委员会调解规则》;一些国家(如印度和日本)已出台了调解立法,对调解书的效力做出界定,使这些国家的调解具有司法性特征。

其中,最引人注目的是,2002 年 11 月,联合国大会通过了由联合国国际贸易法委员会(UNCITRAL)起草并提交的《国际商事调解示范法》。大会决议建议各国考虑到统一关于争议解决程序的法律的可取性和国际商事调解实践的具体需要,对该法的立法给予应有的考虑。发达国家在传统的商事调解模式基础上,为适应信息时代电子商务的迅速发展,开发了在线调解模式,充分利用现代高科技电子手段,大大提高了调解的效率,节约了当事人的商业成本。以意大利米兰商会仲裁院为例,其经过几年投入所开发的网上调解服务平台,已经日臻完善,为电子商务纠纷的解决提供了一个更加快捷的途径。

（二）商事调解与其他调解的比较

1. 商事调解与仲裁调解

商事调解与仲裁调解具有密切的联系,如二者均属于社会救济方式,都是当事人通过和解、调解的方式结束纠纷等。但是,与仲裁调解相比,商事调解显然具有明显优势。

（1）商事调解由调解员主持。在仲裁调解中,调解由仲裁员主持,仲裁员同时担任仲裁与调解两项工作,调解成为仲裁过程中的一种手段与方式;而在商事调解中,调解由专门的调解员主持。虽然该调解员可能也同时具备仲裁员资格,但在主持调解时,只能以调解员的角色处理案件,不得使用或表现出任何与仲裁相关的言辞和行为。

（2）可以避免仲裁调解的固有弊端。仲裁调解产生以来,其合理性、公正性一直受到质疑,而核心就是质疑一人同为仲裁与调解工作的公正性。由于调解员只负责调解,一旦调解失败则不再参与同一案件的仲裁程序,充分保障了调解的自愿性和仲裁机构的中立形象。

（3）调解完全独立于仲裁。在仲裁调解中,调解实际上是仲裁过程中的一种辅助手段。一旦调解失败,则自动归于仲裁程序,调解依附于仲裁。而商事调解则不同,调解程序完全独立,调解失败的,独立调解程序即宣告结束。这更加有利于节省资源、提高效率。

2. 商事调解与人民调解

我国的人民调解,是一种具有中国特色的纠纷解决方式,人民调解组织属于基层群众组织,调解员主要来自民间。与商事调解类似,人民调解在实现公平正义、化解矛盾纠纷等方面发挥了积极作用。然而,二者的区别也是显而易见的。

（1）调解范围很不一样。人民调解的范围主要限于民间纠纷,而商事调解则主要针对的是合同纠纷、财产纠纷等民事商事纠纷和经济纠纷。

（2）调解人员素质不同。商事调解机构中的调解员,一般均为从事多年司法工作的专业人员,具有丰富的仲裁经验和调解经验,可以保证调解的质量和公正性。而人民调解中的调解员,则对专业素质要求很低。

（3）纠纷解决程度不同。基于调解主体的不同,商事调解与人民调解所产生的实际效果差别很大,对纠纷解决的彻底性不同。商事调解的调解员,基于丰富经验和专业知识,能够更好地在明晰纠纷双方权利义务基础上促使调解协议的达成,满足当事人的现实需求,因而和解协议履行率高、争议反复率低。

3. 商事调解与行业调解

行业调解是指行业性社会团体及其分支机构,设置行业调解委员会,对于会员之间以及会员与非会员之间发生的、具有行业特点或者和行业活动有关的民事权利、义务争议予以调解的行为和过程。其与商事调解的区别主要在于:

（1）调解范围不同。行业调解的范围一般限定在两个方面：其一，纠纷须发生在会员之间或者会员与非会员之间；其二，纠纷须具有行业特点或者与行业活动相关，因此，其范围比较狭窄。而商事调解的范围较为广泛。

（2）社会价值不同。由于受案范围的差异，行业调解与商事调解在所能解决社会纠纷的总量上，存在明显差异，因而它们的社会价值很不相同。

（3）机构定位不同。行业调解是社团内部设置、用以调解行业内部纠纷的机构，所以定位和角色上恐怕难以保持应有的独立性和中立性。而商事调解机构是独立于政府行政部门和行业社会团体的中立性组织，更易避免受到行业人际等社会因素的干扰。

4. 商事调解与法院调解

法院调解是指在人民法院审判人员的主持下，双方当事人通过自愿协商，达成协议，解决民事争议的活动和结案方式。法院调解在我国是广为人知的纠纷解决方式。商事调解与法院调解相比，主要特点在于：

（1）调解方式简便、灵活。由法院主持的调解，也是附属于与法院裁判程序的。在启动法院调解程序之前，需要逐一经过起诉、受理、庭前准备、庭审等严格而漫长的诉讼程序，无疑增加了纠纷解决的成本，消耗了当事人更多时间与精力；在商事调解过程中，当事人申请调解、选定调解员、参与调解的程序要求要简便许多，调解过程也更为灵活，充分体现了商事调解快速、高效解决纠纷的特点。

（2）有利于减轻法院调解压力。商事调解不但简便、灵活，而且具有很高的专业水准，能够保证调解的质量。因此，可以很好地实现社会纠纷的"分流"，起到与法院调解较为接近的效果。

（3）更能体现当事人的自愿。无论是法院调解还是仲裁调解，调解程序都要附属于审判或者仲裁程序，其失败就意味着启动上述程序。因此，当事人难免在调解时有所顾虑，而不能充分体现调解的自愿性。审判人员或仲裁人员在最后作出判决、裁决时，也难免受到之前调解程序中信息和情绪上的影响，这对于当事人也是不利的。而商事调解的完全独立性，使有效避免了上述问题，能够真正体现和尊重当事人的自愿性。

三、中国的国际商事调解（International Commercial Mediation in China）

在我国，成立于 1987 年的中国贸促会/中国国际商会调解中心（Conciliation Center of China Council for the Promotion of International Trade/ China Chamber of International Commerce, CCPIT/CCOIC Conciliation Center），是从事国际商事调解业务的非营利性中立组织，也是迄今为止我国唯一一家专门从事涉外商事调解的常设调解机构。

（一）中国国际商事调解概况

随着我国改革开放的不断深入和调解业务发展的需要，CCPIT/CCOIC Conciliation Center 自 1992 年起陆续在全国各省、自治区、直辖市及一些重要城市的贸促会分支机构设立调解中心，至今已有 41 家，形成了一个庞大的调解网络，为创建健康和谐的投资与经济环境发挥了积极的作用。

CCPIT/CCOIC Conciliation Center 在商事调解的实践上，应当事人的现实需求，不断与时俱进，发展创新，根据中国国际经济贸易仲裁委员会仲裁规则第 40 条第 1 款的规定和中国贸促会/中国国际商会调解中心调解规则第 27 条的规定,双方合作形成了"调解与仲裁"相结合的理论和实践经验,被称为"东方经验"。

为适应商事调解国际化的发展趋势,CCPIT/CCOIC Conciliation Center 重视并致力于与国际上先进的争议解决机构的交流与合作,摸索创造了中外联合调解合作模式。早在 1987 年,中国贸促会/中国国际商会调解中心就与设立在德国汉堡的北京-汉堡调解中心签署了合作协议,同时制定了北京-汉堡调解规则,供双方共同调解涉及中、德当事人的案件。此后,贸促会调解中心分别与纽约调解中心、阿根廷-中国调解中心签订了联合调解协议,共同制定了联合调解规则。

目前,CCPIT/CCOIC Conciliation Center 已经与国际上 10 多个争议解决机构建立了良好的合作关系,形成了行之有效的案件转接机制和联合调解办案模式。中外机构的联合调解有利于发挥两国调节机构的各自资源优势,交流法律资料、调解经验,并提供便利的调解场所,以此消除当事人对不同文化背景和法律环境的调解员可能怀有的顾虑,为跨地区、跨国的经贸纠纷采用调解的方式解决争议搭建了便利之桥。

The CCPIT/CCOIC Conciliation Center is a permanent conciliation institution that assists, in an independent and impartial manner, the parties involved to resolve commercial and maritime disputes through conciliation. The Conciliation Center has a secretariat and a division of international service.

The Conciliation Center was established in 1987 and over 40 sub-council conciliation centers have been set up in provinces, municipalities and autonomous regions throughout the country, constituting a nationwide conciliation network. Unified conciliation rules are applied by conciliation centers in different parts of the country, which are subject to the guidance of the CCPIT/CCOIC Conciliation Center in their functioning. So far, the conciliation network has taken up cases of dispute involving different trades and over 30 countries and regions; over 80% of the cases have been successfully settled through conciliation. The Conciliation Center handles, through conciliation, about 400 cases of different kinds of commercial disputes annually, and in addition, offers other dispute resolution options such as early neutral evaluation and expert opinion.

The Conciliation Center handles cases of dispute according to the conciliation agreement (conciliation terms) reached between the parties to the dispute or the application submitted by a party to the dispute. A list of conciliators is available and a party to a dispute can name any of them to deal with the case he is involved in. The conciliators have been selected by the Conciliation Center from among Chinese and foreign personages possessing professional knowledge or rich practical experience and enjoying prestige in the commercial, maritime and legal fields. The CCPIT/ CCOIC Conciliation Center has engaged over 300 Chinese and foreign personages as conciliators.

During the conciliation proceedings, the conciliator will respect the autonomy of the parties, and on the basis of ascertaining the facts, making a clear distinction between right and wrong and ascertaining where the liability lies, conduct the conciliation in accordance with the law and the contractual agreement and in light of the international practice and the principle of impartiality and reasonableness, urging the parties involved to reconcile with each other in the spirit of mutual understanding and accommodation, striving for a win-win result so as to safeguard the perpetual cooperation between the two parties and their long-term interest.

To go along with the development of international cooperation in conciliation and the trend of conciliation going internationalized, the Conciliation Center has successively signed cooperation agreements and established cooperative relations with the relevant institutions in countries and regions such as Germany, Britain, Sweden, Japan and Hong Kong. And the Conciliation Center, together with the Chinese and Japanese automobile associations, has signed a cooperative authorization agreement in which they agree that the motorcycle dispute between China and Japan be referred to the Conciliation Center. the Conciliation Center has also, in cooperation with the Korean Chamber of Commerce & Industry, the Canada China Business Council, the Macao World Trade Center and the US CPR Dispute Settlement Institution respectively, set up the Sino-Korean Commercial Dispute Conciliation Center, the CCBC-CCPIT Joint Conciliation Center, the Mainland-Macao Joint Conciliation Center and the Sino-US Commercial Dispute Conciliation Center to deal with commercial disputes between the parties involved by resorting to conciliation.

Owing to its unique advantages of time saving, high efficiency, low cost and amicable atmosphere, this mode of dispute settlement has been extensively accepted by parties involved in commercial or maritime disputes and is playing an increasingly important role internationally.

（二）中国国际商会调解中心的基本规则

1. 调解规则

中国贸促会/中国国际商会调解中心现行有效的《调解规则》(Conciliation Rules)，是 2005 年 7 月 1 日生效的版本。《调解规则》包括总则、组织、调解程序、附则等四章，计 35 条规定。其中，第三章"调解程序"，有三节，分别对案件的受理、调解员的选（指）定和调解方式做出了具体规定。

2. 受案范围

中国国际商会调解中心以调解的方式，解决发生在商事、海事等领域的争议。包括当事人在贸易、投资、知识产权、房地产、物流、金融证券、保险等领域争议的调解。

调解中心受理下列争议案件：

（1）国际的或涉外的争议案件；

（2）涉及香港特别行政区、澳门特别行政区和台湾地区的争议案件；

（3）国内争议案件 CCPIT/CCOIC Conciliation Center。

3. 示范调解条款

中国国际贸易促进委员会/中国国际商会调解中心的示范调解条款（调解协议）：

"本合同之各方当事人均愿将因本合同引起的或与本合同有关的任何争议，提交中国国际贸易促进委员会/中国国际商会调解中心，按照申请调解时该中心现行有效的调解规则进行调解。经调解后如达成和解协议，各方都要认真履行该和解协议所载之各项内容。"

Model Mediation Clause(**Agreement**) of China Council for the Promotion of International Trade/China Chamber of International Commerce Mediation Centre：

"Any dispute arising from or in connection with this Contract shall be submitted to mediation Centre of China Council for the Promotion of International Trade/China Chamber of International

Commerce for mediation which shall be conducted in accordance with the Centre's mediation Rules in effect at the time of applying for mediation. In case an amicable settlement agreement has been reached, the parties shall abide by the settlement agreement."

（三）中国国际商会调解中心的调解程序

中国贸促会/中国国际商会调解中心《调解规则》第三章,对其调解程序进行了专门规定。

1. 调解的申请与受理

（1）调解中心根据当事人在争议发生之前或者在争议发生之后达成的调解协议和任何一方、双方或多方当事人的申请受理案件。调解协议系指当事人在合同中订明的调解条款,或者以其他方式达成的同意以调解方式解决争议的协议。当事人之间没有调解协议,一方当事人申请调解的,调解中心也可以受理,并征求对方当事人的意见。

（2）凡当事人同意将争议提交调解中心进行调解的,均视为同意按照调解中心的调解规则进行调解。但当事人另有约定且调解中心同意的,从其约定。

（3）当事人向调解中心提出调解申请时,按下述要求办理。

① 提交调解申请书(一式四份),其中应写明及/或提供以下材料:

a）申请人和被申请人的名称(姓名)和地址、邮政编码、电话、传真、电子邮件(E-mail)等;

b）调解所依据的调解协议;

c）争议事实、证据材料和调解请求;

d）其他应当写明的事项。

② 如聘请代理人参与调解程序,应提交书面授权委托书。

③ 在调解中心调解员名册中,选定或委托调解中心代为指定一名调解员。

④ 如当事人在争议发生前或发生后达成调解协议或就以调解的方式解决争议达成一致,则由申请人及被申请人按照本规则所附调解收费表的规定分别预交调解费的50%。

⑤ 如申请人在提出调解申请时尚未与被申请人取得联系,或双方尚未就以调解的方式解决争议达成一致,则申请人在提交前述材料的同时按照本规则所附调解收费表的规定先预交调解费的50%。

（4）调解中心收到调解申请书及其附件后,经审查完毕,立即转送给被申请人一式一份。被申请人应在收到上述文件之日起15日内确认同意调解并在调解中心的调解员名册中选定或委托调解中心代为指定一名调解员,同时按照本规则所附调解收费表的规定预交调解费的50%。

（5）调解被申请人未在第14条规定的期限内确认同意调解的,视为拒绝调解;在规定期限届满后确认同意调解的,是否接受,由调解中心决定。

2. 调解员的选(指)定

（1）当事人应从调解中心调解员名册中选定调解员,当事人另有约定的除外。

（2）申请人和被申请人分别选定一名调解员,下列情形除外:

① 当事人另有约定的;

② 当事人同意共同选定独任调解员调解案件的;

③ 调解中心认为增加指定一名首席调解员更有利于调解的。

（3）如当事人同意将争议交由独任调解员调解,当事人应在被申请人收到调解通知之日起 15 日内共同选定独任调解员。

（4）有下列情形之一的,由调解中心指定调解员:

① 第十七条第三款规定的情形;

② 任何一方当事人在调解中心规定期限内未选定调解员;

③ 任何一方委托调解中心指定调解员。

（5）根据当事人的请求,调解中心可向其提供调解员的选任标准和相关调解员的职业、教育背景、工作经验、所受培训等情况。

（6）在接受当事人选定或调解中心指定时,调解员应保证履行调解员的责任,并披露可能影响其在该案件中担任调解员的独立性、公正性的情况。

（7）如任何被当事人选定或被调解中心指定的调解员因自身的原因无法继续履行调解员职责,当事人或调解中心应按前述有关条款的规定重新选定或指定调解员。

3. 调解方式

《调解规则》第三章第三节就"调解方式"规定如下:

（1）调解员可以采用其认为有利于当事人达成和解的方式对争议进行调解。这种方式包括但不限于:

A. 调解程序开始之后,调解员可以单独或同时会见当事人及其代理人进行调解;

B. 调解员单独会见一方当事人的,可向他方当事人通报单独会见的情况,当事人另有要求的除外;

C. 调解员可以对争议进行面对面的调解,也可以进行背对背的调解;

D. 在调解过程中,调解员可以要求当事人,提出书面或口头的建议或方案;

E. 调解员可以根据具体案情,在征得当事人同意后,聘请有关专家就技术性问题提供咨询建议或鉴定意见;

F. 调解员可以要求当事人提交补充材料;

G. 在调解过程中,调解员可以根据已掌握的情况,依据公平合理的原则,当事人提出解决争议的建议;

H. 经过调解,在当事人之间仍无法达成和解的情况下,调解员可以提出最后的建议或方案。

（2）调解在调解中心所在地进行。如当事人另有约定,经调解中心同意,或由调解中心建议并经当事人一致同意,亦可在其他地点进行。由此产生的费用,由当事人承担。

（3）聘请有关行业的专家参与调解工作所产生的费用,由当事人承担。

（4）经过调解,如当事人达成和解协议,由各方当事人在和解协议上签字及或盖章。应当事人的要求,调解员可根据和解协议的内容,作出调解书,由调解员在调解书上签字并加盖调解中心的印章。除非为执行或履行之目的,和解协议或调解书不得公开。《调解规则》第27条规定,双方当事人签订和解协议时,可以在和解协议中加入仲裁条款。该仲裁条款的内容如下:"本协议书对各方当事人均有约束力。任何一方均可将本和解协议提交中国国际经济贸易仲裁委员会,请求该会按照现行有效的仲裁规则进行仲裁。各方同意由仲裁委员会主任指定一名独任仲裁员,组成仲裁庭,进行书面审理。仲裁庭有权按照适当的方式快捷地进行仲裁程序,仲裁庭根据本和解协议的内容作出裁决书。仲裁裁决是终局的,对各方当事人均有约束力。"

（5）出现以下情形，调解程序终止：

① 当事人之间达成和解协议；

② 调解中心作出了调解书；

③ 调解员认为调解已无成功的可能并以书面声明终止调解程序；

④ 各方或任何一方当事人向调解员书面声明终止调解程序；

⑤ 调解协议中规定的调解期限届满，当事人协议同意延期的除外。

第三节 国际商事仲裁
10.3 International Commercial Arbitration

一、国际商事仲裁概述

（一）仲裁的发展

仲裁（arbitration）作为一种与诉讼并行的处理当事人之间的民商事纠纷的争议解决方式，同样有着悠久的历史。虽然远在公元前6世纪的希腊，城邦国家已经开始利用仲裁解决他们之间的争议，但世界上第一部仲裁法，则产生于1889年的英国，随后是瑞典颁布仲裁法。美国最高法院在1854年开始认可仲裁裁决的约束力，美国国会于1925年颁布了《联邦仲裁法》。这一时期的仲裁，主要是解决国内民商事纠纷的法律制度。

我国现代意义上的仲裁，可以追溯到1912年北洋政府司法、工商两部所颁行的《商事公断处章程》，以及同年9月颁订的《商事公断处办事细则》。1921年又颁布了《民事公断暂行条例》，规定仲裁可适用于一般的民事争议。1930年国民党政府颁布的《劳动争议处理法》，经修改也规定了仲裁程序，其调整的对象是雇主与工人团体或者15名以上的工人发生的纠纷。1943年晋察冀边区颁布的《晋察冀边区租佃债息条例》及其实施条例以及晋察冀边区行政委员会颁布的《关于仲裁委员会工作指示》中，对仲裁机构的性质、任务和权限作出了明确的规定。1949年3月15日天津市人民政府公布的《天津市人民政府调解仲裁委员会暂行组织条例》，对仲裁机构设置、收案范围和工作原则作了规定。

中华人民共和国成立后，我国分别建立了涉外和国内两套仲裁制度。涉外仲裁主要包括中国国际经济贸易仲裁委员会（CIETAC）和中国海事仲裁委员会；国内仲裁方面，主要是依据1994年8月31日颁布、1995年9月1日起施行的《仲裁法》而建立起来的仲裁系统。

（二）仲裁的概念

1. 仲裁的定义

仲裁，也称公断，是根据争议的当事人事前或事后达成的仲裁协议，自愿将争议提交仲裁机构，由其按一定程序进行审理并作出裁决，该裁决对争议双方当事人具有约束力的一种争议解决方式。

2. 仲裁的分类

当今世界，100多个国家和地区设立有常设的国际商事仲裁机构。这些仲裁机构，一般可以划分为三类:一是国际性常设仲裁机构,如国际商会仲裁院、解决投资争议国际中心;二是地区性仲裁机构,如美洲国家商事仲裁委员会、亚洲及远东经济委员会商事仲裁中心;三是国别性仲裁机构:中国国际经济贸易仲裁委员会、日本商事仲裁协会、美国仲裁协会、瑞士苏黎世商会仲裁院、伦敦国际仲裁院、瑞典斯德哥尔摩商会仲裁院,等等。

(1)临时仲裁与机构仲裁。临时仲裁(ad hoc arbitration)是指无固定仲裁机构介入,而由当事人各方通过仲裁协议直接组织仲裁庭,并由其进行的仲裁。其特点在于仲裁庭是依据当事人的仲裁协议而设立,就当事人的特定的案件进行审理,因而在程序上较为灵活、仲裁费用较低。

机构仲裁(institutional arbitration),又称制度仲裁,是指依照当事人双方的协议将争议交由一定的常设仲裁机构并依该机构所制定的现存仲裁规则进行仲裁。机构仲裁具有两大优势:一是它依据仲裁机构既定的仲裁规则进行仲裁,程序较为严格;二是它有现存的固定管理机构和合格可信的仲裁人员。机构仲裁已成为当前世界范围内的主要仲裁方式。

(2)国内仲裁与国际仲裁。国内仲裁(domestic arbitration)是指仲裁所解决的纠纷在法律关系的三要素上均无涉外因素。

国际仲裁(international arbitration)是指一国仲裁机构对在法律关系上具有涉外因素的争议所进行的仲裁。一般表现为争议主体分属于不同国家,或者争议的内容涉及不同国家,或者客体涉及外国,又称为涉外仲裁。

3. 仲裁的特点

与其他争议解决方式相比较,仲裁优点在于:

(1)充分尊重当事人意思自治。仲裁采取自愿原则,以当事人自愿为前提的,包括自愿决定采用仲裁方式解决争议、自愿决定解决争议的事项、选择仲裁机构、指定仲裁员等。涉外仲裁的当事人双方还可以自愿约定采用那些仲裁规则和适用的法律。

(2)管辖权稳定。在国际商事诉讼中,当事人可能会选择对其最有利的法院起诉,而仲裁在一定程度上可以解决这个问题,因为双方当事人有权利指定仲裁员。

(3)独立。仲裁是由仲裁庭独立进行的,任何机构和个人均不得干涉仲裁庭。这样有利于保证仲裁裁决的公正性。

(4)专家断案。仲裁委员会聘请的仲裁员都是公道正派的有名望的专家,由于经济纠纷多涉及特殊知识领域,由专家断案更有权威。

(5)不公开审理。大多数国家的仲裁法规定,仲裁不公开进行,此举可防止泄露当事人不愿公开的商业秘密。同时,当事人的商业信誉也不会受影响,双方当事人在感情上容易接受,有利于日后继续生意上的往来。

(6)一裁终局。即裁决一旦作出,就发生法律效力,并且当事人对仲裁裁决不服是不可以就同一纠纷再向仲裁委员会申请仲裁或向法院起诉的,仲裁也没有二审、再审等程序。

(7)裁决的国际执行力。仲裁裁决和法院判决一样,同样具有法律约束力,当事人必须严格履行。国际商事争议的仲裁裁决,当事人向被执行人所在国的法院申请强制执行,基于各国所缔结或参加的国际公约,较容易得到执行。

当然,仲裁同诉讼比较起来,也有一些局限性,主要是缺乏诉讼的强制性、严密性和统一性。比如,由于仲裁以当事人的协议为基础,故缺少第三人程序,仲裁人无权强迫那些可以最终对裁决的执行承担全部或部分责任的第三人加入仲裁程序,从而影响争议最终有效的解决。

（三）国际商事仲裁的含义

关于国际商事仲裁的定义问题,各国立法和司法实践存在较大的差异,并没有统一的界定。一般而言,国际商事仲裁(international commercial arbitration)是指在国际经济贸易活动中,仲裁机构或仲裁员根据当事人事前或者事后达成的仲裁协议和当事人一方的仲裁申请,对其争议进行审理并做出裁决的制度。对于"商事"与"国际"这两个概念,不同的国家存在不同的理解。

1. "国际"概念

一般而言,各国法律均给予国际商事仲裁以更多的自由和较少的司法干预。然而,对于"国际"一词,各国国内仲裁立法和国际公约均未能作出一个明确的定义。联合国国际贸易法委员会1985年制订的国际商事仲裁示范法(UNCITRAL示范法)第1条(3)款则规定:"一项仲裁是国际性的,如果(A)仲裁协议双方当事人在签订该协议的时候,他们的营业地位于不同的国家;或者(B)下列地点之一位于双方当事人营业地共同所在的国家之外:(a)仲裁协议中或根据仲裁协议确定的仲裁地;(b)商事关系义务将要履行的主要部分的任何地点或争议的客体具有最密切联系的地点;或者(c)双方当事人已经明示约定仲裁协议的客体与一个以上的国家有联系。"

2. "商事"概念

各国法律关于"商事"的解释对于裁决的承认和执行具有重要的意义,主要是因为有些国家法律规定只有商事合同的争议方可进行仲裁,而有些国家则对此并无太多的限制性规定。根据UNCITRAL示范法,对国际商事仲裁的"商事"一词解释为:包括不论是契约性或非契约性的所有商事性质关系所发生的争议。从其列举的内容分析,商事仲裁的争议可以是合同性质的,也可以是侵权性质的;可以是纯货物交易纠纷,也可以是海事纠纷或者其他类型的平等主体之间发生的纠纷。

3. 我国的界定

在我国,对"国际商事仲裁"尚无明确的规定和解释。最高人民法院1988年《关于贯彻执行〈中华人民共和国民法通则〉若干问题的意见(试行)》第178条规定"涉外民事关系"的:凡民事关系的一方或者双方当事人是外国人、无国籍人、外国法人的,民事关系的标的物在外国领域内的,产生、变更或者消灭民事权利义务关系的法律事实发生在外国的,均为涉外民事关系。最高人民法院1992年《关于适用〈中华人民共和国民事诉讼法〉若干问题的意见》第304条又规定:"当事人一方或双方是外国人、无国籍人、外国企业或组织,或者当事人之间民事法律关系的设立、变更、终止的法律事实发生在外国,或者诉讼标的物在外国的民事案件,均为涉外民事案件。"从上述规定看,最高人民法院所理解的"涉外"为传统国际私法上讲的"涉外",即法律关系的三因素至少有一个因素同外国有联系。但在我国仲裁界,有人主张借鉴《联合国国际贸易法委员会国际商事仲裁示范法》中的"国际"定义扩大"涉外"的内涵。还应注意的是,在仲裁实践中,中国仲裁机构对涉及香港、澳门和台湾的仲裁案件,比照涉外案件处理。

至于"商事"的含义,我国最高人民法院 1987 年《关于执行我国加入的〈承认及执行外国仲裁裁决公约〉的通知》第 2 条:"根据我国加入该公约时所作的商事保留声明,我国仅对按照我国法律属于契约性和非契约性商事法律关系所引起的争议适用该公约。所谓'契约性和非契约性商事法律关系',具体的是指由于合同、侵权或者根据有关法律规定而产生的经济上的权利义务关系,例如货物买卖、财产租赁、工程承包、加工承揽、技术转让、合资经营、合作经营、勘探开发自然资源、保险、信贷、劳务、代理、咨询服务和海上、民用航空、铁路、公路的客货运输以及产品责任、环境污染、海上事故和所有权争议等,但不包括外国投资者与东道国政府之间的争端。"

(四) 国际商事仲裁的法律框架

国际商事仲裁的法律框架指规范和调整国际商事仲裁的各种法律规范,主要包括:国际商事仲裁公约和条约,国际商事仲裁的国内立法,国际商事仲裁的示范法,国际商事仲裁的规则。

1. 国际商事仲裁公约和条约

从 20 世纪初开始,国际社会先后签署了三个国际公约:1923 年由国际联盟主持制定《仲裁条款议定书》,是第一个重要的国际商事仲裁公约。其主要目的是确保仲裁协议的国际执行,并确保仲裁裁决可为裁决地国所执行。1927 年由国际联盟主持制定《关于执行外国仲裁裁决公约》(《日内瓦公约》),是 1923 年日内瓦议定书的补充。其主要目的在于扩展日内瓦议定书的适用范围,使得在一缔约国作出的裁决除在该国(裁决作出国)外,还可在其他缔约国执行。1958 年联合国主持制定了《承认与执行外国仲裁裁决公约》,简称《纽约公约》,迄今为止,其缔约国及地区已达 145 个,是迄今为止最为成功的国际公约之一。

2. 国际商事仲裁的国内立法

由于各国法律环境和理念不同,因而仲裁法的内容也有所不同。一般地,仲裁立法有三种形式:单独制定仲裁立法,如我国 1995 年的《仲裁法》;在民事诉讼法中专章规定,主要是大陆法系国家;仲裁与调解合并立法,如印度。

3. 国际商事仲裁的示范法

国际组织的各种示范法,供各国在制定本国仲裁法时作为参考,自愿采用,不具有强制性。例如,《联合国国际贸易法委员会国际商事仲裁示范法》(UNCITRAL Model Law on International Commercial Arbitration),1985 年 6 月 21 日由联合国国际贸易法委员会主持制定,1985 年 12 月 11 日联合国大会通过批准该示范法的决议,旨在协调和统一世界各国调整国际商事仲裁的法律。由于示范法的基本原则和制度,符合国际上仲裁发展趋势,得到越来越多的国家的采纳,许多国家或地区按照示范法的规定,健全、完善了各自的仲裁法律制度。

4. 国际商事仲裁的规则

仲裁规则(arbitration rules)是指仲裁所应遵循和适用的程序规范。仲裁规则不同于仲裁法,它可以由仲裁机构制定,有些内容还允许当事人自行约定。因此,仲裁规则是任意性较强的行为规范。但是,仲裁规则不得违反仲裁法中的强制性规定。国际常设仲裁机构都有自己的仲裁规则,如联合国国际贸易法委员会于 1976 年颁布的仲裁规则。中国国际经济贸易仲裁委员会的仲裁规则,历经数次修订,现行的仲裁规则于 2005 年修订、2005 年 5 月 1 日起施行。

（五）世界主要商事仲裁机构

1. 国际商会国际仲裁院（International Chamber of Commerce International Court of Arbitration,ICC 国际仲裁院）

在国际商事仲裁领域,ICC 国际仲裁院是最具影响的仲裁机构。其成立于 1923 年,属于国际商会的一部分。主要职责是依据其仲裁规则,通过仲裁的方式解决国际性商事争议,促进国际商业活动正常进行。ICC 国际仲裁院独立于任何一个国家,是典型的国际性商事仲裁机构。

2. 解决国际投资争端中心（International Center for the Settlement of Investment Disputes, ICSID）

ICSID 是世界银行下一个独立机构,1966 年根据《华盛顿公约》而成立,专门处理国际投资争议的全球性常设仲裁机构,总部设在美国华盛顿。ICSID 设立的目的在于:用调停和仲裁的方式解决该公约缔约国和其他缔约国国民之间的投资争议,促进和鼓励私人资本的国际流动。与其他商事仲裁机构不同,它具有完全的国际法律人格,并依照公约享有特权和豁免权。

3. WIPO 仲裁和调解中心

总部设在瑞士日内瓦的 WIPO 仲裁与调解中心建于 1994 年,是 WIPO 国际局的一个行政单位。它利用知识产权领域的优势,受理涉及知识产权争议的仲裁案件,同时也受理其他民商事案件。

4. 美国仲裁协会（American Arbitration Association, AAA）

AAA 成立于 1926 年,是一个非营利性的民间组织,总部设在纽约。AAA 的目的在于,在法律的许可的范围内,通过仲裁、调解和替代性争议解决方式解决国内及国际商事争议。其受案范围很广泛,从国际经贸纠纷到劳动争议、消费者争议、证券纠纷,无所不包。与此相应,AAA 有许多类型的仲裁规则,分别适用于不同类型的纠纷。

5. 伦敦国际仲裁院（London Court of International Arbitration, LCIA）

LCIA 是世界上最古老的仲裁机构,成立于 1892 年。原名为伦敦仲裁厅,1981 年起使用现名。由伦敦市政府、伦敦商会和皇家特许仲裁员协会共同组成的联合管理委员会管理。LCIA 在处理海上货物运输和保险争议方面具有丰富经验。

6. 斯德哥尔摩商会仲裁院（Arbitration Institute of Stockholm Chamber of Commerce, SCC）

SCC 成立于 1917 年,其仲裁机构组织设立于 1949 年。设立的目的在于解决工业、贸易和运输领域的争议。它的总部设在瑞典的斯德哥尔摩,SCC 解决国际争议的优势在于其国家的中立地位。

7. 中国国际经济贸易仲裁委员会（CIETAC）

1956 年,中国国际贸易促进委员会设立对外贸易仲裁委员会,并指定了 CIETAC 仲裁程序暂行规定。1980 年,对外贸易仲裁委员会更名为中国国际经济贸易仲裁委员会（CIETAC）。自 2000 年 10 月 1 日起,CIETAC 同时启用"中国国际商会仲裁院"。总会设在北京,分别在上海和深圳设立了分会。CIETAC 涉及的领域主要有外商投资争议、国际货物买卖争议、金融争议、担保争议、房地产争议、证券争议。CIETAC 不仅受理国际商事争议,而且也同时受理国内商事争议,包括:国际的或涉外的争议案件,涉及香港特别行政区、澳门特别行政区或台湾地区的争议案件,国内争议案件。

二、仲裁协议（Arbitration Agreement）

（一）仲裁协议的概念

1. 仲裁协议定义

仲裁协议是指双方当事人对他们之间业已发生或者将来可能发生的争议交付仲裁解决的协议。

一般而言，仲裁立法会对仲裁协议予以界定。如 UNCITRAL 示范法第 7 条第（1）项规定："仲裁协议"是指当事各方同意将他们之间一项确定的契约性或非契约性的法律关系中已经发生或可能发生的一切争议或某些争议交付仲裁的协议。仲裁协议可以采取合同中的仲裁条款形式或单独的协议形式。我国《仲裁法》第 16 条规定："仲裁协议包括合同中订立的仲裁条款和以其他书面方式在纠纷发生前或者纠纷发生后达成的请求仲裁的协议。" 2005 年修订的中国国际经济贸易仲裁委员会仲裁规则（CIETAC 仲裁规则）第 5 条第（二）项规定："仲裁协议系指当事人在合同中订明的仲裁条款，或者以其他方式达成的提交仲裁的书面协议。"

2. 仲裁协议特点

仲裁协议具有如下特点：

（1）仲裁协议是仲裁庭或仲裁机构受理双方当事人的争议的依据。

（2）仲裁协议具有排除任何法院对有关争议行使管辖权的效力。

（3）仲裁协议具有相对的独立性。

（4）仲裁协议一般是一种书面的协议，或者是在合同中订明的仲裁条款，或者是以其他方式达成的提交仲裁的书面协议，但也有国家允许口头形式的仲裁协议。

3. 仲裁协议分类

国际商事仲裁协议，包括合同中订立的仲裁条款和以其他书面方式在争议发生前或者争议发生后达成的请求仲裁的协议，分为三类。

（1）合同中的"仲裁条款"。即在争议发生之前，双方当事人在合同中所订立的将有关合同争议交付仲裁的条款。例如，CIETAC 仲裁规则为："凡因本合同引起的或与本合同有关的任何争议，均应提交中国国际经济贸易仲裁委员会，按照申请仲裁时该会现行有效的仲裁规则进行仲裁。仲裁裁决是终局的，对双方均有约束力。"

（2）仲裁协议书。即在争议发生之前或发生之后由双方当事人订立的表示同意将争议交付仲裁的一种专门协议。

（3）仲裁法规定的其他形式。例如，双方当事人在往来函电（包括信件、电报、电传、传真、电子数据交换和电子邮件）及其他有关文件中的将争议交付仲裁的特别约定，根据仲裁法的规定也被认定为仲裁协议。UNCITRAL 示范法第 7 条规定，如协议载于往来的书信、电传、电报或提供协议记录的其他电讯手段中，即为书面协议。

（二）仲裁协议的内容

各国仲裁立法和常设仲裁机构的仲裁规则，原则上承认双方当事人有权自由商定仲裁协议的内容，但同时也有不同程度上的限制。仲裁协议的内容不得违反仲裁地国或其他有关国家的禁止性规定。一般来说，仲裁协议的内容，主要包括以下几个方面。

1. 仲裁事项

商事仲裁所解决的争议，必须具有"可仲裁性"（arbitrability），即某一争议是否可以依据有关国家法律,采用仲裁的方式加以解决。"可仲裁性"一方面涉及仲裁机构的管辖权范围,另一方面也涉及仲裁裁决的承认和执行的问题。例如,《纽约公约》允许各国在签署、批准或加入该公约时,作出"商事保留",即"商事保留"国有权通过立法,将非商事性质的争议作出的裁决,排除适用《纽约公约》。而根据 UNCITRAL 示范法的规定,拒绝执行的理由有两个:一是该国法律规定争议标的不能通过仲裁解决,二是承认或执行该裁决将会违反该国的公共执行。

我国《仲裁法》第 2 条规定:"平等主体的公民、法人和其他组织之间发生的合同纠纷和其他财产权益纠纷,可以仲裁";而第 3 条又从禁止的角度提出了不能仲裁的事宜:"下列纠纷不能仲裁:①婚姻、收养、监护、扶养、继承纠纷;②依法应当由行政机关处理的行政争议。"

CIETAC 根据其仲裁规则,受理下列争议案件:国际的或涉外的争议案件;涉及香港特别行政区、澳门特别行政区或台湾地区的争议案件;国内争议案件。以仲裁的方式,独立、公正地解决契约性或非契约性的经济贸易等争议。

2. 仲裁程序

当事人可以在仲裁协议中,约定所要适用的仲裁程序。CIETAC 仲裁规则第 4 条第(2)项规定:"凡当事人同意将争议提交仲裁委员会仲裁的,均视为同意按照本规则进行仲裁。当事人约定适用其他仲裁规则,或约定对本规则有关内容进行变更的,从其约定,但其约定无法实施或与仲裁地强制性法律规定相抵触者除外。"

3. 仲裁机构

各国仲裁立法和司法实践的普遍要求,仲裁协议应明确约定仲裁机构或仲裁员;如当事人拟采取机构仲裁的方法,其约定必须具有确定性,否则可能会影响仲裁协议的效力。我国《仲裁法》第 18 条规定:"仲裁协议对仲裁事项或者仲裁委员会没有约定或者约定不明确的,当事人可以补充协议;达不成补充协议的,仲裁协议无效。"如果当事人在仲裁协议中没有指明仲裁机构的名称,但可以推断出明确的仲裁机构,也是可执行的,仲裁协议亦是有效的。CIETAC 仲裁规则第 4 条第(3)项规定:"凡当事人约定按照本规则进行仲裁但未约定仲裁机构的,均视为同意将争议提交仲裁委员会仲裁。"

4. 仲裁地

在国际商事仲裁中,仲裁地是一个至关重要的因素,它对于仲裁协议的效力、仲裁程序所适用的实体法的确定以及仲裁裁决的执行等极为重要。若当事人选择常设仲裁机构仲裁,在没有其他约定情况下,通常以该仲裁机构所在地为仲裁地。而当事人若选择临时机构仲裁时,当事人必须在仲裁协议中明确仲裁地点。

5. 裁决的效力

商事仲裁制度最为重要的法律特征就是一裁终审。原则上,仲裁裁决一经作出即具终局性,对当事人产生约束力。除依法定程序提出撤销和不予执行外,对于仲裁裁决,不能提出其他异议。我国《仲裁法》第 9 条规定:"仲裁实行一裁终局的制度。裁决作出后,当事人就同一纠纷再申请仲裁或者向人民法院起诉的,仲裁委员会或者人民法院不予受理。"CIETAC 仲裁规则第 43 条第(8)项规定:"裁决是终局的,对双方当事人均有约束力。任何一方当事人均不得向法院起诉,也不得向其他任何机构提出变更仲裁裁决的请求。"

当然,有些国家也规定,可以对仲裁裁决提出上诉。如荷兰规定,当事人同意,裁决可以向第二个仲裁庭上诉①。英国《1996 年仲裁法》中就确认了当事人对仲裁裁决通过上诉、复审程序提出异议的权利,仲裁裁决的终审效力"不影响任何人依据可利用的上诉或复审的程序或本编(即第一编)的规定,对裁决书提出异议的权利。"②

（三）仲裁协议的有效要件

仲裁协议在具备形式要件和实质要件的前提下,才具有合法效力。仲裁协议作为一种合同,其成立与生效,必须符合普通合同成立有效的条件。但是,仲裁协议又是一种特殊的合同,有自己的特殊性。

1. 形式要件

各国商事仲裁立法和司法实践,以及有关国际条约,一般都要求商事仲裁协议应当采用书面形式,但对于书面协议的认定,趋向宽松③。

1996 年《联合国国际贸易法委员会电子商务示范法》(The United Nations Commission on International Trade Law Model Law on Electronic Commerce) 与我国《合同法》、《仲裁法》,以及 CIETAC 仲裁规则,都承认"以数据电文有形地表现所载内容的形式"。

2. 实质要件

有效的仲裁协议,通常应具备的实质要件有:仲裁协议的当事人具有的缔约能力;争议事项的可仲裁性;请求仲裁的真实意思表示;仲裁协议的内容合法。

3. 仲裁协议的独立性

相对于商事合同,仲裁协议独立存在;就仲裁协议书和仲裁条款而言,从订立的时间、内容、形式上看,都是独立于主合同的。

Validity and Seperability of Arbitration Clause

An arbitration agreement may be in the form of an arbitration clause in a contract or in the form of a separate agreement (sometimes called a "submission agreement"). Arbitration Clause is the section in a contract that provides for arbitrations if a dispute develops between the contracting parties. Such a clause either makes arbitration mandatory or permits either party to choose arbitration in lieu of a lawsuit.

1. Validity of Arbitration Clause

In the United States, the 2000 Uniform Arbitration Act④ stipulates in section 6 "Validity of Agreement to Arbitrate" as follows:

(a) An agreement contained in a record to submit to arbitration any existing or subsequent controversy arising between the parties to the agreement is valid, enforceable, and irrevocable except

---

① 林一飞:《国际商事仲裁法律与实务》,中信出版社,2005 年 1 月版,第 83 页。

② 谢石松:《商事仲裁法学》,高等教育出版社,2003 年 2 月版,第 129 页。

③ 林一飞:《国际商事仲裁法律与实务》,中信出版社,2005 年 1 月版,第 84 页。

④ Uniform Arbitration Act (Last Revisions Completed Year 2000), drafted by the National Conference of Commisioners on Uniform State Laws, and by it, approved and Recommended for Enactment in All the States, at its Annual Conference Meeting in its One-hundred-and-ninth Year, St. Augustine, Florida, July 28-August 4, 2000. Available at < www. law. upenn. edu > Last visited on June 29, 2008.

upon a ground that exists at law or in equity for the revocation of a contract.

(b) The court shall decide whether an agreement to arbitrate exists or a controversy is subject to an agreement to arbitrate.

(c) An arbitrator shall decide whether a condition precedent to arbitrability has been fulfilled and whether a contract containing a valid agreement to arbitrate is enforceable.

(d) If a party to a judicial proceeding challenges the existence of, or claims that a controversy is not subject to, an agreement to arbitrate, the arbitration proceeding may continue pending final resolution of the issue by the court, unless the court otherwise orders.

In China, the Arbitration Law stipulates in article 4 as follows: "In settling disputes through arbitration, an agreement to engage in arbitration should first of all be reached by parties concerned upon free will. Without such an agreement, the arbitration commission shall refuse to accept the application for arbitration by any one single party."

2. Severability and Law Governing the Arbitration Agreement

The theory of separability of arbitration agreements long has been accepted.

The arbitration agreement which is part of the main contract (often referred to as "container contract") is governed by the law which governs the main contract. An important feature of arbitration, however, is severability - the fact that arbitration agreement lives a life of its own and is autonomous of the main agreement. Invoking the invalidity of the main agreement may not necessarily bring with it the invalidity of the arbitration clause. Another feature closely tied to this is "competence-competence" - the ability of the arbitration tribunal to decide on its own jurisdiction. Therefore a party who is trying to avoid arbitration at an early stage by claiming that the main contract is invalid will face the arbitration agreement separate from the main one and the arbitrators deciding on their own competence.

The UNCITRAL Model Law on International Commercial Arbitration stipulates clearly in article 16 (1) as follows: "The arbitral tribunal may rule on its own jurisdiction, including any objections with respect to the existence or validity of the arbitration agreement. For that purpose, an arbitration clause which forms part of a contract shall be treated as an agreement independent of the other terms of the contract. A decision by the arbitral tribunal that the contract is null and void shall not entail *ipso jure* the invalidity of the arbitration clause."

In China, the Arbitration Law stipulates in article 19 as follows: "The effect of an agreement for arbitration shall stand independently and shall not be affected by the alteration, dissolution, termination or invalidity of a contract. An arbitration tribunal has the right to establish the validity of a contract."

三、国际商事仲裁程序

原则上,当事人可以就争议所适用的仲裁规则进行选择,但许多仲裁机构规定,凡当事人同意将争议提交该仲裁机构仲裁的,均视为同意按照其仲裁规则进行仲裁。以下介绍我国《仲裁法》和《CIETAC 仲裁规则》的仲裁程序。

（一）仲裁的申请和受理

1. 仲裁的申请

提出仲裁申请是开始仲裁程序的最初的法律步骤。当事人申请仲裁应当符合下列条件：①有仲裁协议；②有具体的仲裁请求和事实、理由；③属于仲裁的受理范围，仲裁程序自仲裁委员会或其分会发出仲裁通知之日开始。

申请人提出仲裁申请时应提交仲裁申请书，并附具申请人请求所依据的事实的证明文件，按照仲裁委员会制定的仲裁费用表的规定预缴仲裁费。仲裁申请书应写明：申请人和被申请人的名称和住所，包括邮政编码、电话、电传、传真、电报号码、电子邮件或其他电子通信方式；申请仲裁所依据的仲裁协议；案情和争议要点；申请人的仲裁请求；仲裁请求所依据的事实和理由。

2. 仲裁的受理

仲裁委员会收到申请人的仲裁申请书及其附件后，应在一定期限内进行审查，认为符合受理条件的，应当受理，并通知当事人；认为不符合受理条件的，应当书面通知当事人不予受理，并说明理由。仲裁委员会受理仲裁申请后，应当在仲裁规则规定的期限内将仲裁规则和仲裁员名册送达申请人，并将仲裁申请书副本和仲裁规则、仲裁员名册送达被申请人。

3. 答辩

被申请人应在收到仲裁通知之日起45天内向仲裁委员会秘书局提交答辩书和有关证明文件。仲裁机构收到答辩书后，应当在仲裁规则规定的期限内将答辩书副本和有关证明材料以及其他文件送达申请人。被申请人未提交书面答辩的，不影响仲裁程序的进行。仲裁庭有权决定是否接受逾期提交的答辩书。

4. 反请求

被申请人可以承认或者反驳仲裁请求，有权提出反请求。被申请人如有反请求，最迟应在收到仲裁通知之日起60天内以书面形式提交仲裁委员会。仲裁庭认为有正当理由的，可以适当延长此期限。被申请人提出反请求时，应在其书面反请求中写明具体的反请求、反请求理由以及所依据的事实和证据，并附具有关的证明文件。被申请人提出反请求时，应当按照仲裁委员会的仲裁费用表的规定预缴仲裁费。申请人对被申请人的反请求未提出书面答辩的，也不影响仲裁程序的进行。

5. 仲裁代理

当事人可以委托仲裁代理人办理有关的仲裁事项；接受委托的仲裁代理人，应向仲裁委员会提交授权委托书。中国公民和外国公民均可以接受委托，担任仲裁代理人。

6. 财产保全和证据保全

一方当事人因另一方当事人的行为或者其他原因，可能使仲裁裁决不能执行或者难以执行的，可以申请财产保全。当事人申请财产保全，仲裁委员会应当将当事人的申请提交被申请人住所地或其财产所在地的中级人民法院作出裁定。申请有错误的，申请人应当赔偿被申请人因财产保全所遭受的损失。

（二）仲裁庭的组成

仲裁庭是由当事人选定，或者当事人授权其他有权机构并依照法律或仲裁规则的规定所指定仲裁员组成的，对仲裁争议事项进行审理，并作出裁决的组织。

1. 仲裁员的资格条件

作为一般资格条件,仲裁员应当具备完全民事行为能力,这是实施任何有效的民事行为的基本要求。作为特殊资格条件,仲裁员还应当具备品德及专业条件。

我国《仲裁法》第 13 条规定:"仲裁委员会应当从公道正派的人员中聘任仲裁员。仲裁员应当符合下列条件之一:①从事仲裁工作满 8 年的;②从事律师工作满 8 年的;③曾任审判员满 8 年的;④从事法律研究、教学工作并具有高级职称的;⑤具有法律知识、从事经济贸易等专业工作并具有高级职称或者具有同等专业水平的。"CIETAC 仲裁员守则更为具体的要求。

2. 仲裁员的选定或指定

在 CIETAC 进行仲裁时,仲裁庭可以由三名仲裁员或者一名仲裁员组成。仲裁庭组成后,仲裁委员会应当将仲裁庭的组成情况书面通知当事人。

由三名仲裁员组成的仲裁庭应当由双方当事人各自在仲裁委员会名册中选定一名仲裁员或委托仲裁委员会主任指定。当事人未在规定期限内选定或委托仲裁委员会主任指定的,由仲裁委员会主任指定。双方当事人可以在仲裁委员会仲裁员名册中共同选定或共同委托仲裁委员会主任指定一名仲裁员作为独任仲裁员,成立仲裁庭,单独审理案件。但在规定期限内未能就独任仲裁员的人选达成一致意见,则由仲裁委员会主任指定。

3. 披露

被选定或者被指定的仲裁员应签署声明书,向仲裁委员会书面披露可能引起对其公正性和独立性产生合理怀疑的任何事实或情况。仲裁委员会将仲裁员的声明书及/或披露的信息转交各方当事人。

4. 仲裁员的回避

当事人对被选定或被指定的仲裁员的公正性和独立性具有正当理由的怀疑时,或以仲裁员披露的事实或情况为理由要求该仲裁员回避,可以书面向仲裁委员会提出要求该仲裁员回避的请求。

我国《仲裁法》第 34 条规定:"仲裁员有下列情形之一的,必须回避,当事人也有权提出回避申请:(一)是本案当事人或者当事人、代理人的近亲属;(二)与本案有利害关系;(三)与本案当事人、代理人有其他关系,可能影响公正仲裁的;(四)私自会见当事人、代理人,或者接受当事人、代理人的请客送礼的。"

(三)审理

(1)开庭审理。在 CIETAC 进行仲裁,一般应当开庭进行。但经双方当事人申请或征得双方当事人同意,仲裁庭也认为不必开庭审理的,仲裁庭可以只依据书面文件进行审理并作出裁决。

(2)开庭通知。仲裁案件第一次开庭审理的日期,经仲裁庭决定后,由秘书局于开庭前 20 天通知双方当事人。当事人有正当理由的,可以请求延期开庭,但必须在开庭前 10 天以书面形式向仲裁庭提出;是否延期,由仲裁庭决定。

(3)不公开审理。为了保护当事人的利益,仲裁庭开庭审理案件不公开进行。双方当事人协议要求公开审理的,可以公开进行,但要由仲裁庭作出是否公开审理的决定。涉及国家秘密的仲裁案件,不得公开审理。

(4)证据和举证责任。当事人应当对其申请、答辩和反请求所依据的事实提供证据加以证明。仲裁庭可以规定当事人提交证据的期限。当事人应当在规定的期限内提交。逾期提交的,仲裁庭可以不予接受。当事人在举证期限内提交证据材料确有困难的,可以在期限届满前申请延长举证期限。是否延长,由仲裁庭决定。

(5)缺席审理。仲裁庭开庭审理时,一方当事人不出席,仲裁庭可以进行缺席审理和作出缺席裁决。

(6)辩论。在仲裁过程中,当事人有权进行辩论。辩论终结时,首席仲裁员或者独任仲裁员应当征询当事人最后的意见。

(7)和解与调解。当事人可以自行和解,也可以请求仲裁庭调解。

(8)异议的提出。一方当事人知道或理应知道 CIETAC 仲裁规则或仲裁协议中规定的任何条款或情事未被遵守,但仍参加仲裁程序或继续进行仲裁程序而且对此不遵守情况不及时地明示地提出书面异议的,视为放弃其提出异议的权利。

（四）裁决

对在 CIETAC 进行仲裁的案件,仲裁庭应当根据事实,依照法律和合同规定,参考国际惯例,并遵循公平合理原则,独立公正地作出裁决。

(1)仲裁庭作出裁决的期限。迅速解决争议是仲裁的优越性之一。《CIETAC 仲裁规则》要求,仲裁庭应当在组庭之日起 9 个月内作出仲裁裁决书。但在仲裁庭的要求下,仲裁委员会秘书长认为确有必要和确有正当理由的,可以延长该期限。

(2)仲裁裁决的作出。由三名仲裁员组成仲裁庭审理案件时,仲裁裁决依全体仲裁员或多数仲裁员的意见决定,少数仲裁员的意见可以作成记录附卷。仲裁庭不能形成多数意见时,仲裁裁决依首席仲裁员的意见作出。仲裁庭在其作了的仲裁裁决中,应当写明仲裁请求、争议事实、裁决理由、裁决结果、仲裁费用的负担、裁决的日期和地点。当事人协议不愿写明争议事实和裁决理由的,以及按照双方当事人和解协议的内容作出裁决的,可以不写明争议事实和裁决理由。除非仲裁裁决依首席仲裁员意见或独任仲裁员意见作出,仲裁裁决应由多数仲裁员署名。持有不同意见的仲裁员可以在裁决书上署名,也可以不署名。

(3)中间裁决和部分裁决。仲裁庭认为有必要或当事人提出经仲裁庭同意时,可以在仲裁过程中在最终仲裁裁决作出之前的任何时候,就案件的任何问题作出中间裁决或部分裁决。任何一方当事人不履行中间裁决,不影响仲裁程序的继续进行,也不影响仲裁庭作出最终裁决。

(4)仲裁费和其他费用。仲裁庭有权在仲裁裁决书中裁定双方当事人最终向仲裁委员会支付的仲裁费和其他费用。仲裁庭有权在裁决书中裁定败诉方应当补偿胜诉方因为办理案件所支出的部分合理的费用,但补偿金额最多不得超过胜诉金额的 10%。

(5)仲裁裁决的生效。仲裁裁决是终局的,对双方当事人均有约束力。任何一方当事人不得向法院起诉,也不得向其他任何机构提出变更仲裁裁决的请求。作出仲裁裁决书的日期,即为仲裁裁决发生法律效力的日期。

（五）裁决的撤销

当事人提出证据证明裁决有下列情形之一的,可以向仲裁委员会所在地的中级人民法院申请撤销裁决:①没有仲裁协议的;②裁决的事项不属于仲裁协议的范围或者仲裁委员会无权仲裁的;③仲裁庭的组成或者仲裁的程序违反法定程序的;④裁决所根据的证据是伪造的;

⑤对方当事人隐瞒了足以影响公正裁决的证据的;⑥仲裁员在仲裁该案时有索贿受贿,徇私舞弊,枉法裁决行为的。

法院经组成合议庭审查核实裁决有前款规定情形之一的,应当裁定撤销。法院认定该裁决违背社会公共利益的,应当裁定撤销。当事人申请撤销裁决的,应当自收到裁决书之日起6个月内提出。

（六）法律适用

国际商事仲裁所适用的实体法一般由当事人选择确定,如果当事人未作选择,则适用仲裁人认为合适的冲突规范所确定的实体法,或者仲裁地的冲突规范所确定的实体法,或者与案件有最密切联系的实体法。

对国际商事仲裁所适用的程序规则,即仲裁规则,一般来说,当事人可以自主选择。但是,有一常设仲裁机构要求在其机构内仲裁的案件适用自己的程序规则。

四、国际商事仲裁裁决的承认和执行

（一）仲裁裁决承认和执行的概述

1. 仲裁裁决承认和执行的含义

根据国际商事仲裁规则以及相关公约的规定,双方当事人应当依照仲裁裁决写明的期限自动履行裁决;仲裁裁决书未写明期限的,应当立即履行。当事人不予履行的,则另一方当事人有权向有关法院申请强制执行。如果裁决作出地国与被申请执行承认和执行裁决地国不是同一个国家,便产生了仲裁裁决承认(recognition)和执行(enforcement)。

2. 仲裁裁决承认和执行的途径

国际上对于外国仲裁裁决的承认和执行,主要设置了这几种途径:依专门的国际公约承认和执行;援引双边或多边条约中有关承认和执行的规定;依互惠原则承认和执行;依国内法承认和执行。

Recognition and Enforcement of Foreign Arbitral Awards

The final stage of arbitration is the recognition or enforcement of an award. For the loser, the next question is whether enforcement of the award can be avoided by mounting a challenge against the award. In an international commercial arbitration, recognition or enforcement may take place in a country, which is different from that in which the arbitration took place. In such a case three questions will arise: (1) What are the conditions required for recognition or enforcement? (2) What procedure should be expected? (3) What defence might be available?

According to the 1958 New York Convention, "foreign arbital awards" are arbitral awards made in the territory of a State other than the State where the recognition and enforcement of such awards are sought, and arbitral awards not considered as domestic awards in the State where their recognition and enforcement are sought. [1]

---

[1]　The 1958 New York Convention, article I-1: "This Convention shall apply to the recognition and enforcement of arbitral awards made in the territory of a State other than the State where the recognition and enforcement of such awards are sought, and arising out of differences between persons, whether physical or legal. It shall also apply to arbitral awards not considered as domestic awards in the State where their recognition and enforcement are sought."

（二）关于承认和执行国际商事仲裁裁决的国际公约

为了统一各国承认和执行国际商事仲裁裁决的制度,国际上曾先后缔结了三个有关承认和执行外国仲裁裁决的国际公约。第一个是 1923 年在国际联盟主持下制定的《仲裁条款议定书》,第二个也是在国际联盟主持下制定的 1927 年《关于执行外国仲裁裁决的公约》,第三个是 1958 年 6 月 10 日在联合国主持下于纽约订立的《承认及执行外国仲裁裁决公约》(又称 1958 年《纽约公约》)。此外,还有一些区域性的国际商事仲裁公约也对这个问题作了规定。现在,1958 年《纽约公约》实际上已取代了前两个公约,成为目前国际上关于承认和执行外国仲裁裁决的最主要的公约。

我国于 1986 年 12 月 2 日由第六届全国人民代表大会常务委员会第十八次会议决定加入 1958 年《纽约公约》。该公约已于 1987 年 4 月 22 日对我国生效。我国在加入该公约时作了互惠保留和商事保留声明。

1958 年《纽约公约》的主要规定如下:

（1）缔约国相互承认仲裁裁决具有约束力,并应依照承认或执行地的程序规则予以执行。在承认或执行其他缔约国的仲裁裁决时,不应在实质上比承认或执行本国的仲裁裁决规定更繁琐的条件或更高昂的费用。

（2）申请承认与执行仲裁裁决的一方当事人,应该提供原裁决的正本或经过适当证明的副本,以及仲裁协议的正本或经过适当证明副本。必要时应附具经适当认证的译本。

（3）该公约第 5 条规定了拒绝承认和执行外国仲裁裁决的条件。按照该条第 1 款规定,凡外国仲裁裁决有下列情况之一者,被请求执行的国家的主管机关可依被执行人的请求,拒绝予以承认和执行:

① 签订仲裁协议的当事人,根据对他们适用的法律,当时是处于某种无行为能力的情况下;或者根据仲裁协议所选定的准据法,或在未选定准据法时依据裁决地法,该仲裁协议无效;

② 被执行人未接到关于指派仲裁员或关于仲裁程序的适当通知,或者由于其他情况未能在案件中进行申辩;

③ 裁决所处理的事项,非为交付仲裁的事项,或者不包括在仲裁协议规定之内,或者超出仲裁协议范围以外;

④ 仲裁庭的组成或仲裁程序同当事人间的协议不符,或者当事人之间没有这种协议时,同仲裁地所在国家的法律不符;

⑤ 裁决对当事人还没有拘束力,或者裁决已经由作出裁决的国家或据其法律作出裁决的国家的主管机关撤销或停止执行。

按照该条第 2 款规定,如果被请求承认和执行仲裁裁决地所在国家的主管机关承认或查明有下列情况之一者,也可以拒绝承认和执行:

① 争执和事项,依照这个国家的法律,不可以仲裁方法解决者;

② 承认和执行该项裁决将与这个国家的公共秩序抵触者。

Legal Rules in the New York Convention

（1）Recognizing and Enforcing under the Principle of National Treatment

Each Contracting State shall recognize arbitral awards as binding and enforce them in accordance with the rules of procedure of the territory where the award is relied upon. There shall not be imposed substantially more onerous conditions or higher fees or charges on the recognition or enforcement of arbitral awards to which the Convention applies than are imposed on the recognition or enforcement of domestic arbitral awards.

(2) Documents to Supply to Obtain the Recognition and Enforcement

To obtain the recognition and enforcement, the party applying for recognition and enforcement shall, at the time of the application, supply:

(a) the duly authenticated original award or a duly certified copy thereof;

(b) the original agreement or a duly certified copy thereof.

If the said award or agreement is not made in an official language of the country in which the award is relied upon, the party applying for recognition and enforcement of the award shall produce a translation of these documents into such language. The translation shall be certified by an official or sworn translator or by a diplomatic or consular agent.

(3) Refusal at the Request of the Party against Whom the Award is Invoked

Recognition and enforcement of the award may be refused, at the request of the party against whom it is invoked, only if that party furnishes to the competent authority where the recognition and enforcement is sought, proof that:

(a) The parties to the agreement were, under the law applicable to them, under some incapacity, or the said agreement is not valid under the law to which the parties have subjected it or, failing any indication thereon, under the law of the country where the award was made; or

(b) The party against whom the award is invoked was not given proper notice of the appointment of the arbitrator or of the arbitration proceedings or was otherwise unable to present his case; or

(c) The award deals with a difference not contemplated by or not falling within the terms of the submission to arbitration, or it contains decisions on matters beyond the scope of the submission to arbitration, provided that, if the decisions on matters submitted to arbitration can be separated from those not so submitted, that part of the award which contains decisions on matters submitted to arbitration may be recognized and enforced; or

(d) The composition of the arbitral authority or the arbitral procedure was not in accordance with the agreement of the parties, or, failing such agreement, was not in accordance with the law of the country where the arbitration took place; or

(e) The award has not yet become binding on the parties, or has been set aside or suspended by a competent authority of the country in which, or under the law of which, that award was made.

(4) Refusal by the Competent Authority

Recognition and enforcement of an arbitral award may also be refused if the competent authority in the country where recognition and enforcement is sought finds that:

(a) The subject matter of the difference is not capable of settlement by arbitration under the law of that country; or

(b) The recognition or enforcement of the award would be contrary to the public policy of that country.

（三）中国法律关于承认和执行仲裁裁决的规定

1. 中国国际商事仲裁机构仲裁裁决在中国的执行

按照我国《民事诉讼法》和《仲裁法》的有关规定，对我国的国际商事仲裁机构的裁决，一方当事人不履行的，对方当事人可以申请被申请人住所地或财产所在地的中级人民法院执行。申请人向人民法院申请执行我国国际商事仲裁机构的裁决，须提出书面申请，并附裁决书正本。如申请人为外国一方当事人，其申请书须用中文本提出。对我国国际商事仲裁机构作出的裁决，被申请人提出证据证明仲裁裁决有下列情形之一的，经人民法院组成合议庭审查核实，裁定撤销或不予执行：

（1）当事人在合同中没有订立仲裁条款或者事后没有达成书面仲裁协议的；

（2）被申请人没有得到指定仲裁员或者进行仲裁程序的通知，或者由于其他不属于被申请人负责的原因未能陈述意见的；

（3）仲裁庭的组成或者仲裁的程序与仲裁规则不符的；

（4）裁决的事项不属于仲裁协议的范围或者仲裁机构无权仲裁的。

人民法院认定执行该裁决违背社会公共利益的，也得裁定不予执行。一方当事人申请执行裁决，另一方当事人申请撤销裁决，人民法院应当裁定中止执行。按最高人民法院1992年《关于适用〈中华人民共和国民事诉讼法〉若干问题的意见》第315条，在这种情况下，被执行人应该提供财产担保。人民法院裁定撤销裁决的，应当裁定终结执行。撤销裁决的申请被裁定驳回的，人民法院应当裁定恢复执行。仲裁裁决被人民法院裁定不予执行的，当事人可以根据双方达成的书面仲裁协议重新申请仲裁，也可以向人民法院起诉。

2. 中国国际商事仲裁机构仲裁裁决在外国的承认和执行

依照我国《民事诉讼法》第266条第2款和《仲裁法》第72条的规定，我国国际商事仲裁机构作出的发生法律效力的仲裁裁决，当事人请求执行的，如果被执行人或者其财产不在中国领域内，应当由当事人直接向有管辖权的外国法院申请承认和执行。由于我国现在已加入1958年的《纽约公约》，当事人可依照公约规定直接到其他有关缔约国申请承认和执行我国国际商事仲裁机构作出的裁决。

3. 外国仲裁裁决在中国的承认和执行

按照我国《民事诉讼法》第269条的规定，国外仲裁机构的裁决需要我国人民法院承认和执行的，应当由当事人直接向被执行人住所地或其财产所在地的中级人民法院申请，人民法院应当依照我国缔结或者参加的国际条约或者按照互惠原则办理。

我国加入1958年《纽约公约》时，作出两项保留声明：

第一，我国只在互惠的基础上对在另一缔约国领土内作出的仲裁裁决的承认和执行适用该公约；

第二，我国只对根据我国法律认为属于契约性和非契约性商事法律关系所引起的争议适用该公约。

符合上述两个条件的外国仲裁裁决，当事人可依照1958年《纽约公约》规定直接向我国有管辖权的人民法院申请承认和执行。对于在非缔约国领土内作出的仲裁裁决，需要我国法院承认和执行的，只能按互惠原则办理。我国有管辖权的人民法院接到一方当事人的申请后，应对申请承认和执行的仲裁裁决进行审查,如果认为不违反我国缔结或参加的国际条件的有关规定或《民事诉讼法》的有关规定,应当裁决其效力,并依照《民事诉讼法》规定的程序执行,否则,裁定驳回申请,拒绝承认及执行。如果当事人向我国有管辖权的人民法院申请承认和执行外国仲裁机构作出的发生法律效力的裁决,但该仲裁机构所在国与我国没有缔结或参加有关国际条约,也没有互惠关系的,当事人应该以仲裁裁决为依据向人民法院起诉,由有管辖权的人民法院作出判决,予以执行。

【案例分析】

Case 10-1　　Fiona Trust & Holding Corporation & 20 Others v.
Yuri Privalov & 17 Others[①]
［2007］EWCA Civ 20
24th January 2007
Court of Appeal［Civil Division］
Tuckley LJ, Arden LJ, Longmore LJ

Introduction

A dispute as to whether or not a charterparty had been rescinded was something which could be dealt with in arbitration pursuant to the charterparty's arbitration clause, and the arbitration clause was separate and distinct from the agreement itself. Consequently, the arbitration clause was effective and subsisting, and an arbitrator could decide whether the agreement was a valid one.

Facts

This dispute arose out of a large overall dispute between the Russian Sovcomflot group of companies and a Mr Nikitin, who was alleged to have bribed several directors or employees of Sovcomflot.

The dispute concerned eight charterparties which were allegedly procured through this bribery, and consequently were very favourable to the charterers to the disadvantage of the owners, Sovcomflot, and various of its subsidiaries. A large number of claimants commenced an action against Mr Nikitin for the tort of conspiracy, and to recover for damage sustained as a result of the payment of bribes and breaches of fiduciary duty. There was also a claim that the charterparties had been validly rescinded as a consequence of the above.

Each of the charterparties contained a clause relating to forum and jurisdiction, and provided that any disputes should be decided in England and that either party had the right to refer the dispute to arbitration in accordance with the rules of the London Maritime Arbitrators' Association.

The charterers tried to enforce their rights under the arbitration clause. The owners then applied

---

① Refer to Elborne Mitchell Solicitors-A leading City of London law firm, Judgements, availble at ＜ www. elbornes. com ＞. Last visited on July 1, 2008.

to restrain the arbitration proceedings on the basis that they had rescinded the charterparties, and therefore also the arbitration clauses within them, because they had been entered into as a result of bribery. Consequently, there could be no arbitration. The charterers responded by seeking a stay of the rescission claims.

The trial judge refused to stay the claims for rescission, and granted interlocutory injunctions restraining the arbitration proceedings pending the outcome of the trial on the tortious allegations. The charterers appealed.

Issues

The main issues for the Court to consider were:

1. Was the claim by the owners that the charterparties had been rescinded, a claim which would fall within the arbitration clause of the agreements?

2. Was the arbitration clause separable from the charterparties?

3. The procedural question of whether s9 or s72 of the Arbitration Act 1996 governed the position.

Held

1. Any jurisdiction or arbitration clause in an international commercial contract should be construed liberally so as to avoid a process whereby a court would first need to rule on the status of a contract before the arbitrator could resolve the dispute. Consequently, a dispute whether the contract could be rescinded for bribery did fall within the arbitration clause. The only dispute which could not be covered by an arbitration clause would be a dispute as to whether the contract had even existed at all. Here, the question was whether the contract had been rescinded, not whether there was a contract.

2. There was clear authority that an arbitration clause would generally be construed as a separate and distinct agreement from the contract itself. It was therefore not enough to say that whatever invalidated the original agreement also invalidated the arbitration clause. The case of Harbour Assurance Co (UK) Ltd v Kansa General International Insurance Co Ltd (1993) 3 WLR 42 was applied, wherein the court held that an arbitrator could decide whether or not a contract was void for initial illegality. If this was the case, then there was nothing to suggest an arbitrator could not decide whether the contract had been entered into as a result of bribery.

3. If there was a valid arbitration agreement, proceedings could not be commenced under s72, as the court should not allow its process to be used in such a way. Here, there clearly was a valid arbitration agreement because the arbitration clause was not affected by the grounds being used to attack the validity of the charterparty. Consequently, s72 could not apply. In this case, court proceedings had been instituted and an application made to stay such proceedings. In this situation, s9 applied and if there was an issue as to the existence of an arbitration agreement, that question would also be decided under s9.

Appeal allowed. The owners' claims for rescission to be stayed pursuant to s9 (4) of the Arbitration Act, and all applications made under s72 of the Act to be dismissed.

Analysis

1. Putting trust in your arbitration clause①

In *Fiona Trust & Holding Corporation v Yuri Privalov* [2007] *EWCA* 20, the English Court of Appeal has held that any jurisdiction or arbitration clause in an international commercial contract should be liberally construed. The Court rejected an approach to construction of such clauses based on "nice distinctions" of language which did not reflect commercial reality. In addition, the Court reaffirmed that the arbitration agreement was separable and survived arguments that a contract had been induced by bribery (and consequently rescinded). The critical issue was whether such allegation "impeached" the arbitration agreement. The Court held that on the facts of the case it did not and the questions of bribery and rescission could, and should, be determined by the arbitrators.

2. Separability: the impeachability of the main contract does not invalidate the arbitration clause per se

The arbitration clause survived the allegation that the main contract was invalidated by reason of bribery. The Court reaffirmed the principle that the arbitration clause is separable from the main contract in which it was contained and operated independently from it. The arbitration agreement survives the destruction (or other termination) of the main contract. It is only where the arbitration agreement is itself directly impeached (e. g. by a non est factum plea) that will preclude the arbitrability of disputes relating to the main contract.

The claimants in this case submitted that the owners would not have made any contract at all with the charterers if they had been aware that their employees had been bribed, such that whatever it was that impeached the main agreement impeached the arbitration clause. On the authorities, the Court rejected this argument stating that it is not enough to claim that the contract as a whole was impeached; some "extra element" is required to impeach the arbitration clause.

In particular, the Court noted that in Harbour Assurance Co (UK) Ltd v Kansa General International Insurance [1993] QB 701, an allegation of illegality (by reason of fraud) of the main contract did not invalidate the arbitration clause. Relevantly, illegality is a stronger case than bribery, which is not the same as non est factum or the sort of mistake which goes to the question whether any agreement was ever reached.

3. Key lessons learnt

The Fiona Trust decision emphasises that English courts will take a very liberal approach to arbitration clauses. Nearly all disputes relating to the contract (even allegations of bribery) will be arbitrable, save for circumstances where the arbitration agreement itself is impeached (for example, as the result of a claim of non est factum). This was alternatively described as a situation where there was "no contract at all". The principle of separability was strongly affirmed.

---

① Jonathan Kay Hoyle, Senior Associate; Rowan Mawa, Solicitor, Putting trust in your arbitration clause, availble at < http://www. mallesons. com/publications/update-combine. cfm? id = 959104 > .

4. Essential Meaning

It is well established that an Arbitration clause survives the discharge of a contract by acceptance of repudiation. This is because the Arbitration agreement (or clause) is separable from the substantive agreement between the parties. [Ref: Heyman v Darwins Limited [1942] AC 356.]

In other words, if the contract between the parties comes to an end for (almost) any reason, the Arbitration agreement is unaffected and can still be relied upon in future Arbitration actions.

5. Legal Rules in China

In China, according to its Arbitration Law, the effect of an agreement for arbitration shall stand independently and shall not be affected by the alteration, dissolution, termination or invalidity of a contract. An arbitration tribunal has the right to establish the validity of a contract. ①

---

① Article 19, the Arbitration Law of the People's Republic of China.

参 考 文 献
Bibliography

中文部分

1. 曹建明、周洪钧、王虎华:《国际公法学》,法律出版社,1998 年 7 月版。

2. 丁伟:《国际私法学》,上海人民出版社,2004 年 8 月版。

3. 朱榄叶:《国际经济法学》,北京大学出版社,2005 年 8 月版。

4. 沈四宝、王军、焦津洪:《国际商法》,对外经济贸易大学出版社,2002 年 12 月版。

5. 陈晶莹等:《〈2000 年国际贸易解释通则〉释解与应用》,对外经济贸易大学出版社,2000 年 4 月版。

6. 赵秀文:《国际商事仲裁法》,中国人民大学出版社,2004 年 12 月版。

7. 李巍:《联合国国际货物销售合同公约评释》,法律出版社,2002 年 9 月版。

8. 贺瑛:《国际结算(第二版)》,复旦大学出版社,2007 年 7 月版。

9. 施米托夫著,程家瑞编辑,赵秀文选译,郭寿康校:《国际贸易法文选》,中国大百科全书出版社,1993 年 12 月版。

10. 张学森:《金融法学(第二版)》,复旦大学出版社,2020 年 8 月版。

11. 张学森:《新编经济法》,清华大学出版社,2014 年 5 月版。

12. 张学森:《经济法(第三版)》,上海财经大学出版社,2015 年 4 月版。

13. 张学森:《国际商法(第四版)》,上海财经大学出版社,2019 年 7 月版。

14. 张学森:《国际商法(中英文双语版)》,复旦大学出版社,2011 年 8 月版。

15. 张学森、\[美\] Gary D. Patterson:《国际商法(英文版)(第二版)》,复旦大学出版社,2018 年 9 月版。

16. 张学森、\[美\] Gary D. Patterson:《WTO 法律规则(英文版)》,复旦大学出版社,2008 年 11 月版。

英文部分

17. Larry A. DiMatteo, *The Law of International Business Transactions*, West Studies in Business, a division of Thomson Learning, 2003.

18. Schlesinger, *Formation of the Contract*, Sweet & Maxwee, 1987.

19. Philippe Fouchard, Emmanuel Gaillard, Berthold Goldman, *On International Commercial Arbitration*, CITIC PUBLISHING HOUSE, 2004.

20. Roy Goode, *Commercial law*, Penguin Books, 1995.

21. Michael Bridge, *the International Sale of Goods — Law and Practice*, Oxford University Press, 1999.

22. John H. Willes, John A. Willes, *International Business Law*: *Environments and Transactions*, McGraw-Hill/Irwin, 2005.

23. Richard Schaffer, Beverley Earle and Filiberto Agusti, *International Business Law and Its Environment*, Sixth Edition, West Legal Studies in Business, 2005.

24. Anderson R. A., Fox I., Twomey D. P., and Jennings M. M.: *Business Law and the Legal Environment*, 17th, China Machine Press, 2003.

25. Ray August, *International Business Law*, 3rd, Higher Education Press, 2002.

26. Corley R. N., Reed O. L., Shedd P. L., and Morehead J. W.: *The Legal and Regulatory Environment of Business*, 10th, McGraw-Hill, 1996.

27. A. James Barnes, Terry Morehead Dworkin, and Eric L. Richards, *Law for Business*, Irwin Chicago, 1997.

28. Folsom R. H., Gordon M. W., and Spanogle J. A.: *International Business Transactions*, 7th, Law Press, 2005.

29. Carr I. And Kidner R.: *Statutes and Conventions on International Trade Law*, 3rd, Cavendish Publishing Limited, 1999.

30. Schlesinger, *Formation of the Contract*, Sweet & Maxwee, 1987.

31. Michael Bridge, *The International Sale of Goods — Law and Practice*, Oxford University Press, 1999.

32. John H. Willes, John A. Willes, *International Business Law*: *Environments and Transactions*, McGraw-Hill/Irwin, 2005.

33. Robert W. Emerson, *Business Law*, *4th ed.*, Barron's Educational Series, Inc., 2004.

34. Bradford Stone, *Uniform Commercial Code*, *5th ed.*, West Group, St. Paul, Minn., 2002.

35. Philippe Fouchard, Emmanuel Gaillard, Berthold Goldman, *On International Commercial Arbitration*, CITIC PUBLISHING HOUSE, 2004.

36. Kyle Usrey, Yuan Chuanyou, *International Business Law — An Introduction*, Shanghai Foreign Language Education Press, 2001.

37. Xuesen Zhang, Gary D. Patterson, *Legal Rules of the World Trade Organization* (*English Version*), Fudan University Press, Shanghai, 2008.

38. Constance E. Bagley, Diane W. Savage, *Managers and the Legal Environment*, *Strategies for the 21st Century*, *6th ed*, South-Western, Cengage Learning, 2010.

网站部分

39. http://www. uncitral. org/

40. http://en. wikipedia. or/

41. http://www. cietac. org. cn/

42. http://www. wipo. int/

43. http://www. asil. org/

44. http://www. cisg. law. pace. edu/

45. http://www. intereconomiclaw. com/

图书在版编目(CIP)数据

国际商法(中英文双语版)/张学森编著. —2版. —上海：复旦大学出版社，
2018.8(2024.7重印)
(复旦博学·21世纪国际经济与贸易系列)
ISBN 978-7-309-13804-7

Ⅰ.国… Ⅱ.张… Ⅲ.国际商法-双语教学-高等学校-教材-汉、英 Ⅳ.D996.1

中国版本图书馆 CIP 数据核字(2018)第 166702 号

国际商法(中英文双语版)(第二版)
张学森 编著
责任编辑/戚雅斯

复旦大学出版社有限公司出版发行
上海市国权路 579 号 邮编：200433
网址：fupnet@ fudanpress.com   http://www.fudanpress.com
门市零售：86-21-65102580   团体订购：86-21-65104505
出版部电话：86-21-65642845
上海丽佳制版印刷有限公司

开本 787 毫米×1092 毫米 1/16 印张 21.25 字数 517 千字
2024 年 7 月第 2 版第 8 次印刷

ISBN 978-7-309-13804-7/D·942
定价：52.00 元